LA GESTION DE SOI

Maggy Denoiseux

PSYCHOLOGIE ET SCIENCES HUMAINES

Jacques Van Rillaer

La gestion de soi

Deuxième édition

MARDAGA

Rue Saint-Vincent 12 - 4020 Liège
D. 1993-0024-11
I.S.B.N. 2-87009-516-3

A mon cher ami Aad Burger (Université d'Amsterdam),
qui a éveillé mon intérêt pour la behavior therapy
et m'a enseigné, avec beaucoup d'intelligence, ses fondements.

A Paul Cosyns (Université d'Antwerpen),
qui a guidé et « contrôlé » ma pratique
de psychothérapeute comportementaliste.

A Erik Depreeuw, Paul Eelen et Walter Vandereycken
(Université de Leuven),
qui ont assuré une part essentielle de ma formation
théorique en thérapie comportementale.

A Nadine,
qui contribue chaque jour à mon bonheur de vivre.

Introduction

Nous les êtres humains, nous disposons de merveilleux pouvoirs. Nous pouvons apprendre et désapprendre, nous pouvons nous conditionner et nous déconditionner. Nous avons la possibilité de nous gérer nous-mêmes. Sans doute notre liberté n'est-elle pas souveraine : nous sommes tributaires de processus physiques, biologiques, psychologiques et sociaux. Nous n'en sommes pas moins des êtres actifs, capables de nous observer, de tirer des leçons du passé et d'expérimenter de nouvelles conduites. Comme le dit fort bien Skinner, un des plus éminents psychologues du XXe siècle, «nous devons envisager la possibilité pour l'individu de contrôler son propre comportement (...) Dans une large mesure, l'individu apparaît comme l'artisan de sa propre destinée. Il est souvent capable d'agir sur les variables qui l'affectent. On reconnaît d'habitude un certain degré d'*autodétermination* dans le comportement créatif de l'artiste et du scientifique, dans l'auto-exploration de l'écrivain et dans l'autodiscipline de l'ascète. Des versions plus humbles de l'autodétermination sont plus familières. L'individu *choisit* parmi divers modes d'action, il approfondit un problème en s'isolant de ce qui l'entoure, il conserve sa santé ou sa position dans la société en exerçant un contrôle sur lui-même» (1953 : 228)[1].

L'étude scientifique de la gestion de soi est récente. Skinner (1953) peut être considéré comme l'auteur de la première analyse rigoureuse du contrôle de soi. L'idée de ce mode de conduite est toutefois fort ancienne. Dans l'antiquité, un des meilleurs guides était Ulysse, le personnage qui symbolise le Sage, celui qui résiste aux tentations dangereuses. L'épisode où il se trouve confronté aux Sirènes (*Odyssée*, XII) est une des plus jolies leçons de gestion de soi.

I. ULYSSE FACE AUX SIRÈNES

Homère raconte que tous les navigateurs qui passaient à proximité des Sirènes se laissaient ensorceler par leurs chants. Ils se trouvaient attirés sur des écueils et faisaient naufrage. «Le séjour des Sirènes était bordé d'un rivage tout blanchi d'ossements et de débris humains, dont les chairs se corrompaient»... Grâce à trois comportements conseillés par une magicienne, Ulysse parvint à s'aventurer dans ces funestes parages, sans y laisser la vie, ni celle de ses hommes. Il boucha les oreilles de ses marins avec de la cire; il se fit ligoter au mât du navire; il ordonna à ses compagnons de resserrer les cordes qui le maintenaient s'il venait à les supplier, au plus fort de la tentation, de le libérer.

Cet épisode évoque *les dimensions essentielles de la gestion de soi*. Ulysse s'organise pour garder l'emprise sur une séquence de conduites qui lui serait fatale : c'est la question de *l'autocontrôle*. Ulysse n'évite pas le danger, il fait face : c'est le problème de *l'affrontement des situations stressantes*. Le prince d'Ithaque ne s'interdit pas le plaisir, bien au contraire. Il s'organise pour se délecter du chant des Sirènes sans devoir ensuite subir ses terribles conséquences : c'est la question, aussi vitale que les deux premières, de *l'engagement raisonné dans des expériences de jouissance ou de bonheur*.

La solution évoquée par Homère, il y a environ trois mille ans, annonce élégamment l'approche de la psychologie scientifique moderne. Ulysse ne cherche pas le salut par un discours moralisateur, il ne tente pas de renforcer sa Volonté ou une autre mystérieuse force interne, il n'avale pas une potion magique ou un médicament. Il met en œuvre ce que Skinner appelle une «technologie comportementale». Il applique des stratégies qu'aujourd'hui encore les psychologues recommandent. En bouchant les oreilles des matelots, il pratique le *contrôle des stimuli*. En se faisant attacher au mât, il organise l'*auto-empêchement d'une action*. En commandant à ses compagnons de serrer davantage ses liens s'il venait à demander d'être délié, il programme une *procédure d'alerte* destinée à tenir bon dans une situation à haut risque.

Ulysse combine trois méthodes pour affronter efficacement un problème que ses prédécesseurs n'avaient pu résoudre. Nous verrons qu'on ne peut que rarement se contenter d'une seule technique — «comportementale» ou autre — si l'on veut modifier durablement un type de conduite réellement problématique. Cesser de se droguer ou produire une œuvre de longue haleine sont des conduites qui nécessitent une *approche «multimodale»*, un agencement relativement bien programmé de plusieurs stratégies de pensée et d'action.

Le poème ionien met bien en scène *la question fondamentale de la gestion de l'effort, de la souffrance et du plaisir*. Pour les marins, il n'y a guère de délices, mais la stratégie mise en œuvre leur épargne la mort et même la lutte contre la tentation. Ulysse, lui, s'octroie du plaisir, mais de façon réfléchie. Il accepte de payer une note : le serrage des cordes sur la peau est plus douloureux que la cire dans les oreilles... Le plus humain et le plus habile des héros homériques ne prétend pas, à la fois, à un maximum de jouissances et à une absence de tout désagrément. Il est un gestionnaire avisé des ressources d'autorégulation des affects et des actions.

II. OBJECTIFS DU LIVRE

Mon objectif essentiel est de présenter, en un langage clair, les principaux résultats de la psychologie scientifique susceptibles d'aider efficacement le lecteur qui désire mieux se gérer lui-même. Je souligne trois aspects de cet objectif : la scientificité, l'efficacité et la clarté.

1. J'ai commencé ma carrière de psychologue comme adepte de la psychologie philosophique et plus particulièrement de la psychanalyse. Ma thèse de doctorat (1972) portait sur l'agressivité dans la pensée freudienne. Le sous-titre de mon premier livre, *L'agressivité humaine*, était : «Approche analytique et existentielle». A cette époque, je croyais naïvement que l'examen scientifique des questions psychologiques constitue une réduction «positiviste», irrespectueuse de la spécificité humaine. Aujourd'hui, sans rejeter en bloc les approches herméneutiques, j'ai acquis la conviction que la démarche scientifique s'avère, en psychologie, beaucoup plus féconde que les autres démarches, particulièrement quant à l'efficacité pratique et la capacité de confirmer ou réfuter des hypothèses, eu égard à des critères de validation rigoureux. Cette évolution de ma pratique clinique et de mon épistémologie doit beaucoup à mes rencontres avec des psychologues hollandais, en particulier à la formation acquise auprès de Aad Burger (à l'Université de Nimègue puis à Amsterdam) et à la lecture du livre de Johan Linschoten *Idolen van de Psycholoog* (Université d'Utrecht, 1964).

J'en suis venu à suivre le conseil de Valéry : «Il faut apprendre à ne pas croire notre pensée parce qu'elle est *notre* pensée. Il faut, au contraire, la contenir et la traiter avec une défiance majeure, parce qu'elle est *notre* pensée» (II 795). Progressivement j'ai développé deux habitudes que j'estime à présent capitales :

– *considérer mes opinions, pensées, théories, jugements, convictions comme des croyances relatives, plutôt que comme des évidences, des certitudes, des vérités;*

– *m'interroger, de façon très précise, sur les fondements de ces croyances, sur les mécanismes de leur production.*

J'ai donc appris à me poser quotidiennement les questions suivantes :

– Comment en suis-je venu à croire ce que je crois?

– Quels avantages m'ont motivé (peut-être inconsciemment) pour adopter telles idées et rejeter telles autres?

– Quels faits concrets ai-je observés? Comment les ai-je observés? Combien de faits ai-je observés qui confirment ou qui réfutent telle croyance? Le nombre est-il suffisant pour conclure?

– Comment ai-je inféré (induit, déduit)?

Y a-t-il d'autres explications, que celle que j'ai choisie, qui peuvent rendre compte des mêmes faits?

J'ai également appris à utiliser ces questions pour examiner les affirmations des autorités, des experts, des collègues. C'est ainsi que par exemple j'en suis arrivé, à la fin des années 70, à délaisser en grande partie la doctrine psychanalytique, dont j'avais été un fervent partisan pendant plus de dix ans (cf. Van Rillaer, 1980; 1985).

Convaincu de l'importance de la formation épistémologique pour la gestion quotidienne de soi-même, je consacrerai un chapitre aux principes de la démarche scientifique.

2. Jusque dans les années 60, la pratique psychologique était bien plus une affaire d'art ou d'intuition qu'une mise en œuvre de connaissances scientifiques. Le psychologue qui se voulait avant tout un homme de science ne pouvait s'approcher de son idéal que dans des laboratoires aseptisés, loin de la complexité des problèmes existentiels. Depuis une trentaine d'années, la psychologie scientifique a accompli des progrès substantiels, qui comportent des implications pratiques décisives. Le psychologue est aujourd'hui en mesure d'offrir, à ceux qui le souhaitent, des moyens éprouvés de mieux gérer leur existence, de moins souffrir, d'être davantage heureux.

J'ai axé mon ouvrage sur la pratique effective de l'autogestion. Toutefois, estimant comme Lewin que «rien n'est aussi pratique qu'une bonne théorie», je ne présente des stratégies concrètes qu'après un exposé relativement fouillé de leurs fondements théoriques et expérimentaux.

3. L'attitude scientifique et le souci d'efficacité supposent l'utilisation d'un langage compréhensible. L'importance de la clarté apparaît évidente pour l'efficacité pratique. Son importance pour le progrès des connaissances scientifiques ne l'est pas moins. En effet ce progrès implique que les chercheurs communiquent non seulement leurs résultats, mais aussi leurs observations de départ et les méthodes utilisées. La mise à l'épreuve d'une hypothèse doit pouvoir être répétée par d'autres spécialistes. Tout cela ne peut se faire correctement que si les membres de la Communauté scientifique s'expriment, autant que possible, de façon simple et transparente. J'adhère donc sans réserve au principe énoncé par Karl Popper, un des plus prestigieux épistémologues du XXe siècle : «C'est un devoir moral de tous les intellectuels de tendre vers la simplicité et la lucidité : le manque de clarté est un péché, et la prétention un crime. (La brièveté est également importante, en raison de l'explosion des publications, mais le besoin en est moins pressant, et elle est quelquefois incompatible avec la clarté)» (1978 : 55).

Dans les pseudosciences — les disciplines présentées par leurs partisans comme de véritables sciences, mais qui ne satisfont guère aux critères essentiels de la scientificité —, l'utilisation d'un jargon obscur est une pratique courante. Ce type de langage assure à bon compte la sécurité intellectuelle (en rendant la doctrine apparemment «irréfutable»), il entretient des mystifications (en faisant passer de simples jongleries verbales pour de nouvelles contributions au savoir), il facilite l'exercice du pouvoir et l'exploitation financière, il fournit de nombreuses satisfactions narcissiques. (Pour une analyse plus détaillée des fonctions de l'obscurantisme, cf. Van Rillaer, 1991).

Dans la famille des «psy», ce sont les psychanalystes qui ont poussé le plus loin l'art de la logomachie et du verbalisme précieux. Jacques Lacan, leader de la psychanalyse parisienne dans les années 60-70, reste le représentant le plus accompli de ce savoir-faire. J'ai moi-même fait partie d'un cénacle freudo-lacanien entre 1965 et 1978 et j'ai commis à cette époque quelques articles aussi vides que prétentieux. Aujourd'hui, lorsque j'entends des psychanalystes parler lacanien — à l'instar des médecins de Molière jargonnant en latin —, je songe toujours à la conclusion que donne Erwin Goffman de son analyse des procédés de mystification du public :*« Comme le montrent d'innombrables contes populaires et d'innombrables rites d'initiation, le véritable secret caché derrière le mystère, c'est souvent qu'en réalité il n'y a pas de mystère; le vrai problème, c'est d'empêcher le public de le savoir aussi»* (I : 71).

III. PLAN

La 1re partie du livre explore trois axes majeurs de la gestion de soi : l'autocontrôle, l'affrontement de l'adversité et le développement d'activités épanouissantes. L'exploration du thème de l'autocontrôle est l'occasion de spécifier la perspective de la psychologie scientifique — qui est celle que nous privilégions — par rapport aux perspectives philosophique et psychanalytique. Une série de notions fondamentales de la psychologie contemporaine (néobehaviorisme, contingences de renforcement, environnementalisme, etc.) sont expliquées à l'intention du lecteur peu familiarisé avec cette discipline.

La 2e partie montre l'interdépendance des trois axes évoqués dans la 1re partie. Elle présente de façon synthétique les lignes d'une «gestion de soi» efficiente. Elle indique les raisons de préférer l'expression «gestion de soi» à celle de «contrôle de soi».

La 3e partie évoque les principes de l'élaboration de conduites efficaces et les principes de la recherche scientifique empirique. La connaissance de ces principes, qui sont foncièrement les mêmes, s'avère très utile pour l'optimisation de l'autogestion.

La 4e partie analyse de façon relativement détaillée les dimensions essentielles du comportement, leur fonctionnement, leurs interactions et leurs déterminants. Cette analyse fournit un cadre théorique qui permet d'articuler de façon rationnelle les diverses manières d'agir sur soi-même.

La dernière partie présente un ensemble intégré de stratégies qui ont fait leurs preuves pour modifier concrètement des façons de percevoir, de penser, de ressentir et d'agir. Elle se termine par un examen des limites de la démarche présentée et des conditions de son efficacité.

Les passages imprimés en petits caractères sont des citations, des illustrations ou des explicitations. Le lecteur peut se passer de les lire sans pour autant perdre le fil de l'exposé.

NOTE

[1] Le premier des deux nombres mis entre parenthèses, qui suivent un nom d'auteur ou une citation, est la date de publication du texte dont il est question ou bien le numéro du volume d'une œuvre qui compte plusieurs tomes. Le second nombre indique la page. Quand le contexte précise clairement de quelle publication il s'agit, seule la page se trouve indiquée, précédée du signe «p.»

PREMIÈRE PARTIE

LES DIMENSIONS
DE LA GESTION DE SOI

Chapitre I

Le contrôle de soi

> «Avez-vous su méditer et manier votre vie? Vous avez fait la plus grande besogne de toutes. Composer nos mœurs est notre office, non pas composer des livres, et gagner, non pas des batailles et provinces, mais l'ordre et la tranquillité à notre conduite.»
>
> Michel de Montaigne (1533-1592)
> *Essais*, Livre III, ch. 13.

I. L'IMPORTANCE DU CONTRÔLE DE SOI

a) Un problème existentiel central

Le problème de l'autocontrôle est au centre de notre vie quotidienne. Nous sommes sujets à des impulsions que nous contrôlons parfois difficilement et à des habitudes néfastes que nous ne parvenons pas à changer (manger trop, se mettre facilement en colère, ressasser des idées tristes, etc.). Nous n'accomplissons pas certaines actions dont nous reconnaissons par ailleurs l'importance (étudier, entretenir la condition physique, etc.). Nous essayons fréquemment d'agir sur nous-même, sur nos pensées et nos émotions. Ces tentatives se font tantôt de façon spontanée et irréfléchie, tantôt de façon consciente, voulue, avec effort.

Le problème apparaît aigu dans les cas de réactions névrotiques, d'actions antisociales et de dépendances à des types étroitement déterminés de sensations. Nous commençons par évoquer ces trois catégories de difficultés. Elles nous font entrer dans le vif du sujet.

b) Les réactions névrotiques

Les réactions névrotiques sont des comportements à forte composante affective que la personne peut difficilement s'empêcher d'accomplir, quand bien même elle les considère comme gênants ou absurdes. Un exemple typique est celui des troubles obsessionnels et compulsifs. Ceux qui en souffrent se plaignent de manquer de volonté. Ils éprouvent une angoisse intense à l'idée de perdre brusquement le contrôle de leurs émotions. Ils font tout ce qu'ils peuvent pour augmenter, maladroitement, leur pouvoir sur eux-mêmes.

Les *obsessions* sont des idées ou des images mentales pénibles que l'individu répète très fréquemment et qu'il ne parvient pas à éliminer (par exemple un homme se dit plus de vingt fois par jour qu'il va devenir fou). Les *compulsions* sont des actions, plus ou moins ritualisées, que l'individu croit devoir accomplir pour diminuer ses tensions ou pour prévenir des événements qu'il redoute. Les compulsions les plus fréquentes sont des soins corporels, des mises en ordre méticuleuses, des vérifications, des comptages, l'accumulation d'objets inutiles, la prévention d'actes antisociaux, l'annulation d'actions accomplies. Dans beaucoup de cas la personne admet que ces comportements sont absurdes. Les troubles obsessionnels sont des exemples remarquables de conduites «irrationnelles» accomplies par des êtres qui peuvent se montrer par ailleurs tout à fait intelligents, raisonnables et volontaires.

Des obsessions et des compulsions apparaissent chez tout un chacun, plus particulièrement suite à un stress intense (par exemple un échec, la mort d'un proche, une scène de violence). Certains rituels et ruminations mentales apparaissent utiles : l'individu qui range soigneusement tous ses objets les retrouve rapidement, le chercheur qui songe constamment à une énigme peut finir par trouver la solution. Chez la majorité des gens, l'apparition épisodique de quelques idées obsessives et d'actions ritualisées ne perturbe pas beaucoup l'existence. Les personnes que l'on peut qualifier d'«obsessionnelles» se caractérisent, non par le contenu de leurs obsessions et compulsions, mais par la fréquence, la durée et l'intensité de celles-ci (Rachman & Hodgson, 1980). Chez les «obsessionnels», ces phénomènes handicapent gravement la vie quotidienne. Ils s'estiment incapables de les contrôler. Ils y consacrent un temps considérable. Ils en éprouvent une intense détresse.

c) Les actions antisociales

Il est banal de déplorer le manque d'autocontrôle des auteurs d'actions antisociales (kleptomanie, pyromanie, saccage, viol, meurtre, etc.), surtout lorsque ces actions présentent un caractère impulsif. L'examen de ces comportements et de leur contexte conduit toutefois à nuancer le diagnostic.

Evoquons d'abord un exemple extrême (relaté par L. Schultz, 1960). Jim, un fermier américain, arrivant un jour chez lui alors qu'il n'y était pas attendu, trouva sa femme au lit avec un voisin. Bien qu'il disposât d'un fusil dans la maison, il se contenta de retourner au champ et se mit à pleurer. Dans les jours qui suivirent, Jim ne fit guère de reproches à l'infidèle. Celle-ci, constatant l'absence de réactions du mari, devint de plus en plus impudente. L'amant resta manger chez eux et, à plusieurs occasions, passa la nuit avec l'épouse sous le toit conjugal. Apparemment Jim n'y voyait toujours pas d'objections. Il prêta même de l'argent et des équipements agricoles à son rival. Ce régime dura trois ans. Profitant alors d'une absence de Jim, l'infidèle disparut avec l'amant, les enfants et une bonne partie des objets domestiques... Le mari bafoué n'entreprit aucune démarche pour réclamer ses biens, ni même pour savoir où se trouvaient sa femme et ses enfants. Quelques années plus tard, Jim se remaria. Lorsqu'il découvrit que sa seconde femme le trompait, il tua brutalement l'infidèle et son amant.

L'histoire de cet homme est exceptionnelle, mais des cas moins caricaturaux sont relativement courants. Ces faits ont conduit des criminologues à penser qu'un certain nombre de meurtriers — en particulier ceux qui assassinent un de leurs proches — sont des individus sensibles, inhibés, passifs (cf. Megargee, 1966). Il y a une énorme différence de mentalité entre les «sociopathes», égocentriques, agressifs, dépourvus d'inhibitions, et les individus chroniquement hypercontrôlés, chez lesquels les incitations à l'agression ne provoquent pas d'actions immédiates, mais en quelque sorte s'additionnent jusqu'à atteindre un seuil critique.

Une majorité d'individus qui ont tué de façon soudaine un de leurs proches sont des agresseurs «hypercontrôlés» (*overcontrolled aggressors*), des êtres d'ordinaire dociles et tolérants. Leur histoire antérieure compte curieusement fort peu d'actions agressives. Ce n'est qu'après une longue série de vexations et provocations qu'ils explosent brusquement. L'acte violent accompli, ces sujets redeviennent passifs et apathiques. Incarcérés, ce sont des prisonniers modèles, aimables et coopérants. L'exemple de ce type de meurtriers illustre le danger des formes rigides d'autocontrôle. L'analyse de leur existence montre qu'ils ont trop peu développé l'habileté à s'exprimer de façon socialisée et à défendre pacifiquement leurs droits.

Certains «excès comportementaux» apparaissent comme des effets de «déficits comportementaux», c'est-à-dire l'absence ou l'insuffisance de l'habileté à s'observer et à comprendre les autres, à relativiser une situation, à supporter des émotions pénibles, à communiquer, à trouver de nouvelles sources de plaisir, etc. Excès et déficits ne sont alors que l'avers et l'envers des mêmes pièces. Dans ces cas, le progrès psychologique réside avant tout dans l'apprentissage de nouveaux modes de conduite venant remplacer des réactions jugées inadéquates.

d) Les dépendances

Les assuétudes à des drogues ou à d'autres «stimuli» se développent d'habitude dans un contexte relationnel plus ou moins influent, qui peut s'analyser selon des perspectives économiques, sociologiques, politiques, historiques... Elles peuvent aussi s'envisager comme une insuffisance d'autocontrôle. Nous détaillons ce problème davantage que les deux précédents parce qu'il prend des proportions de plus en plus inquiétantes dans notre société et qu'il importe de saisir toute occasion pour mettre en garde contre cette forme d'aliénation. Nous évoquons d'abord les opiomanies parce qu'elles provoquent des assuétudes particulièrement redoutables et parce que c'est à partir de leur observation qu'a été élaboré le tableau classique des dépendances. Nous voyons ensuite d'autres types d'assuétudes qui font des ravages, plus spécialement la passion du jeu et l'abus de tranquillisants. Dans la suite de l'ouvrage nous ferons régulièrement référence à l'alcoolisme et au tabagisme, les deux toxicomanies qui font le plus de dégâts au niveau de la santé de la population mondiale.

1. Le tableau des opiomanies

La dépendance à l'opium ou à ses dérivés (morphine, héroïne) se caractérise par les trois processus suivants.

a. *La perte du contrôle à l'égard du stimulus tentateur*. La présence de drogue suscite un désir auquel le toxicomane se croit incapable de résister. Celui-ci ne peut plus choisir «librement» la quantité de sa consommation. En l'absence de drogue, des stimuli associés au produit (une seringue, le quartier des dealers, etc.) peuvent déclencher une impulsion difficilement répressible.

b. *L'appétence*, l'envie impérieuse du produit même en l'absence d'agent tentateur externe. Une fois l'individu «accroché», la drogue devient nécessaire à la stabilité fonctionnelle de son système nerveux. Empêché de satisfaire sa «faim», le toxicomane endure un ensemble de troubles intenses, appelé «syndrome de sevrage» ou d'«abstinence». Pour lui c'est l'enfer. Après quelques heures, il ressent une vive angoisse et un désir obsédant, il transpire et salive, ses yeux pleurent, son nez coule, ses poils se hérissent. Après un jour de privation, ces symptômes s'intensifient et d'autres s'ajoutent : agitation psychomotrice, tremblements, crampes, douleurs musculaires, palpitations, hyperthermie, hyperventilation, insomnie, nausées, diarrhée, vomissements... Les souffrances sont maximales après deux jours d'abstinence. Elles sont immédiatement soulagées par l'administration d'une dose adéquate de drogue... Ainsi, passés les premiers plaisirs offerts par le toxique, sa victime devient avant tout obsédée par la peur des effets de son absence. Elle ne se «shoote» plus pour se sentir vraiment bien (les «flashs», «frissons» et autres formes de plaisir ne durent que quelques semaines, ou au mieux quelques mois) : elle se «défonce» pour éviter le supplice du «manque».

Le toxicomane se trouve progressivement enfermé dans un cercle vicieux qui prend, tôt ou tard, la forme d'une spirale infernale. Malgré ses bonnes intentions et ses résolutions, il finit d'ordinaire par céder aux impulsions, plutôt que de traverser jusqu'au bout le tunnel cauchemardesque du sevrage. Ce processus peut se schématiser comme suit :

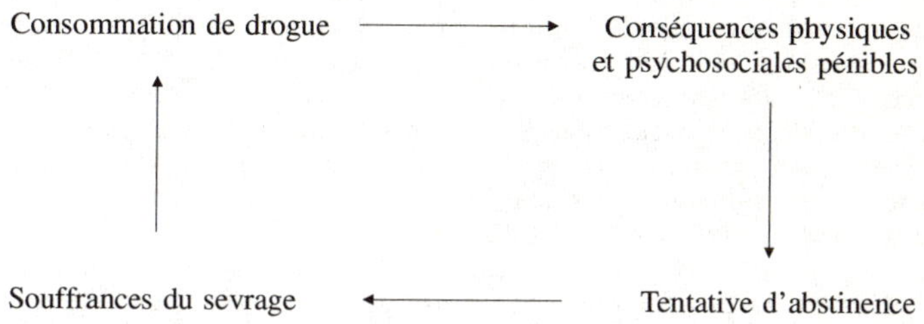

La dépendance aux opiacés se développe chez des animaux comme chez l'homme. En administrant chaque jour de la morphine à de jeunes chimpanzés, Spragg (cit. in Hebb, p. 212) a créé une sujétion physiologique en 5 à 6 semaines. A partir de ce moment, les animaux privés de leurs injections manifestent des signes typiques du «sevrage». Ils deviennent nerveux, s'agitent, se grattent, semblent malheureux. En poursuivant les injections pendant 3 mois, Spragg a développé de véritables morphinomanies. Les chimpanzés comprennent alors fort bien le rôle des piqûres et font tout ce qui est en leur pouvoir pour satisfaire leur «besoin» de drogue. Dès qu'ils trouvent une seringue, ils s'empressent de la donner à l'expérimentateur et insistent pour recevoir l'injection «salvatrice».

Chez les humains, la drogue a un effet paradoxal sur le contrôle de soi. Au départ, le produit est consommé en vue d'agir sur les émotions. C'est un puissant moyen de ressentir du bien-être et de l'euphorie, de réduire la souffrance, l'angoisse ou la dépression. Hélas, ce qui est d'abord un moyen se transforme en but. Le toxicomane, qui cherchait à réguler ses émotions par l'absorption d'une substance «magique», se fait l'esclave d'un stupéfiant.

c. *Le développement de l'accoutumance (tolérance).* La victime de l'opium doit s'administrer des doses croissantes pour ne pas endurer l'horreur du manque. Elle finit par absorber des quantités qui tueraient une personne non habituée. L'amplification de l'appétence et la diminution corrélative du contrôle sur l'existence personnelle sont sans doute les côtés les plus sinistres de cette dépendance.

Il importe de souligner que le tableau classique de l'évolution des opiomanies ne s'observe pas chez tous les consommateurs. Le cadre de vie est à cet égard d'une importance considérable.

Les habitants du Laos habitués à consommer de l'opium, lorsqu'ils sont brusquement privés de leur dose quotidienne, ne manifestent pas les intenses souffrances dont font état les opiomanes occidentaux empêchés de se droguer (Westermeyer, 1969). La majorité des malades hospitalisés qui reçoivent plus ou moins longtemps des narcotiques, afin de réduire les souffrances provoquées par une maladie, peuvent se passer de ces produits lorsqu'ils quittent l'hôpital (Goodman & Gilman, 1970 : 278). Parmi les militaires américains qui ont consommé de l'héroïne durant leur séjour au Vietnam seuls 12 % en sont restés dépendants après le rapatriement (Robins e.a., 1980 : 220). Des rats rendus dépendants de la morphine alors qu'ils vivaient dans des cages individuelles, ne continuent pas à manifester une appétence pour cette substance s'ils sont placés avec d'autres rats (non drogués) dans un environnement offrant de nombreuses stimulations et possibilités d'activité (Alexander e.a., 1978).

Le potentiel dépendogène des opiomanies est déterminé à la fois par des facteurs psychosociaux et biologiques. Durant les premières phases du conditionnement, les déterminants psychosociaux (en particulier l'influence des «pairs» et les tentatives d'autoréguler des émotions) sont assurément plus importants que les processus biologiques (cf. Orford, 1988; Newcomb & Bentler, 1989).

2. *La variété des dépendances*

Toute forme de conduite qui apporte du plaisir ou réduit des souffrances (en particulier l'angoisse) peut évoluer vers une habitude compulsive qui rappelle, de près ou de loin, le tableau des opiomanies. Aussi les formes de dépendances sont-elles nombreuses et diversifiées. La majorité d'entre elles sont heureusement moins aliénantes et mieux maîtrisables que les opiomanies.

A titre d'exemple : consommer de l'alcool, mastiquer des feuilles de coca, fumer, mâcher du chewing-gum, inhaler des colles, boire du café, «bouffer», dévorer du chocolat, s'imposer un régime draconien, regarder la télévision, voir des films violents, se masturber, s'analyser, demander des conseils ou des signes d'approbation, jouer avec un ordinateur (*computer addiction*), travailler sans relâche (*workaholism*), faire du shopping, voler dans les supermarchés, amasser de l'argent, collectionner des œuvres d'art, écouter de la musique, jogger... Même la lecture quotidienne d'un journal peut prendre l'allure d'une assuétude. Ainsi O'Donovan ne fait-il pas simplement de l'humour lorsqu'il décrit, dans *The Observer*, l'état de certains Anglais en manque du *Times* : «Parmi les types de communautés qui avaient pris l'habitude de trouver leur dose journalière du *Times*, on s'aperçoit déjà de certains signes de retranchement. D'autres journaux respectables font office de substituts (un peu comme la méthadone) de celui auquel l'establishment britannique s'accrochait, et pourtant *The Guardian*, qui semble être devenu un substitut principal, ne satisfait pas pleinement les désirs établis, bien précis et incurables, des anciens lecteurs du *Times*» (cit. in Ashton & Stepney, p. 63).

Les assuétudes ne sont pas toutes renforcées par des processus physiologiques. Elles ne se caractérisent pas toujours par l'amplification de l'accoutumance (p.ex. des personnes dépendantes de la caféine peuvent pendant des années boire du café sans augmenter la dose quotidienne)[1].

3. *Un exemple de dépendance psychologique*

Pour illustrer l'existence d'assuétudes typiquement psychologiques aussi dramatiques que certaines toxicomanies, nous évoquons la passion du jeu. Cet exemple est l'occasion de permettre au lecteur, qui ne serait pas bien informé de la différence entre la psychanalyse et la psychologie scientifique, de se faire une idée de cette importante distinction.

Le joueur invétéré a perdu le contrôle de son propre comportement. Il ne peut s'empêcher de mettre de l'argent en jeu dès qu'il se retrouve dans un contexte déterminé (salon de casino, bistrot avec machine à sous, salle de jeux électroniques). Pire : il éprouve très régulièrement le besoin impérieux d'une «dose» de jeu. S'il tente d'arrêter de jouer, des symptômes de sevrage apparaissent : nervosité, irritation, troubles neurovégétatifs, dépression, insomnie... Le joueur dépendant consacre de plus en plus de temps et d'argent à sa passion en dépit du fait qu'il finit inévitablement par perdre beaucoup plus qu'il ne gagne. On observe chez lui une sorte d'accoutumance croissante. Quand il se rend compte de son aliénation, il ne parvient plus à la briser, malgré un désir sincère d'en venir à bout. Une enquête, réalisée auprès de personnes qui hantent les casinos cinq ou six soirs par semaine, révèle que bon nombre d'entre elles estiment que ces établissements devraient être «interdits» parce qu'ils provoquent «un esclavage pire que l'alcool et les drogues» (Wagenaar & Keren, 1983 : 37).

Les psychanalyses interprètent l'ensemble des dépendances, ainsi que toutes les autres conduites psychopathologiques, comme des expressions symboliques de désirs sexuels refoulés.

> En 1897, Freud écrivait que les assuétudes se ramènent toujours à une question d'auto-érotisme. Il confiait à son ami Fliess : «J'ai compris que la masturbation est la seule grande habitude, le désir primordial (*Ursucht*), et que les autres dépendances (*Süchte*), à l'alcool, à la morphine, au tabac, etc. n'en sont que le succédané (*Ersatz*), le substitut» (A. A., p. 254). A la fin de sa carrière, 30 ans plus tard, le père de la psychanalyse maintenait toujours la même conception. Dans son article sur Dostoïevski, il déclarait : «Fondamentalement, la passion du jeu est un équivalent de l'ancienne compulsion à l'onanisme» (1928, XIV 417). Usant de ses deux principales clés interprétatives — les jeux de mots et le raisonnement par analogie —, il justifiait cette

[1] J'utiliserai couramment deux abréviations : «p.ex.» pour : «par exemple»; «e.a.» pour «et autres (auteurs)».

équation par les faits suivants : l'usage du mot «jouer» pour désigner la manipulation des organes génitaux, le caractère irrésistible de la tentation, le plaisir étourdissant suivi de mauvaise conscience, les résolutions solennelles jamais tenues de ne plus recommencer.

Aujourd'hui les freudiens raisonnent toujours selon le même modèle. Seul le vocabulaire a changé. Ainsi Tostain explique-t-il que la passion du jeu cache fondamentalement la problématique de «l'appartenance du phallus». Dans un texte qu'il présente comme une version moderne de la psychanalyse du joueur, on peut lire que «la question que le joueur pose porte sur l'avoir de ce phallus et par là sur son manque et sur sa cession». Cette question, bien entendu, se pose aux deux sexes : «Que des femmes, elles aussi, mettent leur phallus sur le tapis ne me paraît pas être un obstacle à cette interprétation. Si une femme est vraiment joueuse, on retrouvera sans doute que pour n'avoir jamais tout à fait renoncé à l'avoir du pénis, la question de l'être du phallus puisse pour elle en ces termes se poser» (1967 : 124).

Pour les psychologues scientifiques tels que Wagenaar et Keren, qui ont pris la peine d'interroger soigneusement des joueurs et d'observer leur activité pendant des dizaines d'heures, le caractère sexuel de la passion du jeu est loin d'être évident. Leur analyse met en avant une multiplicité de déterminants psychosociaux.

Selon eux, le joueur compulsif a d'abord été exposé à des stimuli incitateurs, p.ex. une salle de jeux où il a assisté à des gains excitants. Il ne doit pas avoir été lui-même particulièrement chanceux : le spectacle d'un autre joueur peut suffire pour alimenter son fantasme du «gros coup». Les tenanciers des maisons de jeu exploitent habilement ce processus : ils mettent bien en évidence les gains importants, ils orchestrent les salles de machines automatiques de façon à ce que les visiteurs entendent constamment tomber des pièces gagnées.

Si la victime potentielle mène une vie oisive ou pénible, elle peut trouver une échappatoire dans l'univers du jeu. L'atmosphère de complicité qui règne autour des tables de casino permet d'oublier la solitude, l'excitation très particulière qui flotte dans les salles dissipe l'ennui et détourne des soucis de la quotidienneté.

Le joueur mise d'abord pour gagner. L'esclave de la roulette croit qu'il pourra un jour être l'heureux élu, qui récolte en une soirée l'équivalent de plusieurs années de labeur. Sa foi est entretenue par de petits gains, plus ou moins réguliers, ou par quelques coups importants. La combinaison de savoir-faire et de hasard rend la situation particulièrement excitante. Le joueur croit que, par son expérience et ses cogitations, il va devenir de plus en plus rusé. Il élabore des stratégies cognitives destinées à lui permettre de comprendre et d'influencer, tôt ou tard, les lois du hasard. Il devient alors la proie d'une illusion statistique : la «confirmation biaisée», l'attention sélective aux indices qui confirment ses croyances et la négligence des indices qui les infirment. Des «presque-confirmations» suffisent pour entretenir ou renforcer son système de pensée. Quand le nombre sortant est proche du nombre sur lequel il a misé, il ne pense pas pour autant que sa stratégie est inopérante; il s'imagine plutôt qu'il a «presque gagné» et que son système le conduira un jour à la victoire.

Le flambeur perd toujours plus qu'il ne gagne : c'est une loi statistique, sur laquelle repose la vie prospère des établissements de jeu. Au bout d'un certain temps, il ne cherche plus à réaliser des bénéfices, mais seulement à compenser les pertes. Il continue à jouer dans l'espoir illusoire de «se refaire» ou d'annuler le gâchis. Plus que le gain, c'est la perte qui favorise les graves assuétudes aux jeux d'argent.

4. Les tranquillisants

Il est important d'insister sur une forme de dépendance aujourd'hui fort répandue et dont les dangers sont souvent sous-estimés par les intéressés : l'assuétude aux tranquillisants.

L'ère des psycholeptiques modernes a commencé vers 1950 par la découverte des propriétés calmantes du méprobamate. En 1960 est apparu le librium, un sédatif au départ d'une nouvelle famille chimique : les benzodiazépines. Une dizaine d'années après leur introduction sur le marché, ces psychotropes sont devenus les médicaments les plus prescrits de par le monde. La majorité des Occidentaux connaissent bien leurs noms commerciaux : valium, seresta, temesta, mogadon, lexotan, rohypnol, halcion, etc. Depuis plusieurs années leur consommation mondiale dépasse les cent millions de doses par jour (Golombok & Curran, 1986). Une enquête portant sur dix pays européens et les Etats-unis a révélé que la consommation par habitant est la plus élevée en Belgique et en France, et la plus basse en Suède et aux Pays-Bas (Balter e. a., 1984). Les symptômes le plus souvent visés sont l'angoisse et l'insomnie.

Une large proportion de médecins et de patients se font complices pour ce type de prescriptions. En effet, depuis quelques dizaines d'années, un nombre croissant de personnes s'adressent au corps médical dès qu'elles subissent des perturbations émotionnelles. Elles sollicitent alors une médication qui les délivre rapidement de leurs tensions psychiques sans devoir faire un réel effort de réorganisation de l'existence. D'autre part, une large proportion de médecins ne disposent pas de la formation permettant d'aborder méthodiquement les problèmes psychologiques. Ce sont des hommes d'action habitués à régler des problèmes en quelques minutes, surtout si leur salle d'attente ne désemplit pas. Ils prescrivent dès lors un produit dont l'effet anxiolytique ou hypnotique est démontré. Ils apportent ainsi un soulagement rapide sans devoir intervenir dans des questions existentielles complexes. Malheureusement, cette pratique contribue souvent à compliquer la situation des patients car elle crée facilement un problème supplémentaire : la pharmacodépendance.

Les benzodiazépines ont rendu des services incontestables, en particulier dans le traitement des spasmes musculaires, des convulsions épileptiques et des symptômes du sevrage de toxicomanies. Leur efficacité apparaît surtout durant les premières semaines d'administration. Au-delà de quatre mois, leur pouvoir anxiolytique n'est pas clairement démontré (Lader & File, 1987). Environ une personne sur trois devient dépendante après six mois de consommation. L'assuétude est encore plus rapide pour certaines substances, constatent Golombok et Curran (Université de Londres). L'aliénation devient d'autant plus forte que les doses journalières sont importantes et que la période d'utilisation s'allonge.

La personne asservie aux tranquillisants contrôle difficilement l'envie de prendre son remède « magique » dès qu'une situation provoque une émotion quelque peu pénible. L'anticipation d'un désagrément possible ou à venir suffit à déclencher une consommation devenue impulsive. Pire : des stimuli externes ne sont même pas requis pour provoquer la consommation. Arrivé en phase de dépendance, l'intéressé avale son médicament pour s'épargner les souffrances dues à son absence. Les symptômes de sevrage les plus fréquents sont l'angoisse (et diverses manifestations somatiques associées : nervosité, tachycardie, transpiration, tremblements) et des troubles du sommeil (difficulté d'endormissement, interruptions du sommeil, augmentation des rêves, cauchemars), c'est-à-dire précisément les troubles pour lesquels les médicaments sont habituellement prescrits. On observe également une diminution sensible des capacités de concentration et de mémorisation, un sentiment de dépression, de l'hyperexcitabilité, de l'irritabilité, des paresthésies (p.ex. un goût métallique dans la bouche), des nausées, des étourdissements. Un sevrage brutal chez des personnes qui absorbent de fortes doses depuis longtemps — p.ex. 300 mg. de librium par jour ou 200 de valium — peut provoquer des troubles très graves : crises de panique, spasmes musculaires, convulsions, évanouissements. Dans certains cas apparaissent des états de mal épileptique et des hallucinations (Negrete, 1981).

Les symptômes dus au «manque» surgissent rarement avant vingt-quatre heures. Ils atteignent une intensité maximale après une semaine et peuvent se prolonger pendant plusieurs mois. La personne qui les éprouve est facilement convaincue d'être encore malade et d'avoir toujours «besoin» de médicaments. Elle peut même en venir à croire que son état a empiré. Elle se retrouve ainsi dans un cercle vicieux ou, plus exactement, dans une spirale infernale, car la plupart de ces substances présentent encore l'inconvénient de l'accoutumance physiologique. Les habitués des benzodiazépines développent une tolérance croissante à leur action pharmacologique et doivent donc augmenter progressivement les doses pour éprouver des effets positifs ou, tout simplement, ne pas souffrir d'un état de sevrage.

Chez un consommateur devenu dépendant, le sevrage ne peut être que progressif et doit s'accompagner d'un support psychothérapeutique. Durant la phase de déconditionnement, l'absorption de médicaments ne peut plus se faire en fonction de variations situationnelles de stress, mais uniquement selon une posologie et un horaire très stricts. Les moyens d'autocontrôle, dont il sera question plus loin, sont alors d'une importance capitale.

Toutes les personnes qui usent de tranquillisants sur ordonnance médicale ne finissent pas par en abuser. Une large part des utilisateurs sont capables de s'en tenir aux doses prescrites et d'arrêter la consommation avant l'installation de l'assuétude. Une constellation de facteurs pharmacologiques, biologiques, psychologiques et sociaux interviennent ici, comme dans le cas des autres assuétudes. Sauf cas exceptionnels, un traitement par des benzodiazépines devrait par principe être de courte durée. L'idéal, bien sûr, est de pouvoir s'en passer grâce à des stratégies psychologiques d'autogestion.

II. LA PERSPECTIVE PHILOSOPHIQUE SUR LE CONTRÔLE DE SOI

La question du pouvoir sur soi-même apparaît très importante dans la pensée de l'Occident comme dans celle de l'Orient (cf. notamment le yoga et le zen). Certains philosophes y ont même vu la question nodale de l'existence humaine. Ainsi Alain écrit : «Ne pas faire souvent ce qu'il veut, et faire toujours en même temps autre chose qu'il ne veut point, c'est la grande humiliation de l'homme (...) Descartes dit que l'irrésolution est le plus grand des maux. Il le dit plus d'une fois, il ne l'explique jamais. Je ne connais point de plus grande lumière sur la nature de l'homme» (I : 1 & 5).

La tradition philosophique se ramifie en multiples courants qu'on peut regrouper en deux orientations : la spéculation métaphysique (qui vise à expliquer le sens ultime de l'Homme et du Monde) et la réflexion existentielle (centrée sur des problèmes concrets de connaissance, d'affectivité, d'éthique et d'action). Concernant notre problème, nous trouvons dans la première les élaborations du concept de «volonté» et, dans la seconde, diverses stratégies de contrôle de soi, qui annoncent celles que la psychologie scientifique a développées et testées.

a) L'élaboration du concept de volonté

La notion de volonté semble avoir émergé dans un contexte éthique et juridique (Ricoeur, 1985 : 1032). Les orateurs grecs, pour s'adresser aux assemblées politiques et aux tribunaux, en sont venus à forger un langage de la responsabilité et de la prise de décision. Ils ont cherché à introduire des distinctions juridiques là où la tradition religieuse se limitait à la dichotomie du pur et de l'impur. Cette problématique a été reprise par les dramaturges. Euripide montrait une Phèdre livrée malgré elle à sa passion. Sophocle, dans *Oedipe à Colone*, faisait méditer son héros sur des actions qu'il avait accomplies tantôt de son plein gré, tantôt sans le vouloir. C'est sur ce fond qu'Aristote — dans l'*Ethique à Nicomaque* — procéda à une analyse du volontaire et de l'involontaire. Selon celui que le moyen âge appela «le Philosophe», nous agissons contre notre gré lorsque nous agissons par contrainte extérieure ou par ignorance des circonstances; nous agissons volontairement lorsque nous agissons par nous-mêmes et sachant ce que nous faisons. «La tradition, après Aristote, continuera de définir le volontaire à la fois par l'intériorité de la cause et par la connaissance des circonstances de l'action» (Ricoeur, p. 1033).

Le concept de volonté a été utilisé dans des univers philosophiques fort différents. Ainsi, pour St Augustin la *voluntas* se révèle éminemment dans l'expérience du mal et du péché, dans le pouvoir de se tourner vers Dieu ou de se détourner de lui. Au moyen âge, les scolastiques estiment que l'âme est douée de «facultés» et ils en distinguent habituellement trois : la sensibilité, l'intelligence et la volonté. Certains scolastiques conçoivent ces facultés comme des substances distinctes, d'autres les voient comme des possibilités de subir ou de faire. Ils définissent la volonté comme le pouvoir de vouloir ou la capacité de transformer des idées en actes.

Quelques philosophes ont fait de la «volonté» la notion centrale de leur pensée. C'est le cas de Schopenhauer. Dans *Le Monde comme Volonté et comme Représentation* (1819), il conçoit la volonté (*der Wille*) comme le principe de tous les êtres, la force partout à l'œuvre dans la Nature. Chez l'homme cette pulsion fondamentale revêt de multiples formes, depuis les plus primitives (l'instinct, le sentiment, le désir) jusqu'aux plus élevées (l'intellect, la raison).

Dans la tradition philosophique comme dans le langage courant d'aujourd'hui, le terme «volonté» renvoie à différentes significations que l'on peut regrouper en deux catégories. Tantôt ce mot signifie simplement *le désir d'agir dans un sens déterminé.* On dit p.ex. «il agit à l'encontre de ma volonté, il veut que je fasse ses quatre volontés». Tantôt ce vocable désigne *la faculté de s'opposer à certains désirs de façon à s'en tenir aux impératifs de la raison ou de la morale.* On parle d'un individu qui «a de la volonté» ou qui «est particulièrement volontaire». Romain Rolland disait : «La fatalité, c'est l'excuse des âmes sans volonté».

La doctrine des facultés a été particulièrement à l'honneur pendant le XIXe siècle, notamment en philosophie, en physiologie (les phrénologues croyaient avoir localisé deux ou trois dizaines de facultés dans différentes régions du cerveau) et dans la psychologie scientifique alors naissante (Wundt s'efforçait d'étudier expérimentalement la perception, l'attention, les sentiments). Le concept de volonté était particulièrement prisé par les pédagogues. Un ouvrage qui fut très célèbre est *L'Education de la Volonté* de Jules Payot (professeur de philosophie et recteur de l'Académie de Chambéry). Publié en 1893 à Paris, dans la «Bibliothèque de philosophie contemporaine», ce livre en était déjà à sa 21e édition en 1905. Six ans après sa première parution, il était traduit en allemand, en espagnol, en polonais, en russe, en suédois, en bulgare. Emmanuel Mounier dira très justement, un demi-siècle plus tard : «Il n'était un développement sur les problèmes de l'action qui ne se terminât, il y a cinquante ans, par un chapitre sur 'l'éducation de la volonté'. Deux générations ont vécu de l'ouvrage de M. Payot» (1946 : 453).

Le contexte idéologique dans lequel s'est développée cette exaltation de la volonté est clairement indiqué par Payot à la première page de son livre : il s'agissait de sauver la morale et le goût de l'effort à une époque de laïcisation accrue. Le célèbre philosophe-éducateur écrivait : «Au XVIIe siècle et durant une partie du XVIIIe, la religion régnait sans conteste sur les esprits : le problème de l'éducation de la volonté ne pouvait se poser dans toute sa généralité : les forces dont disposait l'Eglise catholique, cette incomparable éducatrice des caractères, suffisaient pour orienter, dans ses grandes lignes, la vie des fidèles. Mais aujourd'hui cette direction fait défaut pour la majorité des esprits pensants. Elle n'a point été remplacée. Aussi, journaux, revues, livres, romans mêmes déplorent à l'envi le niveau très bas du vouloir à l'heure actuelle».

b) Les critiques du concept de volonté

La notion de volonté, conçue comme une force à éduquer, a soulevé maintes objections. Aussi est-elle aujourd'hui moins utilisée qu'au XIXe siècle.

1. Certains philosophes et pédagogues ont déploré le caractère abstrait de cette notion. D'autres ont mis en garde contre le culte du volontarisme. Mounier p.ex., dans son *Traité du caractère*, a dénoncé les formes de volonté qui ne sont qu'une «sanctification de l'effort», une «âpre affirmation du moi», «la force de l'habitude un peu raidie sur elle-même dans sa résistance au changement», «un phénomène de raideur donnant à un contenu pauvre l'apparence de la force» (1946 : 454).

2. Les psychanalystes ont dédaigné ce vocable. «Freud, écrit Vergote, n'a aucune doctrine explicite de la volonté, même s'il rejette la thèse de la liberté de la volonté. En cela il est sans doute très proche des origines de notre philosophie occidentale, qui ne disposaient même pas de ce terme nodal *la volonté*» (1964 : 61). Les très rares évocations que font les freudiens de ce concept sont particulièrement critiques. Ainsi Vergote croit-il pouvoir discerner derrière la volonté, conçue comme «effort systématique de réduction de l'affectivité», «plus souvent la méconnaissance d'une violente jouissance que la réelle extinction de celle-ci» ou encore «le désir d'être son propre auteur, ce qui, à la limite, touche à l'orgueil de la divinisation de soi-même». Il y a là, estime le psychanalyste, un «subtil mépris de l'autre en tant que tel» (id., p. 71).

3. Les psychologues scientifiques ont délaissé la notion de «faculté de l'âme» dès le début du siècle. D'une part ils n'ont plus cherché à étudier l'«âme», mais des comportements. D'autre part ils ont estimé que le concept de «faculté» induit facilement l'idée d'entités mentales, censées opérer au sein de l'individu. La personne non avertie imagine des sortes de fantômes qui agissent à l'intérieur de l'être humain. En fait, l'intelligence, la mémoire, la volonté, etc. sont des abstractions, des catégories de comportements ou de processus mentaux. Les psychologues les appellent aujourd'hui des «fonctions psychiques» et soulignent qu'elles ne sont nullement des substances. La notion de «fonction psychique» permet seulement de regrouper ou de classer des phénomènes. Elle ne fournit jamais l'explication d'un comportement.

Pour les psychologues, le concept de volonté présente deux utilisations légitimes : la caractérisation d'individus et la prédiction de leurs comportements. Ainsi on peut dire de quelqu'un qu'«il fait preuve de volonté» ou qu'«il est volontaire» lorsqu'il présente des conduites telles que : se tenir à des résolutions en dépit de fortes incitations à les enfreindre, renoncer définitivement à des habitudes bien ancrées, se garder d'agir de façon impulsive dans une situation bouleversante, accomplir assidûment des tâches difficiles, longues ou désagréables... Dans cette optique le terme de «volonté» constitue un raccourci sémantique, qui qualifie des comportements plus ou moins typiques de certaines personnes à travers diverses situations et qui permet de prévoir des réactions (l'individu, qui s'est montré «volontaire» à diverses reprises, le sera probablement encore dans des circonstances semblables).

Les psychologues soulignent deux inconvénients à l'usage du terme «volonté». D'une part, lorsqu'il désigne un trait caractérisant un individu, il fait aisément surestimer la constance de ce trait. D'autre part, son utilisation comporte le danger d'une explication tautologique des comportements qualifiés de «volontaires». Explicitons ces points.

1. Les comportements «volontaires» ou d'«autocontrôle» ne caractérisent pas un individu de façon permanente, quelles que soient les situations dans lesquelles il se trouve. La première démonstration convaincante de cette variabilité intra-individuelle est l'œuvre d'une équipe de chercheurs américains. Durant les années 1920, Hartshorne, May et Maller ont étudié chez des enfants le degré de permanence de diverses dimensions de la personnalité : le sens de la coopération, la serviabilité, l'honnêteté et le «self-control». Ils ont comparé systématiquement, dans des contextes différents (domi-

cile, école, loisirs en groupe) des conduites censées actualiser ces «dispositions». Ils publièrent trois imposants volumes qui confirment largement la pertinence du mot de La Rochefoucauld : «On est quelques fois aussi différent de soi-même que des autres». Sans doute y a-t-il sur ce point des spécificités individuelles : Bem et Allen (1974) ont montré que certaines personnes sont nettement plus «constantes» ou «consistantes» que ne le sont d'autres. Il n'empêche que la conclusion générale à laquelle aboutit un demi-siècle de recherches scientifiques (bien résumées par Mischel, 1976) va toujours dans le même sens : la corrélation entre les conduites de sujets étudiés de façon individuelle est relativement élevée lorsque les conduites se produisent dans le même genre de contexte, mais elle est basse et parfois nulle lorsque ces conduites sont observées dans des cadres nettement différents. Ainsi p.ex. un enfant, qui reste habituellement «maître de lui» lorsqu'il subit des frustrations en classe, peut se montrer souvent impulsif dans son milieu familial.

2. L'utilisateur naïf du concept de volonté en vient facilement à croire en la réalité d'une entité mentale ou d'une force endogène. Il «explique» alors les comportements «volontaires» par l'«existence» de la Volonté. Il déclare p.ex. que «tel sportif s'entraîne durement *parce qu'* il a une forte volonté». Mis en demeure de préciser les faits qui lui permettent d'affirmer l'existence de cette forte volonté, il pourra seulement répondre : «le fait qu'il s'entraîne durement, qu'il se prive de tout loisir pour s'exercer». La circularité d'une telle explication est évidente.

On ne peut évaluer indépendamment la volonté et les comportements censés l'expliquer. En fait, le concept de volonté n'a qu'une valeur descriptive. Son usage en tant qu'explication de conduites n'est qu'une «pseudo-explication». Il donne l'illusion de rendre compte de phénomènes alors qu'on se contente de jouer avec des mots. Molière a joliment fustigé ce genre de propos, p.ex. à la fin de son *Malade imaginaire*, dans la scène de l'intronisation d'un médecin. Lorsque le Président demande pourquoi l'opium fait dormir, le jeune savant répond : «*Quia est in eo Virtus dormitiva*», sur quoi les Docteurs entonnent en chœur : «*Bene respondere. Dignus est intrare in nostro docto corpore*». Certes il est légitime et intéressant de dire que l'opium a la propriété de faire dormir. L'erreur réside dans le *quia*, le *parce que*, l'attribution d'une valeur explicative à un énoncé descriptif. De même nous pouvons déclarer : «ce sportif est volontaire; il va probablement s'entraîner en dépit de la fatigue», mais non : «il va probablement s'entraîner en dépit de la fatigue parce qu'il est volontaire».

Le fait qu'un concept présente le risque de généralisations abusives et de réifications fallacieuses ne suffit pas pour l'envoyer illico au cimetière des concepts scientifiques. Avant de conclure, il importe d'examiner sa valeur heuristique, car on sait que certaines notions (p.ex. «gravitation», «ionisation»), présentant de tels risques, se sont avérées des plus utiles pour les progrès de la science, tandis que d'autres (p.ex. «horreur du vide», «esprits animaux») n'ont fait que l'entraver.

Au niveau de la recherche scientifique, la notion de volonté est apparue relativement stérile, beaucoup moins féconde en tous cas que celles de perception, de mémoire ou d'intelligence. Les publications de Ribot sur *Les maladies de la volonté* (Alcan, 1883) ou de Dallemagne sur la *Pathologie de la volonté* (Masson, 1898) n'ont pas réellement fait progresser la psychologie clinique ou la psychiatrie. Les *Etudes expérimen-*

tales sur le choix volontaire d'Albert Michotte (Louvain, 1911) n'ont pas enclenché un courant de recherches empiriques marquantes... Si ces travaux sont restés quasi sans lendemain, c'est que la volonté conçue comme une motivation interne autonome ne rend pas réellement compte des variations de fréquence et d'intensité des comportements «volontaires». Pareille conception freine, plus qu'elle ne stimule, l'observation des comportements effectifs et de leurs déterminants physiologiques, environnementaux et cognitifs.

Au niveau de la pratique pédagogique et psychothérapeutique, l'usage de ce concept s'avère plus souvent négatif que positif. Il apparaît comme une justification des plus commodes pour ceux qui déclarent : «c'est plus fort que moi, je manque de volonté, je souffre d'hypoboulie, je suis un aboulique...». Ce concept peut par ailleurs culpabiliser indûment. La personne démoralisée par les circonstances de sa vie ou aliénée par une accumulation de conditionnements infantiles ne gagne rien à s'entendre dire ou à se répéter que ses problèmes ne sont qu'une question de volonté et qu'elle devrait s'efforcer d'«en avoir» davantage. En fin de compte, cette notion n'offre guère par elle-même de stratégies d'autocontrôle efficaces, objectivement testables. Nous sommes donc invités à chercher dans d'autres directions.

c) Le contrôle de soi dans la philosophie existentielle

Certains philosophes gréco-romains sont très intéressants pour le thème de la gestion de soi. Il s'agit en particulier des pythagoriciens, des platoniciens, des épicuriens et des stoïciens. Ces philosophes s'efforçaient d'axer leur existence sur la recherche intellectuelle, la maîtrise de soi, la pratique de la vertu et la découverte du bonheur. Ils conjugaient, chacun à sa façon, une doctrine métaphysique plus ou moins abstraite et des stratégies concrètes de gestion de soi. Pour certains philosophes, la seconde dimension du projet philosophique s'avérait la plus importante. C'était notamment le cas chez Epicure ou encore chez Epictète, qui proclamait : «La première et la plus nécessaire partie de la philosophie, c'est celle qui traite de la mise en pratique des principes» (Stoïciens, p. 1131).

1. L'exemple des stoïciens

Parmi les philosophies de l'antiquité, le stoïcisme est celle qui envisage le problème du contrôle de soi de la façon la plus féconde. L'histoire de cette Ecole, relativement diversifiée, s'étend sur près de six siècles. A son origine, dans la Grèce du IVe siècle avant J.C., elle était surtout centrée sur la métaphysique. En passant à Rome, elle devint plutôt une

Ecole d'éthique, de discipline personnelle, de formation du caractère. C'est essentiellement cette version — admirablement représentée au début de notre ère par Sénèque, Epictète et Marc Aurèle — qui a exercé une influence déterminante sur la tradition morale de l'Occident.

Les stoïciens recherchent le bonheur et sa condition fondamentale : la vertu. Plus précisément, ils poursuivent trois buts : l'*ataraxia* (l'absence de passions et de tensions intérieures), l'*apatheia* (l'impassibilité face au danger, à la douleur et au plaisir), et la sérénité (l'*euthumia* des Grecs, la *tranquillitas* des Romains). Ils n'ont toutefois pas l'idéal d'une apathie générale, comme la prônent Pyrrhon et les sceptiques. Ils veulent accomplir le devoir que les situations appellent : «Souviens-toi, enseigne Epictète, que tu es acteur d'un drame (...) Ton affaire, c'est de jouer correctement le personnage qui t'a été confié; quant à le choisir, c'est celle d'un autre» (Stoïciens, p. 1116).

Les stoïciens estiment essentiel de bien distinguer les événements qui dépendent de nous (sur lesquels nous pouvons agir) et ceux qui ne sont guère en notre pouvoir. Néanmoins, face à toute circonstance, même la plus défavorable, nous disposons toujours d'un éventail d'attitudes mentales. Ainsi le sage accepte-t-il de façon détachée et sereine ce qu'il ne peut changer, en particulier les lois immuables de l'Univers, les revers de fortune, le Destin. Lorsqu'il a la possibilité d'agir, il utilise les choses avec sollicitude ou «comme n'en usant pas». Il sait que l'essentiel se joue toujours en lui-même, plus précisément : au niveau de ses représentations, de sa façon de voir et de juger.

La thèse du primat du «cognitif» se trouve déjà chez Zénon de Cittium (332-262), le fondateur du stoïcisme. Celui-ci soutenait que les mouvements déraisonnables de l'âme — la peine, la crainte, le désir — sont des conséquences de jugements (Stoïciens, p. 51s). Quatre siècles plus tard, ce leitmotiv se retrouve au centre de la pensée d'Epictète, dont les *Entretiens* commencent par cette maxime : «Les dieux n'ont fait dépendre de nous que ce qui est supérieur à tout, ce qui domine tout, c'est-à-dire l'usage correct des représentations» (id., p. 808). On lit dans son très justement célèbre *Manuel* : «Conduite et caractère du profane : ce n'est jamais de lui-même qu'il attend profit ou dommage, mais des choses extérieures. Conduite et caractère du philosophe : tout profit, tout dommage, c'est de lui-même qu'il l'attend» (id., p. 1129). Pour le stoïcien, les idées et les émotions qui en résultent ne sont pas déterminées massivement par les circonstances. L'individu est toujours impliqué personnellement dans la manière dont les événements lui apparaissent et le motivent.

Des aperçus fructueux sur le problème de la gestion de soi se retrouvent chez la plupart des grands philosophes. Beaucoup de ces réflexions sont directement inspirées du stoïcisme antique. Nous y reviendrons à plusieurs reprises.

2. *L'exemple de Nietzsche*

Parmi les philosophes modernes, Friedrich Nietzsche occupe une place d'honneur pour notre thème.

Selon lui, l'être humain est le théâtre de conflits entre divers instincts ou pulsions (*Triebe*). Plus fondamentalement, l'homme serait mû par la volonté de puissance (*Wille zur Macht*), une force immanente à toute vie et qui pousse l'individu à devenir, à croître, à s'épandre. Nietzsche déclare :

> «Les physiologistes devraient réfléchir avant de poser que, chez tout être organique, l'instinct de conservation constitue l'instinct cardinal. Un être vivant veut avant tout *déployer* sa force. La vie même est volonté de puissance, et l'instinct de conservation n'en est qu'une *conséquence* indirecte et des plus fréquentes» (1886, §13).

Le célèbre *Menschenkenner* critique la notion de volonté définie comme la faculté d'exercer le libre arbitre. Il estime que cette conception n'est qu'un préjugé entretenu par le langage :

> «Les philosophes ont coutume de parler de la volonté comme si c'était la chose la mieux connue au monde; Schopenhauer nous a même appris que nous ne connaissons au fond que la volonté, que nous la connaissons de part en part, sans y ajouter ni retrancher quoi que ce soit. Mais j'ai l'impression que dans ce cas aussi Schopenhauer n'a fait que suivre les habitudes des philosophes : qu'il a repris et exagéré un *préjugé populaire*. Avant tout, il me semble que la volonté est quelque chose de *complexe*, dont l'unité est purement verbale, et c'est effectivement dans l'unicité du mot que se dissimule le préjugé populaire qui a trompé la vigilance toujours médiocre des philosophes. Soyons donc plus vigilants et *moins philosophes* »(1886, §19).

Bien avant Freud, Nietsche souligne que l'homme est inconscient de ses véritables motivations et que la croyance en la liberté n'est qu'une illusion : «Nous rions de celui qui sort de sa chambre au moment où le soleil sort de la sienne et qui dit : "*je veux* que le soleil se lève"; et de celui qui ne peut arrêter une roue et dit : "*je veux* qu'elle roule"; et de celui qui est terrassé à la lutte et dit : "je suis à terre, mais *je veux* être à terre!" Malgré tous nos rires, ne nous conduisons-nous pas comme ces trois-là chaque fois que nous employons l'expression : "*je veux*"?» (1881, §124). «Un jour on comprendra enfin qu'en ce qui nous concerne le vouloir est un préjugé» (1881, *Fragments posthumes*, Cahier 5, §43).

Pour l'auteur de *Par-delà bien et mal*, ce qu'on appelle une «volonté faible» est le résultat de l'incohérence des instincts, tandis qu'une «volonté forte» n'est rien d'autre que l'harmonisation de ces forces. Lorsque l'individu éprouve l'impression de vraiment vouloir, il est en fait l'instrument d'un instinct lui assurant la victoire sur les autres.

Au-delà des discussions théoriques sur la notion de volonté, Nietzsche fournit de précieuses indications pour l'autocontrôle. Une page du recueil *Aurore* mérite d'être longuement citée :

«Je ne trouve que six méthodes foncièrement différentes pour combattre la violence d'un instinct.

Tout d'abord on peut éviter les occasions de satisfaire cet instinct et par de longues, toujours plus longues périodes d'abstinence l'affaiblir et le laisser se dessécher.

Ensuite on peut se donner pour loi de le satisfaire, mais selon les règles d'un ordre rigoureux : en introduisant ainsi en lui une règle et en comprimant son flux et son reflux dans des limites temporelles stables, on gagne des périodes intermédiaires où il cesse d'importuner — et à partir de là on peut éventuellement passer à la première méthode.

En troisième lieu, on peut s'abandonner délibérément à un assouvissement sauvage et sans frein de ce désir afin de le prendre en dégoût et d'acquérir par le dégoût un moyen d'agir sur lui : à condition de ne pas faire comme le cavalier qui éreinte son cheval à mort et s'y rompt lui-même le cou — ce qui est malheureusement la règle dans ce genre de tentatives.

Quatrièmement, il existe un procédé intellectuel qui consiste à associer à l'assouvissement quelque pensée très pénible, si fermement qu'au bout d'un certain entraînement l'idée de l'assouvissement provoque toujours elle aussi instantanément une sensation pénible (par exemple lorsque le chrétien s'habitue à penser dans la jouissance sexuelle à la proximité et au ricanement du diable, ou aux punitions éternelles de l'enfer pour un meurtre commis par vengeance, ou encore au mépris qui, aux yeux des hommes qu'il vénère le plus, s'attache, par exemple, à un vol d'argent (...) — désormais ces représentations se succèdent en lui comme la cause et l'effet) (...)

Cinquièmement : on entreprend de disloquer son potentiel de force en s'imposant quelque travail particulièrement dur et astreignant, ou en se soumettant délibérément à de nouvelles séductions et à de nouveaux plaisirs, et en déviant ainsi vers d'autres voies les pensées et le jeu des forces physiques. C'est aussi le but visé quand on favorise temporairement un autre instinct, lui procure de fréquentes occasions de se satisfaire et le pousse ainsi à dissiper la force dont disposerait sans cela le premier instinct devenu gênant par sa violence (...)

Et enfin sixièmement : celui qui supporte et trouve raisonnable d'affaiblir et d'opprimer l'*ensemble* de son organisation physique et morale parvient évidemment du même coup à affaiblir un instinct particulier trop violent : comme le fait par exemple celui qui affame sa sensualité mais fait dépérir et ruine simultanément sa vigueur et souvent même son jugement, à la manière de l'ascète» (1881, §109).

III. LA PERSPECTIVE PSYCHANALYTIQUE

a) Définition et situation de la psychanalyse

La psychanalyse est un genre de psychologie qui s'apparente étroitement à la démarche philosophique. Nous l'évoquons ici parce qu'elle est apparue au XXe siècle comme la forme la plus populaire de psychologie et parce qu'elle comporte une conception du contrôle de soi.

Sigmund Freud (1856-1939), le fondateur de cette discipline, l'a définie par trois axes. Il s'agit d'abord, écrivait-il, «d'un procédé d'investigation des processus mentaux à peu près inaccessibles autrement» (XIII 211). Ce procédé réside principalement dans l'interprétation par le psychanalyste des «associations libres» du psychanalysé. Selon Freud cette méthode, qu'il appelait «la règle fondamentale» (*Grundregel*), permet de soigner certains troubles névrotiques. Le deuxième axe de la psychanalyse est la visée thérapeutique. Le troisième est la constitution d'une théorie du fonctionnement normal et pathologique de l'appareil psychique (*psychischer Apparat*), ainsi que de la genèse des phénomènes culturels (institutions, art, éthique, religion).

Utilisant le même procédé d'investigation, plusieurs des premiers disciples de Freud en sont venus à développer des théories disparates, qui les ont menés tantôt à des schismes, tantôt à l'excommunication. A l'intérieur même de la psychanalyse, on constate aujourd'hui une étonnante polymorphie et de nombreuses contradictions, ce que les disciples de Freud reconnaissent eux-mêmes.

Ainsi p.ex. Chazaud, voulant défendre la psychanalyse contre les critiques formulées par Debray-Ritzen dans le livre *La Scolastique freudienne*, déclare : «C'est la stupéfaction qui me frappe quand on me parle d'une *scolastique freudienne* qui ferait l'unité du suivisme psychanalytique et de la standardisation des cervelles praticiennes. Je crois bien avoir compté, ne serait-ce que dans le *Journal International de Psychanalyse*, 1672 versions différentes de la théorie. Là où les uns raisonnent en *économistes*, les autres sont les apologues de la signifiance. Il n'est pas jusqu'à la théorie de la libido qui ne soit réinterprétée de multiples manières depuis Ferenczi. Et mieux vaut passer pudiquement sur les constructions psychopathologiques générales. J'entendrais mieux qu'on parle d'incohérence, de contradictions. Seule la pratique (la Règle, la technique, le protocole de la cure) est quasi universelle» (1974 : 216).

Dans les pays anglo-saxons, la psychanalyse a été, des années 30 à 60, la principale théorie de référence pour la psychiatrie et la psychologie clinique. Ensuite le vent a tourné. On peut lire, dans l'*Histoire de la psychanalyse* publiée sous la direction de Jaccard (1982) :

«Aux Etats-Unis, la psychanalyse a connu le point culminant de son influence et de son prestige au début de la décennie cinquante. Or, aujourd'hui, le désenchantement est grand. *La psychanalyse est en voie de disparition, dit le Dr Thomas Szasz, elle est aussi moribonde et dépourvue de signification que le parti libéral en Angleterre. Le Mouvement psychanalytique*, déclare de son côté le Dr Judd Marmor, ancien président de l'*American Academy of Psychoanalysis, est en train de devenir une branche sans importance de la psychiatrie*. Beaucoup d'analystes admettent que l'intérêt que l'on témoignait autrefois à la psychanalyse s'est singulièrement amenuisé au cours de ces vingt dernières années. A cet égard, on ne peut manquer d'être frappé par plusieurs faits. La psychanalyse est la moins utilisée des quelque 40 formes reconnues de la thérapie psychiatrique telle qu'elle est pratiquée aux Etats-Unis. Elle ne toucherait, d'après la conclusion d'une enquête menée par le *National Institute of Mental Health*, que 2% des malades mentaux. En 1945, sur sept *resident psychiatrists* (nouveaux médecins se préparant à choisir une spécialisation dans le domaine psychiatrique), un d'entre eux devenait psychanalyste. A l'heure actuelle, il n'y en a plus qu'un sur vingt qui choisit cette discipline, dit le Dr Harold Kelman, rédacteur en chef de l'*American Journal of Psychoanalysis*» (II 256).

La raison majeure de ce désintérêt de la part des universitaires anglo-saxons est le développement, depuis les années 60, de «paradigmes» concurrents, davantage performants et incontestablement plus scientifiques. Il s'agit d'une part de la psychiatrie biologique (seule efficace dans le traitement de certaines psychoses) et d'autre part des thérapies comportementales et cognitives, manifestement plus fécondes que la psychanalyse pour traiter les névroses, les troubles sexuels et les assuétudes.

Il est inopportun de développer ici les raisons pour lesquelles la psychanalyse est considérée par un nombre croissant de psychologues universitaires comme une forme préscientifique de psychologie n'ayant plus qu'un intérêt historique ou littéraire. J'évoquerai brièvement un des principaux arguments dans le chapitre sur les règles de la recherche scientifique.

Le lecteur qui souhaite un examen critique de la psychanalyse, en regard de la psychologie scientifique, peut lire p.ex. de Rachman : *Critical essays on psychoanalysis* (1963), de Linschoten : *Idolen van de psycholoog* (1964), de Cioffi : *Freud and the idea of a pseudo-science* (1970), de Fischer et Greenberg : *The scientific credibility of Freud's theories and therapy* (1977), de Perrez : *Ist die Psychoanalyse eine Wissenschaft?* (1979), de Van Rillaer : *Les illusions de la psychanalyse* (1980), de Eysenck : *Decline and fall of the Freudian empire* (1985). Celui qui s'intéresse à l'évaluation de la psychanalyse par des épistémologues de premier plan peut consulter Popper (1963; 1974), Wittgenstein (1966) ou Bunge (1991).

b) Le contrôle de soi selon la théorie psychanalytique

La notion d'autocontrôle n'est pas thématisée comme telle dans la psychanalyse, mais on y trouve une conception des relations entre ce que Freud appelle le «ça» (les pulsions), le «moi» et le «surmoi» (l'instance du contrôle des forces émanant du ça).

L'idée d'une tripartition de la personnalité se retrouve tout au long de l'histoire de la pensée occidentale, depuis Platon (qui distinguait les désirs, le courage, la raison) et Aristote (l'âme végétative, l'âme sensitive, l'âme pensante) jusqu'aux penseurs allemands du XIXe siècle (qui opposaient le pulsionnel, le psychique et le spirituel) en passant par Thomas d'Aquin et les scolastiques. La tripartite freudienne est directement inspirée du modèle hydrodynamique de la motivation, un modèle courant chez les physiologistes et les philosophes du XIXe siècle (cf. Russelman, 1983). L'appareil psychique est conçu par Freud comme une marmite sous pression ou une machine à vapeur.

A propos du «ça», il écrit : «Nous l'appelons un chaos, une marmite (*einen Kessel*) remplie d'excitations bouillonnantes (...) Il se remplit de l'énergie émanant des pulsions, mais n'a pas d'organisation. Il ne suscite pas une volonté unifiée, mais seulement la tendance à procurer la satisfaction des besoins pulsionnels sous l'hégémonie du principe de plaisir» (1932, XV 80).

Dans cette conception — que j'appelle le «modèle marmitéen» du psychisme — le surmoi apparaît comme le couvercle d'un chaudron ou le piston d'une locomotive. C'est l'instance située «au-dessus du moi» (*Ueber-Ich*), qui réprime ou refoule les excitations bouillonnantes du ça. Pour Freud, le censeur intérieur est largement inconscient, infantile, tyrannique. A moins de bénéficier d'une longue cure psychanalytique, l'individu reste tout au long de sa vie la proie de ce juge caché, inaccessible et inflexible. Quant au moi, l'instance médiatrice entre les désirs et les interdits, le fondateur de la psychanalyse ne cesse d'en souligner la faiblesse. Il parle du «pauvre moi» (*das arme Ich*, XV 84) ou le désigne comme «une pauvre chose» (*ein armes Ding*).

Le psychologue scientifique émet les mêmes réserves à l'égard de la perspective freudienne sur l'autocontrôle qu'à l'égard de la conception traditionnelle de la volonté.

1. Beaucoup d'adeptes de la psychanalyse imaginent le ça, le moi et le surmoi comme des êtres intérieurs qui se livrent des batailles. Ils croient que la théorie des «trois provinces de l'appareil psychique» *explique* les comportements, alors qu'elle n'est qu'une théorie descriptive. Ainsi, quand Freud déclare que le mélancolique souffre d'un «surmoi sadique» (XV 66), il n'explique pas mieux la genèse ou le mécanisme de la mélancolie que celui qui parle simplement de «forte culpabilité».

2. La notion freudienne de surmoi tend à faire surestimer la constance des conduites d'un individu. Les recherches scientifiques montrent que le contrôle interne est loin d'être stable et que la corrélation entre les degrés de conscience morale dans des situations très différentes est relativement faible, peu significative. L'adoption par un individu d'une conduite «honnête» à un moment donné dépend sans doute en partie de sa personnalité (l'histoire de ses apprentissages antérieurs), mais elle dépend également des contingences situationnelles (présence ou non d'une autorité, comportements d'autres personnes, anticipation d'un profit, risque de punition, etc.). Mischel, qui a réalisé la synthèse des travaux sur cette question, conclut : «Au total, les données concernant l'autocontrôle et la conduite morale ne permettent pas d'affirmer l'existence d'une instance morale unitaire, intrapsychique, telle que le surmoi. Les résultats suggèrent l'absence d'une dimension unique de conscience ou d'honnêteté» (1976 : 461).

c) L'efficience de la psychanalyse pour le contrôle de soi

Les recherches scientifiques sur l'efficacité thérapeutique de la psychanalyse montrent qu'elle n'enregistre des succès que dans des troubles névrotiques mineurs. Ces effets positifs s'expliquent facilement par des «facteurs thérapeutiques non spécifiques» : espoir de changer, confiance dans la méthode et dans le thérapeute, sentiment d'être écouté, compris et (re)valorisé, nouvelle façon d'envisager l'existence, prise de distance à l'égard des problèmes, déculpabilisation, dédramatisation (cf. Eysenck, 1966; Rachman, 1971; Van Rillaer, 1980 : 329-79). La méthode freudienne s'avère généralement impuissante à faire disparaître de véritables assuétudes, des problèmes autrement difficiles à traiter qu'une légère dépression ou de petites angoisses. Ce n'est donc pas un hasard si Freud n'a quasi rien écrit sur les toxicomanies. Le psychanalyste Didier Anzieu note dans sa biographie du célèbre Viennois : «Alors que Freud étendra peu à peu la compréhension psychanalytique à la plupart des manifestations psychopathologiques, la toxicomanie restera pour lui un champ inexploré, signe d'une 'résistance' ancrée sur une faille personnelle» (1975, I : 75).

L'index général des *Gesammelte Werke* n'indique qu'une seule allusion à ce problème. En 1898 Freud déclare : «Tous ceux qui ont l'occasion de prendre de la morphine, de la cocaïne, du chloral et d'autres substances du même genre ne deviennent pas pour autant des toxicomanes. Un examen plus poussé montre, de façon générale, que ces narcotiques servent — directement ou indirectement — de substituts à un manque de satisfaction sexuelle» (I 506). L'année précédente, il avait écrit à Fliess que toutes les dépendances (*Süchte*) ne sont que l'«Ersatz» de la masturbation, qui est le désir primordial (*Ursucht*) (A. A. : 254).

Ces propos du Père de la psychanalyse ont donné lieu à divers commentaires, mais à aucune véritable recherche scientifique, ni à des méthodes de thérapie spécifiques. Soixante ans plus tard, ses disciples n'ont guère progressé sur la question, du moins pas quant à l'efficacité pratique. Dans une étude psychanalytique de l'alcoolisme, Clavreul note que «l'opinion généralement émise entre collègues peut se résumer ainsi : *Les alcooliques, ça ne me dit rien*» (1959 : 257). C'est que, explique ce psychanalyste, «nous sommes tous bien convaincus que l'alcoolique n'a pas de parole», il s'agit d'un «hors-la-loi, qui ne se situe sans doute pas parmi les êtres normaux, insérés dans le langage commun» (p. 258). Si un freudien accepte de s'occuper d'un alcoolique, ce ne peut être pour vouloir le guérir, mais seulement pour explorer des fantasmes : «Une analyse classique présente, au départ, des difficultés insurmontables (...) Elle n'a certes pas pour but, comme le croient l'alcoolique et sa famille, de faire entrer dans la légalité ce *hors-la-loi* (...) Il s'agit bien plutôt de mettre en question cette Loi, et de se demander par qui elle est donnée. C'est en acceptant de laisser le problème se poser sur ce plan, que nous verrons dans les meilleurs cas le malade nous apporter un abondant matériel où, toujours, le personnage principal sera la Mort» (p. 278s). Clavreul ne fait que répéter le principe que Freud confiait à Weiss, quand celui-ci se plaignait des échecs de la psychanalyse : «Seuls peu de malades sont dignes des efforts que nous leur consacrons, si bien que notre position ne doit pas être thérapeutique, mais que nous devons nous estimer heureux d'avoir dans chaque cas appris quelque chose» (lettre du 11-2-1922).

Freud et ses disciples sont demeurés tout aussi discrets sur le tabagisme que sur les autres formes de toxicomanie. Près d'un demi-siècle après la mort de Freud, une psychanalyste s'en étonne enfin. Odile Lesourne écrit : «La pratique de la cigarette, de la pipe, du cigare, placée là au milieu de la vie de tous, extraordinairement visible, ni Freud, ni aucun de ses successeurs presque, n'y ont vraiment porté attention (...) Pourquoi Freud, pourquoi ses biographes ont-ils *mis entre parenthèses* la question du tabac?» (1984 : 5; 2). Le père de la psychanalyse était cependant très directement concerné. Son fidèle ami et biographe, Ernest Jones, rapporte : «On sait que Freud était grand fumeur. Sa moyenne était de vingt cigares par jour. Nous pourrions qualifier cette habitude de toxicomanie puisque les souffrances qu'il endurait lorsqu'il ne pouvait fumer étaient insupportables, comme il advint dans les dernières années de guerre» (II 409).

Dès l'âge de 37 ans, Freud souffrit de troubles cardiaques. Pour cette raison, Fliess, son maître à penser d'alors, lui ordonna de cesser de fumer. Freud répondit qu'il allait «suivre scrupuleusement ses prescriptions». Dans les mois qui suivirent il s'efforça à l'abstinence, mais n'y parvint que pendant sept semaines (Lesourne, p. 19). Aux malaises cardiaques, qu'il a endurés de façon intermittente durant 40 ans, s'est ajouté à partir de 1923 le problème du cancer de la bouche. Lesourne écrit : «Tout le monde, déjà à l'époque, pense que le cancer est, sinon directement causé par le tabagisme, du moins largement favorisé par lui» (p. 21). Freud subit 32 opérations et d'innombrables prothèses. «Chaque nouvelle leucoplasie, chaque début d'épithéliome, chaque opération, chaque biopsie, qui inquiétaient considérablement les médecins et entraînaient pour Freud de grandes souffrances, le laissaient impavide quant à son tabagisme. Il rejetait l'idée des conséquences funestes de cette habitude d'un revers de main et persévérait» (id.).

Non seulement Freud niait l'évidence des conséquences négatives du tabac, mais — par une sorte de retournement «dialectique» dont il était coutumier — il ne voyait dans sa drogue que des effets positifs. Il écrivait à Zweig le 7 février 1931 : «J'ai été un fumeur passionné (je voudrais l'être encore) qui attribuait au cigare le rôle le plus important dans la maîtrise de soi et dans la ténacité au travail». Ainsi le fondateur de la psychanalyse n'a pas trouvé dans sa discipline un moyen efficace pour éliminer une dépendance. Il s'est contenté d'une interprétation permettant de masquer son manque d'autocontrôle.

Brill, le fondateur de la Société psychanalytique de New York, est allé dans le même sens que son maître. Il suggérait que ce sont les personnes qui ne fument pas qui devraient retenir l'attention du psychanalyste. Il écrivait : «Je n'ai jamais rencontré de névrose ni de psychose qui puisse d'une manière ou d'une autre être attribuée au tabac. Par contre, il faudrait plutôt se méfier des non-fumeurs. Parmi les opposants farouches à cette habitude, j'en ai connu beaucoup qui souffraient de névroses graves» (1922 : 444). Il va de soi que Brill n'a jamais étayé son intuition «clinique» par une quelconque étude statistique.

Lesourne, dans son étude psychanalytique du tabagisme, ne peut évidemment penser autrement que Freud. Pas question de reconnaître chez le Père de la psychanalyse une évidente forme d'impuissance. Il fumait, explique Lesourne, «afin de maîtriser la mort», afin de «ne pas se laisser prendre par la mort, mais la faire entrer en soi lentement et méthodiquement de manière à la contrôler et à en observer les effets» (sic, p. 22). Au terme de son livre, après avoir longuement élucubré sur le symbolisme oral, anal et phallique de la cigarette, l'adepte de Freud étend à tous les fumeurs son explication-justification de la tabacomanie du Maître : «En devenant un grand intoxiqué, le fumeur s'emploie à faire advenir un objet extrêmement dangereux (le cancer) et maîtrise cet objet (puisqu'il est grand fumeur et qu'il n'est pas atteint, il est inconsciemment plus fort que la maladie)» (sic, p. 217).

Une des thèses essentielles de la psychologie scientifique est que nos comportements sont largement modelés par leurs conséquences (principalement : obtenir du plaisir et échapper à des désagréments), et que cette loi vaut autant pour les cognitions que pour les actions. Les propos de Freud, de Brill et de Lesourne illustrent bien ce processus : ce qu'ils racontent ne sert qu'à entretenir l'illusion d'une connaissance profonde et à justifier leur incapacité à éliminer des dépendances bien accrochées ou d'intenses réactions névrotiques.

Au soir de sa vie, Jacques Lacan (1901-1981), le célèbre Président de l'Ecole freudienne de Paris, disait : «Notre pratique est une escroquerie. Bluffer, faire ciller les gens, les éblouir avec des mots qui sont du chiqué, c'est quand même ce qu'on appelle d'habitude du chiqué (...) Du point de vue éthique, c'est intenable, notre profession; c'est bien d'ailleurs pour ça que j'en suis malade, parce que j'ai un surmoi comme tout le monde (...) Il s'agit de savoir si Freud est oui ou non un événement historique. Je crois qu'il a raté son coup. C'est comme moi, dans très peu de temps, tout le monde s'en foutra de la psychanalyse» (1981 : 88). Les psychanalystes minimisent la portée de ces propos en invoquant l'âge de Lacan (sa soi-disant «sénilité», son «artériosclérose») et son goût de la provocation. Pour ma part, je crois plutôt que le célèbre psychanalyste, arrivé au terme de l'existence, a voulu simplement jeter le masque.

IV. LA PERSPECTIVE DE LA PSYCHOLOGIE SCIENTIFIQUE

> «C'est verser dans un vain optimisme
> que de penser que savoir sert automatiquement
> à savoir (...)
> En fait, les crises de croissance de la pensée
> impliquent une refonte totale du système
> du savoir.»
>
> Gaston Bachelard
> *La formation de l'esprit scientifique*, p. 15.

a) L'exigence de scientificité en psychologie

Pour les psychologues d'orientation scientifique la principale révolution, apparue dans l'histoire de leur discipline, réside dans l'utilisation de la méthode scientifique en vue d'étudier les phénomènes psychiques. Jusqu'alors, les hommes avaient conçu de nombreuses idées sur le fonctionnement mental, mais ils ne disposaient pas d'une méthodologie précise permettant de mettre ces idées systématiquement à l'épreuve des faits.

Le développement de la psychologie scientifique a comporté deux temps particulièrement féconds : la création par Wundt en 1879 du premier laboratoire de psychologie et la publication par Watson en 1913 du manifeste du *behaviorisme*, la conception selon laquelle la psychologie est la «science du comportement (*behavior*)».

Wilhelm Wundt était un Allemand. Formé à la physiologie et à la philosophie, il a développé l'étude expérimentale de la perception, de l'attention et des affects. Ses recherches se caractérisent par une définition stricte des conditions d'observation et un contrôle soigneux des résultats. Il a largement contribué à la mutation de la psychologie définie comme partie de la philosophie (la doctrine de l'âme) à la psychologie conçue comme discipline scientifique (la science de l'âme ou de la conscience).

John Watson était un Américain. Il a effectué une seconde rupture, capitale, avec les conceptions antérieures de la psychologie, y compris celle de Wundt. D'une part il a remis en question l'introspection, la procédure privilégiée par le maître allemand. Il pensait que l'observation des «états de conscience» ne mène guère à la découverte des véritables déterminants de la conduite. Selon lui, le psychologue doit se centrer sur l'observation «externe» de phénomènes soigneusement contrôlés. D'autre part il estimait qu'on ne peut étudier valablement que le comportement et les variables, physiologiques ou environnementales, dont il est fonction. (Le Français Henri Piéron avait déjà exprimé des idées similaires en 1908, mais il ne réussit pas à provoquer l'enthousiasme que Watson suscita aux Etats-Unis, pays où, comme le disait Piéron, «le poids des traditions est moins lourd»).

Au cours du XXe siècle, les psychologues à visée scientifique ont tous adopté les critères de la scientificité pour mener leurs recherches, mais ils ne se sont pas accordés sur leur objet d'étude. Leurs divergences tiennent pour une part à la façon d'utiliser le concept de «comportement» et, pour une autre part, au poids qu'ils accordent aux déterminants externes et internes des comportements.

b) Définitions du terme «comportement»

Dans son acception étroite, le mot «comportement» désigne les actions manifestes, directement observables, qui se distinguent des phénomènes psychiques «internes» (cognitions et affects). Au sens large, il signifie toute forme d'activité, directement ou indirectement observable. Selon cette seconde définition, qui est celle que nous adoptons, le comportement peut s'envisager comme un phénomène plus ou moins complexe, qui comporte trois aspects essentiels : des composantes cognitives (perceptions, souvenirs, réflexions, etc.), affectives (sensations de plaisir, de souffrance ou d'indifférence) et motrices (actions, expressions corporelles).

S'il est opportun de concevoir que tout comportement présente ces trois dimensions, on peut cependant parler de «comportement cognitif» quand la 1re composante s'avère prédominante (p.ex. lors d'une réflexion sur un problème), de «comportement affectif» ou «émotionnel» lorsque la 2e dimension est la plus frappante (p.ex. quand une personne fond en larmes), de «comportement moteur» ou «praxique» lorsque la 3e composante apparaît à l'avant-plan (p.ex. durant une activité sportive). Au niveau de l' existence concrète, il n'y a guère d'actions motrices «pures», pas plus qu'il n'y a d'affects sans cognition et sans réaction motrice, ou de cognitions sans concomitant affectif et moteur (posture, mimique, expression verbale, utilisation de la main pour écrire, etc.). Cognitions, affects et actions ne se distinguent que via une opération d'abstraction — par ailleurs fort utile pour la recherche scientifique et pour la pratique de la gestion de soi.

c) Du behaviorisme radical au néobehaviorisme

La plupart des théories élaborées par les psychologues scientifiques peuvent se regrouper en trois orientations : le behaviorisme radical, le cognitivisme, le néobehaviorisme. Nous les passons brièvement en revue.

1. Le behaviorisme radical

Watson a voulu s'opposer vigoureusement à la psychologie de son temps, une psychologie spéculative et verbeuse, qui «expliquait» les conduites par des entités mentales inobservables (les facultés de l'âme, les traits de caractère, les instincts, les besoins, l'Inconscient, les complexes, etc.). Il s'est dès lors centré sur le comportement entendu au sens étroit du terme, laissant entre parenthèses les phénomènes qui se produisent entre les stimuli environnementaux et les réactions visibles de l'individu. Sa formule de base est le schéma «S → R» : la psychologie doit chercher à prédire quelles sont les réactions à divers stimuli et, inversement, elle doit pouvoir préciser, à partir des réactions, quels sont exactement les stimuli qui les ont déclenchées. Le promoteur du behaviorisme estimait la psychologie de son époque insuffisamment armée pour explorer scientifiquement les variables «internes» situées dans ce qu'il appelait «la boîte noire». Il a cependant reconnu l'importance de certaines de ces variables, en particulier les affects et le «langage subvocal», le *covert speech.*

Progressivement les behavioristes ont accordé de plus en plus d'importance aux phénomènes «intérieurs» ou «privés». Skinner, le génial continuateur de Watson, n'hésitera pas à déclarer : «Il importe au plus haut point qu'une science du comportement affronte le problème de l'univers privé. Elle le peut sans renoncer à la position fondamentale du behaviorisme» (1969 : 299). Toutefois, selon les behavioristes «radicaux» d'aujourd'hui, les phénomènes mentaux restent largement hypothétiques et ne peuvent constituer l'explication ultime des conduites. Ils pensent que tous les aspects du comportement (moteurs, cognitifs, affectifs) sont régis *in fine* par des stimuli externes. Skinner précise :

> «Ce n'est pas tant la complexité du comportement humain qui fait problème que la pratique traditionnelle de chercher des explications à l'intérieur de la personne qui se comporte. On dit que les actions des gens sont déterminées par leurs sentiments, états d'esprit, intentions, buts et plans; qu'ils agissent parce qu'ils veulent agir; que leurs rôles dans la société sont le reflet de leur moi intérieur ou de leur personnalité. Une science du comportement doit chercher ailleurs. Elle se tourne vers l'environnement — l'environnement, qui a produit l'équipement génétique des espèces via la sélection naturelle, et qui, maintenant, façonne et maintient le répertoire de l'individu grâce à un autre processus de sélection appelé *conditionnement opérant*. Si nous analysons ces deux rôles de l'environnement, nous pouvons commencer à comprendre le comportement et nous pouvons le modifier en changeant l'environnement.
>
> L'évidence du puissant contrôle exercé par l'environnement ne s'obtient que par des pratiques scientifiques élaborées et n'est en aucune façon aussi immédiate ou manifeste que l'évidence sur laquelle semble s'appuyer la conception traditionnelle» (1978 : 85).

Pour Skinner (p.ex. 1938; 1989), toute analyse psychologique d'une catégorie de comportements nécessite l'observation méthodique des variables suivantes :

– les comportements en tant que tels (leur fréquence, durée, intensité);

– les antécédents qui incitent à réagir (appelés «stimuli discriminatifs»);

– les conséquences des comportements (conséquences appelées «renforçateurs» lorsqu'elles favorisent la répétition des comportements);

– les «contingences de renforcement», c'est-à-dire les relations entre les comportements, leurs antécédents et leurs conséquences.

Des milliers de recherches expérimentales ont montré que les conduites les plus diverses — y compris celles que l'on expliquait traditionnellement par l'instinct — peuvent être provoquées, modifiées ou éliminées par des variations de facteurs externes. Ces travaux ont semblé justifier pleinement une position «environnementaliste» et «antimentaliste», qui peut se résumer par cette formule de Skinner : «L'action est le problème et les contingences sont la solution» (1989 : 69).

2. *Le cognitivisme*

Le behaviorisme radical n'a pas fait l'unanimité chez les psychologues scientifiques. Depuis le début de l'histoire de leur discipline, certains ont considéré que la prise en compte de processus cognitifs «internes» est essentielle pour comprendre l'homme et même l'animal. Ils ont montré p.ex. l'importance de l'attitude du sujet au cours des expériences de psychologie. Ils ont mené des recherches sur les images mentales, le langage, la formation des concepts, la recherche de solutions de problèmes. Au cours des années 60 un nombre croissant de psychologues, tout en restant fidèles aux principes de la méthodologie scientifique, se sont centrés sur la « médiation cognitive » qui se produit entre les stimuli externes et les réactions manifestes. C'est l'avènement, puis la mode de la « psychologie cognitive » (cf. Neisser, 1967 ; Baars, 1986).

Certains psychologues se rattachent au courant du « behaviorisme médiationnel ». Ils estiment que les progrès de leur discipline permettent désormais d'explorer (indirectement) la *black box* que Watson avait mise entre parenthèses. Ils construisent des modèles relatifs à des « variables intermédiaires » et ils testent des implications vérifiables de ces modèles. Ces psychologues se définissent encore comme des behavioristes parce que leur objectif essentiel reste l'explication des comportements observables et parce que, dans cette explication, ils attribuent un rôle primordial aux stimuli externes.

D'autres psychologues déclarent que l'objet essentiel de leur discipline est l'activité mentale et que l'explication ultime des conduites se trouve, non dans l'environnement, mais dans la dimension cognitive. C'est la position du *cognitivisme (radical)*, qui rappelle certaines philosophies idéalistes, p.ex. le stoïcisme ou le kantisme.

Des psychologues ont glorifié la « révolution cognitive ». D'autres ont déploré la résurrection déguisée du « mentalisme », combattu à grand-peine par Watson et ses fidèles. Quoi qu'il en soit, on doit reconnaître au courant cognitiviste le mérite d'avoir favorisé, dans la psychologie scientifique, la réhabilitation de la personne comme sujet actif, auteur de ses conduites. Le behaviorisme radical, en effet, suggérait plutôt une conception de l'homme comme être passif, modelé de l'extérieur, peu ou guère responsable de sa propre existence.

3. Le néobehaviorisme

Depuis les années 70, la majorité des psychologues scientifiques ont dépassé l'antinomie de l'environnementalisme et du mentalisme. Ils ont renvoyé dos à dos les conceptions d'un homme vide, pur produit du milieu, et d'un homme insulaire, indépendant du contexte physique et social. Toute une série d'expressions sont venues supplanter celles de « behaviorisme » et de « cognitivisme » : néobehaviorisme, behaviorisme cognitiviste, behaviorisme humaniste, modèle interactionnel, interactionnisme, approche cognitivo-comportementale, paradigme du déterminisme réciproque, perspective transactionnelle... Le concept-clé est celui d'*interaction*.

Un des plus éminents représentants du néobehaviorisme est Albert Bandura (1969; 1976). Avec son équipe de chercheurs de l'Université Stanford, il a mené de nombreuses expériences qui démontrent que les changements de conduite impliquent des changements cognitifs, mais que les changements cognitifs «profonds» supposent des modifications de l'environnement et/ou la mise en œuvre de nouvelles actions.

Actuellement, l'être humain est envisagé comme un être complexe, qui ne se comprend bien qu'en termes de relations bidirectionnelles entre des facteurs personnels et des contingences environnementales. Il apparaît étroitement dépendant de contrôles externes, mais se montre capable d'analyser ces contrôles et d'agir sur eux. D'autre part, les dimensions (cognitive, affective, motrice) du comportement sont en interaction continue. Les aspects manifestes de la conduite sont intimement liés à ses aspects «privés».

d) Evolution des conceptions des troubles psychiques et de leurs traitements

Nous présentons brièvement un historique des conceptions des difficultés psychologiques et de leurs traitements de façon à spécifier clairement notre perspective.

1. Le modèle magico-religieux

Dans l'histoire de l'humanité, les conceptions des troubles psychiques les plus répandues sont les conceptions magiques et religieuses. Les troubles y sont attribués au péché ou bien à l'influence de démons ou d'autres hommes. Les traitements corrélatifs à ces croyances consistent en prières, mortifications, pèlerinages, exorcismes. Le but est de purifier la personne ou d'expulser un mal qui se dissimule en elle.

2. Le modèle médical

En opposition avec le premier modèle, s'est développée lentement une conception médicale des troubles mentaux. Ceux-ci apparaissent comme des manifestations d'une pathologie organique sous-jacente. La thérapie idéale vise la cause «interne» des symptômes.

Le mode de pensée typiquement médical a fait merveille pour le traitement de maladies somatiques et s'est avéré tout à fait pertinent dans le cas de véritables «maladies mentales». La démence syphilitique est le prototype des troubles qui s'inscrivent dans ce cadre. (Au XIXe siècle des médecins s'avisèrent qu'une forme de psychose se développe parallèlement aux troubles organiques de la syphilis. Au XXe siècle on identifia l'agent infectieux et von Jauregg parvint à traiter les symptômes de la maladie. Finalement la pénicilline permit une thérapie efficace).

3. *Le modèle «médico-psychologique» (ou «mentaliste»)*

Tous les troubles mentaux ne s'expliquent pas par des facteurs organiques. Aussi des conceptions «psychologiques» ont-elles paru légitimes et ont connu du succès, surtout depuis le XIXe siècle. A titre d'exemple, on peut citer celle de Moritz Benedikt, un neurologue injustement oublié (dont Freud et Adler se sont largement inspirés). Dès 1864 Benedikt, alors chef du Service de neurologie à l'Hôpital général de Vienne, soutenait que l'hystérie provient de frustrations sexuelles et non, comme on le croyait à l'époque, d'un dysfonctionnement physique des organes génitaux. Quelques années plus tard, il précisait que les hystériques sont victimes de «secrets pathogènes», le plus souvent d'ordre sexuel. La psychothérapie qu'il pratiquait consistait essentiellement à mettre au jour ce qu'il appelait la «seconde vie», grâce à des questions et une écoute bienveillantes (cf. Ellenberger, 1978 : 131-52).

Des conceptions comme celles de Benedikt, qui affirment la primauté de causes psychologiques, s'opposent au modèle «médical». Il y a toutefois une analogie entre les deux modèles : dans l'un et l'autre cas, *les troubles sont expliqués comme des «symptômes» de dysfonctionnements internes, sous-jacents, cachés.* Les conceptions psychologiques de ce type sont appelées «médico-psychologiques», «intrapsychiques» ou «mentalistes». L'exemple le plus populaire en est la psychanalyse. Selon Freud, les conduites pathologiques sont l'émergence symbolique d'un conflit «intérieur». Il affirmait : «Il est nécessaire, pour qu'un symptôme se produise, que son sens soit inconscient. Le symptôme ne peut provenir de processus conscients. Par ailleurs, le symptôme disparaît dès que le processus inconscient est devenu conscient» (XI 289). La thérapie corrélative au modèle médico-psychologique consiste à exhumer des pulsions et des significations dissimulées dans les «profondeurs», à la façon dont le chirurgien extrait des tumeurs pathogènes.

Ce modèle a rendu des services. Il a attiré l'attention sur des facteurs psychologiques tout en évitant le moralisme. Aujourd'hui les psychologues scientifiques le délaissent au profit de conceptions «behavioristes» et «cognitives» qui collent mieux aux faits et débouchent sur des stratégies plus efficaces.

4. Le modèle behavioriste

La première conception des troubles psychiques et de la psychothérapie, qui s'est fondée explicitement sur la psychologie scientifique, est issue du behaviorisme radical. On peut situer son point de départ dans une expérience d'induction de phobies chez un être humain, réalisée par Watson en 1920 (cf. Eysenck, 1960 : 27-38).

Le sujet, appelé Albert, était un garçon d'un an, bien équilibré, au tempérament flegmatique. Mis en présence de divers stimuli tels qu'un masque, un lapin ou un rat, il ne manifestait aucune crainte. Seul un son violent déclenchait chez lui des signes objectifs de peur (sursauts et pleurs). Watson a soumis *Little Albert* au scénario suivant : à plusieurs reprises, il a fait surgir un petit rat blanc quelques secondes avant de frapper une barre de métal avec un marteau. Après sept répétitions de l'association entre l'animal — perçu d'abord comme inoffensif — et le son violent, Albert s'est mis à pleurer dès qu'un rat blanc survenait, même si plus aucun son ne suivait cette apparition. A partir de ce moment, l'enfant a manifesté aussi un comportement de peur en présence d'un lapin blanc et, dans une moindre mesure, d'ouate et d'un manteau de fourrure de la même couleur (c'est le phénomène de la « généralisation du stimulus » : la diffusion de la signification d'un stimulus à d'autres, qui présentent une similitude avec lui). J'ai discuté ailleurs (1980 : 148) des problèmes éthiques que pose cette expérience. Je n'évoque ici que les processus psychologiques en rapport avec le modèle behavioriste des troubles comportementaux.

L'expérience de Watson montre que des troubles psychiques, tels que des phobies, ne sont pas nécessairement l'expression de conflits intrapsychiques inconscients. Ils peuvent simplement résulter de conditionnements malencontreux. Le cas de Little Albert et les centaines d'observations bien contrôlées qui ont suivi appuient les principes suivants :

1. *Les comportements « pathologiques » peuvent, autant que les comportements « normaux », s'étudier de façon rigoureuse et féconde par la méthode scientifique*, qui a fait ses preuves dans des disciplines telles que la biologie et la médecine.

2. Au niveau des processus psychologiques, *il n'y a guère de différence de nature entre les comportements « normaux » et « anormaux » : les uns comme les autres obéissent aux mêmes lois psychologiques.*

3. Dans tous les changements comportementaux, qu'ils soient heureux ou regrettables, *l'environnement apparaît comme un facteur crucial.* Pour les behavioristes radicaux, il s'agit du déterminant essentiel.

4. Les comportements «pathologiques» — à moins qu'ils ne soient la conséquence d'un trouble somatique — peuvent être diminués ou éliminés selon les mêmes principes que ceux qui permettent de modifier des conduites «normales». *Une psychothérapie efficace est un apprentissage méthodique de nouveaux comportements* (et non une opération d'extraction de sortes de tumeurs psychologiques).

Ces principes sont à la base de diverses procédures pour lesquelles Skinner et ses collaborateurs ont proposé en 1953 le nom de «thérapies comportementales», lesquelles peuvent se définir comme des *procédures qui mettent en œuvre des méthodes et des connaissances de la psychologie scientifique en vue d'apprendre à modifier des comportements problématiques*.

L'exemple princeps d'une thérapie comportementale est le traitement de *Peter*, réalisé en 1924 par Mary Jones, suivant les indications de Watson (cf. Eysenck, 1960 : 39-56). L'enfant était âgé de trois ans. Il avait peur des lapins et, dans une moindre mesure, des rats et des fourrures. Jones a expérimenté deux stratégies. D'une part, elle a installé Peter sur une chaise haute. Pendant qu'il recevait ses aliments préférés ou jouait agréablement, un lapin était amené dans une cage grillagée à l'autre bout de la pièce. Au début le garçon présentait des signes typiques de peur, mais il s'est habitué progressivement au stimulus anxiogène. Après quelques séances de ce régime, la cage pouvait être rapprochée de Peter sans déclencher de vives réactions. D'autre part, Jones a exploité le pouvoir «thérapeutique» de l'imitation : elle a invité trois garçons de l'âge de Peter, qui n'avaient pas peur des lapins, à venir jouer devant Peter avec l'animal phobogène.

Le degré de tolérance de Peter a augmenté selon une progression en dents de scie, lentement mais sûrement. En deux mois de séances régulières, la réaction de panique déclenchée à la vue d'un lapin a disparu au profit de conduites nouvelles, tout à fait positives. Finalement Peter a accepté l'animal dans son parc, il s'est mis à jouer avec lui et à le caresser affectueusement. Aucun «symptôme de substitution» — pour parler comme les psychanalystes — n'est apparu dans les semaines qui ont suivi.

Ce traitement, qui semble un peu simpliste en regard de la façon dont les comportementalistes travaillent aujourd'hui, illustre les principes essentiels de la première version de la *behavior therapy* :

– la *méthode* d'analyse et de traitement relèvent clairement de la psychologie scientifique : Jones observe et expérimente de façon méthodique; elle évalue objectivement l'effet des interventions;

– l'attention du thérapeute se centre sur les *comportements observables et mesurables*, plutôt que sur des entités mentales inférées;

– la *théorie* qui sert de cadre de référence est celle de l'apprentissage;

– les *stratégies pratiques* consistent en changements programmés de l'environnement (confrontation effective avec le stimulus anxiogène situé à des distances variables; présence de «modèles» facilement imitables) en vue de *susciter de nouveaux comportements* (rester calme, imiter des camarades, s'intéresser, percevoir de nouvelles significations, éprouver d'autres affects) *permettant de se libérer d'automatismes névrotiques.*

Il a fallu attendre un quart de siècle pour que se développe résolument une psychothérapie basée sur les principes énoncés par Watson et Mary Jones. Le principal artisan en a été Joseph Wolpe, un psychiatre sud-africain, formé à la psychanalyse et déçu par la méthode freudienne parce que préoccupé de scientificité et d'efficacité. Au cours des années 50, il élabora une théorie behavioriste des phobies et de leur traitement. Wolpe estimait que ces troubles sont le plus souvent des réactions acquises suite à des situations traumatisantes. Son traitement consistait à faire apprendre une réaction destinée à neutraliser l'anxiété (p.ex. la relaxation musculaire) et à aider ensuite la personne à affronter progressivement les stimuli anxiogènes. Il baptisa sa procédure la *désensibilisation systématique* (1954). Cette technique rappelle celle de Mary Jones, mais elle s'appuie explicitement sur des *processus cognitifs* (le sujet apprend à affronter calmement des stimuli anxiogènes en imagination, avant de s'exercer *in vivo*) et sur des *habiletés affectives* (le sujet s'exerce à réduire rapidement son activation émotionnelle grâce à un entraînement à la relaxation). Notons que des processus «internes» ont ainsi servi de leviers thérapeutiques dès les premières applications curatives du behaviorisme.

5. *Le modèle cognitiviste*

Indépendamment de la thérapie comportementale d'inspiration watsonnienne s'est développé un courant de thérapie «cognitive». Il est l'œuvre de psychanalystes déçus de leurs résultats thérapeutiques, mais restés centrés sur l'univers «intérieur» de leurs clients.

Le premier d'entre eux est Albert Ellis. Vers 1955 ce psychologue new-yorkais a développé l'idée que les troubles dits «névrotiques» résultent essentiellement de croyances illogiques et irrationnelles (cf. Ellis, 1958). Il a dès lors élaboré une forme de thérapie axée sur la modification *active* des idées provoquant des réactions émotionnelles excessives. Il l'a baptisée «thérapie rationnelle», puis «thérapie rationnelle-émotive». En 1962, il publie à New York. son premier livre sur cette nouvelle approche : *Reason and Emotion in Psychotherapy.*

Pendant plusieurs années, le père de la *Rational-Emotive Therapy* est resté en marge de l'Institution universitaire. Il a créé son propre Institut de thérapie, de recherche et de formation. Il n'en est pas moins apparu progressivement comme un des plus grands psychothérapeutes de notre siècle. Ses nombreux articles ont fini par être publiés dans les revues les plus cotées de la psychologie clinique scientifique. En 1985 l'*American Psychological Association* lui a décerné sa plus haute distinction, l'*Award for Distinguished Professional Contributions*, pour «sa profonde influence sur la pratique professionnelle de la psychologie».

L'autre grand pionnier de la *cognitive therapy* — qui fut d'ailleurs le premier à utiliser cette expression — est Aaron Beck, un psychiatre formé à la psychanalyse et spécialisé dans le traitement des dépressions. A la même époque qu'Ellis et indépendamment de lui, il a parcouru un itinéraire semblable : au début des années 60, il s'éloigna du freudisme tout en maintenant son intérêt pour le monde «intérieur». Il se mit à analyser les «schèmes de pensée dysfonctionnels» qui suscitent, maintiennent ou accentuent les processus dépressogènes et névrotisants (Beck, 1963). Il développa la thèse que tous les syndromes psychopathologiques se caractérisent par des erreurs de perception et d'interprétation («distorsions cognitives»). Corrélativement à cette théorie, il élabora une forme de psychothérapie qui consiste à déconstruire des schèmes cognitifs et à les remplacer *activement* par d'autres. En 1967, il publia à New York son premier ouvrage sur la question : *Depression : Clinical, experimental and theoretical aspects*. Quelques années plus tard, il acquit la célébrité grâce au livre *Cognitive therapy and the emotional disorders* (1976). Il a développé au sein de l'Université de l'Etat de Pennsylvanie un Centre de thérapie cognitive mondialement connu. Nous reviendrons sur ses conceptions et celles d'Ellis.

L'évolution de la psychothérapie scientifique a été parallèle à celle des théories psychologiques, encore que l'opposition entre les courants «behavioriste» et «cognitiviste» ne s'y soit pas dessinée avec la même vigueur que chez les théoriciens et les expérimentalistes. En général il n'a été question que de pôles d'accentuation.

Wolpe, l'auteur du premier ouvrage de thérapie comportementale (1958), a d'emblée insisté sur le rôle des images mentales et des émotions. Ellis et Beck ont dès le départ affirmé l'importance des actions effectives : le premier prescrit toujours des «exercices dans la vie quotidienne» (*psychological homework*), le second incite ses patients déprimés à s'engager dans des activités agréables et dans des tâches de difficulté croissante. Sans doute y a-t-il eu des comportementalistes allergiques à l' univers «intérieur» et des cognitivistes bien calés dans leur fauteuil, fermés aux réalités hors du cabinet de consultation. La majorité des praticiens des deux bords ont cependant été rapidement convaincus de la nécessité d'un modèle interactionnel. Israël Goldiamond (1965) p.ex., un des premiers behavior-thérapeutes qui se soit préoccupé de procédures d'autocontrôle, a fortement souligné que le comportement est toujours fonction à la fois de la personne et de l'environnement, et que tout projet solide de modification du comportement devrait agir sur chacune de ces deux variables.

6. Le modèle (cognitivo)comportemental

Dans les années 70, l'expression «thérapie cognitivo-comportementale» a consacré la volonté d'intégrer les approches typiquement «behaviorales» et «cognitives». Les deux plus célèbres promoteurs de cette expression sont Mahoney (1974), de l'Université de l'Etat de Pennsylvanie, et Meichenbaum (1976), de l'Université de Waterloo (Canada). Dans les années 80, son usage a diminué car le terme «comportement» a été de plus en plus souvent utilisé au sens large.

Tous les behavior-thérapeutes ont fini par intégrer les apports des «cognitivistes» et à s'occuper autant des aspects cognitifs et affectifs que des actions. Le qualificatif «cognitivo» est dès lors devenu superflu.

Signalons l'emploi, aujourd'hui courant, de l'expression «modification comportementale». Celle-ci a été promue par Krasner et Ullman (1965), Bandura (1969) et Mahoney (1974) pour désigner la mise en œuvre des ressources de la psychologie scientifique en vue de modifier des comportements, qu'ils soient normaux ou pathologiques. Par rapport à l'expression «thérapie comportementale», elle présente deux avantages : elle incite à relativiser la distinction entre comportements «normaux» et «pathologiques»; elle évite d'induire une explication médicalisante des troubles psychiques (cf. Seron, Lambert & Van der Linden, 1977; Martin & Pear, 1992).

e) La conception comportementale de l'autocontrôle

1. L'analyse de Skinner

L'histoire de l'étude scientifique de l'autocontrôle débute par un paradoxe : la première analyse consistante est l'œuvre d'un behavioriste radical, Skinner, pourfendeur inlassable du mentalisme, insistant à l'envi sur le façonnement des conduites par l'environnement. La démarche du célèbre psychologue de Harvard n'a en fait rien d'illogique, car le chapitre qu'il consacre au «self-control», dans son livre *Science and Human*

Behavior (1953), lui permet d'aborder deux questions fondamentales du behaviorisme : une question plutôt théorique, celle du statut des «événements privés», et une question d'une importance pratique évidente, celle du contrôle des comportements humains.

a) Skinner n'a jamais nié l'importance des comportements «intérieurs», bien au contraire. Une grande partie de son ouvrage de 1953 y est précisément consacrée. Toutefois le chef de file du behaviorisme moderne refuse de les considérer comme radicalement différents des comportements «publics». Il déclare : «Nous ne devons pas supposer que les événements qui se produisent à l'intérieur de la peau d'un organisme ont pour cette raison des propriétés spéciales. Un événement privé peut se spécifier par la limitation de son accessibilité, mais non, pour autant que nous sachions, par une structure ou une nature spéciales» (p. 257). Comportements «privés» et «manifestes» forment un continuum : tous sont le fait de personnes qui se comportent, et non l'expression d'esprits «intérieurs» ou d'«homunculi», qui tireraient mystérieusement les ficelles de la conduite; tous peuvent s'analyser et se modifier selon les mêmes principes.

b) Constatant le contrôle de l'individu par l'environnement, Skinner en vient à s'interroger sur la portée et les finalités de ce contrôle. Il écrit : «Les problèmes suscités par le contrôle du comportement humain ne peuvent évidemment être évités plus longtemps par le refus de reconnaître les possibilités du contrôle» (1953 : 227). Skinner regrette que le behaviorisme ait pu faire croire que l'homme est impuissant face aux conditionnements environnementaux. Il affirme que l'être humain dispose d'un certain degré d'autodétermination et que l'analyse expérimentale du comportement permet d'amplifier ce pouvoir sur soi-même.

L'analyse que fait Skinner de l'autocontrôle est tout à fait remarquable. On y trouve les éléments essentiels de ce que l'on a pu dire de plus valable sur la question. En voici un résumé.

1. Skinner ne conçoit pas l'autocontrôle comme une entité mentale, mais comme *une catégorie de comportements* : «Lorsqu'un homme se contrôle, choisit l'orientation d'une action, réfléchit à la solution d'un problème ou s'efforce de mieux se connaître lui-même, il se comporte (*he is behaving*)» (p. 228).

2. Les conduites d'autocontrôle sont des *comportements «opérants», c'est-à-dire des opérations en vue d'un but (la modification de variables dont nos propres comportements sont fonction).*

En rapport avec cette question il est important de distinguer deux catégories de conduites : les comportements «contrôlés» — ceux que nous sommes tentés d'adopter pour certaines raisons, mais que pour d'autres nous souhaitons ne pas accomplir — et les comportements «contrôlants», qui modifient la probabilité d'occurrence des premiers.

3. Les comportements d'autocontrôle sont *diversifiés*. Certains apparaissent couramment chez tout un chacun, d'autres témoignent d'une habile réflexion. Skinner en évoque quelques types, notamment les suivants :

– *Agir sur son propre organisme* en absorbant des drogues (p.ex. des analgésiques, de la caféine) ou en organisant son propre degré de satiété (p.ex. prendre un repas avant de se rendre chez un hôte radin).

– *Agir sur les conditions d'apparition de stimuli* (p.ex. fermer les rideaux pour ne pas être distrait par le spectacle de la rue; placer un réveil hors de portée de la main de façon à s'obliger à se lever pour l'arrêter).

– *Fuir des situations inductrices de conduites indésirables* (p.ex. sortir de la maison dès qu'on ressent de la colère).

– *Demeurer en contact avec des stimuli jusqu'à ce qu'ils perdent de leur effet* (p.ex. rester dans une situation anxiogène jusqu'à la disparition de la peur) *ou les approcher graduellement* pour aboutir au même résultat.

– *User de stimuli verbaux*, se parler à soi-même, se donner des instructions (p.ex. se commander «Allez, debout!» pour s'aider à sortir du lit).

– *Manipuler ses propres émotions afin d'agir dans un sens déterminé* (p.ex. susciter l'ardeur à la lutte en se remémorant une injustice; provoquer le dégoût d'une de ses propres conduites en se concentrant sur les souffrances qu'elle a déjà entraînées).

– *Prendre publiquement une résolution* (ce qui revient à s'obliger à continuer d'adopter un type de conduite pour éviter la désapprobation d'autrui et la honte liées aux défaillances).

– *Réduire l'intensité d'une émotion en différant l'action qu'elle suscite* (p.ex. compter jusqu'à dix avant de manifester sa colère).

– *S'engager dans une activité incompatible avec le comportement à contrôler* (p.ex. mâcher de la gomme au lieu de fumer).

– *S'empêcher d'accomplir un comportement grâce à une restriction physique* (p.ex. mettre la main sur la bouche pour s'empêcher de rire ou de tousser).

– *Se récompenser ou se punir*, de façon active, suite à des conduites déterminées.

4. On constate à travers ces exemples que les variables contrôlées peuvent être des processus organiques, des stimuli environnementaux, des cognitions, des affects, des actions, des conséquences de conduites. Les comportements contrôlants sont également diversifiés, mais ils se caractérisent tous par *l'importance de la dimension cognitive*.

5. Les processus en jeu dans l'autocontrôle ne sont *pas toujours d'un accès facile* pour l'observateur extérieur, ni même pour la personne

(1953 : 229). Skinner écrira plus tard que «nous pouvons être aussi inconscient des stimuli que nous utilisons dans la gestion de nous-même que de ceux que nous utilisons pour faire le poirier» (1974 : 199).

6. L'autocontrôle se prête néanmoins, comme tout comportement opérant, à une *analyse fonctionnelle*, c'est-à-dire une observation des fonctions du comportement pour la personne et des diverses variables dont ce comportement dépend. Concrètement, il s'agit d'examiner quels sont les stimuli qui induisent le comportement et quelles sont les conséquences qui le maintiennent ou l'intensifient.

A titre d'exemple, Skinner évoque la consommation d'alcool. La boisson est souvent suivie, dans un premier temps, d'effets positifs : facilitation du contact social, amélioration de la confiance en soi, mise entre parenthèses de responsabilités, diminution de l'anxiété et d'autres émotions pénibles... Ces conséquences augmentent la probabilité de boire dans les occasions futures. L'alcool peut entraîner par ailleurs des effets négatifs : malaises, maladies, disputes, accidents, etc. Ces conséquences néfastes, éprouvées soi-même ou observées chez d'autres, s'accompagnent d'affects (douleur, dégoût, honte, culpabilité) qui font que bon nombre de personnes limitent sans difficulté leur consommation. Le problème de l'autocontrôle se pose avec acuité lorsque la régulation ne se fait pas facilement et que des souffrances en résultent.

Les situations qui induisent des comportements d'autocontrôle typiques sont des situations où des conduites mènent à des conséquences conflictuelles. Ces conséquences sont généralement dissociées dans le temps : les effets positifs sont immédiats ou rapides et les effets négatifs sont différés (ainsi qu'il apparaît dans l'abus d'alcool), ou bien les effets désagréables surgissent immédiatement tandis que les effets positifs n'apparaissent qu'à moyen ou à long terme (comme dans le cas d'un entraînement physique en vue de se maintenir longtemps en bonne santé).

En un mot, l'autocontrôle n'est pas l'expression d'une force mystérieuse. C'est un type de comportements déterminés par des contingences précises de stimulation et de renforcement.

7. La conception behavioriste présente de sérieux avantages théoriques et pratiques par rapport à l'explication mentaliste. Elle nous fait concevoir les comportements d'autocontrôle comme le *résultat d'un apprentissage*, comme des comportements qui peuvent être enseignés et modifiés (1953 : 241). Au début de l'existence, ce sont essentiellement des conditionnements sociaux qui suscitent ces comportements et les renforcent. Ensuite l'individu devient davantage autonome. Skinner précise ailleurs : «Lorsque les techniques d'autogestion (*self-management*)

ont été apprises, les contingences éducatives maintenues par la communauté verbale peuvent ne plus être nécessaires. Le comportement qui résulte d'une bonne autogestion est davantage efficace et se trouve dès lors plus généreusement renforcé» (1974 : 198).

8. *Des progrès dans les moyens de se contrôler vont de pair avec le développement de la psychologie scientifique.* «Les possibilités d'autocontrôle, écrit Skinner, devraient croître d'autant mieux qu'une science du comportement révèle plus clairement les variables dont le comportement est fonction» (1953 : 241).

9. L'analyse de Skinner est centrée sur les *private events* et met en évidence la dimension cognitive. Elle demeure toutefois «radicalement» behavioriste, quant à sa méthode (elle porte essentiellement sur des phénomènes observables) et quant à sa théorie de référence (les phénomènes mentaux sont conçus comme déterminés, *in fine*, par les contingences environnementales). Skinner écrit :

> «Un homme peut consacrer une grande partie de son temps à agencer sa propre existence. Il peut choisir avec beaucoup de soin les circonstances dans lesquelles il passe sa vie et il peut manipuler pour une large part son environnement quotidien. Tout cela c'est du comportement, et nous en rendons compte en termes d'autres variables, situées dans l'environnement et dans l'histoire de l'individu. Ce sont ces variables-là qui fournissent le contrôle ultime» (p. 240).

Ce dernier point n'a pas fait l'unanimité chez les psychologues qui ont poursuivi le travail de Skinner. Les cognitivistes «radicaux» estiment que le contrôle ultime sur le comportement est détenu par la personne elle-même. Au niveau de la pratique, il s'agit là d'une question secondaire, qu'on peut laisser à ceux qui se plaisent à philosopher ou à polémiquer. Selon notre perspective (le néobehaviorisme), tous les comportements sont déterminés par des facteurs environnementaux, des facteurs personnels (cognitifs, affectifs, physiologiques) et des interactions entre les uns et les autres.

Il y a de nombreux précurseurs de la perspective comportementale sur l'autocontrôle. Un historique exhaustif devrait remonter au moins jusqu'aux stoïciens. Voici un exemple qui date du XIXe siècle.

> Le médecin américain D. Lewis a publié en 1875 un ouvrage sur la chasteté, dans lequel il proposait les techniques suivantes pour «l'art de contrôler ses idées».
>
> – En premier lieu, il importe de bien «fixer dans l'esprit» que les idées à éliminer sont «dangereuses et nuisibles».
>
> – Ensuite, dès l'instant où surviennent ces idées, il faut d'abord songer à leurs effets néfastes, puis se concentrer sur d'autres sujets. Pour le second point, Lewis conseille d'avoir toujours à portée de la main une fiche sur laquelle se trouvent répertoriés divers thèmes auxquels il est agréable ou utile de penser.

– Si cette procédure (que l'on qualifierait aujourd'hui de «cognitive») n'est pas immédiatement opérante, la personne doit aussitôt s'engager dans un exercice physique actif.

– Enfin il est indispensable de répéter la procédure : «Chaque effort sera plus facile, de sorte qu'après une semaine ou deux vous aurez un contrôle complet sur vos idées dans le domaine concerné» (p. 30).

A titre d'exemple, Lewis cite le cas d'un homme qui souffrait d'images obsédantes de femmes nues. Deux mois après le début du traitement, son patient lui écrit : «Je ne sais en quels termes vous exprimer ma gratitude pour tout ce qui s'est passé. Au début je trouvais difficile de contrôler mes idées, mais, suivant votre conseil, je fixai bientôt la pensée du danger dans mon esprit de sorte que toute apparition d'un fantasme lascif me faisait aussitôt tirer le signal d'alarme. Je sortais alors sans délai la carte de ma poche. J'y avais écrit dix mots évoquant chacun un thème qui m'intéresse. En parcourant cette liste, je n'éprouvais guère de difficulté à changer d'idées (...) A présent je puis rencontrer mes amies et converser avec elles de façon réellement agréable; mes pensées ne sont pas plus lubriques et malpropres qu'elles ne le seraient en présence de sœurs» (p. 32).

2. *Les expériences-pilotes*

Les deux premières expériences «behavioristes» de «self-control» ont été publiées en 1962. Elles sont l'œuvre d'élèves ou de collaborateurs de Skinner.

a) L'autocontrôle de la suralimentation

Une de ces expériences est le traitement mis au point par Ferster, Nurnberger et Levitt en vue de réduire les excès alimentaires chez des femmes obèses (qui ne présentaient pas de pathologies somatiques ou psychiques importantes).

Les auteurs proposent de commencer toute intervention par une analyse (1) des comportements problématiques et (2) des variables dont ils sont fonction.

(1) La consommation de nourriture s'inscrit dans une chaîne de séquences comportementales dont on peut situer le début p.ex. dans le fait de se rendre au magasin et la fin dans la déglutition d'une bouchée. (2) La personne se suralimente parce qu'elle éprouve ainsi des satisfactions immédiates, les conséquences aversives étant différées. Traditionnellement on explique cette conduite par un «besoin» ou une «pulsion». Ferster e.a. ne négligent pas l'importance de facteurs physiologiques, mais ils attirent l'attention sur l'impact de stimuli externes. Ils soulignent que des stimuli qui ont été associés au plaisir de la manducation déclenchent facilement l'envie de manger, même si l'individu n'a pas physiologiquement besoin de nourriture. Les personnes obèses sont «contrô-

lées» par une large variété de stimuli, qui laissent d'autres plus ou moins indifférentes.

Les auteurs reconnaissent le rôle de facteurs émotionnels. Une personne peut se suralimenter lorsqu'elle se sent frustrée, irritée, angoissée, déprimée. En pareilles circonstances, le comportement alimentaire est renforcé parce qu'il procure facilement du plaisir — et cela d'autant plus que d'autres sources de satisfaction sont réduites ou font défaut — et parce que ce comportement permet de fuir des stimuli aversifs ou de moins penser à des choses pénibles.

Celui qui souhaite développer des procédures d'autocontrôle efficaces devrait toujours commencer par une auto-observation — méthodique, soigneuse, relativement longue — de ses comportements problématiques, de leurs antécédents et de leurs conséquences renforçantes. Le groupe de femmes obèses, qui ont participé à l'expérience de Ferster e.a., ont précisément appris à bien noter leurs ingestions de nourriture (nature, quantité, valeur calorique et autres propriétés), leur façon de manger (moment, rythme), les stimuli environnementaux et les émotions liées à l'alimentation. Elles ont par ailleurs acquis des notions de physiologie et de diététique. Elles ont été informées des propriétés des différents aliments et des bienfaits de l'exercice physique.

L'analyse des principaux déterminants du comportement constitue la base sur laquelle peut s'agencer un programme individualisé de changements durables. Les auteurs insistent sur l'importance de la progressivité des modifications comportementales et sur la nécessité de conjuguer une pluralité de stratégies. L'autocontrôle n'est pas une force tantôt présente tantôt absente, mais un répertoire de conduites complexes qui se développent par étapes. L'apprentissage des procédures d'autocontrôle est semblable à l'acquisition d'habiletés motrices ou intellectuelles élaborées. Quelques explications verbales ne peuvent suffire à les intégrer convenablement. Pendant les premières étapes de l'apprentissage, la personne doit être activement aidée par un programme qui prescrit des comportements selon un ordre de difficulté croissante, et par l'expérience de nombreux (petits) effets positifs.

Les nouvelles conduites que Ferster e.a. proposent d'instaurer doivent pouvoir être adoptées définitivement et pas seulement le temps d'une période de perte de poids. Les auteurs estiment qu'un régime rapide et draconien (qui se trouve souvent suivi de rechutes) est une mauvaise stratégie (l'importance de ce principe se trouve aujourd'hui largement confirmé. Cf. Brownell, 1988). Ils déconseillent de vouloir une diminution de poids dès les premières semaines. Au début l'essentiel est de bien s'observer et de ne changer que quelques habitudes, p.ex. les ingestions en dehors des heures de repas. Ensuite il ne faut pas vouloir perdre plus d'une livre par semaine.

— La 1re intervention essentielle consiste à se sensibiliser plus intensément aux *conséquences aversives ultimes* de l'habitude néfaste. Un simple énoncé de ces conséquences est insuffisant pour induire une modification durable. Il faut les examiner en détail, les visualiser mentalement, les amplifier, les formuler de façon personnelle, concrète, frappante. Il faut développer un «répertoire verbal actif» qui permette de les évoquer immédiatement, à chaque risque de suralimentation.

— Une 2e stratégie consiste à *mieux contrôler les stimuli incitateurs*. Il s'agit principalement de réduire leur variété. A cette fin, on veille à ne manger qu'à des moments et à des endroits soigneusement déterminés. Plus question de consommer en dehors des heures convenues. Durant les repas, une série de stimuli associés à l'alimentation (radio, lecture, etc.) doivent être mis hors circuit.

— Un 3e type de changements porte directement sur *le comportement-problème*. D'une part, il est indispensable d'apprendre à composer des repas bien équilibrés du point de vue diététique. D'autre part, il importe de «rallonger la 'chaîne' des comportements». Ceci peut se faire de différentes façons : éviter d'avoir chez soi des réserves de nourriture ou bien les placer dans un endroit qui ne soit pas immédiatement accessible (cave, grenier); utiliser des aliments qui réclament une longue préparation; manger lentement, en mastiquant longtemps, en ne mettant une bouchée sur la fourchette que lorsque la précédente a été bien avalée; interrompre le repas pendant des moments de durée croissante (d'abord quelques secondes, puis quelques minutes), etc. Le comportement problématique est ainsi plus facilement désautomatisé et remplacé par un autre.

— Un 4e type de mesure réside dans le *développement d'un répertoire d'activités «concurrentes»*. D'une part, les obèses dont la vie est monotone doivent diversifier leurs activités. D'autre part, chacun définit une série de conduites agréables qu'il peut facilement adopter dès que l'envie de manger surgit à contretemps (p.ex. lire le journal, téléphoner à un ami, aller au cinéma, se promener).

— Le succès ne se maintient durablement que si l'on intervient aussi sur les *états émotionnels*. Les auteurs envisagent deux types de mesures : intervenir directement sur les facteurs des émotions qui induisent le comportement-problème et apprendre à maintenir des procédures d'autocontrôle en dépit des difficultés affectives.

— Il importe enfin de bien *récompenser* («renforcer») *les progrès* et de *dédramatiser les rechutes* (en considérant celles-ci, non comme des échecs, mais comme des absences momentanées de progrès).

Ferster e. a. avaient présenté leur étude comme un «programme-pilote». Ils disaient avoir enregistré des effets positifs chez les participantes. Ils ne fournissaient malheureusement pas de résultats chiffrés. En 1967, Richard Stuart (Université de l'Utah) combla cette lacune en traitant selon leurs principes huit femmes obèses. Stuart précisa que le traitement de base comportait 15 séances, réparties sur 5 semaines, et qu'un an après la formation à l'autocontrôle la diminution de poids se situait entre 26 et 47 livres selon les individus. Une dizaine d'années après la célèbre expérience de Ferster e. a., plusieurs auteurs avaient obtenu, grâce au même genre de programme, des résultats substantiels, soigneusement quantifiés (cf. Thoresen & Mahoney, 1974 : 18).

b) L'autocontrôle de l'étude

L'autre recherche-pilote d'orientation skinnerienne est celle de Fox (pseudonyme de Thomas Gilbert). Elle concerne plutôt des «déficits» que des «excès» comportementaux. L'auteur a voulu aider cinq étudiants à améliorer leur façon d'étudier. La combinaison des procédures suivantes s'est avérée efficace.

La 1re démarche consiste en une analyse fonctionnelle des comportements en rapport avec l'étude. Ensuite les quatre stratégies suivantes sont mises en œuvre, en tenant compte des particularités de chacun.

– L'association de l'étude avec un contexte matériel : l'étude s'effectue à des endroits réservés de façon exclusive à cette activité. Lorsque l'étudiant est tenté d'adopter des comportements en concurrence avec l'étude (p.ex. la rêverie), il lit encore une page, puis change d'endroit.

– L'apprentissage d'une structuration intelligente de la matière à étudier.

– L'application d'une séquence d'assimilation en cinq étapes : survol de l'ensemble de la matière; formulation de questions en vue de se motiver; lecture attentive de la matière; récitation active; révisions régulières.

– L'augmentation graduelle de la durée des périodes d'étude.

Le programme de Fox a été repris et amélioré en 1972 par Beneke et Harris (Université de New Mexico) qui y ont ajouté deux stratégies : l'usage systématique d'autorécompenses en fonction du travail accompli et l'apprentissage de la relaxation en vue d'un meilleur contrôle émotionnel durant les examens. Parmi les 58 étudiants ayant la possibilité de bénéficier de ce programme (comportant 11 séances de formation), ceux qui lui ont manifesté le plus d'intérêt ont le mieux progressé dans leurs résultats aux interrogations. Du fait que les participants n'ont pas consacré en moyenne plus de temps à l'étude que les étudiants non intéressés, Beneke et Harris attribuent les effets positifs à une amélioration de la qualité du travail.

Aujourd'hui les procédures de gestion de soi se sont diversifiées et améliorées, mais restent pratiquement toutes fondées sur les principes énoncés par Skinner en 1953. Le célèbre psychologue a bien mérité le titre d'« humaniste de l'année », que l'*American Humanist Association* lui a décerné en 1972.

3. *L'essor des publications*

Durant les années 60, qui resteront dans l'histoire de la psychologie celles du déploiement de la *behavior therapy*, les comportementalistes se sont appliqués à résoudre des problèmes de conduite clairement circonscrits. Ils prenaient ainsi le contre-pied des psychanalystes et des thérapeutes « non-directifs », qui se disaient centrés sur des problèmes « profonds » ou de « personnalité », mais qui apparaissaient dramatiquement limités quand leurs clients leur demandaient de les aider à éliminer des conduites particulièrement gênantes. Au cours de la décennie suivante, les comportementalistes ont changé d'objectif : au lieu de chercher pour leurs clients des solutions précises à des problèmes spécifiques, ils se sont employés à leur apprendre des stratégies utilisables, de façon autonome, dans une large variété de situations. A partir de cette époque, ils ont placé le thème de l'autocontrôle au centre de leurs préoccupations.

En 1970 paraît *Learning foundations of behavior therapy*, le grand ouvrage « skinnérien » de Frederick Kanfer (Université de Cincinnati) et Jeanne Phillips (Université du Massachusetts). Ce manuel, qui sera pendant près de dix ans le traité de référence pour la majorité des thérapeutes comportementalistes, comprend un chapitre de 50 pages intitulé *Self-regulation and its clinical application*. Les auteurs y expliquent que l'objectif de tout psychothérapeute devrait être d'aider le client à développer des habiletés qui lui permettent de mieux assumer la responsabilité de la régulation de son propre environnement et de ses actions (p. 407).

Deux ans plus tard, David Watson et Roland Tharp (Université de Hawaï) publient un livre à la fois rigoureux et pratique : *Self-directed behavior*. Ensuite le rythme des publications s'accélère. On peut citer les ouvrages suivants comme représentatifs des débuts du mouvement : *Behavior change through self-control* de Marvin Goldfried (Université de New York à Stony Brook) et Michael Merbaum (Université Adelphi), un recueil de 33 textes précédés d'une introduction où les auteurs expliquent que le but ultime de la thérapie comportementale est de pourvoir le client de ressources qui permettent d'affronter par soi-même les problèmes existentiels (1973 : 3); *Self-control : Power to the Person* (1974) de Michael Mahoney (Université de l'Etat de Pennsylvanie) et Carl Thoresen (Université Stanford); *Behavioral self-control* de Thoresen et Mahoney (1974); *Behavioral self-management* (1977) de Richard Stuart (Université de l'Utah).

Les années 70 peuvent être considérées comme la décennie du *self-control*. Trois ordres de facteurs ont incité les comportementalistes à s'orienter en ce sens : l'évolution des théories psychologiques, le souci d'efficacité, la réflexion éthique. Nous les passons rapidement en revue.

a) L'évolution des théories psychologiques a été retracée plus haut. Rappelons ici trois éléments essentiels : l'intérêt grandissant des chercheurs, à partir des années 50, pour les variables internes mises entre parenthèses par la première génération des behavioristes; les publications de Skinner sur les phénomènes «privés» et plus particulièrement sur l'autocontrôle; le développement du courant cognitiviste. Ainsi les psychologues scientifiques en sont-ils venus à concevoir le sujet humain comme capable de s'organiser et de changer par lui-même.

b) Le souci d'efficacité a fait privilégier les procédures d'autocontrôle par rapport à des formes directives de conditionnement. En effet, aussi bien des recherches fondamentales que des observations cliniques ont montré que *le degré d'implication et d'initiative personnelles est un facteur déterminant dans un processus de changement comportemental* (cf. Mac Donough, Adams & Tesser, 1973; Chambliss & Murray, 1979) et que *le maintien d'un changement comportemental à travers le temps est meilleur si la personne attribue ce changement au développement de ses propres capacités plutôt qu'à la pression de facteurs externes* (cf. Davison & Valins, 1969; Davison, Tsujimoto & Glaros, 1973; Cialdini & Mirels, 1976). Les concepts de «contrôle interne» (Rotter, 1966) et d'«auto-efficience» (Bandura, 1977) — dont nous reparlerons — ont cristallisé ces observations et jouent aujourd'hui un rôle de phare pour les comportementalistes.

c) La réflexion sur l'éthique de leurs interventions a conduit les comportementalistes à l'idée que la psychologie scientifique doit avant tout se mettre au service de l'être humain, qu'elle doit offrir à chaque personne des moyens d'augmenter le pouvoir sur elle-même et sur les conditionnements qu'elle subit.

P.ex. Perry London (Université de Californie du Sud) publie en 1969 un livre de plus de deux cents pages sur ce sujet : *Behavioral Control*. Il écrit notamment : «Pour défendre la liberté individuelle, il s'avère nécessaire d'accroître le pouvoir des individus. S'il est vrai que la technologie comportementale menace la liberté en affinant les pouvoirs des contrôleurs, l'antidote qui permet de promouvoir la liberté consiste à donner, aux personnes exposées à ce danger, un pouvoir accru sur leur propre comportement. Tout le monde étant en fait menacé, il importe de faciliter l'autocontrôle chez tout un chacun» (p. 213s).

La même année, George Miller, dans son discours de Président de l'Association américaine de Psychologie, exhorte les psychologues à considérer désormais leur discipline comme un moyen de promouvoir le bien-être de tous les hommes. Il proclame que «la psychologie scientifique est potentiellement une des entreprises intellectuelles les plus révolutionnaires jamais conçues par l'esprit humain» (p. 1065) et que le temps est enfin venu de mettre ses résultats les plus solides à la disposition du grand public. Il précise que *la principale responsabilité sociale des psychologues consiste à apprendre aux citoyens comment s'aider soi-même* : «Dans la grande majorité des cas, les gens devront devenir leur propre psychologue et réaliser eux-mêmes les applications des principes que nous mettons en évidence (...) Notre responsabilité est moins de jouer le rôle d'experts et d'appliquer la psychologie nous-mêmes que de l'offrir (*to give it away*) aux personnes qui en ont réellement besoin — c'est-à-dire tout le monde. La pratique d'une psychologie éprouvée par des non-psychologues changera inévitablement la conception que les gens se font d'eux-mêmes et de ce qu'ils sont capables de réaliser. Lorsque nous aurons effectué cette tâche, nous aurons vraiment accompli une révolution psychologique» (p. 1071).

Dans les années qui suivent, un nombre croissant d'universitaires de premier plan publient des *self-help books*, dont la valeur n'est malheureusement pas toujours bien établie et dont des utilisations inadéquates peuvent faire plus de tort que de bien (cf. Rosen, 1987). A titre d'exemple, citons parmi les meilleurs ouvrages : *Anger Control* de Novaco (1975), *Permanent Weight Control* de Michael & Kathryn Mahoney (1976), *Becoming Orgasmic. A sexual growth program for women* de Heiman, L. & J. LoPiccolo (1976), *How to control your drinking* de W. Miller & R. Munoz (1977), *Shyness. What it is, what to do about it* de Zimbardo (1977), *Become an ex-smoker* de Danaher & Lichtenstein (1978), *Control your depression* de Lewinsohn e.a., *Self-Change* de Mahoney (1979), *S'affirmer et communiquer* de Boisvert & Beaudry (1979), *Enjoy old age* de Skinner & Vaughan (1983), *Vivre mince* de Gérard Alfeldorfer (1983), *Contrôler votre douleur* de François Boureau (1986).

Chapitre II

L'affrontement de l'adversité

> «Les technologies physiques et biologiques ont réduit les famines, les épidémies et nombre d'aspects douloureux, dangereux ou épuisants de notre vie quotidienne.
> La technologie du comportement peut commencer à atténuer d'autres types de maux. Il se peut que, dans l'analyse du comportement humain, nous soyons quand même un rien plus avancés que n'était Newton dans l'analyse de la lumière, car nous commençons à faire des applications technologiques.»
>
> Skinner (1971 : 258)

Le thème de l'affrontement des situations stressantes, comme celui de l'autocontrôle, a suscité des idées fécondes depuis l'antiquité. La philosophie stoïcienne, ici encore, peut être citée comme un exemple éminent.

Le stoïcisme s'est développé dans un monde incohérent et brutal, la Grèce au lendemain de la mort d'Alexandre. Comme le dit Brunschwig (1985 : 241), «c'est une philosophie pour temps de crise, qui retrouvera régulièrement son actualité chaque fois que l'on aura besoin de *constance et consolation ès calamités publiques*, pour reprendre le titre du traité néostoïcien du chancelier Du Vair (1590)». Un des objectifs majeurs du stoïcisme est d'apprendre l'*apatheia* face au danger et à la souffrance. On qualifie d'ailleurs couramment de «stoïque» la personne qui supporte de façon sereine ou indifférente les privations, les malheurs, les souffrances. Pour le stoïcien, la clé de cette attitude réside dans un travail mental : «A tout ce qui arrive, dit Epictète, souviens-toi de te retourner vers toi-même afin de chercher quelle faculté tu as pour en tirer parti» (Stoïciens, p. 1114). Les procédures concrètes consistent à relativer les frustrations, assumer tranquillement le destin et faire retraite en soi-même.

I. LES PREMIÈRES RECHERCHES SCIENTIFIQUES

Les premiers travaux intéressants sur les possibilités d'adaptation psychologique à des situations dramatiques ont été réalisés durant la guerre 40-45. Les principaux chercheurs étaient des psychiatres et des psychologues affectés aux Forces armées. L'essentiel de leurs observations peut se regrouper en trois points.

1. *Une large proportion d'êtres humains disposent de ressorts psychologiques importants.*

A titre d'illustration, on peut citer la conduite des Londoniens face aux bombardements. La majorité d'entre eux ont gardé leur sang-froid ou ont appris en quelques mois à «encaisser» des raids sans perdre la tête. La plupart de ceux qui se sont engagés dans des activités de service, telles que la lutte contre les incendies ou le secours aux blessés, sont devenus particulièrement résistants au stress (cf. Rachman, 1978, ch. 2).

2. *Face aux situations stressantes, les êtres humains disposent d'une diversité de stratégies d'adaptation.*

Une des premières recherches relatives à ces stratégies est l'étude de Grinker et Spiegel (1945) sur des pilotes de guerre. Elle aboutit aux conclusions suivantes.

Des combattants de plus en plus stressés, qui veulent à tout prix préserver leur image d'homme courageux, peuvent fuir le danger grâce à des symptômes somatiques de gravité croissante, les «empêchant» de continuer les missions. D'autre part, ceux qui poursuivent la lutte malgré des tensions considérables recourent souvent à une des trois stratégies suivantes : la négation de la peur, la croyance en l'invulnérabilité personnelle (qui s'assortit de l'utilisation de porte-bonheur et autres protections magiques), le détachement fataliste (p.ex. se dire que les pilotes ne sont pas faits pour survivre). Lorsque les situations viennent à changer, les stratégies mentales changent également. Ainsi à la fin de la guerre, quand les combattants acquirent la conviction qu'ils pouvaient raisonnablement espérer échapper au massacre, ils se mirent à percevoir les dangers de façon plus réaliste, leurs peurs s'intensifièrent et ils redoublèrent de prudence.

3. *Les êtres humains ont la possibilité de développer activement des procédures efficaces d'adaptation au stress.*

Cette idée est depuis longtemps à la base de l'entraînement des militaires pour le combat. Elle a été testée durant la deuxième guerre mondiale. Une des études les plus intéressantes est celle d'Irving Janis (1949). Travaillant dans l'Armée américaine, ce psychologue a constaté que les militaires bien préparés psychologiquement avaient agi de façon plus efficace que les autres et avaient mieux contrôlé leur peur. Il a relevé comme facteurs particulièrement importants :

– l'utilisation du langage intérieur (auto-instructions) en vue de s'apaiser et de s'encourager;

– la focalisation de l'attention sur l'accomplissement de tâches précises, en dépit de l'effervescence émotionnelle;

– le sentiment d'avoir réussi des actions difficiles et d'avoir pu échapper à des dangers grâce à des compétences personnelles.

Après la guerre, Janis a poursuivi l'étude des possibilités d'entraînement psychologique pour affronter des situations stressantes. Il s'est intéressé en particulier à des patients sur le point de subir une intervention chirurgicale. Il a constaté une fois de plus l'effet positif de la préparation mentale et de ce qu'il a appelé l'«inoculation émotionnelle» (1958 : 323). Tout comme le médecin peut inoculer des germes microbiens en vue de provoquer des anticorps qui protègeront d'une maladie, le psychologue peut aider une personne à se préparer à des épreuves redoutables en l'incitant à affronter, selon un programme bien dosé, des situations de plus en plus stressantes. Janis souligne l'intérêt du travail de préparation mentale, qui consiste à se représenter les situations futures, à les envisager de façon réaliste et à imaginer des modes de réaction efficients.

II. LA DÉSENSIBILISATION SYSTÉMATIQUE

1. Nous examinons maintenant de plus près une technique qui permet d'aborder efficacement des situations angoissantes et qui se trouve, historiquement, au point de départ de la thérapie comportementale : la désensibilisation systématique de Wolpe (1954). Elle peut se définir comme une procédure d'apprentissage de la régulation des réactions de peur, à l'occasion d'affrontements gradués de stimuli anxiogènes. Sa mise en œuvre comporte les trois phases suivantes.

a) La personne pratique d'abord patiemment une méthode de relaxation jusqu'à ce qu'elle soit en mesure d'adopter en quelques secondes une attitude relativement «relax».

b) D'autre part, le client et le thérapeute recherchent systématiquement les diverses sources d'angoisses du client. Ils essaient de saisir le fonctionnement de ces angoisses et de dégager leurs thèmes communs. Le client est ensuite invité à ranger les stimuli repérés, selon le degré d'anxiété qu'ils provoquent. Il apprend à utiliser une «échelle de tension» permettant une quantification — grossière, mais néanmoins très utile — des différentes peurs et de leurs variations.

c) La désensibilisation proprement dite commence par la confrontation imaginaire avec une situation faiblement redoutée. Aidé par les indications du thérapeute, le client — qui a les yeux fermés — s'imagine se trouver dans la situation anxiogène. Il la visualise de la façon la plus vivante possible et laisse émerger les émotions pénibles qu'elle suscite. Il énonce alors son degré de tension et cherche à la réduire par la mise en œuvre de l'attitude de relaxation. Il continue à se concentrer sur la situation jusqu'au moment où il éprouve le sentiment d'avoir fait baisser sensiblement sa tension. La procédure est appliquée progressivement à d'autres situations, en suivant la hiérarchie des intensités de peur qu'elles provoquent. (Pour les détails pratiques, voir p.ex. Wolpe, 1973; Goldfried & Davison, 1976; Burger, 1979).

Une séance de désensibilisation dure environ 40 minutes et porte généralement sur trois situations. Dans le cas d'une phobie simple, une dizaine de séances suffit à la faire disparaître. Dans les cas compliqués, il faut en moyenne 30 séances combinées avec d'autres mesures thérapeutiques.

Dès que le sujet a élaboré de nouveaux schèmes cognitifs, qui lui permettent d'envisager plus ou moins calmement des situations anxiogènes au niveau imaginaire (*in vitro*), il est fortement encouragé à faire le même type d'expérience *in vivo* (affronter des situations réelles en demeurant relativement détendu). La pratique montre que le «transfert» des nouveaux comportements s'accomplit généralement sans grande difficulté. Il peut y avoir un décalage entre les performances cognitives et les actions, mais la méthode permet de réels progrès, contrôlables et mesurables, qui sont le point de départ d'un changement effectif des conduites et de la conception que le sujet se fait de ses capacités.

Des études comparatives démontrent que, pour le traitement des phobies, la désensibilisation systématique est nettement plus efficace que la psychanalyse (Paul, 1966). Des recherches empiriques prouvent que les succès obtenus ont tendance à se maintenir à travers le temps et même à se «généraliser» à d'autres situations (cf. Lang, Lazowik, Reynolds, 1966; Weissberg, 1977).

2. En 1967 Migler et Wolpe ont publié un programme de désensibilisation systématique de phobies applicable sans l'aide d'un thérapeute. L'année suivante, Kahn et Baker ont mis au point un même type de programme, bientôt suivi de nombreux autres. La plupart des études sur les effets objectivables de ces procédures d'auto-apprentissage laissent à désirer. Nous présentons ici l'exemple d'une recherche rigoureuse : celle de Rosen, Glasgow et Barrera (Université de l'Oregon, 1976), portant sur une cinquantaine de sujets affligés d'une peur intense des serpents.

Les sujets, répartis en cinq groupes, ont été soumis à l'une des conditions suivantes : (a) désensibilisation «à la Wolpe» avec un thérapeute; (b) autotraitement grâce à un manuel et l'utilisation d'une cassette (pour la partie «relaxation»); (c) procédure identique à la précédente, mais comportant en outre une conversation téléphonique hebdomadaire avec un thérapeute (d'une durée de 11 minutes en moyenne); (d) traitement «placebo» : simple programme de lecture scientifique sur la vie des serpents; (e) groupe-contrôle : attente avant de commencer le traitement.

Les progrès sont manifestes dans les trois premiers groupes et absents dans les deux derniers. Ceci témoigne de l'efficacité des deux formes de désensibilisation systématique. Par ailleurs il est intéressant de noter que les sujets qui ont travaillé avec un thérapeute (groupe a) ont tous poursuivi le traitement jusqu'au bout, tandis que la moitié des sujets des groupes b et c ont abandonné la procédure en cours de route. *Les sujets des groupes d'«autotraitement» qui ont persévéré jusqu'à la fin du programme enregistrent des résultats aussi positifs que les sujets guidés par un thérapeute.*

D'autre part l'étude du suivi montre que les sujets «persévérants» des groupes d'autothérapie ont continué à faire des progrès après la fin du programme, tandis que ceux qui ont travaillé avec un thérapeute ont simplement maintenu l'acquis de la procédure. Ce résultat confirme celui d'une expérience du même type réalisée avec des sujets souffrant d'acrophobie : l'autotraitement stimule le «transfert» et la diversification des apprentissages. Rosen e.a. notent enfin qu'il n'y a pas de différence sensible entre les performances des groupes b et c : le contact téléphonique n'est donc pas apparu comme une variable déterminante.

3. Goldfried (1971) s'est inspiré de la technique de Wolpe pour développer une procédure d'auto-apprentissage de la confrontation avec les situations anxiogènes. Au lieu de déconditionner des phobies déterminées de façon plus ou moins passive et mécanique, il entraîne ses clients à se détendre musculairement dès qu'ils éprouvent les réactions proprioceptives de l'anxiété.

Le début de l'apprentissage se réalise avec un thérapeute spécialisé et correspond dans les grandes lignes à la technique standard de la «D. S.». L'accent est toutefois placé sur l'adoption d'une attitude «relax» en réponse aux stimuli corporels plutôt qu'en réaction à des stimuli externes ou à des images mentales. Ensuite la personne s'exerce de façon autonome, dans diverses situations stressantes, à réduire sa tension grâce à son pouvoir de décontraction (*relax away the tension*).

Quelques années après la publication d'un premier article sur cette «habileté d'affrontement» (*coping skill*), Goldfried (1977 : 88s) a eu le bonheur de constater que plusieurs recherches, menées par différents auteurs, démontrent l'efficacité de sa procédure. Meichenbaum (1972) notamment a observé que des étudiants souffrant de la phobie des examens progressent bien grâce à cette forme de désensibilisation, et cela d'autant mieux qu'elle est présentée comme «l'apprentissage d'une habileté générale d'affrontement», plutôt que comme une technique destinée à éliminer une phobie particulière.

III. LES EFFETS DU STRESS SUR LA SANTÉ

A partir des années 60, les recherches sur les effets physiques et mentaux de situations pénibles se sont multipliées à un rythme accéléré. Le concept de «stress», promu dès 1936 par le physiologiste canadien Hans Selye, a connu alors un succès considérable. Dans la langue anglaise courante, ce terme signifie : contrainte, insistance, force appliquée à un objet, tension. Selye l'utilise pour désigner «la réponse non spécifique de l'organisme à toute sollicitation» (1956; préface de la 2e éd., 1975 : p. XI). Dans le langage de la psychologie contemporaine, le mot réfère tantôt à des situations plus ou moins éprouvantes, tantôt aux *réactions physiologiques et psychiques d'une personne dans ces situations*. Nous utiliserons la seconde acception, qui rejoint celle de Selye.

a) Les recherches de Selye sur les réactions physiologiques

Le célèbre physiologiste de l'Université McGill a montré qu'une très large variété de stimuli (un changement de la température externe, une menace, un défi, une infection, un traumatisme, une bonne nouvelle, etc.) activent des processus physiologiques identiques (notamment une augmentation de la sécrétion d'adrénaline) qui assurent l'homéostasie. Cette réaction «non spécifique» favorise l'adaptation de l'individu et la survie de l'espèce.

Selye a décrit, sous le nom de «syndrome général d'adaptation», les modifications physiologiques qui surviennent chez les animaux et les humains exposés plus ou moins longtemps au stress. Apparaît d'abord une «réaction d'alarme», une mobilisation générale des ressources défensives du corps. L'activité des systèmes nerveux, cardio-vasculaire et respiratoire s'intensifie. Si le stress s'avère d'emblée particulièrement intense, les processus physiologiques peuvent déjà être gravement perturbés. Cependant, en règle générale une forme d'équilibre se produit après cette 1re phase : les signes d'alarme disparaissent, l'adaptation physiologique s'accroît. Se développe alors la «phase de résistance» : le sang retrouve sa fluidité, le cortex surrénal accumule des granules de sécrétion. Si l'individu continue à être exposé plus ou moins longtemps à des agents nocifs, il dérive vers une 3e étape : le «stade de l'épuisement», dont les symptômes rappellent ceux de la réaction d'alarme, mais laissent cette fois présager des troubles plus graves, qui peuvent conduire à la mort.

Chez des rats soumis à des stress importants, Selye a mis en évidence une triade de changements physiologiques morbides : l'hypertrophie et l'hyperactivité des glandes surrénales (produisant les corticoïdes); l'atrophie et la détérioration des organes lymphatiques (ganglions, thymus); le développement d'ulcères dans l'estomac et les intestins. Il a retrouvé un syndrome semblable chez l'homme en stade d'épuisement, un état concomitant à toute une série de «maladies d'adaptation» (notamment l'hypertension artérielle, des maladies cardio-vasculaires, des altérations rénales, certaines maladies de peau, l'arthrite rhumatismale, des ulcères gastriques et duodénaux). Ces maladies sont moins déterminées par un agent pathogène particulier (infection ou intoxication) que par l'incapacité de l'organisme à réagir adéquatement.

D'autres chercheurs sont venus nuancer les thèses de Selye. Ils ont montré que les réactions physiologiques sont plus complexes qu'il ne le pensait. En effet, les différents stresseurs suscitent des comportements diversifiés qui, à leur tour, provoquent des réactions physiologiques relativement variées (cf. Dantzer, 1989). L'analyse psychologique est apparue dès lors comme un maillon essentiel pour comprendre les effets du stress sur l'organisme.

b) L'analyse psychologique des stresseurs

Des chercheurs ont tenté de quantifier l'importance de différents types d'événements de la vie (*life events*) sur la santé physique et mentale. Holmes et Rahe (Université de Washington, 1967) ont réalisé les premiers travaux importants. Ils ont élaboré une échelle de 43 événements, pénibles ou agréables, engendrant du stress : *The social readjustment rating scale*. Pour ce faire, ils ont demandé à environ 400 personnes d'évaluer numériquement la tension provoquée par diverses situations. L'évaluation de départ était celle du mariage, arbitrairement fixée à 50 sur 100. Ensuite chaque personne évaluait divers événements par rapport à cette base, puis les évaluait les uns par rapport aux autres. A titre indicatif voici dix «unités de changement de vie» avec leur pondération :

Mort du conjoint	100
Divorce	73
Séparation conjugale	65
Perte d'emploi	47
Grossesse	40
Mort d'un ami proche	37
Changement d'emploi	36
Changement de domicile	20
Vacances	13
Petite violation de la loi	11

Le score de «réajustement social» d'un individu est calculé en additionnant les événements survenus l'année précédente, compte tenu de l'indice de stress de chaque type de changement. Dans diverses enquêtes (p.ex. auprès de tous les membres d'équipages de navires), Holmes et Rahe ont trouvé une corrélation entre ce score et l'état de santé physique. Ils ont ainsi constaté que *le stress lié aux changements a un effet cumulatif* : plus des événements importants surviennent, plus la probabilité de maladies augmente. Cette relation implique aussi bien des événements positifs (p.ex. un mariage, une promotion) que des événements négatifs.

Au début des années 80, l'équipe de Richard Lazarus (Université Berkeley) a étudié les effets de la répétition fréquente de petites irritations provoquées par des tensions conjugales, des conflits avec les enfants, des supérieurs autoritaires, des voisins bruyants, des horaires impérieux, des trajets éprouvants, des embouteillages, etc. Il s'est avéré que l'accumulation quotidienne de ces microstresseurs, pendant une période plus ou moins longue, s'accompagne de troubles somatiques et psychiques bien plus importants qu'un événement particulièrement pénible, tel qu'un deuil ou une perte d'emploi (cf. Lazarus & Folkman, 1984 : 311-14).

Par ailleurs de nombreuses recherches démontrent qu'un environnement monotone et peu stimulant engendre des dysfonctionnements physiologiques et mentaux. A titre d'exemple on peut citer les expériences de Langer et ses collaborateurs (Université Harvard), qui ont bien mis en évidence que l'état général des personnes âgées se détériore plus rapidement lorsqu'elles mènent une existence vide et ennuyeuse que lorsqu'elles sont incitées à s'occuper activement l'esprit (cf. Langer, 1989).

c) Les régulateurs de l'impact des stresseurs

Les coefficients de corrélation entre le stress (mesuré par l'échelle de Holmes et Rahe) et les troubles physiques sont en moyenne de .30. Ils sont généralement un peu plus élevés, mais cependant pas encore très significatifs, quand on évalue les troubles psychiques et, en particulier, les troubles thymiques (cf. Maddi, 1990). Les événements «stressants» semblent bien avoir un impact sur la santé, mais cet impact apparaît nettement moins fort que ce que suggèrent des expériences de physiologie animale ou des observations cliniques.

De nombreuses recherches (parmi lesquelles celles de R. Lazarus occupent une place d'honneur) ont montré que *plusieurs facteurs modulent l'impact du stress sur la santé physique et mentale*. Les quatre variables suivantes sont apparues particulièrement importantes.

– *Les prédispositions biologiques* (les détériorations physiologiques se produisent d'abord dans les organes les plus fragiles et ensuite dans d'autres).

– *La manière d'interpréter les événements stressants et la façon d'y réagir*.

Parmi les études qui mettent en évidence l'impact de ce facteur, citons à titre d'exemple celle de Dudley e.a. (1974) sur des personnes asthmatiques. Les chercheurs n'ont pas observé une corrélation significative entre les scores d'«unités de changement de vie» et les doses de médicaments nécessaires pour supprimer les symptômes de la maladie, mais ont enregistré une corrélation significative (.56) entre les habiletés de confrontation (*coping abilities*) et la capacité de se passer, relativement, de médicaments. Ils ont constaté que les patients les plus habiles à affronter positivement les différents stresseurs de leur existence sont ceux qui font le moins appel à des soins médicaux.

– *Le réseau des relations sociales et affectives.*

Les personnes «stressées», qui bénéficient d'échanges familiaux, amicaux ou communautaires de qualité, subissent moins de détériorations de santé que celles qui sont relativement isolées ou en butte à de nombreux conflits interpersonnels. Un réel support social «amortit» l'impact du stress en fournissant p.ex. de l'aide matérielle, des informations utiles, des modèles d'action, des sources de plaisir et de distraction, des recadrages cognitifs des situations pénibles, une (re)valorisation de soi (cf. Cobb, 1976; S. Cohen & Wills, 1985; Pennebaker, 1989).

– *L'adoption de conduites en rapport avec la santé.*

Les situations stressantes induisent facilement des comportements qui nuisent, de façon directe ou indirecte, à la santé : alimentation déséquilibrée, hyperactivité, manque de sommeil, caféinisme, tabagisme, alcoolisme, abus de tranquillisants, sédentarité, actions impulsives provoquant des accidents (de voiture p.ex.), négligence d'examens médicaux, minimisation ou dramatisation de dysfonctionnements corporels (p.ex. cardiaques), inobservance de prescriptions médicales... Diverses recherches montrent que *la santé des personnes qui endurent des conditions de vie difficiles dépend moins de leurs réactions physiologiques à ces conditions, que de leur capacité à respecter envers et contre tout les règles élémentaires d'hygiène corporelle* (cf. Matarazzo e.a., 1984; Maddi, 1990).

IV. L'EFFICIENCE DES DIVERS MODES D'AFFRONTEMENT

a) L'œuvre de Richard Lazarus

Les expériences pilotes sur l'efficacité de différents types de confrontation ont été réalisées par l'équipe de Lazarus à Berkeley.

La première recherche (Lazarus & Alfert, 1964) a été réalisée à l'aide d'un film. Les sujets voyaient des adolescents de peuples «primitifs» endurer des rites de passage pénibles. Des sujets recevaient préalablement des explications destinées soit à *intellectualiser* les scènes («Veillez à bien comprendre les aspects ethnologiques...»), soit à *minimiser* la souffrance («Les adolescents se réjouissent de subir ces rites...»), soit à *dramatiser* le spectacle («Il s'agit de pratiques horribles...»). Un 4e groupe de sujets voyaient le film sans recevoir de commentaire.

Des mesures physiologiques ont montré que chez les sujets des deux premiers groupes la réaction de stress, durant la vision du film, était nettement moindre que chez les sujets des deux derniers.

Depuis un quart de siècle, Lazarus n'a cessé de mener avec ses nombreux collaborateurs des recherches sur le thème de son premier livre *Psychological stress and the coping process* (1966). Il s'est intéressé à la fois aux modifications des interactions avec l'environnement (*problem-focused coping*) et à la régulation directe des émotions (*emotion-focused coping*). Il a contribué plus que tout autre chercheur à faire du concept de *coping* — défini comme l'ajustement à une situation stressante — une des notions-clés de la psychologie contemporaine. Parmi les raisons de ce succès, on peut relever son utilité pour expliquer la diversité des effets psychophysiologiques du stress et, d'autre part, sa fécondité pour la pratique psychothérapeutique.

b) L'ajustement au stress professionnel

Depuis quelques années des psychologues ont étudié le stress lié à des professions. Nous évoquons quatre recherches à titre d'exemple.

1. Une équipe de l'Université de Chicago conduite par Suzanne Kobasa (1981) a cherché, chez des officiers, des juristes et des dirigeants d'entreprises, des attitudes associées à une bonne résistance aux effets du stress. L'analyse de la littérature scientifique sur la question et de nouvelles observations empiriques ont permis de conclure à l'importance des trois attitudes suivantes.

– *Le sentiment de contrôle sur le cours de sa propre existence* (*sense of control over your life*). La personne croit qu'elle est capable, par ses actions, d'influencer bon nombre d'événements qui la concernent. Lorsque surviennent des situations pénibles, elle s'informe, analyse et prend des initiatives.

– *Une attitude positive ou de défi envers les changements* (*challenge disposition*). Les changements sont interprétés comme des ingrédients normaux de l'existence et comme des incitations au développement, plutôt que comme des frustrations ou des menaces pour la sécurité.

– *Le sens de l'engagement personnel* (*commitment*). Le travail est envisagé comme valable et intéressant, plutôt que comme aliénant. La personne s'y engage, sans toutefois se laisser totalement absorber.

Kobasa e.a. ont désigné la conjonction de ces trois dimensions par le terme *hardiness* (vigueur, hardiesse, pugnacité). Ils ont montré que les personnes, qui se caractérisent par ces trois types de conduites, présentent sensiblement moins de troubles ou de maladies que les autres. Leurs premières recherches étaient rétrospectives, laissant en suspens l'explication de la corrélation observée (on pouvait aussi bien dire : «la vigueur psychologique favorise la santé», que : «la santé donne une impression de vigueur psychologique»). Ils ont ensuite effectué une vaste étude prospective (1982) portant sur le personnel d'une grande entreprise, les trois variables à examiner étant le niveau de stress subi, le degré de *hardiness* et l'évolution de la santé. Pour l'ensemble de l'échantillon, la corrélation entre les événements stressants et les maladies s'est élevé à .24, résultat qui rappelle ceux des enquêtes réalisées à l'aide du questionnaire de Holmes et Rahe. Dans le groupe de sujets en bonne santé au début de l'étude et qui ont été confrontés à des situations particulièrement difficiles, la corrélation entre d'une part le degré de stress et d'autre part les troubles physiques et mentaux est apparue, selon le degré de «vigueur», plus faible ou plus élevée que le coefficient obtenu pour l'ensemble du groupe : les personnes qui se caractérisaient au départ par les trois modes de *coping* étudiés par Kobasa e.a. sont restées en meilleure santé que celles qui apparaissaient «psychologiquement vulnérables». Chez ces dernières, l'état physique et mental s'est trouvé particulièrement dépendant des contingences externes.

Les auteurs estiment que ces résultats peuvent s'expliquer en partie par les deux processus suivants. La personne *hardy* est plus «disciplinée» que les autres : elle présente des *habitudes de vie plus saines* quant à l'alimentation, l'exercice physique, la détente et les risques d'assuétudes. Lorsqu'elle est confrontée à des situations difficiles, elle tend à adopter une *démarche de résolution de problème*, elle cherche des informations utiles et élabore de nouveaux comportements.

2. Christina Maslach (Université Berkeley, 1982) a étudié le «syndrome d'épuisement» (*burnout syndrom*) chez des médecins et des infirmières. Cet état se caractérise par l'impression de ne plus s'accomplir dans son travail, le sentiment de ne plus être affectivement disponible aux autres, le développement d'attitudes négatives vis-à-vis de l'entourage.

Les professionnels de la santé chez lesquels ce syndrome apparaît le moins souvent adoptent d'ordinaire une des deux (ou les deux) stratégies suivantes :

– *ils communiquent avec des personnes auxquelles ils sont attachés* (parent, collègue, ami) de façon à «digérer» ou «intellectualiser» les événements dramatiques de la vie de travail;

– *ils se réservent des moments de solitude durant lesquels ils s'adonnent à des «routines de décompression»* (relaxation, méditation, lecture, jogging, etc.).

Maslach note que les familles ne comprennent pas toujours bien le recours à la deuxième stratégie, cependant fort utile pour les personnes impliquées dans un travail psychologiquement exténuant.

3. James Humphrey (Université de Maryland, 1984) a interrogé 72 psychiatres (exerçant leur métier depuis une quinzaine d'années en moyenne) sur leurs tensions psychiques et sur leurs façons habituelles d'y remédier. Presque tous les interrogés ont reconnu qu'ils subissaient régulièrement des stress importants. Pour trois quarts d'entre eux, le travail en est la principale cause. Les solutions adoptées se répartissent

comme suit (une même personne pouvant recourir à plusieurs stratégies) :

Conversation avec un ami	62 %
Activité physique	60 %
Activité altruiste	43 %
Pratique religieuse	33 %
Consommation de psychotropes	20 %
Consultation chez un confrère	10 %

4. Sloan et Cooper (1986) ont demandé à environ 500 pilotes de ligne anglais quelles stratégies leur paraissaient les plus efficaces pour réduire le stress lié à leur profession. Les solutions le plus souvent citées peuvent se regrouper en deux catégories :

– la communication avec des proches ;

– la séparation mentale entre la vie de travail et la vie privée (plusieurs pilotes disent p.ex. qu'ils se déconnectent du travail pendant le trajet de l'aéroport au domicile et qu'ils s'y reconnectent en faisant le chemin inverse).

c) Les critères d'évaluation des modes d'affrontement

L'évaluation des divers types d'affrontement est une opération complexe, notamment parce que, selon les circonstances et les points de vue adoptés, chacun d'eux peut s'avérer tantôt positif, tantôt négatif. L'étude de leur valeur devrait prendre en compte au moins les trois critères suivants.

1. *La spécificité de la situation de stress.* Ainsi p.ex. chez des patients traités par chirurgie, la corrélation entre une attitude de «négation» des risques et le taux de complications post-opératoires varie selon la gravité de l'intervention : l'attitude de négation apparaît utile dans le cas d'interventions bénignes, p.ex. l'opération d'une hernie, mais plutôt néfaste dans les cas graves, p.ex. une opération à cœur ouvert (Cohen et Lazarus, 1979).

2. *Les dimensions physiologiques, psychologiques et sociales de l'existence.* A titre d'exemple, on peut évoquer le «schème comportemental de type A» (Friedman & Rosenman, 1974), qui se caractérise par la volonté acharnée de relever des défis, la compétitivité, l'hostilité, l'impatience, l'obsession des échéances temporelles. Chez les personnes qui présentent cet ensemble de traits, le taux de maladies cardiaques est sensiblement plus élevé que chez celles qui sont habituellement «relax». Ce schème comportemental, qui apparaît néfaste pour le système cardio-

vasculaire, est en corrélation positive avec la quantité de travail prestée et la satisfaction professionnelle (cf. Burke & Weir, 1980).

3. *La dimension temporelle.* Les recherches réalisées sur des parents d'enfants atteints de leucémie illustrent bien que la stratégie la plus rentable à court terme peut s'avérer la moins profitable à long terme. En effet les parents qui, pendant la maladie de l'enfant, se protègent par une attitude de négation de la réalité présentent des taux de corticostéroïdes plus bas que ceux qui regardent la réalité en face. La situation s'inverse après la mort de l'enfant : les premiers parents sont alors davantage stressés que les seconds et le restent plus longtemps (R. Lazarus, 1985 : 169).

Actuellement les chercheurs estiment qu'il est impossible d'aboutir à des généralisations simples concernant la valeur adaptative des stratégies d'affrontement. Frances Cohen conclut : «Nous ne devons pas nous attendre à une relation étroite entre le choix d'une forme de *coping* et des effets totalement positifs» (1984 : 268). En pratique, *le mieux est souvent d'employer plusieurs stratégies, de les varier et de les utiliser avec souplesse.*

d) Un essai de taxinomie

S'il est vain de vouloir établir la liste définitive des types de *copings* et d'attribuer à chacun une valeur définie, il est néanmoins intéressant d'analyser sur une base statistique quelles formes d'affrontement apparaissent d'ordinaire les plus performantes. Dans cette perspective, le travail de McCrae et Costa (1986) est des plus instructifs. Leur étude a porté sur 406 adultes «normaux», en bonne santé, de niveau socio-économique moyen ou élevé, âgés de 21 à 91 ans. Ils ont interrogé ces personnes sur la façon dont elles avaient abordé récemment des situations stressantes : des menaces (p.ex. une maladie), des «défis» (p.ex. un mariage, un déménagement), des pertes (p.ex. un deuil, une rupture sentimentale, un licenciement, un revers de fortune). Les sujets étaient invités à évaluer l'efficacité des comportements adoptés pour résoudre leurs problèmes et pour réduire leurs perturbations émotionnelles. Les évaluations se faisaient en fonction d'une liste de 27 stratégies, établie sur base d'études antérieures. Les principaux résultats de cette enquête s'énoncent comme suit.

a) *Une personne aux prises avec une situation stressante utilise généralement plusieurs stratégies.*

b) *Elle tend toutefois à recourir de façon habituelle aux mêmes stratégies, quel que soit le type de stresseur (menace, défi, perte).*

c) *Le rangement des «mécanismes de coping»*, en fonction du degré d'efficience perçue par les sujets, est le suivant :

1. Attitude de foi
   Mettre sa confiance en Dieu, en une autre personne ou dans une institution.
2. Recherche d'aide
   S'adresser à des personnes qui peuvent réconforter ou aider à résoudre le problème.
3. Action rationnelle
   Agir «raisonnablement» en vue de résoudre le problème (établir un planning, chercher des informations, etc.).
4. Attitude de défi face à l'adversité
   Redéfinir les priorités. Adopter une nouvelle foi. Se mobiliser en prenant comme modèle d'autres personnes qui sont ou ont été confrontées à la même expérience.
5. Expression des sentiments
   Trouver des occasions pour extérioriser les émotions.
6. Adaptation de soi (*Self-adaptation*)
   Apprendre de nouvelles habiletés comportementales. Elaborer des compromis.
7. Humour
   Relativiser de façon amusante la situation.
8. Réserve (*Restraint*)
   Résister à l'impulsion d'émettre des jugements irréfléchis ou de prendre des décisions précipitées. Laisser la situation «ouverte».
9. Substitution
   Chercher des satisfactions dans d'autres domaines de l'existence que celui où l'on est frustré.
10. Pensée positive
    Penser aux aspects positifs de la situation, à ses bons côtés. Comprendre le point de vue des autres.
11. Persévérance
    Répéter les mêmes comportements, éventuellement de façon plus énergique.
12. Intellectualisation
    Traiter le problème de façon abstraite et logique.
13. Sédation
    Se calmer grâce à des tranquillisants, de l'alcool, des séances de relaxation ou de méditation.
14. Evitement
    Fuir ou éviter les situations susceptibles de causer du stress.
15. Comparaison sociale
    Se consoler en comparant ses difficultés à des difficultés pires rencontrées par d'autres personnes.
16. Distraction
    Chercher à songer à autre chose qu'au problème. S'engager dans d'autres activités.
17. Fatalisme
    Attendre et voir venir. Accepter la situation comme inévitable ou comme un destin.

18. Reproche à autrui
Blâmer quelqu'un pour la situation endurée.
19. Oubli actif
Chercher à chasser le problème de son esprit, refuser d'y songer, vouloir l'oublier.
20. Repli
Se détourner des autres et essayer de résoudre le problème tout seul.
21. Evasion par la rêverie
Se complaire dans des rêveries afin d'oublier les difficultés ou de les voir sous un jour irréel.
22. Passivité
Remettre à plus tard des décisions et des actions malgré l'urgence de résoudre les problèmes. Se réfugier dans le sommeil.
23. Isolation de l'affect
Réprimer les émotions suscitées. Simuler l'indifférence.
24. Irréalisme (*Wishful thinking*)
Se contenter de souhaiter que le problème disparaisse ou que la solution vienne sans rien faire.
25. Autoreproches
S'en prendre à soi-même. Eprouver de la culpabilité. Chercher à se justifier.
26. Réaction hostile
Devenir irritable ou agressif à l'endroit des autres.
27. Indécision
Ruminer les problèmes sans prendre une décision.

d) *Des stratégies peuvent apparaître efficaces dans certains cas et non dans d'autres. Toutefois, les premières de la liste (1 à 10) se sont avérées utiles à travers un grand nombre de situations stressantes*, tandis que les dernières (en particulier de 21 à 27) ont été peu ou non appropriées pour faire évoluer dans un sens positif les situations difficiles et les tensions affectives.

e) *Les personnes qui adoptent surtout les premiers mécanismes de la liste sont, de manière générale, plus équilibrées et plus heureuses* que celles qui ont l'habitude de recourir aux derniers.

f) *Parmi les mécanismes les plus performants, on retrouve aussi bien des stratégies centrées sur les problèmes* (p.ex. l'action rationnelle) *que des stratégies centrées sur les émotions* (p.ex. l'expression des sentiments).

V. L'ENTRAÎNEMENT AUX STRATÉGIES D'AFFRONTEMENT

Dans la psychologie anglo-saxonne contemporaine, la notion de *coping* a relégué à l'arrière-plan l'expression freudienne de «mécanisme de défense», qui désigne des processus mentaux automatiques, inconscients, le plus souvent pathogènes, peu modifiables. Les *coping processes* sont envisagés comme des modes de conduite en rapport avec des situations; ils sont relativement faciles à observer; leurs effets sont souvent jugés positifs; ils peuvent être modifiés consciemment, parfois de façon rapide.

A partir des années 70, les psychologues ont considéré l'apprentissage de stratégies de confrontation performantes comme un objectif aussi important que l'apprentissage de l'autocontrôle. Mahoney p.ex. écrit : «Les tâches thérapeutiques les plus humaines visent à pourvoir le client d'habiletés d'affrontement efficaces et utilisables dans une large variété de situations» (1974 : 273). Goldfried (1971, 1977, 1980) et Meichenbaum (1976, 1977) ont été les principaux artisans de cette évolution au plan clinique. R. Lazarus (1975) et Bandura (1977) en ont été les meilleurs théoriciens. Les travaux des uns et des autres ont débouché sur des possibilités d'autogestion insoupçonnées il y a un quart de siècle. Grâce à eux la psychologie scientifique dispose aujourd'hui de moyens concrets pour atténuer les souffrances psychiques et pour favoriser réellement la croissance personnelle.

Chapitre III

Le développement d'activités épanouissantes

«Le plaisir de vivre, s'il est aussi précieux que l'or, se trouve rarement à l'état de lingots. Il faut le recueillir grain après grain.»

Burrhus Skinner et Margaret Vaughan,
Bonjour sagesse (1983 : 36)

La capacité de se contrôler et d'affronter des situations pénibles constituent deux sources essentielles de satisfactions dans l'existence. Il s'agit toutefois de démarches centrées davantage sur la réduction de stimuli aversifs que sur le développement d'activités intrinsèquement agréables. Une saine gestion de soi requiert de prendre en compte explicitement cette troisième dimension.

On a coutume de dire que les êtres humains cherchent toujours le bonheur. En fait, ils sont moins programmés pour leur bonheur personnel que pour la survie de l'espèce. La plupart d'entre eux passent plus de temps à s'inquiéter, souffrir, fuir, lutter ou faire des efforts, qu'à jouir ou se réjouir.

Il n'est donc pas étonnant que, dans le langage ordinaire, davantage de termes fassent référence à des affects négatifs qu'à des affects positifs. Ce fait avait été noté par Wundt à la fin du siècle dernier. Averill (1980) l'a démontré par des analyses statistiques (en anglais environ 62 % des concepts à tonalité affective présentent une connotation négative).

Les «psy» étant sollicités surtout pour résoudre des difficultés, ils se sont bien davantage axés sur l'angoisse, la dépression et d'autres états pénibles que sur le plaisir, la joie ou le bonheur. En 1967, une analyse du contenu d'un échantillon de manuels de psychologie montrait qu'environ deux fois plus d'espace était consacré aux émotions négatives qu'aux positives (cf. Carlson). Ces dernières années, les psychologues ont accordé de plus en plus d'importance aux activités intrinsèquement agréables.

I. L'IMPORTANCE DES ACTIVITÉS ÉPANOUISSANTES SELON LE BEHAVIORISME

Le premier ouvrage évoquant l'application des principes du behaviorisme à la vie sociale est le roman utopique de Skinner *Walden Two* (1948a). Il est précisément centré sur le développement de comportements qui favorisent la qualité de la vie et l'épanouissement des personnes.

Skinner imagine un village de deux mille personnes vivant en économie semi-fermée. Les valeurs essentielles sont la recherche du bien-être pour chaque habitant et la coopération de tous en vue d'assurer la survie de la communauté. Un système de répartition des travaux désagréables entre tous les membres permet d'offrir à chacun de larges plages de temps libre pendant lesquelles il peut jouer, faire du sport, dessiner, rencontrer des amis, satisfaire sa curiosité, étudier, etc. L'équipe des responsables dédaigne les méthodes répressives. Sa principale occupation est de mettre en place les conditions optimales — testées expérimentalement et périodiquement réajustées — de l'équilibre du groupe et de la satisfaction des personnes.

L'utopie de Skinner n'a pas rapidement donné lieu à des études sur les stratégies concrètes permettant de multiplier les activités épanouissantes. Il a fallu attendre une vingtaine d'années, le temps que la *behavior therapy* prenne son envol.

Au départ, les thérapeutes comportementalistes ont avant tout cherché à éliminer des souffrances névrotiques et à déconditionner des conduites néfastes. Ils ont toutefois assez vite compris que l'élimination de comportements inappropriés implique l'installation et le renforcement de nouveaux comportements.

Ce principe a été énoncé dans le premier texte scientifique sur l'autocontrôle (Skinner, 1953) et a été appliqué dès la première tentative de mise en pratique d'un programme d'autocontrôle. Ferster e. a. suggéraient à leurs sujets obèses de diversifier les activités quotidiennes et de contrer l'apparition de l'envie excessive de manger en s'engageant dans des conduites «concurrentes» (se promener, aller au cinéma, etc.). Le même principe se trouve au centre du premier livre de la thérapie comportementale, *Psychotherapy by reciprocal inhibition* (1958). Estimant que les comportements névrotiques proviennent principalement de réactions d'anxiété, Wolpe expliquait que la meilleure façon d'éliminer ces comportements consiste à apprendre de nouvelles réactions permettant d'«inhiber» l'anxiété dès qu'elle surgit. Des réactions «antagonistes», que l'auteur considérait comme particulièrement efficientes, sont la conduite «assertive» (l'affirmation positive de soi) et surtout l'attitude de relaxation.

Les behavioristes ont progressivement attaché de plus en plus d'importance aux activités agréables. Ils ont réalisé de nombreuses études sur le bien-être et la satisfaction dans la vie (cf. Argyle, 1987; Eysenck M., 1990). Une de leurs premières constatations intéressantes fut que le bonheur n'est pas simplement le pôle opposé au malheur : on peut ne pas se sentir malheureux et cependant ne pas s'estimer heureux; on peut se sentir malheureux à certains moments de l'existence et très heureux à d'autres (Bradburn, 1969). L'implication pratique de ce fait est qu'il ne suffit pas d'éliminer des sources de souffrance pour vivre (relativement) heureux : il importe aussi de développer un répertoire de comportements qui suscitent du plaisir et de la joie.

Les behavioristes ont souligné la possibilité d'augmenter les moments heureux grâce à certains modes de fonctionnement cognitif. En 1965 Lhoyd Homme (un élève de Skinner) a développé l'idée que nous pouvons éprouver davantage de bonheur en multipliant les cognitions positives et en nous focalisant très régulièrement sur les aspects agréables de l'existence.

L'impulsion décisive de l'intérêt des comportementalistes pour les conduites épanouissantes est venue de l'étude des dépressions, des assuétudes et des mésententes conjugales. Nous examinons ici le rôle de la carence d'expériences positives dans le développement ou le maintien de ces problèmes.

II. LA DÉPRESSION ET LES ACTIVITÉS AGRÉABLES

Les travaux les plus célèbres sur la question sont ceux de Peter Lewinsohn (Université de l'Oregon). Selon ce psychologue, la dépression psychogène résulte de la rareté d'événements et d'activités agréables, une situation provoquée principalement par le monde extérieur (p.ex. quand on perd un être aimé, quand on n'est pas récompensé pour des efforts) ou par la personne elle-même (p.ex. lorsqu'on s'est assigné des objectifs trop difficiles et qu'on se culpabilise de ne pas les atteindre).

Des recherches scientifiques ont mis en évidence une corrélation significative entre le nombre d'activités plaisantes dans lesquelles un individu s'engage et son humeur (Lewinsohn & Libet, 1972; Rehm, 1978). Pour

Lewinsohn, la première variable détermine la seconde. Cette relation causale ne paraît cependant pas évidente à tous les chercheurs : on peut supposer qu'une diminution des activités agréables (et des activités en général) soit l'effet, plutôt que la cause, de la dépression, ou encore que l'humeur et le niveau d'activités résultent tous deux de facteurs plus fondamentaux (physiologiques ou cognitifs p.ex.). Quoi qu'il en soit, plusieurs recherches ont bien établi que *le fait d'augmenter le nombre d'activités agréables entraîne habituellement une modification de l'humeur dans un sens positif.* Cette évolution a été constatée chez des personnes déprimées (Lewinsohn & Hoberman, 1982; Turner e.a., 1979; Hoevenaars, 1987) et chez des individus «normaux» (Reich & Zautra, 1983). Divers auteurs ont dès lors élaboré des traitements de la dépression psychogène centrés — principalement (cf. Lewinsohn) ou en partie (cf. Beck; Rehm) — sur la programmation quotidienne d'activités agréables et leur augmentation progressive.

Lewinsohn a élaboré une échelle (*Pleasant Events Schedule*) qui mentionne 320 sources de plaisir potentiel par rapport auxquelles le sujet peut se situer (MacPhillamy & Lewinsohn, 1971). Parmi les nombreuses études utilisant cet instrument, celle de Lewinsohn et Graf (1973) est particulièrement instructive. Ces psychologues ont examiné les activités qui, parmi les 320 proposées, apparaissent le plus nettement en corrélation avec l'humeur et qui différencient statistiquement le mieux les déprimés et les normaux. Leur recherche a permis de mettre au point une échelle d'activités plaisantes significativement associées à une humeur positive : la *mood related scale* (MacPhillamy & Graf, 1973). Chacun peut calculer en fonction de cet instrument un score d'«activités plaisantes» en précisant pour chaque item :

(a) le degré de plaisir que l'activité lui procure ou pourrait lui apporter (noter «0» pour l'absence de plaisir, «1» pour «un peu de plaisir», «2» pour «beaucoup de plaisir»);

(b) la fréquence de l'activité pendant les 30 jours écoulés (noter «0» si l'activité n'a pas eu lieu, «1» si elle s'est produite entre une et six fois, «2» si elle s'est produite sept fois ou davantage);

(c) le produit du degré de plaisir et de la fréquence de l'activité (ainsi quelqu'un qui aime beaucoup rire et qui a ri au moins sept fois durant le mois écoulé, indique 2 x 2 = 4).

L'addition des notes obtenues dans chacune des colonnes fournit trois scores, qui sont à comparer aux résultats caractéristiques de certains groupes des sujets.

	Degré de plaisir	x Fréquence	= «Plaisir obtenu»
1. Respirer du bon air	0 1 2	0 1 2	
2. Bien manger			
3. Aller au restaurant			
4. Bien dormir la nuit			
5. Etre détendu, «relax»			
6. Se sentir tranquille, en paix			
7. Avoir du temps libre			
8. Rire			
9. Voir un beau spectacle ou un beau paysage			
10. Etre assis au soleil			

11. Porter des vêtements propres
12. Ecouter la radio
13. Ecouter de la musique
14. Lire un roman, une nouvelle, un poème, une pièce de théâtre
15. Se trouver avec des animaux
16. Regarder d'autres personnes
17. Sourire à d'autres personnes
18. Faire la connaissance d'une personne
19. Avoir une conversation vivante et animée
20. Avoir une conversation franche et ouverte
21. Complimenter ou féliciter quelqu'un
22. Etre bien accepté dans une réunion
23. Etre en compagnie de gens gais ou heureux
24. Etre en compagnie d'amis
25. Voir de vieux amis
26. Prendre une boisson avec des amis
27. Voir que des amis ou des membres de la famille vont bien
28. Songer à des personnes que j'aime
29. Etre en compagnie de quelqu'un que j'aime
30. Entendre dire que je suis aimé
31. Avoir l'impression d'être sexuellement attrayant pour quelqu'un
32. Exprimer mon amour à quelqu'un
33. Choyer, câliner, caresser
34. Embrasser
35. Avoir des activités sexuelles avec un partenaire
36. Sentir la présence de Dieu dans mon existence
37. Etre sollicité pour aider ou donner un avis
38. Dire quelque chose de façon claire ou nette
39. Voir que quelqu'un manifeste de l'intérêt à ce que j'ai dit
40. Amuser d'autres personnes
41. Planifier ou organiser quelque chose
42. Planifier une sortie, une excursion, des vacances
43. Conduire habilement une voiture
44. Faire convenablement un travail
45. Réaliser un projet à ma manière
46. Apprendre à faire quelque chose de neuf
47. Recevoir un compliment ou entendre dire qu'on fait bien quelque chose
48. Songer à un événement agréable à venir

--------------- --------------- ---------------

Totaux : .. .. ..

Voici des données statistiques (hollandaises) fournies par Bouman (Université de Groningen, 1986) à partir d'un échantillon d'environ 400 personnes appartenant aux diverses classes sociales, présentant un très large éventail de difficultés psychologiques (depuis une légère «déprime» jusqu'à la schizophrénie) et dont les âges varient entre 17 et 77 ans.

Scores obtenus pour les 48 activités

	Degré de plaisir	Fréquence	Produit
Scores très élevés	76 - 96	84 - 96	136 - 186
élevés	64 - 75	71 - 83	101 - 135

au-dessus de la moyenne	56 - 63	55 - 70	81 - 100
moyens	46 - 55	45 - 54	64 - 80
en dessous de la moyenne	40 - 45	29 - 44	39 - 63
bas	24 - 39	10 - 28	12 - 38
très bas	0 - 23	0 - 9	0 - 11
Moyenne de l'échantillon	51	49	72
Déviation standard	16	22	38

Bouman a obtenu des corrélations significatives entre les scores à cette échelle d'activités agréables et les scores à des questionnaires de dépressivité (r = -.61 avec le *Beck Depression Inventory*), d'estime de soi (r = +.48) et d'inadéquation sociale (r = -.42). Autrement dit, les personnes qui obtiennent des scores élevés à l'échelle d'activités agréables ont tendance à être peu ou guère déprimées, plutôt satisfaites d'elles-mêmes et bien adaptées socialement.

Notons au passage que les activités de la *mood related scale* se regroupent aisément en fonction de trois grandes catégories d'aspirations humaines :

(a) les besoins corporels, les stimulations sensorielles, le bien-être physique (n° 1 à 14)
(b) les relations sociales et intimes (n° 15 à 36)
(c) la valorisation et l'accomplissement de soi à travers le travail ou des activités de loisir (n° 37 à 47).

Remarquons enfin l'importance de réalisations effectives (p.ex. n° 44 à 47), mais aussi de comportements essentiellement cognitifs (p.ex. n° 16, 28, 42, 48). Nous reviendrons sur ces points.

III. LES ASSUÉTUDES ET LES ACTIVITÉS «CONCURRENTES»

Les thérapies comportementales des dépendances ont permis de conclure au *rôle crucial d'activités agréables pour maintenir l'autocontrôle*. Alan Marlatt (Université de Washington) est en l'occurrence le chercheur le plus célèbre.

Marlatt et Marques (1977) ont constitué trois groupes d'étudiants abusant d'alcool, en vue de comparer l'efficience d'une technique de relaxation musculaire, d'une méthode de méditation et de séances de «bibliothérapie» (lecture, en fonction des goûts personnels, dans une attitude détendue). Chaque groupe pratiquait une de ces trois méthodes deux fois 20 minutes par jour. Les chercheurs ont obtenu des résultats similaires dans les trois groupes : une diminution d'environ 50 % du taux de boisson durant la période où ces activités sont pratiquées (résultats nettement supérieurs à ceux d'un groupe-contrôle non traité). Ils pensent que l'influence bienfaisante des trois méthodes peut s'expliquer par deux facteurs : l'apparition de moments de répit dans le flot des activités quotidiennes (*time out*) et le sentiment de faire quelque chose d'agréable pour soi-même. A la même époque, Glasser lançait l'idée qu'on peut réduire des dépendances néfastes en développant des assuétudes positives (*positive addictions*), des activités qui donnent un sentiment d'habileté ou de bien-être. Le jogging en est l'exemple-type.

Marlatt a ensuite vérifié l'efficacité de l'augmentation d'activités plaisantes pour réduire diverses toxicomanies (Marlatt & Gordon, 1979; Marlatt & Parks, 1982). Cet effet a été clairement mis en évidence notamment chez des drogués du travail (*workaholics*). Les personnes qui mènent une vie professionnelle harassante, pauvre en moments de détente et de plaisir, délaissent très difficilement des habitudes néfastes (tabagisme, alcoolisme, suralimentation, etc.). Lorsqu'elles s'efforcent d'y renoncer elles connaissent un taux particulièrement élevé de rechutes. Dans une vie dure, l'alcool ou le tabac p.ex. peuvent apparaître comme les seuls «menus» plaisirs ou activités «relaxantes» (*breaks*), faute desquels les difficultés quotidiennes apparaissent insurmontables. Ainsi les *workaholics*, qui impressionnent l'entourage par leur «volonté de fer», se montrent indulgents pour l'une ou l'autre vieille habitude qui les aide, pensent-ils, à affronter le destin.

Marlatt a mis au point un indice de probabilité de rechute basé sur le rapport entre la réalisation de désirs et l'accomplissement de devoirs dans la vie quotidienne (*want/should ratio*). L'intéressé note pendant plusieurs jours toutes ses activités et les évalue sur une échelle à 7 points (à une extrémité se trouve le pôle «obligation» et à l'autre, le pôle «souhait-plaisir»). Marlatt constate que, durant une période de sevrage, les personnes chez lesquelles le rapport penche nettement du côté des *shoulds* sont, davantage que les autres, sujettes à de brusques impulsions à reconsommer la substance qui leur apporte un plaisir ou un soulagement immédiats. Leur taux de rechute est sensiblement plus élevé que chez les autres.

Silvan Tomkins (Université Rutgers, 1980) a réalisé des observations semblables. Il a constaté que les fumeurs qui abandonnent le plus difficilement la cigarette ou qui refument après une période d'arrêt se caractérisent par un net déséquilibre entre les quantités d'affects positifs et négatifs au cours de la vie quotidienne.

L'équilibre, entre les activités perçues comme imposées et les activités de plaisir ou d'accomplissement de soi, apparaît comme une des principales mesures thérapeutiques recommandées par Marlatt et Parks (1982) pour «l'autogestion des comportements addictifs». Ces auteurs préconisent en particulier des activités qui rappellent celles de l'échelle que nous venons de citer (*mood related scale*). Ils insistent sur l'importance de réserver, dans la vie quotidienne, des moments consacrés au corps (*body time*) : relaxation musculaire, exercice physique, promenade... Ils estiment que les sports captivants (*addictive sports*) tels que le ski, la voile, etc., en fournissant facilement des sensations intenses, peuvent constituer un bon substitut à la consommation de certaines drogues.

IV. LE TRAITEMENT DES MÉSENTENTES CONJUGALES

Les activités agréables apparaissent comme un élément-clé du traitement des tensions conjugales. La question est à ce point importante qu'elle mérite quelques développements.

a) Importance de la relation de couple

Diverses recherches montrent que la relation amoureuse est, dans la vie quotidienne, la relation qui suscite les affects les plus intenses, tantôt positifs, tantôt négatifs (Argyle, 1987).

A titre d'exemple citons l'enquête de Henderson e.a. (1984), qui ont demandé à environ 500 adultes anglais d'indiquer, par un nombre compris entre 0 et 100, la mesure dans laquelle une série d'événements apportent aux gens, en général, «du bonheur, de la satisfaction ou du bien-être». Trois des six situations évaluées le plus positivement se rapportent à la vie amoureuse :

Tomber amoureux	78
Réussir un examen ou obtenir une qualification	76
Guérir d'une grave maladie	72
Partir en vacances	69
Se réconcilier avec son partenaire après une dispute	66
Se marier ou se fiancer	65
La naissance d'un enfant	65
Gagner beaucoup d'argent	64
Bénéficier d'une promotion professionnelle	60
Sortir avec des amis ou leur rendre visite	58
Obtenir un nouveau travail	56

La vie sociale étant organisée de sorte que la relation amoureuse conduise au mariage, la majorité des gens se marient tôt ou tard. Des enquêtes (cf. Argyle, 1987 : 16) montrent que, parmi les gens qui se disent très heureux, on trouve davantage de mariés que de célibataires ou de divorcés :

	% des gens «très heureux»	
	Femmes	Hommes
Parmi les marié(e)s	41	35
Parmi les célibataires	25	18
Parmi les divorcé(e)s	15	18

La satisfaction que procure la vie matrimoniale est en relation significative avec le bonheur de vivre, comme l'illustre bien l'enquête de Campbell e.a. (1976) sur la qualité de la vie (aux Etats-Unis). Ces auteurs ont calculé les coefficients de corrélation entre la satisfaction générale dans l'existence et la satisfaction dans des domaines particuliers. Les deux coefficients les plus élevés concernent les relations intimes :

	Corrélations
Vie familiale	.41
Mariage	.36
Situation financière	.33

Logement	.30
Travail	.27
Amitiés	.26
Santé	.22
Activités de loisir	.21

Les relations intimes occupent une place privilégiée dans la psychologie du bonheur, mais aussi dans la psychologie du malheur, de la haine et de la violence. Nous avions déjà vu que les trois événements jugés d'ordinaire les plus stressants, en fonction de l'échelle de Holmes et Rahe, sont la mort du conjoint, le divorce et la séparation conjugale. Selon une enquête américaine, 42 % des personnes qui recourent à des consultations psychologiques, considèrent que leurs difficultés sont de nature conjugale (Gurin e.a., 1960). Dans près de 50 % des cas, la première admission dans les hôpitaux psychiatriques (américains) a été provoquée par des difficultés de couple (Beisser & Glasser, 1968). Mis à part les périodes de guerre, les homicides sont plus fréquents entre conjoints qu'entre inconnus (Chesnais, 1981)...

Au vu de l'impact des relations intimes sur la santé physique et mentale, les psychologues se sont de plus en plus intéressés à la thérapie conjugale. Les behavioristes ont été particulièrement actifs en ce domaine. Le nombre de leurs recherches évaluatives est nettement plus élevé que celles des psychanalystes ou des thérapeutes systémiciens (Gurman, 1978).

b) Facteurs de réussite et d'échec du couple

Les personnes qui s'engagent dans la vie conjugale n'ignorent pas que celle-ci comporte des inconvénients : restriction de la liberté, différences d'habitudes et de rythmes, côtés déplaisants du partenaire... Elles estiment cependant que ces «coûts» sont largement compensés par des avantages : statut, aide matérielle, affection, relations sexuelles, procréation, approfondissement spirituel... La comparaison entre les «bénéfices» et les «coûts» est une arithmétique qui reste généralement intuitive, peu consciente, très approximative. Elle n'en est pas moins déterminante.

1. Concernant le sentiment de satisfaction de la vie conjugale, des recherches scientifiques ont conclu à l'*importance essentielle de la sexualité.*

On peut citer à titre d'exemple une vaste étude d'Eysenck et Wakefield (1981), des psychologues qui ne peuvent en rien être suspectés d'allégeance au freudisme. Ces auteurs ont examiné, chez environ 600 couples représentatifs de la population anglaise, les corrélations entre le degré de satisfaction conjugale et diverses variables : caractéristiques sociales, attitudes sociales et politiques, dimensions de la personnalité (neuroticisme, psychoticisme), comportements. La variable la plus fortement corrélée avec la *marital satisfaction* est le comportement sexuel : des activités sexuelles fréquentes et satisfaisantes caractérisent très significativement les personnes heureuses de leur vie conjugale.

2. Concernant l'insatisfaction de la vie conjugale, les recherches concluent au *rôle primordial des déceptions et de la tendance à récipro-*

quer plus facilement les conduites négatives que les conduites positives. Explicitons ces deux points.

a) Dans la phase d'énamoration et d'amour romantique, les avantages de la relation sont très généralement magnifiés tandis que les inconvénients sont minimisés ou scotomisés. Pendant cette période la relation est basée autant, voire davantage, sur les qualités imaginées chez l'autre que sur ses caractéristiques réelles. Comme Lederer et Jackson l'ont expliqué dans *The Mirages of Marriage* (1968), il y a un important décalage entre la relation rêvée, extatique — qui caractérise le choc amoureux — et la vie commune dans sa quotidienneté. Ce décalage peut constituer une des principales sources de frustration de la conjugalité.

De façon générale, une relation monogamique durable est une entreprise difficile, jalonnée de nombreuses déceptions. Albert Ellis a fortement insisté sur le rôle de ces déceptions et sur les croyances irréalistes qui les sous-tendent. Il écrit p.ex. : «La cause majeure des perturbations de l'interaction conjugale réside dans des attentes tout à fait irréalistes qu'entretiennent les époux, non seulement vis-à-vis d'eux-mêmes et des autres, mais également vis-à-vis de la relation conjugale en tant que telle. Chacun s'accroche de façon insensée à l'idée que son conjoint *doit* absolument *être* toujours affectueux et indulgent. On serait bien plus avisé de croire que ce serait charmant si le conjoint se comportait effectivement de la sorte, mais que ceci, fort probablement, ne correspond pas à la réalité» (1977c : 172).

b) Par ailleurs, des recherches sur les relations familiales (Patterson & Reid, 1970) et conjugales (Wills, Weiss & Patterson, 1974) ont bien montré que les êtres humains ont tendance à *réciproquer davantage les actions agressives que les conduites cordiales.* Lorsqu'un partenaire se montre hostile, l'autre tend à réagir rapidement sur le même mode, tandis que quand il se montre aimable, l'autre ne réagit pas aussi facilement de façon positive. Il n'y a donc pas à s'étonner que «généralement, les conjoints qui éprouvent des difficultés voudraient davantage diminuer les comportements désagréables et les aspects indésirables de la relation plutôt qu'augmenter ses aspects positifs» (Beaudry & Boisvert, 1988 : 118).

3. Le plaisir apporté par certaines interactions et le mécontentement provoqué par d'autres déterminent le degré de bonheur conjugal de façon relativement indépendante : les partenaires peuvent diminuer le nombre de contacts désagréables sans augmenter proportionnellement le nombre de contacts agréables, tout comme ils peuvent augmenter la fréquence de moments plaisants sans pour autant réduire les conflits pénibles (Ogden & Bradburn, 1968). Les deux facteurs sont toutefois en interaction : les partenaires heureux de leur relation éprouvent le sentiment de davantage obtenir des satisfactions que d'endurer des désagréments.

De multiples recherches, depuis celles de Thibaut et Kelley (1959), sont venues confirmer l'importance du rapport entre les «bénéfices» et les «coûts». A titre d'exemple, citons une étude de Howard et Dawes (Université de l'Oregon, 1976).

Ces psychologues ont cherché une variable permettant de prédire un divorce dans un délai rapproché. Ils ont constaté des corrélations relativement peu élevées entre la satisfaction conjugale et la fréquence des relations sexuelles, ainsi qu'entre la satisfaction conjugale et la rareté des disputes. Par contre, ils ont obtenu un très bon indice de bonheur conjugal en calculant la différence entre le taux d'activités sexuelles (avec ou sans orgasme) et le taux de comportements négatifs (absence de coopération, repli, attaque verbale ou physique, «scène», départ). Les couples chez lesquels ce score est régulièrement négatif (moins de contacts sexuels que de heurts) apparaissent dans l'ensemble insatisfaits et relativement prêts à se séparer. Bien sûr, il ne s'agit ici que de corrélations qui laissent en suspens la complexité des phénomènes et le problème de la détermination des causes et des effets (il est peu probable qu'un couple puisse éviter la séparation et retrouver l'harmonie par le seul fait de réduire les disputes et d'augmenter le nombre des relations sexuelles).

4. Tout se passe comme si les partenaires attachaient une importance déterminante à la *réciprocité* : chacun accepte d'investir dans la relation, d'y consacrer du temps et de faire des efforts, pour autant que l'autre fasse de même, au moins globalement. Des recherches empiriques (cf. Walster e.a., 1978) démontrent que *le sentiment d'équité est en corrélation avec le degré d'harmonie conjugale* (reste toutefois la question de savoir si le sentiment d'équité conditionne la satisfaction de la vie en couple ou si une relation devenue insatisfaisante conduit les partenaires à s'interroger de façon hypercritique sur ce qu'ils donnent et reçoivent).

c) Le traitement behavioriste des mésententes

Les objectifs essentiels des comportementalistes sont d'aider ceux qui les consultent à diminuer les interactions aversives et à augmenter les interactions agréables (cf. Stuart, 1969; Jacobson & Margolin, 1979; Beaudry & Boisvert, 1988). A cet effet, ils proposent principalement trois stratégies :

– le développement d'habiletés à communiquer (s'exprimer, écouter, dialoguer);

– l'apprentissage méthodique de la démarche de résolution de problèmes;

– l'augmentation de gratifications réciproques.

La mise en œuvre de la 3e stratégie peut se réaliser de la façon suivante (nous évoquerons plus loin la pratique des deux autres) :

1° Identifier des conduites «instrumentales» (rangement, préparation des repas, etc.) et des conduites «affectives» (écoute bienveillante, contacts physiques, compliments, etc.) susceptibles d'apporter du plaisir ou un épanouissement à chacun des partenaires. (A cet effet, on peut faire un effort d'observation et de réflexion, ou utiliser des inventaires d'activités agréables et des questionnaires d'intérêts).

2° Formuler des objectifs comportementaux.

3° Expérimenter de nouveaux comportements.

4° Evaluer les effets de ces comportements pour le couple (en se rappelant que les changements «profonds» exigent de nombreuses répétitions des mêmes types d'actions).

A titre d'exemple, voyons rapidement la procédure d'Azrin, Naster et Jones (Univ. de l'Illinois du Sud, 1973), qui a le mérite d'être à la fois simple et efficace.

Tout d'abord chaque partenaire évalue son degré de «bonheur conjugal» à l'aide d'une échelle comprenant 10 dimensions. Pour chacune de celles-ci, il répond à la question suivante : «Si, à l'avenir, mon partenaire continue d'agir comme il agit *aujourd'hui*, dans ce domaine-là de la vie commune, mon degré de bonheur *relatif à ce domaine* sera de...» (la réponse est indiquée par un chiffe compris entre 1 et 10).

	Très malheureux Très heureux
- Responsabilités domestiques	1 2 3 4 5 6 7 8 9 10
- Education des enfants	1 2 3 4 5 6 7 8 9 10
- Argent	1 2 3 4 5 6 7 8 9 10
- Communication	1 2 3 4 5 6 7 8 9 10
- Sexualité	1 2 3 4 5 6 7 8 9 10
- Sa profession	1 2 3 4 5 6 7 8 9 10
- Activités sociales	1 2 3 4 5 6 7 8 9 10
- Mon indépendance	1 2 3 4 5 6 7 8 9 10
- Son indépendance	1 2 3 4 5 6 7 8 9 10
- Degré général de bonheur	1 2 3 4 5 6 7 8 9 10

Chacun est invité à mieux prendre conscience des gratifications que lui apporte déjà la vie conjugale. Ensuite il réfléchit aux comportements du partenaire qui, dans ces 9 secteurs, pourraient augmenter son bonheur (paroles, contacts physiques, sorties, cadeaux, etc.). Cette réflexion est suivie d'un travail de concrétisation des aspirations, de négociation et de mise au point de «contrats» permettant d'obtenir davantage de satisfactions dans la vie quotidienne. Tout au long des séances, les intéressés sont incités à s'exprimer de façon moins agressive ou plus positive.

Chez les clients d'Azrin e.a. (principalement des étudiants), le score moyen de «bonheur général» (item n° 10) était au départ de 5, les scores les plus bas concernaient la communication et la sexualité. Après un traitement de quatre semaines (8 séances), le score de bonheur conjugal est montré à 7,5 et les changements les plus significatifs sont apparus dans les domaines de la communication (+ 2,9) et de la sexualité (+ 2,6). L'enquête du suivi montre que, dans les semaines qui suivent la fin de la thérapie, le score de «satisfaction conjugale» ne diminue guère et que la fréquence des comportements agréables augmente encore.

DEUXIÈME PARTIE

LE CONCEPT DE «GESTION DE SOI»

Chaque être humain dispose en principe du pouvoir d'agir, dans certaines limites, sur lui-même et sur son environnement. Le concept de «gestion de soi» se réfère à ce pouvoir et plus précisément au premier pôle, l'action sur soi-même.

Nous avons distingué trois dimensions fondamentales de l'autogestion. Nous examinons à présent leurs interconnexions. Ensuite nous formulons un concept d'autogestion cohérent avec les données actuelles de la psychologie scientifique.

I. LA COMPLÉMENTARITÉ DES DIMENSIONS DE LA GESTION DE SOI

1. En règle générale un contrôle efficace et durable sur ses propres désirs et actions suppose la confrontation avec des situations stressantes et le développement d'activités gratifiantes. P.ex. pour combattre victorieusement la dépendance à l'alcool, il est essentiel de ne pas se limiter à des stratégies centrées sur le contrôle de l'acte de boire. En effet, l'alcoolisme étant largement conditionné par la propriété qu'a l'alcool de diminuer (temporairement) la dysphorie (l'angoisse, l'irritation, la tristesse, l'ennui) suscitée par des situations stressantes (le sentiment d'incompétence professionnelle, les conflits conjugaux, etc.), un traitement

efficace suppose une modification active de situations productrices de tensions. Par ailleurs, l'engagement dans des activités agréables «concurrentes» constitue un support quasi indispensable dans la lutte contre les dépendances néfastes. Comme nous l'avons déjà indiqué, les rechutes sont d'autant plus probables que la proportion quotidienne des fardeaux l'emporte nettement sur la proportion des plaisirs et des joies.

Les tentatives d'autocontrôle qui ignorent les autres dimensions essentielles de la gestion de soi s'avèrent en règle générale inefficaces ou épuisantes. Elles peuvent même prendre une tournure pathologique, comme l'illustrent bien p.ex. certains cas d'anorexie mentale.

Les adolescentes qui présentent le syndrome typique d'*anorexia nervosa* ont souvent l'obsession de contrôler leur existence et, plus particulièrement, leur apparence corporelle. Elles sont alors piégées par des situations paradoxales, un processus que Walter Vandereycken (Université de Leuven) décrit comme suit : «Elles ne disposent plus d'une marge de liberté à l'égard du désir caricatural d'autocontrôle. La peur de perdre ce contrôle les assujettit au contrôle de l'alimentation et du poids (la boulimie leur apparaît comme la rupture, tant redoutée, de ce contrôle). L'anorexie mentale est une sorte de *trouble du contrôle* (Beaumont et al., 1978), le contrôle de l'alimentation se trouve déconnecté du contrôle du poids (...) Les anorexiques sont encore coincées dans un autre paradoxe. Elles essaient d'obtenir le pouvoir sur l'entourage, qu'elles ressentent comme les contrôlant (de l'extérieur), mais elles provoquent en fin de compte un effet boomerang : l'entourage reprend le contrôle en les étiquetant comme des patientes qui ont besoin de l'aide de professionnels (et souvent d'une hospitalisation)» (1980 : 14).

Le traitement des anorexiques ne peut être centré sur une intensification de l'autocontrôle. Il doit l'être plutôt sur la régulation des tensions avec l'entourage, l'amélioration des «habiletés interpersonnelles», l'expression des émotions, le développement de nouvelles sources de plaisir, la modification de l'image et de l'expérience affective du corps.

2. Nous affrontons d'autant plus efficacement des conditions de vie difficiles que nous sommes capables de bien nous contrôler. P.ex. face à une situation de menace, nous serons probablement plus performants si nous parvenons à bien réguler nos émotions que si nous laissons déferler la colère, la panique ou la dépression. D'autre part, nous résistons mieux à des conditions de vie pénibles si nous nous organisons pour bénéficier, envers et contre tout, de moments agréables. Des enquêtes sur des groupes de travailleurs montrent que les individus les moins déprimés sont généralement les plus satisfaits de leurs loisirs (Broadbent, cit. in Fisher, 1986 : 195). Les activités gratifiantes hors travail sont en effet des occasions privilégiées d'une détente réparatrice et rééquilibrante...

3. Notons enfin que le développement de diverses activités réellement épanouissantes requiert, d'une part, un contrôle de soi satisfaisant (la capacité de renoncer à des réactions impulsives et à des plaisirs à court terme, en fin de compte «coûteux») et, d'autre part, l'habileté à résoudre

activement des problèmes existentiels. L'évitement systématique des efforts et des tensions (le *easy way*) débouche sur relativement peu d'expériences de bonheur...

II. DE L'AUTOCONTRÔLE À L'AUTOGESTION

A partir de la fin des années 70, les comportementalistes ont préféré l'expression *self-management* à celle de *self-control* (cf. Stuart, 1977; Kanfer, 1979). Les principales raisons de cette évolution sont les suivantes.

Le mot «contrôle» peut sans doute désigner une coordination harmonieuse d'activités (comme lorsqu'on parle de la «tour de contrôle» d'un aéroport) ou une régulation de processus biologiques ou psychosociaux (comme lorsqu'on évoque le «contrôle des naissances»). Il peut prendre, comme c'est généralement le cas dans la psychologie scientifique, le sens neutre d'«influence», de «facteur déterminant» ou de «variable agissante». Skinner écrit p.ex. : «Le comportement d'une personne est contrôlé par son histoire génétique et environnementale (...) Le comportement humain constitue également une forme de contrôle : le fait qu'un organisme doive agir pour contrôler le monde qui l'entoure est aussi caractéristique de la vie que la respiration ou la reproduction (...) Nous ne pouvons choisir une forme de vie dans laquelle il n'y aurait plus de contrôle. Nous pouvons seulement changer les conditions du contrôle» (1974 : 208). Toutefois, *dans le langage courant, le mot «contrôle» suscite facilement la méfiance.* Il évoque souvent des formes de contrôle répressif (vérification tatillonne, restriction, manipulation), tandis que le terme «gestion» désigne généralement un ensemble d'activités réfléchies et efficaces en vue d'objectifs choisis en connaissance de cause, compte tenu des réalités. Les connotations que suggère ce second terme sont le réalisme, l'interactivité, la souplesse, l'orientation vers le futur, l'efficience...

D'autre part, *le terme d'«autocontrôle» induit, plus facilement que celui d'«autogestion», des pseudo-explications mentalistes.* Certaines personnes déclarent p.ex. qu'elles se droguent «parce qu'elles n'ont pas d'autocontrôle». Elles justifient leur conduite par l'absence ou l'insuffisance de cette «force interne». Il est sans doute plus judicieux de penser qu'elles se droguent parce qu'elles «gèrent» mal leur existence, parce qu'elles exploitent trop peu les possibilités d'action sur leurs propres conduites et sur les déterminants de celles-ci.

Dans les pages qui suivent, le mot «contrôle» apparaîtra encore quelquefois. Ce sera généralement au sens d'«action efficiente» ou d'«influence sur».

III. UNE CONCEPTION COMPORTEMENTALE DE L'AUTOGESTION

Nous définissons la gestion de soi comme *la régulation de ses propres comportements et de facteurs dont ils dépendent, en vue d'objectifs personnels.*

Notre conception trouve son point de départ dans l'analyse skinnérienne de l'autocontrôle et se situe dans la psychologie néobehavioriste contemporaine. Elle se caractérise par les points suivants.

1. *La gestion de soi procède avant tout de la dimension cognitive de l'être humain, structurellement capable, en toute situation, de prendre du recul vis-à-vis de lui-même et des événements, capable d'envisager diverses façons de percevoir, d'interpréter et d'agir.*

2. *La gestion de soi est une façon relativement réfléchie de se comporter.*

Il est évident que tous les aspects de ce type de conduite ne sont pas clairement conscients. L'efficacité implique des processus psychophysiologiques inconscients et l'automatisation d'actes volontaires. Cependant, une gestion de soi performante suppose une réflexion régulière sur les réalités physiques, psychiques et sociales, sur les comportements habituels et leurs déterminants, sur les possibilités et les limites de l'autocontrôle, sur les objectifs personnels à court et à long termes, sur les moyens concrets de modifier son propre comportement et les contingences de l'environnement, sur le rapport entre les ressources mises en œuvre et les résultats effectifs.

3. *Concrètement, la gestion de soi consiste en comportements qui dépendent de diverses contingences et qui se prêtent à une analyse fonctionnelle précise.*

Des comportements d'autogestion apparaissent chaque fois que nous agissons sur nous-mêmes en vue d'atteindre des objectifs, et donc pas seulement à l'occasion de situations critiques. Ces comportements sont déterminés principalement par leur valeur fonctionnelle : ils sont façonnés, maintenus, intensifiés par des effets positifs, réels ou imaginés. La plupart de ces effets peuvent se regrouper en trois catégories : des résultats matériels, des formes d'approbation sociale et des satisfactions intrinsèques (en particulier le sentiment de gérer sa propre existence).

4. *Les comportements d'autogestion sont diversifiés.*

La gestion de soi consiste en régulations de cognitions (perceptions, anticipations, évaluations, etc.), d'affects, de processus physiologiques (respiration, tonus musculaire, etc.), de modes d'action sur l'environnement et de façons d'interagir avec autrui.

5. L'être humain est fondamentalement interactif. Il n'y a pas de comportements de la vie éveillée qui soient l'expression de facteurs exclusivement internes ou exclusivement externes. L'intériorité et l'extériorité sont à concevoir comme les deux pôles d'un continuum et non comme

des catégories dichotomiques. Dès lors *les comportements d'autogestion ne sont pas à comprendre comme purement « intérieurs », mais comme des comportements dans lesquels le pôle personnel est prédominant.*

Nous parlerons d'« autogestion » p.ex. si une personne choisit consciemment un type d'action plutôt qu'un autre, se donne des instructions précises et se récompense en fonction de ses prestations. Ces comportements qui paraissent typiquement « internes » n'en sont pas moins liés à des contingences « externes » : le choix d'un objectif dépend souvent de l'observation du comportement d'autrui, la façon de se parler est déterminée par la « communauté verbale » (Skinner), la manière de se récompenser est en relation avec les normes sociales, etc. Il est fallacieux d'opposer radicalement l'autogestion et l'aliénation. On peut seulement envisager des polarisations (lorsque le pôle externe prédomine manifestement, on peut parler de « conditionnement mécanique » ou d'« hétéro-contrôle »).

6. *Le degré d'autogestion et sa qualité varient selon les secteurs de l'existence et les circonstances.*

La gestion de notre existence n'est jamais homogène. A titre d'exemple, notons que les individus qui se caractérisent par le « schème comportemental de type A » sont particulièrement efficaces quant à l'affrontement de situations stressantes, mais le sont beaucoup moins quant à la régulation de leur hyperréactivité cardio-vasculaire, ce qui les prédispose au développement de l'artériosclérose et de cardiopathies (Blumenthal e.a., 1978; Dembroski e.a., 1983).

Nous ne pouvons acquérir une fois pour toutes un niveau d'autogestion pleinement satisfaisant, mais nous gardons tout au long de l'existence la possibilité de définir des objectifs et d'agir sur nous-mêmes. Quand nous éprouvons le sentiment de mal nous diriger, nous avons intérêt à ne pas nous étiqueter « névrosé » ou « individu sans volonté », mais bien plutôt à nous comprendre comme une personne intrinsèquement valable, relativement peu habile dans tel et tel contexte, capable d'encore apprendre des modes de comportement davantage adaptés et efficaces.

7. Il importe de nuancer la thèse précédente en soulignant que divers secteurs existentiels concernés par la gestion de soi sont relativement interconnectés : des échecs dans un domaine (p.ex. l'incapacité à enrayer une toxicomanie) peuvent déteindre sur plusieurs autres; des progrès dans un champ en favorisent dans d'autres (p.ex. l'élimination d'une phobie invalidante procure un sentiment d'auto-efficience qui facilite d'autres innovations comportementales). *Nous avons le pouvoir d'élaborer des structures cognitives et des stratégies d'action relativement générales et transférables.* On peut dès lors parler de « styles de vie » caractérisés globalement par une gestion de soi compétente ou par l'aliénation.

8. *Les comportements d'autogestion se développent par apprentissage.*

La grande majorité des comportements humains résultent de conditionnements, tantôt simples tantôt complexes : la peur des araignées, l'usage de la fourchette, les goûts esthétiques, le langage, le raisonnement logique... Les divers comportements d'autogestion ne font pas exception à cette règle. Ils s'apprennent «par essais et erreurs», dans des contextes variés, en fonction de leurs conséquences positives ou négatives. Ainsi les comportements «contrôlants» sont eux-mêmes «contrôlés» par leurs effets. Ils peuvent être modifiés, supprimés, améliorés.

En règle générale, l'être humain apprend à contrôler des éléments de son environnement avant de se gérer lui-même. «Un bébé par exemple développe certaines méthodes pour contrôler ses parents lorsqu'il adopte des comportements qui produisent certains effets. Les enfants apprennent des techniques de contrôle de leurs semblables et deviennent habiles en ce domaine bien avant qu'ils ne se contrôlent eux-mêmes» (Skinner, 1974 : 207).

Le contrôle exercé sur nous par d'autres personnes constitue à certains moments (en particulier durant les premières années de la vie) l'ingrédient majeur d'une gestion de soi efficace. P.ex. les conditionnements grâce auxquels l'enfant apprend à lire et à écrire vont multiplier ses possibilités d'agir sur lui-même.

Une personne peut décider de se soumettre pendant un temps défini à un contrôle externe rigoureux afin de (ré)apprendre à mieux se gérer. Ainsi un alcoolique peut-il programmer une cure de désintoxication dans un Centre spécialisé en vue de démanteler une habitude débilitante et d'acquérir de nouveaux comportements.

TROISIEME PARTIE

L'ÉLABORATION DE COMPORTEMENTS EFFICACES ET LA RECHERCHE SCIENTIFIQUE

«La logique de la science est également celle des affaires et de la vie.»

John Stuart Mill (1806-1873)
(cit. in Nisbett & Ross, 1980 : 3)

I. LE PLAISIR DES COMPORTEMENTS EFFICACES

Nous entendons par comportements «efficaces» ou «de contrôle» des comportements par lesquels une personne provoque, en elle ou dans l'environnement, des effets qu'elle juge opportuns : éliminer des souffrances, produire un objet, réduire la consommation d'énergie, composer un bouquet de fleurs, comprendre un problème existentiel, se détendre, se laisser-aller, éprouver du bonheur... (Il ne s'agit donc pas particulièrement d'actions jugées «productives» en fonction des critères de l'économie marchande).

Le sentiment d'efficience est intrinsèquement gratifiant et motivant. Les expériences suivantes suggèrent que ce processus joue déjà chez des animaux et chez les nourrissons.

Des pigeons et des rats, libres de choisir entre une nourriture reçue sans devoir agir et le même genre de nourriture obtenue moyennant un «travail», préfèrent la seconde (Jensen, 1963; Carder & Berkowitz, 1970).

Dans un zoo de l'Oregon, où des singes paraissaient déprimés et sans vie, un responsable a placé l'obtention des aliments sous le contrôle des animaux. Pour recevoir leur nourriture, ils devaient, à l'apparition d'un signal lumineux, se précipiter sur un levier, ensuite courir à travers la cage et appuyer sur un second levier. Cette procédure a sensiblement amélioré l'état thymique et le degré d'activité des animaux (cit. in Seligman, 1975 : 174).

J. S. Watson (1971) place un mobile composé de boules colorées dans le champ visuel d'enfants de huit mois, couchés dans un berceau. Un tiers des enfants peuvent actionner le mobile en appuyant avec la tête sur l'oreiller spécialement conçu à cet effet. Un second tiers des nourrissons voient ce mobile, mais ils n'ont aucun contrôle sur ses mouvements. Un 3e groupe d'enfants voient un mobile identique, mais non actionné. Seuls les enfants du 1er groupe manifestent une émotion positive à partir du 3e ou 4e jour de l'expérience : ils sourient et gazouillent dès qu'ils voient le mobile bouger grâce à leur action (le délai d'apparition de la réaction affective correspond sans doute au temps requis pour que l'enfant comprenne la relation de causalité).

La diminution et l'absence de contrôle apparaissent désagréables ou pénibles. L'individu cherche spontanément à y remédier. Lorsqu'il échoue à améliorer son contrôle, il éprouve des perturbations émotionnelles et ses conduites deviennent dysfonctionnelles, la gravité des troubles variant selon les situations et les ressources personnelles. A titre d'exemple, on peut mentionner les nombreuses études de psychologie du travail (cf. O'Brien, 1986), montrant qu'une large proportion des chômeurs et des travailleurs contraints d'effectuer des tâches pénibles ou sans intérêt souffrent de stress et d'apathie.

Une douleur physique ou morale perturbe d'autant plus qu'elle s'accompagne du sentiment d'impuissance. La perte totale d'emprise sur l'environnement ou sur soi-même peut mener à la mort — via p.ex. un infarctus du myocarde ou une diminution des défenses immunitaires —, ainsi qu'en témoignent les décès de personnes qui s'imaginent condamnées par un sorcier (Cannon, 1942), de personnes âgées placées contre leur volonté dans un home (Rodin, 1986) ou de prisonniers perdant tout espoir de retrouver la liberté (Seligman, 1975 : 166s).

Pour conserver une bonne santé mentale, le sentiment de contrôle ne doit pas nécessairement correspondre à une efficacité mesurable ou socialement reconnue. L'essentiel est le *sentiment* d'efficience personnelle. Ainsi des individus placés dans un environnement débilitant peuvent garder le «moral» s'ils entretiennent l'illusion d'un certain contrôle.

Une illustration édifiante est la manière dont a réagi Dolgun, un Américain emprisonné sans raison dans une prison stalinienne. Il a expliqué après sa libération qu'il s'était appliqué à réaliser de toutes petites choses (sans aucune utilité pour sortir de prison) dans le seul but de conserver «le sentiment de ses capacités». P.ex. il avait mis au point un stratagème pour faire croire à ses gardiens qu'il était éveillé alors qu'il dormait quelques minutes (ce qui lui était défendu à ce moment-là); il avait réussi à s'attirer la sympathie d'un gardien et parvenait même à le faire rire.

L'effet hédonique et motivant des comportements efficaces peut s'expliquer comme un apprentissage (depuis la tendre enfance, ces comportements ont des conséquences positives, tandis que le manque d'efficience a généralement des résultats pénibles) ou comme un mécanisme adaptatif inné, développé au cours de la phylogenèse (la survie d'une espèce est étroitement liée à l'accomplissement d'actions efficaces).

II. L'ÉLABORATION DE MODES DE COMPORTEMENTS EFFICACES

Pour comprendre comment s'élaborent des comportements efficaces, il est instructif d'analyser les phases d'un conditionnement opérant dans une *Skinner-box*.

Un rat placé dans un enclos apprend qu'il obtient des boulettes de nourriture si une lampe s'allume et s'il appuie alors sur un levier. La séquence des activités, qui aboutissent au «contrôle» de la situation par l'animal, peut se décomposer comme suit (pour autant qu'on accepte un langage quelque peu anthropomorphisant) :

1. L'animal *explore* la situation et ses possibilités d'action. Tôt ou tard il appuie sur le levier (que ce soit par énervement, par curiosité, par jeu, par hasard, pour rompre l'ennui...). Il reçoit alors un aliment.

2. Après une ou quelques pressions sur le levier, il *imagine une relation entre plusieurs ordres de faits* : l'apparition du signal lumineux, sa propre action, l'obtention de nourriture.

3. Il *anticipe* que, dans cette situation, tel comportement entraîne (probablement) tel effet.

4. Il *teste* sa supposition ou sa prédiction. Il observe ce qui se passe lorsqu'il appuie sur le levier et que la lumière est allumée ou éteinte.

5. Il *tire des conclusions* et acquiert un savoir «éprouvé», qui lui permet à l'avenir de «contrôler» son alimentation dans les mêmes circonstances. Lorsque ces dernières viennent à changer, il doit à nouveau observer, anticiper, etc. s'il veut rester ou redevenir efficace.

Le psychologue qui étudie le comportement du rat dans une boîte de Skinner se comporte, d'un certain point de vue, de la même manière que lui : il explore, suppute, essaie, vérifie, établit des relations entre des phénomènes... De façon générale, dès qu'on recherche *systématiquement* des informations *pertinentes et efficaces*, on adopte une démarche où se retrouvent grosso modo les mêmes étapes, qu'il s'agisse des situations les plus simples ou des expérimentations les plus sophistiquées, en passant par l'organisation d'une affaire commerciale ou les tentatives de résoudre des problèmes existentiels. Bien sûr, les degrés de complexité et de rigueur varient considérablement, selon les circonstances et l'habileté du «chercheur».

La méthode scientifique n'est qu'une des modalités de ce processus : la modalité la plus épurée, la plus rigoureuse. Ses règles ont été mises en évidence très lentement au cours de l'histoire de l'humanité. Les premières règles ont sans doute été formulées à l'occasion de travaux artisanaux, lorsque des hommes ont constaté l'utilité de certains principes pour observer des faits importants, tester des prédictions, agir de façon contrôlée sur des événements. On peut d'ailleurs définir la science comme «un corpus de règles en vue d'actions efficaces» (Skinner, 1974 : 259).

III. LES RÈGLES DE LA RECHERCHE SCIENTIFIQUE EMPIRIQUE

Trois raisons justifient ici une (brève) explicitation des principes de la démarche scientifique :

– Le présent ouvrage s'inscrit dans le courant scientifique de la psychologie. Il importe d'expliquer ce choix.

– L'adoption consciente d'une démarche scientifique ne profite pas seulement aux chercheurs de laboratoire, mais à toute personne qui désire évaluer méthodiquement ses croyances et renforcer ses possibilités d'action. Elle peut améliorer sensiblement la gestion de soi. Science rime avec efficience.

– La spécificité des connaissances scientifiques est généralement mal comprise par le grand public et même par une proportion importante d'universitaires (en particulier dans les Facultés de lettres). Cette méconnaissance constitue un obstacle au progrès des sciences (en particulier la psychologie), mais elle est aussi un facteur d'utilisation abusive du savoir scientifique. Elle laisse le champ libre à l'obscurantisme, au dogmatisme, au charlatanisme... et au scientisme.

Rappelons d'abord que d'autres formes d'expérience et de théorisation (notamment la conviction politique, la foi religieuse, la réflexion philosophique) peuvent être d'un intérêt primordial, en particulier lorsqu'on s'interroge sur le sens de la vie et le choix des valeurs. La science, elle, s'intéresse à tout — y compris à des questions «existentielles» —, mais ne peut dire tout sur tout. Aucun domaine ne peut lui être interdit, mais la rigueur même de sa démarche limite drastiquement la portée de ses résultats. Croire que la science a ou aura réponse à tout, c'est se comporter en positiviste du XIXe siècle, c'est montrer qu'on n'a pas une connaissance concrète de la façon dont est produit le savoir scientifique.

Nous envisageons ici les séquences essentielles d'une recherche expérimentale. Ces séquences rappellent celles que nous avons distinguées dans l'élaboration des comportements efficaces. Elles sont analogues à celles que nous distinguerons dans la démarche de résolution de problèmes d'autogestion.

1° La perception et la formulation de «problèmes»

Un cycle de recherche scientifique peut trouver son point de départ dans les faits les plus différents : une souffrance personnelle, un défi pour l'humanité, une difficulté technique, une polémique, un événement inexplicable, une observation faite par hasard, etc. Ces mêmes faits suscitent habituellement beaucoup moins d'intérêt et de questions chez l'homme-de-la-rue, car celui-ci dispose de croyances qui «expliquent» quasi tout, facilement : les formules du sens commun ou du «bon sens», les théories traditionnelles, l'avis des Autorités (les «savants», les prêtres, les dirigeants du Parti), les forces astrologiques, le hasard, le Destin, les influences du démon ou d'hommes malveillants, la méchanceté, l'instinct, le manque de volonté, etc.

Dans le domaine qui le captive, le chercheur scientifique est sans cesse intrigué, hypercurieux. Il élabore des questions auxquelles il refuse d'apporter des réponses rapides ou toutes faites. «Avant tout, écrit Bachelard dans *La formation de l'esprit scientifique*, il faut savoir poser des problèmes. Et quoi qu'on dise, dans la vie scientifique, les problèmes ne se posent pas d'eux-mêmes. C'est précisément ce *sens du problème* qui donne la marque du véritable esprit scientifique.» (p. 14).

2° La formulation d'hypothèses générales

Stimulé par un problème, le scientifique «découpe» dans la réalité un objet d'étude et définit une perspective d'exploration. S'il essayait de tout observer sans hypothèse ni méthode, il serait vite noyé dans un flot de phénomènes dont n'émergeraient quasi pas de structures. Pour être efficace, il doit mettre entre parenthèses des particularités individuelles ou circonstancielles, il doit «réduire» et abstraire. Plus précisément, il doit formaliser des *variables pertinentes* et imaginer entre ces variables des *relations significatives*, relations de détermination ou de simple conjonction. A ce stade, il ignore si les variables qu'il a isolées sont vraiment intéressantes et si les relations qu'il suppose existent réellement. Il ne s'agit encore que d'hypothèses «générales» ou «théoriques».

Conjecturer des hypothèses fécondes relève de processus malheureusement encore mal connus. Pour imaginer de telles hypothèses, le chercheur est libre de puiser dans toutes les sources de connaissance : la tradition scientifique, des observations fortuites, des spéculations philosophiques, des idées farfelues... Fort heureusement, il dispose d'une procédure bien formalisée pour *confirmer* ou *réfuter* des conjectures générales. Cette procédure, pour le dire en un mot, consiste à faire subir «l'épreuve des faits» à des implications concrètes, déduites logiquement des hypothèses théoriques.

3° La déduction d'hypothèses expérimentales «réfutables»

Ayant imaginé des relations générales entre des variables formalisées, le chercheur en vient à déduire des implications concrètement testables : les «hypothèses expérimentales» ou «opérationalisées». Ces énoncés présentent la forme conditionnelle suivante : *si* telles relations sont vraies dans leur généralité, *alors* on observera *concrètement*, dans les conditions x, les phénomènes y et non les phénomènes z.

Tous les spécialistes de la méthodologie scientifique, Bacon en tête, ont souligné la tendance constante des êtres humains à trouver des confirmations de leurs croyances et à ignorer ou minimiser les événements qui viennent les remettre en question. L'auteur du *Novum Organum* écrivait : «Une fois que l'entendement humain a adopté une opinion (que ce soit une opinion reçue ou agréable par elle-même), il amène tout ce qui diffère d'elle à s'y accorder et à la consolider. Lorsqu'apparaissent des faits contraires, plus nombreux et plus importants, il les néglige et les dédaigne, ou bien les rejette grâce à une quelconque distinction. Par cette grande et pernicieuse prédétermination, il peut garder inviolable l'autorité de ses conclusions antérieures» (1620, I §46).

Karl Popper (1935; 1963) a bien formulé le problème posé par le «biais de confirmation». Il en a déduit un critère essentiel pour distinguer une hypothèse ou une théorie *scientifiques* d'autres types d'énoncés. Dans sa jeunesse, il s'était passionné pour le marxisme et pour deux versions rivales de la psychanalyse, celle de Freud et celle d'Adler. Il avait alors été frappé par l'extrême facilité avec laquelle ces trois théories, cependant divergentes, expliquent n'importe quel comportement et sont immunisées contre tous les faits venant les contredire. Ayant par ailleurs étudié la physique, Popper a compris que les véritables scientifiques formulent leurs hypothèses de façon à déduire à partir d'elles des faits observables qui pourront les confirmer si elles sont adéquates ou *les infirmer si elles ne le sont pas*. Une partie des hypothèses scientifiques se trouvent effectivement corroborées, tandis que d'autres sont progressivement réfutées. Au contraire, dans une pseudoscience l'entièreté des hypothèses (qui ont d'ailleurs la forme d'affirmations) sont maintenues indéfiniment, quels que soient les faits observés (p.ex. les psychanalystes freudiens ne rejettent jamais des parties de la doctrine de Freud. Toutes les objections qu'ils rencontrent sont contournées grâce à leur utilisation de concepts tels que inconscient, refoulement, résistance, formation réactionnelle).

4° La mise à l'épreuve des hypothèses

La vérification des conjectures scientifiques peut se faire par l'observation systématique ou par l'expérimentation, c'est-à-dire la manipulation systématique de variables (dites «indépendantes») en vue d'observer leurs effets sur d'autres variables (dites «dépendantes»). Trois règles sont ici essentielles : l'objectivité, la méthodicité et la quantification.

– L'objectivité désigne l'attitude du chercheur qui met entre parenthèses des particularités personnelles — notamment ses préférences affectives et ses peurs —, susceptibles de contaminer ses observations et ses inférences. Cette attitude va à contre-courant de notre penchant naturel. Bacon notait déjà : «La compréhension humaine n'est pas un regard sec, mais un regard détrempé par la volonté et les affections. Il en découle des sciences qui peuvent être appelées *sciences comme on les veut*. Car plus un homme souhaite qu'une chose soit vraie, plus il la croit facilement (...) Les manières dont les affections colorent et corrompent la compréhension sont innombrables et parfois imperceptibles» (1620, I §49).

Du fait que les connaissances scientifiques sont produites par des êtres humains, il ne peut être question d'extirper toute forme de subjectivité. Le chercheur s'astreint seulement à neutraliser de son mieux l'incidence de ses caractéristiques individuelles durant les phases de vérification des hypothèses expérimentales et d'évaluation des résultats. (Durant les phases d'exploration d'un problème et de création d'hypothèses générales, il n'a pas à redouter les fantaisies de son imagination ou la pression de ses problèmes les plus personnels).

– La vérification des hypothèses expérimentales doit être méthodique. La réflexion suivante de Voltaire illustre joliment l'importance de cette règle : «Les songes ont toujours été un grand objet de superstition; rien n'était plus naturel. Un homme vivement touché de la maladie de sa maîtresse songe qu'il la voit mourante; elle meurt le lendemain : donc les dieux lui ont prédit sa mort. Un général d'armée rêve qu'il gagne une bataille; il la gagne en effet : les dieux l'ont averti qu'il serait vainqueur. On ne tient compte que des rêves qui ont été accomplis; on oublie les autres» (1769 : 393). Le chercheur procède à l'enregistrement systématique de toutes les observations qu'il réalise en rapport avec son hypothèse. Il s'interdit d'écarter les faits contraires à ceux qu'il espérait constater, même s'ils ruinent sa théorie.

– Autant que faire se peut, le chercheur *quantifie* ses prévisions et ses constatations. Au lieu de dire p.ex. : «en fonction de mon modèle météorologique, je prévois qu'il va pleuvoir prochainement», il aspire à pouvoir préciser : «je prévois un temps sec jusqu'à demain soir et 5 à 7 mm de pluie durant la nuit suivante». En psychologie comme dans les autres sciences, la quantification s'avère féconde voire indispensable parce qu'elle améliore de façon décisive la précision des hypothèses et des contrôles empiriques.

Ainsi donc le scientifique formule des abstractions de haut niveau et, d'autre part, réalise des observations soigneuses de faits concrets précis.

5° L'évaluation des observations

Lorsque des faits expérimentaux ont été collectés, divers problèmes restent encore en suspens. Nous évoquons brièvement les principaux.

a) Le problème de la généralisation des faits observés

Les recherches expérimentales doivent être maintes fois répliquées avant qu'on ne se prononce sur leur pertinence. Dans la pratique, surtout en sciences humaines, le nombre d'observations laisse souvent à désirer. La théorie statistique offre des critères solides pour décider du nombre minimal de tests à réaliser. Ces critères ne sont toutefois pas absolus.

b) Le rapport de l'hypothèse expérimentale avec l'hypothèse générale

Lorsque les faits ne confirment pas une hypothèse expérimentale (prédiction concrète), l'hypothèse générale (ou la théorie) est infirmée et doit être modifiée ou rejetée. Lorsque les faits confirment l'hypothèse expérimentale, l'hypothèse générale se trouve provisoirement corroborée. La théorie est d'autant mieux validée que plusieurs chercheurs différents ont confirmé une large diversité d'implications réfutables.

La croissance du savoir scientifique est analogue à l'évolution des espèces telle que Darwin l'a formulée. Il y a en effet, comme dit Popper, «critique consciente de conjectures proposées à titre d'essai et établissement conscient d'une pression sélective sur ces conjectures (en les critiquant)» (1974 : 243). Les théories «valides» sont les théories actuellement les mieux adaptées, en attendant que d'autres, plus performantes, viennent les remplacer.

Lorsqu'une théorie est largement confirmée, le spécialiste des sciences empiriques évite de parler de «Vérité», car il sait que cette théorie est faillible et qu'elle reste à la merci de nouveaux faits. Il dit plutôt qu'il dispose d'un modèle provisoirement satisfaisant (ou efficace) pour observer, expliquer, prédire et éventuellement agir sur des éléments de la réalité. Le véritable scientifique observe et raisonne de façon plus rigoureuse que l'homme-de-la-rue, mais il n'en a pas moins une perception aiguë des limites de son savoir. Il devrait, par principe, rester toujours modeste.

c) La recherche d'explications «alternatives»

Les mêmes faits pouvant toujours s'expliquer de différentes manières, le chercheur doit activement chercher des explications rivales. Une explication rapidement retenue comme seule valable peut entraver l'évolution de la recherche, quand bien même elle est pertinente.

Parmi des conceptions concurrentes, le scientifique sélectionne provisoirement celle qui explique le plus grand nombre de faits, de la façon la plus précise, la plus simple et la plus cohérente.

d) La confrontation avec d'autres chercheurs

En vue de réduire ses biais personnels et de multiplier les hypothèses alternatives, le scientifique fait parvenir ses recherches sur le «forum» des chercheurs compétents de la discipline. «Sans doute l'histoire enseigne-t-elle que ce forum peut se tromper pendant des années et même pendant des siècles, mais l'histoire montre aussi que ces erreurs se corrigent (...) Tout praticien sérieux de la science le considère comme le public idéal et l'instance idéale de jugement, à laquelle il se réfère en définitive» (De Groot, 1961 : 28). Pour le servant d'une pseudoscience, toute objection à un élément de son système est interprétée comme une attaque et suscite automatiquement une explication qui l'annule. La psychanalyse constitue une remarquable illustration de ce processus, notamment par son utilisation constante de l'argument *ad hominem* des «résistances» et par sa «psychiatrisation» de tout opposant (cf. Van Rillaer, 1980 : 61-73). Au contraire, «pour le praticien de la science, rien n'est plus précieux que d'entendre ses pairs débattre et critiquer ses théories. Si la critique est mal fondée, il sait que ses théories peuvent survivre; si elle est bien fondée, il sait alors qu'il doit les modifier ou même les abandonner. La critique est le nerf de la science» (Eysenck, 1985 : 11).

Diverses règles conditionnent l'épreuve d'un débat loyal dans la «République de la Science» : le refus du dogmatisme et de l'argument d'autorité, un travail de précision terminologique et d'opérationalisation des concepts, la clarté dans l'exposé des hypothèses, des méthodes et des résultats.

e) La formulation de nouvelles hypothèses

Les critiques provenant de collègues, l'autocritique, les résultats inexpliqués ou «aberrants», toutes ces remises en question relancent le chercheur vers de nouvelles hypothèses. Celui-ci se retrouve alors dans la première phase d'un nouveau cycle de recherche empirique. Ainsi le travail de tout véritable scientifique s'inscrit-il dans une œuvre commune et indéfinie, qui débouche non sur le Savoir absolu, mais sur un savoir cumulatif, toujours plus vaste, mieux vérifié et plus efficace.

f) La relation aux applications pratiques

Un chercheur peut choisir d'être un «fondamentaliste», qui ne se préoccupe guère des retombées possibles de ses recherches sur la vie des hommes. Une large part des connaissances scientifiques, bien ou mal testées, débouchent cependant tôt ou tard sur des applications pratiques. Le lecteur ayant sans doute déjà réfléchi aux problèmes éthiques que cela pose, je me limite ici à quelques considérations d'ordre épistémologique.

La méthode scientifique produit un savoir mieux «éprouvé» et «épuré» que les autres voies de la connaissance. Il ne faut pas pour autant sous-estimer la relativité de ses résultats. Il faut notamment souligner que *la pertinence et le degré de confirmation des hypothèses varie considérablement d'une discipline à l'autre, et au sein de chaque discipline.* On peut prédire avec assurance que l'eau va bouillir si l'on applique telle source de chaleur, mais on doit se montrer plus circonspect lorsqu'il s'agit de l'effet de l'alimentation ou du stress psychologique dans le développement de troubles cardiaques... Notons au passage que le niveau de scientificité de la psychologie et de la psychiatrie contemporaines est comparable à celui de la physique du XVIIIe siècle et de la médecine du XIXe. Au sujet de ces disciplines à cette époque, Bachelard écrivait que «la culture scientifique était comme écrasée par la masse et la variété des livres secondaires, beaucoup plus nombreux que les livres de valeur» (1947 : 24). Il en va de la sorte pour les publications «psy» d'aujourd'hui. Dans les librairies destinées au grand public, les ouvrages scientifiques sont «comme écrasés par la masse et la variété des livres secondaires», des livres pseudoscientifiques, obscurantistes ou naïfs. Daco et Dolto se vendent mieux que Skinner ou Eysenck.

D'autre part, nous avons vu que pour dégager des variables cruciales et établir des relations pertinentes, le scientifique doit travailler avec des modèles simplifiés, soigneusement contrôlés. Or la vie courante apparaît plus riche et plus complexe. Le passage de l'expérimentation scientifique à l'intervention pratique laisse toujours une place à la subjectivité et au choix personnel des valeurs ultimes.

En un mot, le scientifique apparaît *dans son domaine* comme un informateur particulièrement bien éclairé et souvent efficace, mais il reste néanmoins toujours limité et faillible.

g) L'évaluation par rapport à des critères non scientifiques

Des résultats scientifiques peuvent évidemment être jugés en fonction d'autres points de vue que celui de la méthodologie scientifique : l'incidence des particularités du chercheur (nationalité, options politique, etc.) sur la formulation de ses hypothèses; le contexte historique, social, économique des recherches; le pouvoir mobilisateur de la diffusion des résultats dans le public, etc. Tous ces examens sont légitimes. Ils ont leur logique propre. Ils ne peuvent toutefois être confondus avec la vérification scientifique. Les marxistes et les psychanalystes mélangent volontiers ces perspectives : les premiers évaluent toute théorie par rapport à son soubassement «idéologique», les seconds ramènent toute théorie aux processus inconscients qu'ils croient avoir démasqués. Certains psychanalystes ont même été jusqu'à discréditer globalement la démarche scientifique en la psychiatrisant. Ainsi Lacan déclarait : «Je conclus que le discours scientifique et le discours hystérique ont presque la même structure» (1973 : 36) et le psychanalyste belge Duyckaerts affirmait : «La démarche scientifique participe de la névrose obsessionnelle» (1974 : 72). Freud a eu la sagesse d'écrire que «le fait qu'une doctrine soit psychologiquement déterminée n'exclut en rien sa validité scientifique» (VIIII 407). Ce principe épistémologique a malheureusement été souvent bafoué par lui-même et par ses disciples (cf. Van Rillaer, 1980 : 62-73).

QUATRIÈME PARTIE

SCHÉMA DU FONCTIONNEMENT DES COMPORTEMENTS

«Le savoir et le pouvoir de l'homme se fondent l'un dans l'autre. Ainsi, là où la cause n'est pas connue, l'effet ne peut être produit. La nature pour être commandée doit être obéie.»

Francis Bacon (1620, I §3)

Nous développons un schéma du fonctionnement des comportements, qui puisse servir de cadre de référence pour la pratique de la gestion de soi.

1. Le comportement (CMPT) est une activité de complexité variable, dans laquelle on peut abstraire des aspects mentaux (perception, interprétation, etc.), affectifs (sensation de plaisir, de souffrance, d'indifférence) et moteurs (expression corporelle, action). Nous envisageons ces aspects comme trois variables cruciales et les dénommons *cognitions* (CO), *affects* (AF), *actions* (AC). Nous utilisons le mot «émotion» pour désigner un affect relativement intense, lié à une activation sensible du système nerveux «sympathique» (dit aussi «autonome» ou «végétatif»).

Nous distinguons ces trois variables tout en soulignant leurs interactions. Nous mettons particulièrement l'accent sur le fait que *les cogni-*

tions induisent des affects (CO → AF) et que *les affects suscitent des actions* (AF → AC). Nous n'ignorons pas pour autant que *les cognitions sont, pour une part, fonction d'affects et d'actions*, et que *les affects sont relativement dépendants d'actions*. Autrement dit, nous concevons le comportement comme un système composé de sous-systèmes interdépendants, qui peuvent chacun devenir prédominant. P.ex. lorsque nous percevons un danger, que nous nous effrayons et que nous fuyons, les composantes qui viennent à l'avant-plan sont successivement une CO, un AF, une AC.

2. Une conduite ne peut s'expliquer sans référence à la séquence temporelle de ses interactions avec l'environnement. Deux autres variables apparaissent dès lors essentielles : les stimuli antérieurs au comportement (S) et les événements conséquents au comportement (C). Les comportements sont pour la plupart suscités par des stimuli externes (S → CMPT). L'impact de ces stimuli dépend toutefois de comportements antérieurs et actuels (S ← CMPT). Les comportements entraînent des conséquences (CMPT → C) et ils sont largement déterminés par l'anticipation de leurs effets (CMPT ← C).

3. Il importe de tenir compte de l'état de *l'organisme* (O), un facteur qui n'est pas l'objet privilégié de l'exploration psychologique, mais qui n'en est pas moins important pour comprendre bon nombre de conduites. Des processus physiologiques suscitent ou orientent des comportements et, réciproquement, des comportements provoquent des phénomènes corporels ou médiatisent leur impact sur la personne.

Notons que le mot «organisme» présente différentes acceptions. En psychologie il désigne tantôt un être vivant envisagé dans son individualité, tantôt la dimension corporelle d'un individu. Le premier de ces deux usages est courant chez les behavioristes. Nous utiliserons plutôt le second.

Les six variables distinguées apparaissent en relation de déterminisme réciproque (ce qui peut se symboliser par des doubles flèches). Notre schéma de base se formalise dès lors comme suit :

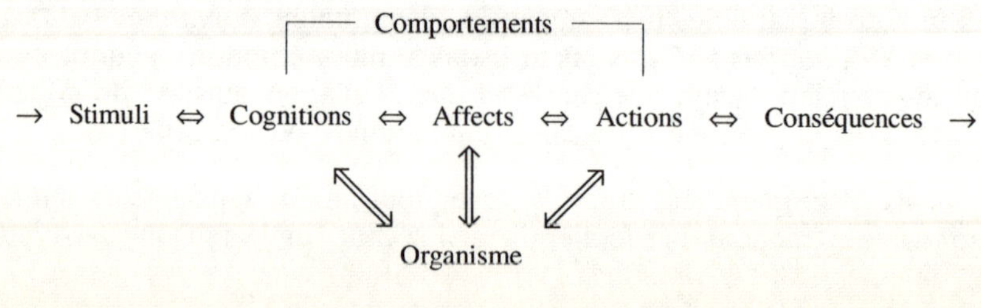

ou encore :

$$\rightarrow S \Leftrightarrow CO \Leftrightarrow AF \Leftrightarrow AC \Leftrightarrow C \rightarrow$$

⤡ ⇕ ⤢

0

La flèche qui précède «S» et celle qui suit «C» rappellent que tout CMPT concret s'inscrit dans un flux continu de conduites.

L'examen de certaines unités de CMPT donnent l'impression que l'une ou l'autre de ces variables sont absentes. Il en va ainsi d'une brusque réaction de peur (AF) à un bruit inattendu (S). En fait, il suffit d'élargir quelque peu l'unité d'analyse pour retrouver les différentes variables. Dans l'exemple cité, on peut dire que le bruit est apparu comme un danger potentiel (CO), qui suscite une réaction affective (AF) corrélative de processus physiologiques (O), ainsi que des actions (AC) destinées à «contrôler» la situation (C).

Le principal intérêt de ce schéma multidimensionnel pour la gestion de soi est d'indiquer que *nous pouvons agir sur nous-mêmes en modifiant une de ces variables ou, ce qui est généralement plus efficace, en modifiant plusieurs d'entre elles.*

Nous examinons maintenant de plus près ce schéma, que nous appellerons, selon l'expression de Kanfer et Phillips (1970 : 54), «l'équation comportementale».

Chapitre I

Les stimuli (antécédents)

> «A mesure que nous comprenons mieux l'interaction entre l'organisme et son environnement, nous pouvons attribuer à des variables accessibles à l'observation des effets jadis attribués aux états d'esprit, aux sentiments, aux traits de caractère. Et une technologie du comportement devient possible.»
>
> Skinner (1971 : 38)

I. DÉFINITION DU TERME «STIMULUS»

«Stimulus» est un mot latin qui signifie : aiguillon, stimulant, excitant. En français son sens le plus général est celui d'«agent provoquant une réaction». Toutes les variables que nous avons formalisées peuvent être considérées comme des «stimuli», car chacune agit sur d'autres : les cognitions stimulent des affects, les affects suscitent des actions, les actions provoquent des affects, et ainsi de suite. On peut les répartir en stimuli «externes» et «internes» (cognitifs, affectifs, organiques). Toutefois, lorsque nous utiliserons le terme «stimulus» sans qualificatif, il désignera toujours *la situation environnementale (ou un de ses éléments) qui précède et suscite le comportement*. Des synonymes du vocable «stimulus» ainsi défini sont les expressions «stimulus discriminatif», «antécédent motivant» ou «événement activant».

II. L'IMPORTANCE DES STIMULI

Pour expliquer les comportements, les hommes ont invoqué tantôt des causes internes, tantôt des causes externes. Dans la première catégorie on trouve p.ex. le péché, l'hérédité, les pulsions, l'enfance, la personnalité ; dans la seconde, les êtres surnaturels, les coutumes, le climat, les astres, etc. Les psychologues scientifiques reconnaissent volontiers l'incidence de certains de ces déterminants, en particulier : l'héritage biologique, le degré de maturation nerveuse, l'histoire des comportements de l'individu. Lorsqu'ils analysent des conduites en vue de les modifier, leur attention se porte principalement sur les relations entre celles-ci et l'environnement actuel. Le comportement en effet n'apparaît jamais dans le vide, mais toujours en fonction d'une situation. Pour cette raison le comportement est souvent désigné par les termes «réaction» ou «réponse», et symbolisé par la lettre «R».

Tous les comportements ne semblent pas trouver leur point de départ dans un antécédent extérieur. L'«aiguillon» essentiel peut se trouver chez le sujet lui-même (p.ex. son état physiologique). Cependant, *dès que nous procédons à une analyse systématique d'un comportement, nous avons toujours intérêt à examiner l'environnement dans lequel il se produit.*

III. ERREURS RELATIVES À L'IDENTIFICATION DES STIMULI

Lorsque nous cherchons à identifier les stimuli d'un comportement, nous devons veiller à éviter les erreurs suivantes : la simplification abusive de la situation; l'erreur du *post hoc* et «l'erreur du déterminant unique».

1. Sans doute est-il sage d'appliquer parfois la règle d'Alain : «il faut simplifier beaucoup, car, par trop de détails, tout se mêle» (1934 : 94). Nous ne pouvons pour autant perdre de vue que *les situations concrètes se composent le plus souvent d'ensembles de stimuli relativement complexes et changeants.*

Tous les éléments d'une situation n'ont évidemment pas la même incidence. Il est donc opportun de distinguer le ou les *stimuli principaux*, qui induisent de façon spécifique le comportement, et les *stimuli annexes*, qui contribuent dans une moindre mesure à l'apparition du comportement ou à certains de ses aspects. Nous pouvons illustrer cette distinction par une expérience de Maslow et Mintz (1956).

Des sujets sont invités à juger (sur une échelle à six points) le degré d'énergie et le degré de bien-être de dix personnes photographiées. Ils sont reçus individuellement, soit dans un beau local confortable (comportant des tapis, des fauteuils, des tableaux), soit dans un local neutre (bureau administratif sobre), soit dans un local laid et encombré (débarras en désordre).

Les stimuli principaux sont ici les photos et les consignes données par l'expérimentateur. Le cadre dans lequel se déroule l'expérience apparaît comme un stimulus annexe : il ne déclenche pas spécifiquement les réactions des sujets, mais cependant les influence (en moyenne, les scores donnés sont les plus élevés dans la belle pièce, ils sont les plus bas dans la laide et se trouvent entre ces extrêmes dans le local neutre).

2. Il importe de ne pas considérer tout événement qui précède le comportement comme un stimulus au sens où nous l'avons défini. *Un événement qui succède à un autre n'est pas pour autant suscité ou causé par lui.*

P.ex. si une personne change d'habitation et ensuite déprime, on ne peut aussitôt en déduire que le déménagement a provoqué le changement affectif.

– La relation de détermination pourrait être en sens inverse : se sentant déprimer et espérant modifier son état affectif par un changement de cadre, la personne a pu décider de déménager.

– Les deux phénomènes pourraient être l'effet d'une variable non directement observable, p.ex. une tentative désespérée de fuir un passé pénible.

– Le déménagement et la dépression pourraient relever de causes indépendantes et n'avoir d'autre relation que la contiguïté temporelle.

L'identification d'un événement antérieur comme stimulus *pertinent* (essentiel ou secondaire) reste souvent *hypothétique*. En l'absence d'observations méthodiques, on est facilement victime du paralogisme *post hoc, ergo propter hoc* (après cela, donc à cause de cela).

3. A supposer que les stimuli pertinents aient été bien circonscrits, il reste que par principe *la variable S n'est jamais «la» cause d'un comportement, mais seulement un déterminant en interaction avec d'autres.*

La formule «S → R observable» est tout à fait insuffisante. Dans l'histoire de la psychologie, cette insuffisance est apparue assez rapidement, même aux yeux des behavioristes radicaux (dès 1931, Skinner, dans sa thèse de doctorat à Harvard, expliquait la nécessité de «troisièmes variables» pour rendre compte des variations de la relation entre un stimulus et une réponse).

Chapitre II

Les cognitions

> «Pour une large part, les individus contrôlent leur propre destinée en adhérant à des croyances ou des valeurs, et en agissant en fonction d'elles (...) Ils ne réagissent pas automatiquement aux circonstances de la vie, mais bien plutôt produisent leurs propres réactions émotionnelles et comportementales en fonction de la manière dont ils interprètent ou évaluent les événements.»
>
> Albert Ellis (1977a : 3)

I. LA DÉTERMINATION COGNITIVE DE L'IMPACT DES STIMULI

Les événements extérieurs ne nous déterminent pas de façon mécanique. Ils nous «stimulent» en fonction d'autres variables, au premier rang desquelles se trouve la dimension cognitive, plus précisément notre façon particulière de percevoir, de nous souvenir et d'interpréter.

Les stoïciens de l'antiquité avaient déjà compris que l'impact des stimuli dépend de nos évaluations. Epictète enseignait : «Ce qui trouble les hommes, ce ne sont pas les choses, mais les jugements relatifs aux choses. Ainsi la mort n'est rien d'effrayant, car Socrate lui aussi l'aurait dans ce cas trouvée telle; mais que l'on juge la mort effrayante, voilà bien l'effrayant. Lors donc que nous sommes contrariés, troublés ou affligés, n'en incriminons jamais autrui, mais nous-mêmes, c'est-à-dire nos propres jugements» (*Manuel*, §5). Son disciple Marc Aurèle répétait : «Si tu es en peine à cause d'une chose extérieure, ce n'est pas cette chose qui te trouble, c'est le jugement que tu portes sur elle. Il dépend de toi de le faire disparaître» (*Pensées*, VIII 47).

La psychologie scientifique a aujourd'hui massivement confirmé l'importance de la structuration cognitive dans la relation environnement-comportement. Citons quelques expériences prises au hasard.

– Les réactions d'enfants à un compagnon agaçant varient selon la façon dont ils s'expliquent cette conduite. L'expérience désormais classique de Mallick et McCandless (1966) illustre bien ce fait.
Ces psychologues s'arrangent pour qu'un enfant de 9 ans, qu'ils ont préalablement entraîné à se montrer exaspérant, interrompe désagréablement une activité intéressante d'un enfant de même âge. Immédiatement après cet incident, les expérimentateurs soumettent l'enfant-victime à une des trois conditions suivantes : soit il est invité à jouer de façon agressive (en tirant au fusil sur des cibles), soit il est incité à exprimer verbalement son irritation (à un adulte qui lui prête une oreille complaisante), soit il entend un adulte expliquer que le compagnon irritant est malheureusement perturbé et n'est donc pas responsable de sa conduite.
Remis ensuite en présence de l'enfant agaçant, les sujets des deux premiers groupes se montrent hostiles, tandis que ceux du 3e ne manifestent guère d'agressivité. L'expérience illustre bien que la colère ou l'hostilité dépendent de la structuration cognitive de la situation dans laquelle on se trouve, bien plutôt que d'une soi-disant énergie agressive, innée ou produite par les frustrations.

– Des étudiants en psychologie, mis pour la première fois en contact avec des rats, réagissent différemment selon que cette situation leur est présentée comme «une évaluation de leur degré de peur» ou comme «une expérience de communication animale». Ceux du premier groupe manifestent davantage de crainte que ceux du second (Bernstein, 1970).

– Michel Motley (Université de Californie - Davis) a bien mis en évidence que les personnes qui éprouvent une peur intense de parler en public
- envisagent cette activité comme une *performance sur laquelle ils vont être sévèrement jugés*,
- interprètent leurs réactions physiologiques à l'approche de et pendant cette performance comme un état de peur et de désorganisation,
- restent centrés durant l'exposé sur leurs émotions et leurs expressions corporelles.

Au contraire, les individus qui n'éprouvent pas la crainte paralysante de s'adresser à une assemblée
- envisagent cette activité comme une *expérience de communication*, au cours de laquelle ils partagent ou diffusent des informations qu'ils croient intéressantes pour leur auditoire,
- interprètent leur activation physiologique comme un état de stimulation favorable à cette activité,
- restent centrés pendant l'exposé sur leur auditoire et sur le message qu'ils veulent faire passer.

Professeur de communication, Motley a mis au point un programme destiné à diminuer le trac de ses étudiants en leur faisant apprendre de nouveaux dialogues intérieurs. Plus précisément, il entraîne ses élèves à remplacer l'obsession de la performance par le désir de communiquer comme dans une conversation courante. Il les convainc que «contrairement à ces écoliers qui comptent le nombre de fois que leur camarade fait *euh* pendant qu'il récite la leçon devant la classe, la plupart des publics sont davantage intéressés à entendre ce que nous avons à dire qu'à évaluer nos habiletés à parler» et que «la qualité de loin la plus importante pour un exposé est de faire sentir aux auditeurs qu'on parle non devant eux, mais avec eux» (1989 : 49).

Dans l'histoire de la psychothérapie — nous l'avons déjà mentionné —, c'est le courant cognitiviste qui a le plus insisté sur l'importance de la variable cognitive. Albert Ellis n'a cessé de répéter *You feel the way you think* (vous éprouvez selon votre façon de penser). Il a reformulé le schéma behavioriste «A-B-C» (*Antecedents - Behavior - Consequences*) dans les termes : *Activating event - Belief system - emotional and/or behavioral Consequences* (Evénement activant - Système de croyances - Conséquences émotionnelles et/ou comportementales). Voici un de ses exemples (1977a : 6s), qui illustre bien la version cognitiviste du schéma.

> Au point A se produit un événement : vous avez un travail qui vous plaît et vous voilà brusquement licencié. Au point C, vous vous sentez complètement déprimé, vous restez tout le temps chez vous, vous ne cherchez pas un nouveau travail. Du fait que les conséquences émotionnelles et comportementales (C) suivent quasi immédiatement l'expérience activante (A), vous croyez que A *cause* C. Vous vous dites : «J'ai perdu mon travail et cela me plonge dans le désespoir».
>
> Ces conclusions ne sont cependant pas inéluctables. C n'est pas *automatiquement* produit par l'événement activant. C dépend de B, votre croyance (*Belief*) au sujet de A. C'est vous, prioritairement, qui déterminez des conséquences émotionnelles et comportementales, via le fait que vous adhérez à un système de croyances et de valeurs (développées et renforcées depuis l'enfance).
>
> Si vous croyez avoir *absolument besoin* de ce travail et que vous vous répétez avec insistance : «Il me le *faut* à nouveau. Il m'est *impossible* de vivre sans lui. Sa perte est un *drame terrible*», vous allez éprouver en C une frustration radicale, du désespoir, de la dépression ou de la haine.
>
> Si vous vous dites : «J'aimais ce travail et j'aurais *souhaité* le conserver. Sa perte me contrarie, mais tant pis, ce n'est pas la fin du monde», vous aurez tendance à ne ressentir que du désappointement, du regret ou de l'irritation.
>
> Si vous vous concentrez sur les côtés négatifs que présentait ce travail et que vous vous dites : «O. K., au fond ce boulot commençait à manquer d'intérêt. Voilà l'occasion de faire autre chose», vous allez éprouver de l'indifférence ou peut-être même du soulagement.

Dans notre conception de la gestion de soi, nous accordons une place privilégiée à la variable CO, mais nous ne commettons pas l'erreur du déterminant unique. Le comportement se compose de plusieurs dimensions en interaction. Il dépend toujours de stimuli externes et de l'état physiologique. Dans l'exemple de la perte d'emploi, les affects et les actions ne sont pas déterminés uniquement par des cognitions. Ces réactions sont également conditionnées par le fait même de la perte d'emploi (S principal), la conjoncture économique (S annexe), l'état de santé de la personne (O), son degré de réactivité émotionnelle (AF)... Certes, l'impact des autres variables de l'équation comportementale est régulé par la dimension cognitive, mais ce fait ne justifie pas un cognitivisme radical, tel qu'il s'exprime p.ex. dans cet aphorisme de Marc Aurèle : «Tout est opinion, et l'opinion dépend de toi. Donc supprime l'opinion quand tu le veux,et, comme pour le navire qui a doublé le cap, c'est le calme, l'immobilité totale, le golfe sans vagues» (*Pensées*, VIII 47). Notre conception est résolument pluridimensionnelle et interactionniste. Elle rejoint celle des thérapeutes cognitivistes Beck et Clark lorsqu'ils écrivent :

> «Des processus cognitifs médiatisent toutes les réponses émotionnelles et comportementales. En conséquence, des facteurs cognitifs sont conçus comme nécessaires, mais non suffisants pour la production d'états affectifs. Par ailleurs, des processus cognitifs sont considérés comme cruciaux dans le déclenchement et le maintien de certains états psychologiques mal adaptés. Les théories cognitives attribuent cependant un rôle causal, dans l'étiologie des troubles affectifs, aux facteurs génétiques, biologiques, développementaux et d'environnement» (1988 : 23).

II. COGNITIONS, OPÉRATIONS COGNITIVES, COVERANTS

Le mot «cognition» désigne tantôt des opérations mentales — p.ex. l'acte de percevoir —, tantôt les contenus cognitifs qui en résultent — p.ex. les éléments perçus. (Cette dualité de sens se retrouve dans beaucoup de termes désignant des phénomènes mentaux : perception, anticipation, évaluation, etc.).

Il est capital de comprendre que *les opérations cognitives peuvent être envisagées comme des comportements opérants*, c'est-à-dire comme des opérations d'un sujet qui se comporte en réaction à des stimuli et en vue de certains effets. Skinner écrit p.ex. au sujet de la pensée et de la perception :

> «La conception la plus simple et la plus satisfaisante consiste à considérer la pensée comme un *comportement* — verbal ou non verbal, manifeste ou couvert (*covert*). La pensée n'est pas un mystérieux processus produisant le comportement : elle est elle-même un véritable comportement, avec toute la complexité des relations qui le contrôlent, tant du côté du sujet qui se comporte que du côté du contexte environnemental (...) La pensée n'est pas une cause mystique ou un précurseur de l'action, ni un rituel inaccessible; elle est elle-même action et elle se prête à une analyse par des concepts et des techniques des sciences naturelles, une analyse dont le but ultime est de rendre compte en termes de variables qui la contrôlent» (1957 : 449).

> «La perception est en un certain sens intentionnelle ou orientée vers un but. Une personne n'est pas un spectateur indifférent absorbant le monde comme une éponge (...)

Le niveau de privation joue un rôle ; on croit *entendre le téléphone* quand on attend un appel important, et celui qui est en état de privation sexuelle voit phallus et vagins dans des objets présentant peu de similarité géométrique avec ces organes (...) Les signaux routiers sont construits de façon à être bien vus, mais c'est surtout en fonction des conséquences qui en dépendent que nous les voyons ou que nous les ignorons» (1974 : 82ss).

Dans cette perspective, Lhoyd Homme (1965) a proposé de désigner les opérations cognitives ou «opérants couverts» par le terme *coverants* (contraction de *coverts operants*). Cet usage est maintenant courant chez les psychologues scientifiques.

Certaines cognitions ne sont pas vécues comme de véritables comportements, mais plutôt comme des phénomènes automatiques, qui semblent s'imposer à nous de façon soudaine et que nous ne pouvons pas facilement éliminer. En particulier les personnes qui souffrent d'obsessions ou de dépressions, se plaignent de «l'irruption involontaire dans leur esprit» de nombreuses images mentales et pensées pénibles. On peut néanmoins envisager ces cognitions comme des opérants (automatisés), qui ont comporté antérieurement des conséquences positives (en particulier l'évitement de stimuli pénibles) et qui continuent à en comporter, ne fût-ce que de façon intermittente. Les comportementalistes refusent l'idée d'une espèce d'«homunculus» (un être caché à l'intérieur de la personne), qui manipule la personne comme si celle-ci était une marionnette. Il y a bien sûr de nombreux comportements dont nous ne prenons pas conscience et dont nous ne comprenons guère les déterminants essentiels, mais c'est toujours nous qui nous comportons, quoi que nous fassions, pensions ou éprouvions.

La plupart du temps les significations qui nous motivent sont directement éprouvées sans que nous en prenions activement conscience. Nous restons d'ordinaire inconscients des opérations cognitives par lesquelles nous «construisons» notre vision de la réalité et nous ne prenons guère de recul par rapport à nos contenus de conscience. Les cognitions conscientes ne sont que la partie émergée de l'iceberg de nos structures et processus cognitifs. Ces formes de méconnaissance contribuent tantôt à notre bonheur (p.ex. quand nous croyons détenir des vérités qui nous aident à vivre), tantôt à notre malheur (p.ex. quand nous sommes victimes de schèmes de pensée rigides, névrotisants et destructeurs). Notre existence serait infiniment plus compliquée si nous prenions clairement conscience de tous nos processus cognitifs. Beaucoup de nos actions, pour être rapides et efficaces, supposent la mise entre parenthèses de larges pans de cognitions qui ont présidé à leur apprentissage. A certains moments toutefois, nous pouvons souhaiter analyser nos processus cognitifs afin de mieux les gérer. Dans ce but, les psychologies intuitives et la psychologie scientifique ont élaboré diverses conceptualisations de l'activité cognitive et ont fait usage d'une large variété de notions telles que : attention, perception, interprétation, induction, déduction, extrapolation, généralisation, codage, conceptualisation, catégorisation, classification, remémoration, rumination, symbolisation, imagination créatrice, expectation, distorsion cognitive, etc.

Dans le présent ouvrage, nous nous référons plus spécialement à huit catégories de coverants particulièrement utiles pour s'analyser et se gérer : la perception, la catégorisation, l'anticipation, l'attribution causale, l'évaluation, l'inférence dysfonctionnelle, l'autoverbalisation, la visualisation mentale. Ces expressions désignent aussi bien des opérations mentales que leurs résultats (les contenus cognitifs).

A l'état éveillé, des opérations cognitives sont constamment mises en œuvre. Elles se produisent généralement de façon peu consciente et méthodique. Elles s'imbriquent les unes aux autres : dès que nous percevons, nous catégorisons et nous anticipons; lorsque nous cherchons à anticiper, nous nous référons à des attributions de causalité, nous nous parlons, nous visualisons mentalement des situations, etc. Chacun de ces coverants peut être mis en avant (je puis p.ex. m'efforcer de percevoir sans attribuer des causes aux phénomènes perçus), mais d'autres n'en sont pas pour autant inopérants.

III. LE DEGRÉ D'OBJECTIVITÉ DES COGNITIONS

Une même situation peut toujours être perçue, interprétée et évaluée de multiples façons. Les exemples évoqués à propos de la détermination cognitive de l'impact des stimuli illustrent bien ce fait, que nous allons maintenant examiner de plus près.

L'existence d'un filtre cognitif individuel ou culturel est parfois évoquée dans des dictons populaires. Ainsi, un proverbe arabe enseigne que « le chameau a ses vues, le chamelier les siennes » et un adage ashanti, que « les yeux d'un étranger sont grands ouverts, mais il ne voit que ce qu'il sait ». Depuis longtemps des philosophes ont souligné les fluctuations de la perception (Platon notait que la saveur du vin devient amère pour le malade; Descartes méditait sur le bâton rectiligne paraissant brisé lorsqu'il est plongé dans l'eau) et la relativité des conceptions du monde (ce que Pascal résumait par le mot : « Vérité au deçà des Pyrénées, erreur au delà »). Plusieurs systèmes philosophiques, dits « idéalistes » ou « subjectivistes», ont été fondés sur le postulat que le monde extérieur n'a d'autre réalité que les idées que nous nous en faisons.

L'insistance de certains penseurs sur la subjectivité des perceptions et des interprétations n'empêche pas la grande majorité des gens de continuer à croire que quasi tout ce qu'ils perçoivent et pensent est réel ou vrai. Les épistémologues appellent «réalisme naïf» cette croyance qui caractérise le sens commun et qui prend une tournure dramatique dans le cas des psychoses (le psychotique ne peut prendre distance à l'égard de ses cognitions : sa façon de percevoir s'impose à lui comme la seule possible, immuable; ses perceptions et pensées sont pour lui absolument vraies).

En fait il apparaît raisonnable de renvoyer dos à dos les versions extrêmes de l'«idéalisme» et du «réalisme», et d'admettre plutôt que *nos cognitions présentent toujours des degrés variables d'objectivité et de subjectivité.* (Nous entendons ici par «degré d'objectivité» le degré d'*adaptation* de nos cognitions aux réalités. Nous évitons de parler de «correspondance» entre les cognitions et la réalité parce que cette formule suggère une conception naïvement réaliste de la connaissance).

Le degré d'objectivité d'un contenu cognitif dépend à la fois de caractéristiques de la réalité à laquelle il se rapporte (l'organisation des stimuli, leur degré de nouveauté ou de répétition, leur facilité à être perçus et décodés, etc.) *et de la personne qui le produit* (l'état de son organisme, sa disposition affective, ses opérations cognitives, le type d'action dans lequel elle est engagée, les conséquences affectives et pratiques de ce contenu cognitif, etc.). *L'apprentissage joue ici un rôle central*, comme le souligne bien Popper :

> «Il n'est rien de direct ou d'immédiat en notre expérience : nous devons *apprendre* que nous avons un moi, étendu dans le temps, et qui continue d'exister même dans le sommeil et la totale inconscience, et nous avons des choses à apprendre à propos de notre corps et de celui des autres. Tout n'est que décodage, ou interprétation. Nous apprenons à décoder si bien que tout nous devient très *direct* ou *immédiat*, mais il en va de même pour l'homme qui a appris le code du Morse, ou, pour prendre un exemple plus familier, pour qui a appris à lire un livre : celui-ci lui parle *directement*, *immédiatement*. Pourtant, nous savons qu'une complexe opération de décodage s'effectue là; le direct et l'immédiat sont des apparences qui résultent de l'entraînement, comme c'est le cas lorsqu'on joue du piano ou qu'on conduit une voiture.
>
> Nous avons des raisons de conjecturer que notre habileté à décoder a une base héréditaire. De toute façon, nous faisons quelquefois des erreurs en décodant, surtout pendant la période d'apprentissage, mais aussi plus tard, particulièrement lorsque surviennent des situations inhabituelles. Le caractère immédiat et direct de l'opération de décodage bien apprise ne garantit pas un fonctionnement dépourvu d'erreurs; Il n'y a pas de certitude absolue, quoiqu'il y ait certitude suffisante pour la plupart des usages prati-

> ques. Il faut abandonner la quête de la certitude, d'un fondement assuré de la connaissance (...) Nous apprenons à décoder par *essais et élimination des erreurs*» (1978 : 46s; 74).

Certaines opérations cognitives génèrent *eo ipso* des cognitions d'un degré d'objectivité plus élevé que d'autres. Ainsi, l'activité perceptive produit d'ordinaire des contenus davantage objectifs que les anticipations ou les évaluations. L'apprentissage d'un degré élevé d'objectivité dans l'exploration des réalités correspond essentiellement à l'apprentissage de la démarche scientifique : il s'agit toujours d'un processus impliquant l'identification de problèmes, la recherche de variables et de relations pertinentes, la formulation de conjectures, la mise à l'épreuve des suppositions, leur confirmation, leur correction ou leur rejet.

Une large part des malheurs des hommes provient de leur haut degré de subjectivisme. Il serait cependant naïf de croire qu'un effort maximal d'objectivité s'avère en toute circonstance souhaitable. Du point de vue existentiel ou pratique, il y a des situations dans lesquelles la négation de réalités et la production d'illusions sont les stratégies les plus payantes. Richard Lazarus écrit à ce sujet :

> «La dénégation peut avoir une valeur positive au début d'un processus d'ajustement, lorsque les ressources personnelles sont insuffisantes pour la confrontation en termes de résolution de problèmes. Des patients gravement blessés tirent avantage de la dénégation lorsque leur vie est en danger, lorsqu'ils sont trop faibles pour agir de façon constructive (...) La personne qui a subi un accident à la moelle épinière se trouve aidée pendant un certain temps en croyant que les fonctions corporelles perdues se rétabliront ou que l'handicap n'est pas aussi sévère qu'il n'y paraît. Ce n'est que plus tard que la personne peut avoir la force suffisante pour envisager la réalité de sa condition et pour lutter dans une perspective pratique, centrée sur le problème» (1985 : 172).

IV. QUELQUES CATÉGORIES D'OPÉRATIONS COGNITIVES

a) Les perceptions

La perception spontanée d'un stimulus simple — p.ex. la vue d'un livre sur ma table — est déjà un comportement, une forme d'interprétation, une activité structurée et structurante. En regardant cet objet, je le sélectionne, j'attribue des significations («c'est un livre de psychologie»), je mets des relations («c'est le livre de mon ami»), j'éprouve des affects («je me réjouis de le lire»)...

A l'état d'éveil, nous sommes constamment assaillis par une multitude de stimuli divers, complexes, changeants. Nous ne pouvons guère prendre conscience de tous ces stimuli. *Nous en sélectionnons une partie en fonction d'une structuration cognitive, parmi d'autres structurations pos-*

sibles. Spontanément ou de manière réfléchie, nous attribuons des significations aux stimuli, *nous les interprétons d'une façon particulière, d'autres interprétations pouvant se justifier à partir d'autres points de vue*. Notre perception ne correspond jamais totalement à la réalité. Elle est une *construction* à partir de la réalité, une construction en relation de déterminisme réciproque avec d'autres opérations cognitives et d'autres facteurs de l'équation comportementale. Le degré d'objectivité des perceptions varie considérablement. Notre activité perceptive peut p.ex. se trouver radicalement biaisée par nos désirs, un processus que les Anglo-Saxons appellent *wishful perceiving*.

L'exemple suivant (cit. in Godefroid, 1987 : 121) illustre bien le conditionnement de perceptions par des croyances préalables (ainsi que l'impact des perceptions sur des affects et des actions).

En 1954, W. Mendel, psychiatre exerçant à l'hôpital Ste Elizabeth de Washington, était responsable d'une unité comportant surtout des immigrés portoricains, internés suite à des actions violentes. Quelques «malades» étaient considérés à ce point dangereux qu'on les maintenait dans des camisoles de force et que Mendel se faisait accompagner par deux gardes du corps à chaque visite auprès d'eux. Le contact était d'autant plus difficile que la plupart de ces personnes ne parlaient pas l'anglais et que Mendel ne comprenait guère l'espagnol.

Mendel prêta alors son concours à une étude sur l'effet d'un nouveau tranquillisant, la *réserpine*. La firme pharmaceutique lui fournit des échantillons sans préciser s'il s'agissait effectivement de réserpine ou d'un placebo (cette méthode, appelée «validation en double aveugle», est d'un usage régulier pour la mise au point de nouveaux médicaments).

Peu de temps après l'administration du produit à ses patients, Mendel fut convaincu de son efficacité. En quelques jours, l'agressivité des malades avait spectaculairement diminué, au point que les camisoles de force furent abandonnées et que les relations devinrent de plus en plus cordiales. Pour Mendel, la réserpine allait révolutionner le traitement des personnes violentes.

Une fois l'expérience terminée, Mendel apprit par la firme pharmaceutique qu'il n'avait administré que des placebos! Il comprit alors que les modifications comportementales, observées chez ses patients, résultaient essentiellement de sa propre restructuration cognitive.

Dans un premier temps, il n'avait remarqué que les comportements hostiles de patients étiquetés «personnalités antisociales». Ensuite, l'anticipation de l'effet calmant de la réserpine l'a induit à se centrer sur les mimiques et les gestes paisibles ou amicaux. Sa focalisation sur les comportements positifs des «malades» l'a alors amené à modifier ses affects et ses actions. Ces modifications ont finalement provoqué un changement effectif des comportements des patients, confirmant ainsi les attentes et les nouvelles perceptions de Mendel. L'état des patients s'est amélioré, non par la spécificité d'un médicament, mais par la manière nouvelle dont le psychiatre s'est mis a les percevoir et dès lors à les traiter — processus qui se résume comme suit :

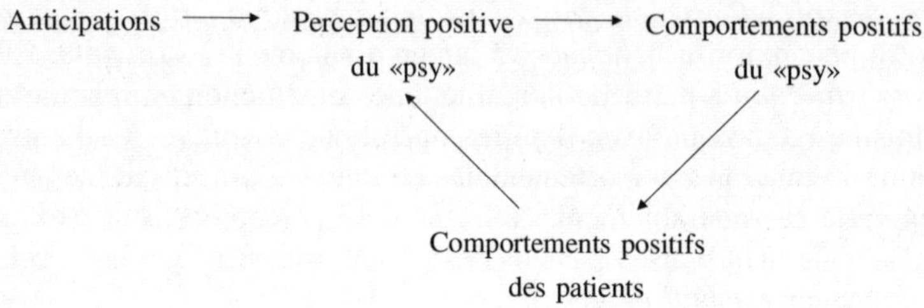

S'il est vrai que toute perception est une forme d'interprétation, il importe cependant de pouvoir distinguer l'activité perceptive des autres opérations cognitives et de faire un usage quotidien de notre possibilité d'observer de façon relativement objective. L'histoire de la science est remplie d'exemples qui illustrent que *l'être humain a tendance à catégoriser, extrapoler, expliquer et juger sans prendre la peine d'observer d'abord des faits concrets de manière objective et méthodique.*

A titre d'illustration, citons le très sérieux Docteur Saury, médecin et physicien, qui publie à Paris en 1780 un *Précis de Physique* dans lequel il rend compte «scientifiquement» de phénomènes expliqués à son époque par des forces surnaturelles. Ainsi le «fait» que les feux follets disparaissent vers minuit «vient peut-être de ce que le froid étant alors plus grand, les exhalaisons qui les produisent sont alors trop condensées pour se soutenir dans l'air». Le «fait» que les feux follets poursuivent la personne qui tente de les fuir s'explique comme suit : «C'est qu'ils sont poussés par l'air qui vient remplir l'espace que cette personne laisse derrière elle» (cit. in Bachelard, 1947 : 43s). Le Docteur Saury ne songe nullement à préciser comment ont été établis les «faits» qu'il explique. A son époque, la majorité des «savants» connaissaient mal les règles de la recherche scientifique empirique. De nos jours, les spécialistes des sciences savent toute l'importance d'une exploration méthodique des faits et considèrent des relevés précis et systématiques comme étant déjà des contributions scientifiques.

b) Les catégorisations

Nous entendons ici par «catégorisation» deux types d'opérations cognitives (ou leurs résultats) : d'une part, la constitution d'une catégorie, c'est-à-dire d'une entité dans laquelle ou par rapport à laquelle on range des éléments jugés de même nature (p.ex. la définition de la «dépression» ou de la «dépressivité» par une série de traits de comportements considérés comme typiques); d'autre part, le rangement d'un élément dans une catégorie déjà constituée (p.ex. le fait de considérer tel individu comme un déprimé).

Les catégories sont utilisées tantôt comme des *entités exclusives*, qui englobent tous les éléments présentant une propriété commune et excluent tous les autres, tantôt comme des *dimensions bipolaires*, par rapport auxquelles tous les éléments peuvent être rangés. Un exemple du 1er type est la catégorie des « déprimés » (opposés aux « non-déprimés »). Un exemple du second est la dimension « dépressivité », variant depuis « totalement déprimé » jusqu'à « humeur neutre » ou jusqu'à « extrêmement euphorique ».

1. Fonctions des catégorisations

Les comportements de catégorisation assurent de multiples fonctions et s'avèrent indispensables à notre survie, quand bien même ils conduisent régulièrement à des aberrations. Grâce à eux nous distinguons des aspects plus ou moins connus dans le flot ininterrompu des informations qui nous parviennent de l'extérieur et de nos propres processus. Sans catégories, chaque objet et chaque moment de l'existence seraient radicalement nouveaux. Nous ne parviendrions pas à développer un savoir scientifique, ni même des connaissances intuitives.

La catégorisation permet d'organiser des informations disparates, de les articuler et de réduire leur complexité. Elle favorise leur mémorisation. Elle permet de dégager des régularités, de trouver des relations de concomitance ou de causalité. Elle suggère des informations qui permettent de dépasser immédiatement ce qui est perçu. Ainsi le fait de situer un individu, sur la base de quelques comportements violents, dans la catégorie « personnalité antisociale », permet à un éducateur ou à un psychologue de formuler une série d'hypothèses intéressantes : il est probable que cet individu éprouve fréquemment de la dysphorie, qu'il est particulièrement allergique à la monotonie et à l'ennui, qu'il consomme des drogues (tout au moins du tabac ou de l'alcool), que ses relations avec autrui sont éphémères et peu chaleureuses, qu'il risque de décéder prématurément par mort violente, etc.

2. Effets négatifs

Les catégories présentent des degrés très variables d'élaboration, d'adaptation aux faits et d'utilité. De même qu'un scientifique peut observer de façon fort subjective et agir à contretemps parce que ses concepts sont inadéquats, ainsi tout individu peut mal fonctionner parce que certaines de ses catégories de référence sont particulièrement inappropriées.

Des formes très fréquentes de catégorisation dommageables sont la *simplification caricaturale*, qui rend aveugle à des réalités importantes, et la *réification d'éléments* qui ne sont que des aspects. P.ex., une fois que nous avons classé des individus en fonction de la nationalité ou de la couleur de la peau, nous arrivons facilement à croire en l'existence de natures spécifiques, radicalement différentes de la nôtre («Le Noir *est...*»), et nous interprétons tous les faits et gestes de ces individus en fonction d'un de leurs aspects. De tels stéréotypes nuisent à la communication et peuvent engendrer de graves dysfonctionnements sociaux.

Solomon Asch (1946) a mis en évidence que nous avons tendance à regrouper nos impressions relatives à un individu (ou à un ensemble d'individus) autour d'une catégorie centrale (ou de quelques catégories centrales), du genre «chaleureux», «malhonnête», «vaniteux». La majorité des informations subséquentes sont organisées par rapport à de telles entités ou sont pour le moins influencées par elles. Nos conceptions des autres personnes (et dans une moindre mesure de nous-même) sont des constructions simplificatrices, qui tendent à se fermer et à se rigidifier. Nous remettons difficilement en question la ou les catégories avec lesquelles nous appréhendons autrui, expliquons et jugeons son comportement.

Certaines catégorisations induisent ou renforcent des troubles comportementaux. Ainsi une personne diagnostiquée «personnalité antisociale» par son entourage ou par un expert ne peut pas facilement échapper à cet étiquetage. Divers comportements, qualifiés de «normaux» lorsqu'ils surviennent chez d'autres personnes, ne retiennent guère l'attention de l'entourage ou sont interprétés de façon à cadrer avec la conceptualisation pathologisante. Au contraire, lorsqu'apparaît un comportement quelque peu déviant, il est d'emblée attribué à l'«être» («profond» et permanent) de la personne, tandis que les conditionnements environnementaux ne sont pas ou fort peu pris en compte. Le «label» apposé sur un individu influence la manière dont les autres le perçoivent et agissent à son égard, il détermine la manière dont lui-même se perçoit et réagit.

3. *Les styles personnels de catégorisation*

Chacun perçoit, interprète et juge en fonction de catégories relativement personnelles. Telle personne réagit toujours, dans ses contacts avec autrui, en fonction du sexe de l'interlocuteur. La catégorie masculin-féminin occupe une place centrale dans son système de catégories. Chez elle, ce schème se superpose étroitement à l'opposition actif-passif et recoupe souvent la catégorie essentiel-secondaire. Telle autre personne recourt fort peu à la catégorie masculin-féminin, mais privilégie l'opposition scientifique-pseudoscientifique dès qu'elle rencontre un collègue. Une troisième perçoit et classe avant tout en fonction des vecteurs intelligent-stupide, puissant-faible, dominant-dominé ; le pôle qu'elle oppose spontanément à «travail» est «temps perdu» et non pas «temps libre» ou «loisir»...

En utilisant une catégorie, nous adoptons un mode binaire («c'est X ou Y») ou un mode gradué («c'est plus ou moins X»). Il importe d'insister sur les dégâts que peut provoquer une «pensée dichotomisante». Ceux-ci ont été étudiés par Neuringer (1961) chez des suicidaires et par Beck (1976 : 92) chez des sujets souffrant de dépression ou de troubles anxieux. Beck a montré que la «pensée polarisée» ne caractérise pas forcément l'ensemble des catégories utilisées par un individu. Elle peut fonctionner principalement dans ses «secteurs sensibles». P.ex. chez les déprimés, la pensée dichotomique est typique pour ce qui concerne l'auto-évaluation («Je ne vaux *rien*», «*tout* ce que j'essaie aboutit à des échecs», «je *suis* un raté»), tandis que chez les anxieux et les phobiques elle caractérise surtout l'anticipation de dangers («J'ai peur de m'évanouir *dès que* je sors», «je redoute *constamment* un incendie»).

c) Les anticipations

L'anticipation, c'est-à-dire l'évocation mentale de phénomènes susceptibles de se réaliser, est un type de cognition aussi fondamental que la perception et la catégorisation. Pascal soulignait déjà son importance : «Nous ne pensons presque point au présent ; et, si nous y pensons, ce n'est que pour en prendre la lumière pour disposer de l'avenir. Le présent n'est jamais notre fin : le passé et le présent sont nos moyens ; le seul avenir est notre fin» (§172).

1. Fonctions des anticipations

Les anticipations orientent les perceptions et les interprétations des événements. Elles permettent de repérer des phénomènes qui, sans elles, ne seraient pas perçus ou le seraient moins facilement. Elles conditionnent l'exploration de diverses possibilités d'évolution d'une situation. Elles permettent d'échapper à une situation donnée en favorisant la création de nouvelles interprétations et possibilités d'action. Elles sont la condition d'une préparation concrète aux éventualités que nous choisissons ou qui s'imposeront à nous. La prise de conscience d'effets (probables) d'actions possibles nous motive à agir, à tenir bon ou à changer de cap. Elles jouent un rôle décisif dans l'autogestion telle que nous l'avons définie car elles permettent de choisir nos comportements en fonction de conséquences lointaines, plutôt qu'en fonction de bénéfices à courte vue. «Gouverner c'est prévoir» : le célèbre adage s'applique autant à la gestion des autres que de soi-même.

Une enquête de Singer et McCraven (1961) sur les rêveries diurnes chez des adultes (américains) révèle que le thème de loin le plus fréquent est l'anticipation d'actions à entreprendre et, plus particulièrement, les futurs contacts interpersonnels. Les personnes explorent ainsi une variété d'alternatives possibles.

Plus une tâche devient importante, plus le comportement d'anticipation le devient aussi. Une recherche du psychologue américain Charles Garfield (cit. in Servan-Schreiber, p. 161s) illustre bien ce principe. Au terme d'une étude de 1200 personnes «à hautes performances» dans les domaines intellectuels, économiques, artistiques ou sportifs, il a constaté que ces «réalisateurs» se caractérisent par l'adoption des comportements suivants :

– l'élaboration d'objectifs personnels exigeants;

– l'adoption d'une démarche de résolution de problème dès que surgissent des difficultés;

– la prise de risques après avoir anticipé divers scénarios possibles, y compris les pires;

– la visualisation mentale d'événements et d'actions à venir.

L'anticipation d'événements peut, par le fait même de sa formulation, susciter des actions qui réaliseront ces événements. Ainsi le psychiatre Mendel, parce qu'il s'attendait à des améliorations chez ses patients, a lui-même provoqué les changements (sans s'en rendre compte). Les Anglo-Saxons appellent ce processus une «prophétie autoréalisatrice» (*self-fulfilling prophecy*).

Certains psychologues estiment que les anticipations constituent la variable la plus importante pour comprendre les comportements. George Kelly p.ex. pensait que l'être humain cherche constamment à prévoir des événements en vue de pouvoir les «contrôler». Il écrivait :

> «Les processus psychologiques d'une personne sont canalisés par ses façons d'anticiper les événements (...) Ce qui explique le mieux les processus psychologiques d'une personne ce sont ses tentatives d'anticiper l'ensemble des événements et sa relation avec eux» (1955 : 46, 59). «Ni les événements passés ni ceux du futur ne sont par eux-mêmes les déterminants fondamentaux du déroulement de l'action humaine — pas même les événements de l'enfance. La manière d'anticiper les événements, que ce soit à court ou à long terme, voilà le thème fondamental qui caractérise le processus de l'existence humaine» (1966 : 10).

Je propose de considérer les anticipations comme une variable simplement «importante», en relation de détermination réciproque avec les autres facteurs de l'équation comportementale.

2. *Effets négatifs*

Des attentes peuvent induire des perceptions particulièrement subjectives des événements. Elles peuvent favoriser des erreurs ou des illusions. Si nous nous attendons à une intention hostile de la part d'un partenaire, nous percevrons cette intention dans ses conduites les plus anodines.

L'anticipation d'événements négatifs est parfois le principal facteur de leur production. Chacun peut ainsi observer, un jour ou l'autre, un individu qui s'attend à être mal accueilli et qui de ce fait, sans bien s'en rendre compte, adopte un comportement hostile. En agissant de la sorte, cet individu suscite l'animosité de son partenaire, «fait» qui lui démontre la «justesse» de son anticipation et la renforce.

L'anticipation de dangers peut susciter de regrettables comportements de fuite ou d'évitement. Certains psychologues (cf. Stampfl & Levis, 1973) estiment que l'anticipation angoissée de catastrophes est un des principaux ressorts de toutes les conduites névrotiques. Il est en tout cas incontestable que les personnes sujettes à l'anxiété généralisée, aux phobies et aux obsessions-compulsions sont particulièrement préoccupées par des éventualités qu'elles jugent dramatiques : la perte du contrôle de soi, l'humiliation, l'abandon, le rejet, la condamnation par les autres, la maladie, la mort. Des recherches méthodiques montrent que ces personnes se caractérisent par la tendance à surévaluer la probabilité d'apparition de menaces et de dangers (Bulter & Mathews, 1983).

L'anticipation d'une faible efficacité personnelle sape la motivation. Ce processus s'observe particulièrement chez les personnes déprimées. Beck e.a. écrivent à ce sujet : «Lorsque le déprimé envisage l'avenir à long terme, il anticipe la perpétuation de ses difficultés et souffrances actuelles. Il s'attend à être continuellement l'objet d'épreuves, de frustrations, de privations. Quand il songe à une tâche à accomplir dans l'immédiat, il s'attend à échouer dans sa réalisation» (1979 : 11).

A titre d'exemple, citons le cas présenté par Beck e.a. (1979 : 225) d'un homme déprimé et anxieux, souvent critiqué par son épouse. Lorsque le thérapeute lui demanda comment sa femme réagirait s'il lui faisait part de la souffrance endurée à être traité de la sorte, il répondit que sa femme se mettrait en colère et menacerait de le quitter. Il croyait que «si l'on veut être aimé par les autres, on doit toujours être aimable avec eux» et que «si on leur fait des reproches, ils vous puniront». Il imaginait que cette règle était d'application partout et toujours. Le thérapeute lui proposa une série de tâches de difficulté croissante destinées à contrer ces croyances, à lui apprendre à affronter sa femme d'abord sur des points mineurs, puis sur des questions plus importantes. Par cette mise à l'épreuve des faits (*reality testing*), le client réalisa le manque de fondements de sa peur d'être quitté par sa femme et découvrit la possibilité d'exprimer ses désirs personnels sans mettre la relation réellement en péril.

La mise à l'épreuve des anticipations négatives est une stratégie de choix pour traiter des dépressions psychogènes. Hollon et Garber (Université du Minnesota) écrivent à ce sujet :

«Comme c'est le cas pour le scientifique — lequel est amené à modifier sa théorie quand ses hypothèses sont infirmées par des observations de faits —, ainsi tout individu change plus facilement ses croyances lorsque ses attentes se trouvent infirmées que lorsque de nouvelles explications lui sont proposées. Bandura a présenté des résultats qui suggèrent que les procédures impliquant des actions effectives fournissent les moyens les plus puissants pour produire un changement cognitif. Nous sommes du même avis et nous voulons souligner qu'une insistance première sur la mise à l'épreuve d'expectations oblige le client et le thérapeute à recourir à des procédures d'action au cours de la thérapie» (1980 : 188). Nous reviendrons sur ces idées dans la partie pratique.

d) Les attributions de causalité

L'expression «attribution de causalité» désigne en psychologie l'opération cognitive par laquelle nous expliquons des phénomènes, en particulier nos comportements et ceux des autres.

Nous avons déjà signalé incidemment l'impact de ce processus sur les réactions à un stimulus. P.ex. dans l'expérience de Mallick et McCandless, où des enfants sont interrompus par un enfant agaçant, la réaction des enfants dépend de la conception qu'ils se font de la cause de la conduite du perturbateur.

L'étude systématique des attributions spontanées de l'homme «ordinaire» a débuté par les travaux de Fritz Heider (1958), Edward Jones (Jones & Davis, 1965) et Harold Kelley (1967). Au cours des années 70, un nombre croissant de psychologues s'y sont intéressés et plus de 900 publications lui ont été consacrées (cf. Kelley & Michela, 1980). Aujourd'hui la majorité des psychologues estiment que la façon dont une personne s'explique sa propre conduite et celle des autres constitue une variable cruciale pour comprendre et modifier son comportement. La prise de conscience de l'importance de cette variable a joué un rôle important dans la «cognitivisation» de la thérapie comportementale (cf. Eelen & Fontaine, 1986). Des spécialistes de la thérapie comportementale de couple, comme Berley et Jacobson (Université de Washington), ont fait du concept d'attribution la notion-clé de leurs analyses et interventions.

1. Fonctions des attributions

Les inférences causales remplissent une fonction essentielle pour notre survie : elles constituent des repères pour *organiser* le flux des expériences vécues, pour *prédire* et pour *contrôler* relativement bien des événements importants.

Nous faisons très couramment des attributions de causalité, le plus souvent de façon irréfléchie ou peu réfléchie (Nisbett & Ross, 1980 : 184). Nous les produisons de façon plutôt consciente et méthodique dans des circonstances telles que l'observation d'un comportement exceptionnel, une expérience pénible de manque de contrôle, l'anticipation d'une situation difficile dans laquelle nous devrons agir, la recherche d'une stratégie d'action efficace (Pittman & Pittman, 1980). P.ex. beaucoup de personnes, qui subissent brutalement la dissolution de leur relation conjugale, s'interrogent d'une façon quasi obsessionnelle sur les causes et responsabilités de cet événement jusqu'à ce qu'elles arrivent à un scénario explicatif cohérent, qui restaure leur confiance en elles-mêmes et leur apporte l'espoir d'une nouvelle relation (R. Weiss, 1975).

Comme l'illustre l'exemple précédent, les attributions de causalité ont également pour fonction de *permettre des jugements de valeur plus ou moins nuancés.*

Au stade primitif de son développement moral, l'être humain évalue un acte simplement en fonction de ses conséquences (Pierre qui a cassé dix assiettes mérite une punition plus sévère que Jean qui en a cassé une), mais à un stade ultérieur il juge un acte en tenant compte de son explication (Jean, qui a cassé une assiette pour faire enrager sa mère, mérite une punition; Pierre qui en a cassé dix, parce qu'il a trébuché sur un jouet mal rangé par son frère, ne peut pas être blâmé). Ainsi le type d'attribution de causalité détermine le degré de responsabilité et dès lors la satisfaction de soi, la fierté, la honte, la culpabilité...

La place importante qu'occupent les explications causales dans notre existence permet de comprendre les faits suivants, très largement confirmés (cf. Nisbett & Ross, 1980 : ch. 8) :

– Nous attribuons facilement des causes à tous les phénomènes que nous observons.

– Lorsque nous avons expliqué un phénomène, nous avons tendance à croire en son existence et nous maintenons cette croyance même si des faits viennent la contredire.

– Lorsque nous avons expliqué un phénomène, nous avons tendance à conserver cette explication («biais de confirmation»).

– Nos explications spontanées des comportements sont souvent simplistes ou erronées, du moins si on les évalue par rapport aux explications produites par des recherches scientifiques rigoureuses.

2. *Les «mésattributions»*

Nous employons ici le terme de «mésattribution» — comme on utilise ceux de «mésusage» ou de «méconnaissance» — pour désigner une attribution fausse ou illusoire. Nous illustrons ce type d'inférence à travers deux expériences classiques.

a) Les pigeons « superstitieux »

Skinner (1948b) a placé des pigeons individuellement dans sa célèbre « boîte ». Un dispositif automatique leur distribuait de temps à autre, de façon aléatoire, une petite quantité de nourriture, indépendamment de leur conduite.

Au moment de la première obtention de nourriture, un pigeon battait des ailes, un autre se déplaçait en décrivant un cercle, un 3e bougeait la tête selon un mouvement pendulaire, etc. La plupart des animaux ont alors répété plusieurs fois ce qu'ils étaient occupés à faire. Lorsque la nourriture a suivi plus ou moins rapidement ces répétitions, les pigeons semblent avoir attribué à leur action particulière le pouvoir d'obtenir de la nourriture. En effet, si on les remet plus tard dans le même environnement, ils adoptent immédiatement et avec insistance ce comportement initial. Skinner appelle cette réaction une conduite « superstitieuse ». Il écrit : « L'animal se comporte comme s'il y avait une relation causale entre son comportement et la présentation de nourriture, alors que cette relation est inexistante ».

b) L'effet Garcia

John Garcia et Robert Koelling (1966) ont donné à des rats de l'eau sucrée, une boisson que ces animaux apprécient et qui ne présente normalement aucun inconvénient. Ils les ont ensuite soumis à des radiations qui provoquent des troubles gastro-intestinaux et des nausées. Etant dans l'impossibilité de comprendre le rôle des radiations, les rats ont manifestement attribué leur malaise à la boisson. En effet, lorsqu'ils sont remis plus tard en présence d'eau sucrée, ils ne veulent plus y toucher, même s'ils sont privés de boisson depuis longtemps. (L'établissement d'un rapport entre la consommation de la boisson et le malaise s'effectue même si le délai entre les deux événements est relativement long : plus de 24 heures selon les expériences de Etscorn et Stephens).

Garcia e.a. (1974) ont réalisé une contre-expérience (avec d'autres rats). Dans un premier temps, ils ont rendu les animaux nauséeux en les soumettant à des radiations. Ensuite, au moment où les animaux commençaient à aller mieux, ils leur ont donné de l'eau sucrée. Par la suite, les rats ont manifesté une préférence durable pour cette boisson. On peut imaginer qu'ils lui ont attribué un pouvoir curatif, comme fait le malade qui absorbe un placebo durant une période de rétablissement spontané et qui croit en conséquence aux vertus médicinales de cette substance. (L'effet Garcia a largement contribué à une reformulation des lois du conditionnement en termes cognitifs, plus précisément dans ceux de la théorie de l'attribution. Pour plus de détails, cf. Eelen, 1980).

On trouve facilement des analogies entre ces observations expérimentales et des événements de la vie quotidienne. Concernant le comportement superstitieux, citons le cas du sportif qui a remporté une victoire inespérée alors qu'il portait une nouvelle médaille, et qui en fait dès lors le talisman qu'il gardera toujours sur lui. Il pourra désormais attribuer les victoires à son pouvoir magique (et les défaites à des circonstances particulièrement défavorables).

Concernant l'effet Garcia, rapportons une anecdote (cit. in Seligman & Hager, 1972 : 8) dont chacun trouvera facilement un équivalent. Un soir Martin Seligman avait dégusté un de ses plats préférés : un filet mignon à la sauce béarnaise. Six heures plus tard, il se sentit nauséeux et attribua son état à la sauce. En réalité il ressentait les premiers symptômes d'une grippe intestinale. Quoique le célèbre expérimentateur de l'Université de Pennsylvanie comprit parfaitement, peu de temps après, la véritable cause de son malaise, il éprouva une aversion durable pour la sauce béarnaise. (Notons au passage que la simple mise au jour des causes réelles de nos états affectifs ne suffit pas toujours pour les modifier rapidement, même si l'on est un éminent spécialiste de la psychologie contemporaine !).

Il n'est pas rare que notre explication d'un événement soit totalement erronée. C'est p.ex. le cas lorsque nous croyons en l'existence d'un rapport causal entre des phénomènes qui sont simplement en relation de concordance temporelle (il s'agit du célèbre paralogisme *Cum hoc, ergo propter hoc*, « Avec cela, donc à cause de cela »). Plus souvent nos explications, sans être radicalement fausses, sont biaisées, incomplètes, simplificatrices. Le prototype en est l'erreur du déterminant unique (un bel exemple : l'idée que les inférences causales produites par une personne constituent « la » cause de toutes ses émotions et actions). Notons au passage que l'explication d'un phénomène (p.ex. un résultat scolaire) par un seul facteur est particulièrement fréquente lorsque ce phénomène est habituel. Pour rendre compte d'un phénomène exceptionnel, on a plutôt tendance à invoquer une configuration causale complexe (Weiner, 1979).

3. *La perception du lieu de contrôle*

Lorsque nous expliquons des conduites, nous pouvons privilégier des déterminants personnels ou environnementaux. Dans le premier cas, les psychologues parlent de « lieu de contrôle interne » (Rotter, 1966), d'attribution « personnelle » ou « dispositionnelle » (Jones & Nisbett, 1972); dans le second cas, ils parlent de « lieu de contrôle externe » ou d'attribution « situationnelle ». Nous pouvons également expliquer les conduites par une intrication, en proportions variables, des deux ordres de déterminants. Ce troisième type d'attribution est généralement le plus objectif.

L'impact des attributions en termes d'internalité-externalité est bien illustré dans l'expérience suivante, de Storms & McCaul (Université de Kansas, 1976).

Ces psychologues invitent des sujets, qui n'ont pas de difficultés particulières d'expression, à faire un exposé qu'ils enregistrent. Ensuite, chaque sujet se retrouvant seul avec l'expérimentateur écoute l'enregistrement de son exposé. Le psychologue met bien en évidence les bredouillements, les temps creux, les répétitions, les incohérences, et avance une explication : il convainc la moitié des sujets que leur taux d'imperfections est normal et résulte de la nouveauté de la situation (« hétéro-attribution ») ; il convainc l'autre moitié que leurs imperfections sont le symptôme de leur structure mentale et de leur type d'expression orale (« auto-attribution »).

Dans la phase suivante de l'expérience, chaque sujet refait un exposé, la moitié d'entre eux dans une situation stressante et l'autre moitié dans une situation sécurisante. Quatre sous-groupes ont donc été constitués : hétéro-attribution + situation stressante; auto-attribution + situation stressante; hétéro-attribution + situation sécurisante; auto-attribution + situation sécurisante.

Les troubles de l'expression verbale augmentent chez les sujets du groupe «auto-attribution» placés en situation stressante. Cette détérioration ne s'observe pas dans les autres groupes. Storms et McCaul parlent d'«exacerbation du comportement dysfonctionnel par l'attribution de comportements indésirables à des qualités dispositionnelles du moi» ou encore d'«internalisation d'une auto-attribution négative» (p. 158).

Le développement et le maintien de comportements typiques d'autogestion sont, pour une large part, fonction d'attributions de causalité. Ainsi, la personne qui souffre d'un excès pondéral fera probablement moins d'efforts pour changer son état si elle l'explique par l'hérédité ou la constitution («contrôle externe») plutôt que par de mauvaises habitudes alimentaires («contrôle personnel»). Diverses recherches montrent que des sujets obèses, ayant maigri à la suite d'un traitement, maintiennent plus longtemps leur réduction de poids lorsqu'ils attribuent ce résultat à l'acquisition personnelle de nouveaux comportements, que lorsqu'ils l'attribuent à la prise de médicaments, à la pression d'un groupe ou à la relation avec un thérapeute (Chambliss & Murray, 1979b; Craighead e.a., 1981; Sonne & Janoff, 1982). On observe chez les individus qui ont cessé de fumer une corrélation semblable entre le taux de rechutes et le type d'attribution, interne ou externe (Chambliss & Murray, 1979a; Colletti & Kopel, 1979).

Nous avons tendance à attribuer nos propres comportements et leurs conséquences à des facteurs situationnels lorsque nous sommes en conflit avec d'autres personnes ou lorsque nous subissons un échec (Fitch, 1970). Nous expliquons plus souvent nos échecs par la malchance ou la difficulté excessive de la tâche que par un manque de compétence ou d'efforts (à moins que nous ne soyons déprimés : en ce cas nous nous attribuons facilement des torts). Ce biais attributionnel préserve notre sentiment de contrôle sur l'existence et ménage l'estime de nous-mêmes.

L'insistance sur les causes externes n'est pas le type d'attribution le plus fréquent. Nous avons plutôt *tendance à privilégier des explications internes du comportement*. Lee Ross (1977) a appelé cette tendance «l'erreur d'attribution fondamentale», une expression rapidement adoptée par la communauté des psychologues scientifiques (cf. Leyens, 1983 : ch. 3 & 4). Ce biais est de règle lorsque nous rendons compte de nos actions positives et lorsque nous attribuons des causes aux conduites d'autrui. Il est typique lorsque nous expliquons des difficultés psychologiques qui se prolongent (Moore e.a., 1979).

Heider est le premier psychologue qui ait souligné la tendance à faire des attributions internes. Il écrivait en 1958 : «Le comportement a des propriétés à ce point saillantes qu'il engloutit le champ total de la situation (...) La personne tend à attribuer les réactions d'un autre, lorsqu'elles diffèrent des siennes, aux caractéristiques internes de cet autre» (p. 54 & 157). La tendance à percevoir le comportement d'autrui en termes de déterminants «dispositionnels» a été étudiée systématiquement à partir de 1972 (Jones & Nisbett) et a ensuite été largement confirmée (cf. D. Watson, 1982).

4. *Le degré de stabilité des attributions*

Une autre dimension importante du processus d'imputation causale est la perception du degré de changement des déterminants à travers le temps. Ainsi, en attribuant un échec à un défaut de capacité ou à une insuffisance de travail, nous invoquons des facteurs internes, mais dans le premier cas il s'agit d'un facteur stable et, dans le second, d'un facteur variable.

La dimension permanence-variabilité des attributions est en rapport étroit avec la faculté d'anticiper des événements et donc avec l'éventualité de les contrôler. Si quelqu'un attribue son échec à un déterminant durable, ses efforts ultérieurs pour réussir dans le même secteur seront probablement peu soutenus et il se fera peut-être l'agent d'une prophétie autoréalisatrice négative. S'il invoque plutôt un déterminant variable, il gardera plus facilement confiance en ses possibilités de réussite et agira en conséquence.

Bernard Weiner, qui a particulièrement bien étudié cette dimension, résume les attributions typiques en cas de réussite ou d'échec par le schéma suivant (1947; 1986) :

		Lieu de contrôle	
		interne	*externe*
Degré de stabilité	*Facteur stable*	« Aptitude »	« Caractéristiques de la tâche »
	Facteur variable	« Effort »	« Chance »

Diverses recherches expérimentales ont été réalisées sur la façon de positionner les attributions par rapport aux axes d'internalité et de stabilité. Voici quelques exemples.

– Les personnes qui manifestent un goût prononcé pour l'action et les performances attribuent typiquement les échecs à l'insuffisance d'efforts (facteur interne-variable), tandis que les personnes qui apparaissent plutôt passives attribuent plus souvent les échecs à un manque d'aptitudes (facteur interne-stable) (Weiner e.a., 1972).

– Les personnes qui éprouvent une haute estime d'elles-mêmes ont tendance à expliquer leurs succès par des facteurs internes-stables et leurs échecs par des facteurs externes-variables (Ickes & Layden, 1978).

– Quand des hommes sont invités à expliquer la réussite dans des tâches traditionnellement considérées comme masculines, ils invoquent plutôt l'aptitude s'ils jugent des hommes et plutôt la chance s'ils jugent des femmes (Deaux & Emswiller, 1974).

– Lorsque des enfants sont interrogés sur les causes de leurs propres échecs, les garçons invoquent le plus souvent un manque d'efforts et les filles un manque de capacités (Dweck & Licht, 1980).

– La comparaison de mères qui maltraitent leurs enfants et de mères non violentes montre que les premières attribuent les comportements négatifs de leurs enfants à des facteurs internes-stables, et les comportements positifs à des facteurs externes-instables. Les mères non violentes adoptent un schéma opposé : elles attribuent les comportements négatifs à des facteurs variables échappant au contrôle de l'enfant et voient les comportements positifs comme l'expression de traits de leur personnalité (Larrance & Twentyman, 1983).

Le biais attributionnel le plus fréquent, en rapport avec ce 2e axe, est *l'accentuation de la stabilité des déterminants*. Ce parti-pris s'explique par le fait que tout être humain cherche des repères permanents pour prédire et contrôler les événements qui le concernent, et par le fait qu'il est davantage attentif aux événements qui confirment ses croyances qu'à ceux qui les remettent en question.

Le biais en faveur de la permanence des déterminants est typique lorsque nous expliquons les comportements d'autrui. Nous croyons volontiers que ces comportements expriment des traits de son caractère, des tendances ou des «complexes» permanents. De façon générale nous négligeons la variabilité intrapersonnelle et l'impact que peuvent avoir des modifications d'environnement (cf. Mischel, 1976). Ce biais est moins prononcé lorsque nous expliquons notre propre comportement, mais nous avons cependant, là encore, tendance à sous-estimer nos propres possibilités d'agir d'une façon nettement différente de nos habitudes.

5. *Le degré de spécificité des attributions*

Abramson, Seligman et Teasdale (1978) ont montré l'intérêt d'une 3e dimension pour analyser les attributions et leurs effets : l'axe global-spécifique. Ils considèrent une attribution comme «globale» si la personne estime que le facteur intervient dans une large diversité de comportements ou de situations. L'attribution est «spécifique» si elle concerne une conduite ou un secteur nettement délimité.

C'est en étudiant le «style des attributions» chez les déprimés que ces auteurs ont conclu à l'importance du degré d'extension des déterminants. Le sujet déprimé présente en effet une tendance typique à généraliser le rôle de facteurs négatifs dans son existence. P.ex. si deux de ses collègues l'ont trois fois critiqué parce qu'il travaille moins vite qu'eux, il se dira : «*personne* ne m'aime parce que je ne fais *rien* comme il faut».

Abramson e.a. ont émis l'hypothèse que la dépression va de pair avec (et se trouve peut-être déterminée par) des attributions internes, stables et globales pour les conduites jugées négativement, et, d'autre part, des attributions externes, instables et spécifiques pour les conduites valorisées. Les déprimés déclarent couramment : «je suis un incapable», plutôt que d'expliquer : «cette tâche s'avère actuellement trop difficile pour moi».

Cette hypothèse, cohérente avec des observations antérieures d'autres chercheurs, a été expérimentalement confirmée par Seligman e.a. (1979) sur des étudiants. Les déprimés ont attribué plus souvent leurs échecs à des facteurs internes, stables et globaux (p.ex. leur manque de dynamisme) que ne l'ont fait les non-déprimés; ils ont attribué plus souvent leurs réussites à des facteurs externes et stables que ne l'ont fait les euthymiques. (Dans le cas des réussites, les deux groupes ne se sont pas distingués par rapport à la dimension «spécificité»). Les recherches effectuées ensuite par d'autres auteurs, sur le style des attributions des déprimés, ont fourni des résultats moins significatifs que ceux de Seligman e.a., mais elles concluent cependant dans le même sens (cf. Anderson & Arnoult, 1985).

Le biais le plus fréquent, en rapport avec la 3e dimension des attributions, est la *tendance à globaliser*. Si p.ex. un nouveau collègue se montre quelques fois agressif à notre égard, nous attribuerons facilement son comportement à un trait général de son caractère plutôt qu'à des circonstances variables.

Cette dimension apparaît très importante pour l'analyse et le traitement des mésententes conjugales.

Les travaux d'Orvis e.a. (1976) ont montré qu'en cas de conflits fréquents chaque conjoint tend à expliquer ses propres comportements hostiles comme des réactions au comportement de l'autre ou comme l'effet d'états internes temporaires (fatigue, peur, agacement, colère), tandis qu'il explique les comportements déplaisants du partenaire par des caractéristiques permanentes de personnalité (égoïsme, paresse, agressivité, etc.). Brewin (Université de Londres) écrit, au terme d'une recherche sur le même thème : «La conclusion générale qui se dégage d'un grand nombre d'études est que les conjoints en crise (par comparaison à ceux qui ne le sont pas) tendent à voir leur partenaire et leur relation conjugale comme la source de leurs difficultés. Ils tendent également à voir davantage ces causes comme globales, c'est-à-dire comme affectant plusieurs secteurs de leur mariage» (1988 : 156).

Une des conditions essentielles d'un bonheur conjugal durable réside sans doute dans la ferme résolution d'interpréter les comportements positifs du partenaire comme l'expression de son identité (attribution interne, stable, globale) et ses comportements décevants comme les effets de circonstances externes passagères.

e) Les évaluations

Nous entendons ici par «évaluation» un jugement de valeur, une appréciation en fonction de la catégorie «positif-négatif» (ou de catégories plus limitées telles que : bien, honnête, juste, vrai, utile, intéressant, important, beau, etc.). Comme toute catégorisation, l'évaluation s'effectue selon un mode dichotomique («c'est bon ou mauvais») ou selon un continuum bipolaire («c'est assez important», «ça vaut six sur dix»). Nous formulons très couramment des évaluations, le plus souvent de façon irréfléchie ou peu réfléchie, et sans avoir pris la peine d'observer méthodiquement des faits.

Les évaluations de nos comportements et de ceux d'autrui agissent sur nos affects et nos actions. Certains psychologues pensent que le jugement porté sur soi (par soi-même ou par d'autres) est un facteur étiologique crucial dans une large variété de troubles : colère, procrastination, anxiété, phobie sociale, dépression psychogène (cf. Boyd & Grieger, 1982). Des études méthodiques montrent en tous cas que les changements de l'évaluation de soi-même (changements notés chaque jour pendant plusieurs semaines) covarient avec les changements d'humeur (Wessman e.a., 1960) et que l'estime de soi est une variable étroitement corrélée avec le sentiment de bien-être (Campbell, 1981).

1. La relativité des évaluations

Il est très important, pour la pratique de l'autogestion, de prendre conscience du caractère relatif des évaluations et de leur relation de détermination réciproque avec les autres variables de l'équation comportementale. Nous n'examinons pas ici tous les déterminants des jugements de valeur, mais seulement quatre facteurs importants. C'est sans doute suffisant pour bien saisir la subjectivité de leur production.

– *Nos évaluations dépendent d'effets produits par nos comportements passés.* Un aliment qui nous a fait souffrir est jugé mauvais; une conduite sévèrement réprimée peut désormais apparaître honteuse... Nous reviendrons longuement sur le rôle des conséquences de nos conduites.

– *Nos évaluations dépendent de comportements d'autrui.* Au IIe siècle, Marc Aurèle notait : «Je suis souvent étonné de voir combien chacun s'aime lui-même plus que tout et pourtant tienne moins compte de son propre jugement sur lui-même que de celui des autres» (*Pensées*, XII 4).

Le psychologue d'aujourd'hui observe fréquemment des comportements qui illustrent cet énoncé. Il constate que la personne qui juge est très largement influencée par ce que d'autres disent et font. On pourrait évoquer ici les travaux classiques de Festinger (1954) sur l'importance des comparaisons sociales, ainsi que les nombreuses recherches sur la socialisation, l'obéissance aux autorités (parentales, scolaires, religieuses, étatiques, scientifiques), l'imitation, le conformisme, la formation des normes, le rejet des déviants.

– *La situation particulière dans laquelle nous sommes impliqués induit notre choix d'un type de valeurs parmi d'autres*. Milgram a imaginé des expériences qui illustrent remarquablement bien ce processus.

Des sujets recrutés par annonces, sous prétexte de participer à une expérience sur la mémoire, jouent le rôle d'un instructeur assez particulier : ils sont invités (avec une forte insistance, mais sans véritable contrainte) à pénaliser un élève pour chacune de ses erreurs, par l'administration d'un choc électrique dont l'intensité augmente à chaque fois de 15 volts (le maximum étant 450 volts). L'élève, qui est de connivence avec l'expérimentateur, ne reçoit pas réellement ces chocs, mais réagit comme s'il les endurait.

Dans une des variantes de cette expérience, le sujet («naïf») est assisté par deux complices de l'expérimentateur : l'un dicte les mots à mémoriser, l'autre note les résultats. Lorsqu'après 10 erreurs de l'élève, ils sont arrivés au niveau de 150 volts, un des comparses refuse de continuer l'expérience et s'en va. A 210 volts, l'autre compère fait de même. Résultat : la grande majorité des sujets (90 %) refusent d'aller jusqu'au bout de l'expérience. Lorsqu'on leur demande ensuite de justifier leur conduite de «désobéissance», ils allèguent un motif éthique : l'interdit d'infliger une souffrance à un innocent.

Dans une autre variante, le sujet (qui n'a bien sûr pas participé à d'autres expériences de ce type) accomplit une tâche secondaire (dicter les mots), un compère administre les chocs et un autre note les résultats. Les deux comparses vont cette fois-ci jusqu'à 450 volts, malgré les cris et les supplications de l'élève. Résultat : la grande majorité des sujets (92,5 %) continuent l'expérience jusqu'au bout. Lorsqu'on demande ensuite à ceux-ci de justifier leur comportement, ils avancent un motif éthique : la nécessité de la recherche scientifique.

Tous les sujets croient agir essentiellement en fonction de leurs propres normes. Lorsqu'au cours de l'interview post-expérimentale, l'expérimentateur leur suggère qu'ils ont été influencés par le comportement de leurs pairs, ils dénient généralement l'importance de ce facteur. La comparaison des réactions dans les deux expériences montre que chaque individu dispose en quelque sorte d'un stock de valeurs parmi lesquelles il choisit en fonction des circonstances concrètes dans lesquelles il se trouve.

Les expériences de Milgram montrent, une fois de plus, que les êtres humains ignorent des déterminants essentiels de leurs comportements et qu'en particulier ils sous-estiment la pression de l'environnement (c'est «l'erreur d'attribution fondamentale»). Plus précisément, nous voyons bien dans ces deux expériences la méconnaissance du rôle de la comparaison sociale et du conformisme.

– *Certaines évaluations de comportements sont déterminées par l'explication de leur cause.* Nous avons déjà noté cette relation entre l'attribution de causalité et le jugement de valeur. Soulignons seulement que les explications causales jouent un rôle important dans l'auto-évaluation et dès lors dans les affects. L'étudiant qui impute son échec à un manque de travail se jugera responsable et éprouvera de la honte ou de la culpabilité. S'il attribue son échec à un manque d'aptitudes, il va p.ex. se résigner ou déprimer. S'il met en cause la partialité de l'examinateur, il se jugera victime d'une injustice et ressentira probablement de l'agressivité ou de la colère.

2. *Grandeur et misère des impératifs*

L'humanisation de l'individu requiert l'intériorisation d'une série de règles et de valeurs telles que le respect de la vie et des biens d'autrui, le souci de la Communauté, la limitation de son propre égoïsme, la générosité envers les plus démunis, la tolérance, la lutte contre les pouvoirs abusifs et les injustices, l'accomplissement plus ou moins régulier, par tout adulte en bonne santé, d'un travail utile... Toutefois, *l'absolutisation de certains impératifs apparaît comme une des sources essentielles des troubles psychiques.*

Albert Ellis est le psychologue qui a le plus insisté sur le pouvoir névrotisant et dépressogène d'une série de *musts*, de *shoulds* (obligations impérieuses, devoirs absolus). Pour lui, ce sont là les ingrédients les plus pernicieux de notre système de croyances et de valeurs, ce système en fonction duquel nous réagissons aux événements et qui commande nos affects et nos actions (cf. le schéma A-B-C vu plus haut). Il écrit : «Nous nous perturbons nous-mêmes, en grande partie parce que nous prenons les choses diablement trop au sérieux — ou parce que, de façon défensive, nous allons à l'autre extrême et ne leur attachons guère d'importance» (1976 : 263).

Pour bien comprendre la portée de cette thèse, commençons par examiner une situation concrète. Supposons que je doive donner une conférence et que j'adhère à l'un des trois types de croyances suivantes.

1er type : «Je *dois* dominer mon trac, je *veux* (à tout prix) paraître intelligent, j'ai *absolument besoin* d'être estimé, il *faut* qu'on m'applaudisse».

2e type : «Je *souhaite* garder un contrôle sur mes émotions, je vais *essayer* de paraître intelligent, *j'aime bien* qu'on m'estime, *ce serait agréable* d'être applaudi».

3e type : «Je me moque de ce que le public pensera de moi. Ces gens-là ne peuvent me comprendre, ils n'applaudissent que ceux qui pensent comme eux. Je me passe de leur avis».

Au moment de commencer ma conférence, mes affects seront fonction de mon type de cognitions. Dans le 1er cas, je serai probablement très anxieux et mon efficacité en sera réduite. Dans le 2e, je serai motivé à bien faire, mais sans obsession de réussir. J'éprouverai peut-être un peu d'anxiété, mais je serai beaucoup moins troublé que dans le 1er cas. Dans la 3e éventualité, je n'éprouverai peut-être pas d'angoisse, mais je manquerai sans doute d'enthousiasme. Je paraîtrai distant et méprisant. Ma performance sera probablement moins bonne que dans le 2e cas.

Si ma conférence est appréciée par le public, les croyances du 1er type m'empêcheront peut-être de goûter pleinement le plaisir de ce succès, car je ne puis satisfaire à l'exigence d'une performance parfaite et d'une approbation totale. Les croyances du 3e type limiteront également mon plaisir : dévaloriser à l'avance ce que l'on va faire protège l'estime de soi en cas d'échec, mais réduit les possibilités de joie en cas de réussite. Ce sont les croyances du second type qui apporteront en principe le plus de satisfactions.

L'impact des différences entre les systèmes de croyances apparaît très clairement si ma conférence est mal jugée. Dans le prolongement du 1er système, je me dirai p.ex. : «C'est affreux, c'est une catastrophe, je suis incapable de parler en public, je suis lamentable». J'éprouverai de la honte, de la dépression ou de la rage. Dans le 2e cas, je me dirai : «Dommage, ce n'était pas brillant; je regrette la façon dont j'ai procédé, j'aimerais développer l'habileté à parler en public». J'éprouverai passagèrement de l'insatisfaction, de la frustration, de la gêne ou un peu de «déprime». Dans le 3e cas, je me dirai : «Je l'avais bien prévu, ces gens sont vraiment stupides». J'éprouverai de l'indifférence, du mépris ou de l'agressivité. Je renforcerai mes défenses.

Ellis distingue judicieusement les émotions «appropriées» à certaines situations (p.ex. dans le cas d'un échec important : le mécontentement, la tristesse) et les émotions «inappropriées» (p.ex. la rage, la condamnation de soi, la dépression). Il estime que ces dernières apparaissent principalement lorsque nous sommes victimes d'une pensée dogmatique et absolutisante. Il écrit p.ex., au sujet de la dépression psychogène :

> «Lorsqu'une personne se contente de souhaiter, de préférer ou de désirer atteindre des objectifs (tels que réussir à l'école, dans son travail ou dans ses relations) et qu'un échec l'amène à croire qu'elle est incapable d'y arriver, elle aura tendance à éprouver (souvent de façon intense) de la tristesse et des regrets, mais non de la dépression. Si,

au contraire, elle transmute consciemment ou inconsciemment ses désirs et préférences en exigences et commandements absolus, et si elle se convainc fortement qu'elle *doit* (pratiquement dans toutes les situations et à tout moment) remporter le succès et obtenir l'approbation d'autrui, alors elle se mènera elle-même à la dépression» (1987 : 123).

Il importe de rappeler ici ce que nous disions concernant les cognitions en général : la majeure partie de nos structures et processus cognitifs demeure inconsciente. Ellis précise, au sujet de son concept de «croyance» :

«La croyance peut être considérée comme un large concept (*construct*) hypothétique qui englobe au moins trois sous-catégories distinctes de phénomènes cognitifs : (1) des idées auxquelles un individu pense et dont il est conscient à un moment donné, (2) des idées non immédiatement conscientes, (3) des croyances plus abstraites auxquelles l'individu peut adhérer de façon générale. Ces dernières sont implicites. Elles constituent les postulats de référence par rapport auxquels l'individu évalue et juge ce qu'il observe de lui-même, des autres et de son environnement» (Ellis & Bernard, 1985 : 10).

Le célèbre psychothérapeute a bien montré que

- des *musts* rigides entraînent :
- la dramatisation ou «catastrophisation» (*awfulizing*),
- la condamnation sévère de soi ou d'autrui (*damning*),
- le défaitisme ou l'autodébilitation (*I can't-its*).

Selon lui, ce sont là les principales classes d'idées «névrotisantes» (notons au passage qu'il a défini la névrose comme «un comportement stupide accompli par une personne qui n'est pas stupide», 1958 : 290).

A titre d'illustration, prenons une personne que son conjoint a quittée et qui se répète : «*Il faut* qu'il revienne, j'ai *absolument besoin* de son amour». Elle vivra la séparation comme un drame («C'est affreux; ma vie est fichue»). Elle va très sévèrement se juger («Tout est de ma faute; je suis tellement moche») ou juger le partenaire («C'est un salaud, il ne pense qu'à lui»). Elle éprouvera un sentiment d'impuissance massif («C'est insupportable, je ne puis l'accepter»; «je n'ai plus envie de rien»; «plus personne ne voudra de moi»; «je vais tout casser ou me tuer»). L'expérience de la séparation sera radicalement différente si cette personne adopte le principe : «J'éprouve encore aujourd'hui beaucoup d'attachement pour mon conjoint et je regrette vivement qu'il soit parti, mais c'est son droit et je vais m'efforcer de réorienter ma vie»...

En vue de faciliter la prise de conscience des postulats sous-jacents aux cognitions névrotisantes, Ellis a publié à diverses reprises une liste de croyances qu'il qualifie d'«irrationnelles». Le nombre de ces croyances varie de 4 à plus de 200 (Ellis, 1977a), selon qu'il envisage des catégories larges ou restreintes. Nous verrons dans la partie pratique un répertoire particulièrement heuristique, comportant 12 énoncés.

La source ultime des dogmes pathologisants se trouve dans des *il faut (absolument)*. Ellis appelle l'assujettissement à un «must» la «musturbation», un terme qui peut se traduire par «devoirisme» ou «impérativisme». Il se plaît à répéter que «la *musturbation* est une forme de comportement infiniment plus pernicieuse que la *masturbation*» (1976 : 263). Les principales catégories d'idéologies impérativistes (*musturbatory ideologies*) sont les suivantes :

a) *Je dois* bien faire tout ce que je fais et je dois toujours être estimé par les autres. Sinon je suis une nullité.

b) *Les autres doivent* agir à mon égard avec attention et gentillesse, exactement comme je veux qu'ils me traitent. Sinon ils doivent être sévèrement jugés et punis.

c) *L'environnement doit* être tel que j'obtienne pratiquement tout ce que je veux, de façon confortable, rapide, facile. Rien ne peut arriver que je ne veuille pas, sinon la vie est affreuse, le monde est pourri et je ne puis le supporter (Ellis, 1977a : 11; Ellis & Bernard, 1985 : 10).

3. Le jugement de l'identité personnelle

Nous inférons souvent à partir de l'observation de comportements l'existence d'habitudes, de traits de personnalité ou d'une identité personnelle bien définie. Nous passons rapidement d'une étape à l'autre et nous jugeons facilement la valeur intrinsèque des autres. Il s'agit là de processus qu'il est très important de connaître, car les jugements de valeur ont des impacts radicalement différents selon le niveau auquel ils se situent.

Supposons un adolescent qui passe sensiblement plus de temps à jouer qu'à étudier et qui laisse sa chambre toujours en désordre, même si sa mère lui enjoint de la ranger. La mère peut formuler divers jugements, notamment ceux-ci :

(a) ce n'*est* qu'un paresseux

(b) il *est* paresseux, mais malin et gentil

(c) il a une tendance à la paresse

(d) quand il se trouve à la maison, il préfère jouer qu'étudier les mathématiques; il ne range jamais sa chambre, même si je le lui demande.

De même, l'étudiant qui échoue à un examen de mathématiques peut se dire : (a) «je suis bête», (b) «je suis nul en maths, mais fort en langues», (c) «je n'ai pas l'aptitude à réussir des études qui impliquent des mathématiques supérieures», (d) «je n'ai pas bien répondu aux questions parce que je n'ai pas bien compris un quart de la matière».

Les jugements (a) et (b) portent sur l'identité de la personne; (c) porte sur un secteur comportemental plus ou moins large et (d) sur un comportement ou un type précis de comportements. Dans le but d'attirer l'attention sur l'importance de distinguer ces types d'évaluations, je propose d'utiliser le néologisme *essentialisation*, que je définis comme la détermination de l'essence d'une personne à partir d'un de ses aspects ou à partir de certains comportements. L'essentialisation peut être *globalisante*, c'est-à-dire s'appliquer à la totalité de la personne («il n'est qu'un...»), ou *partielle*, c'est-à-dire porter seulement sur un secteur de la personne («il est ceci, mais également cela»).

L'essentialisation d'aspects jugés négativement est un mode de pensée caractéristique chez les déprimés.

Beck, «le» spécialiste de la psychologie des déprimés, écrit : «Le patient réagit à ses soi-disant déficiences en se considérant en faute et en se blâmant. Il va au-delà de l'injonction biblique : *Si ton œil droit est pour toi une occasion de péché, arrache-le.* Sa condamnation morale s'étend du trait particulier à la totalité de sa conception de lui-même et elle s'accompagne souvent d'un sentiment de dégoût de soi.» (1976 : 115).

Bulman (1979) a montré expérimentalement que les déprimés se caractérisent par des autocritiques qui portent sur leur caractère ou leur personne, plutôt que sur leurs comportements. Peterson, Schwartz et Seligman (1981) ont également constaté, au terme d'une étude longitudinale d'un groupe d'étudiantes, que celles qui critiquent leur propre personnalité présentent nettement plus de symptômes dépressifs que celles dont les autocritiques se limitent à des comportements.

Il importe d'insister sur les conséquences de *l'emploi du verbe «être»* dans le langage courant. Cet usage induit très facilement la croyance en une identité bien définie. En 1933 le philosophe polonais Alfred Korzybski a avancé l'idée que cette forme linguistique est à la base de nombreux désordres cognitifs et affectifs. Il disait que «par l'usage du *être d'identité*, nous arrivons facilement à nous troubler, nous tourmenter, nous terroriser, nous décourager; ou encore nous devenons des absolutistes, des dogmatiseurs» (cit. in Ellis & Harper, 1975, p. XIII). Ellis a montré de façon convaincante l'importance de cette thèse pour la psychologie clinique. Il écrit :

«La thérapie rationnelle-émotive prend son point de départ là où Korzybski s'est arrêté. Elle préconise l'usage de méthodes sémantiques, qui sont souvent les méthodes les plus utiles pour réduire les troubles émotionnels. A partir du moment où nous avons fait cette découverte, nous avons de plus en plus souvent aidé nos clients à changer consciemment leurs usages sémantiques, modifiant ainsi leur manière de penser, d'éprouver et d'agir (...) Par exemple lorsqu'un client déclare : *Je suis un triste sire pour avoir été aussi incompétent* ou *J'ai mal traité Smith, je suis un salaud*, nous l'aidons à remplacer ces énoncés par : *C'est très regrettable d'agir de façon incompétente, mais cela ne fait* pas *de moi un triste sire; je me suis comporté de façon immorale et condamnable lorsque j'ai si mal traité Smith, mais on ne peut légitimement juger* que je *suis un salaud* (...) Vous pouvez plus facilement améliorer votre situation si, au lieu de déclarer : *Mes parents* sont *la source de tous mes troubles*, vous vous dites : *Mes parents m'ont sévèrement critiqué durant l'enfance, j'ai pris leurs jugements trop au sérieux et cela me perturbe encore aujourd'hui*» (Ellis & Harper, 1975, p. XIs).

On peut estimer que chaque personne doit répondre de ses actions et mérite parfois des sanctions car, en définitive, c'est bien elle qui agit (et non le «çà», les «pulsions» ou un «homunculus» inconscient). Toutefois des comportements ou des aspects personnels ne sont jamais la totalité d'un être. Confondre ces deux catégories est inacceptable du point de vue épistémologique : il s'agit d'une généralisation abusive, menant facilement à des mésattributions (en termes de «réalité» interne, stable et globale) et à des pseudo-explications mentalistes (du genre : «ce collègue émet des critiques *parce qu*'il est agressif»). Cette confusion est préjudiciable du point de vue psychologique : elle est source de troubles émotionnels et de prophéties autoréalisatrices. En définitive, la meilleure perspective pour s'évaluer et juger les autres est la perspective «comportementale», l'examen de conduites *concrètes*, de leur fréquence relative et de leurs déterminants situationnels.

f) Les inférences dysfonctionnelles

Une spécificité remarquable de l'*homo sapiens* est qu'«il va constamment au-delà de l'information donnée» (Bruner, 1974). Cette tendance à effectuer sans cesse des inductions et des déductions est une condition de sa survie et de ses performances les plus prodigieuses. Elle se trouve aussi à la source de nombreux troubles individuels et sociaux.

Dans la partie pratique, nous verrons comment utiliser les capacités de raisonnement pour aborder des problèmes de gestion de soi. Ici nous examinons des modes d'inférence qui provoquent régulièrement des cognitions erronées et des affects négatifs.

L'importance des schèmes de pensée dysfonctionnels a été soulignée par les thérapeutes cognitivistes, plus précisément Ellis (1962) et Beck (1963). Ceux-ci estiment que les inférences fallacieuses ne sont pas des épiphénomènes de conflits entre des forces affectives inconscientes (cf. la psychanalyse), mais bien plutôt le résultat de conditionnements sociaux et d'un manque de formation «épistémologique». Ces distorsions cognitives constituent par elles-mêmes des déterminants essentiels de troubles cognitifs et affectifs. Nous pouvons les modifier consciemment et méthodiquement, de manière à changer nos façons habituelles d'interpréter, d'éprouver et d'agir.

Divers exemples d'inférences dysfonctionnelles ont déjà été cités plus haut : la simplification caricaturale, la pensée dichotomisante, la réification d'aspects de la personne, la confirmation biaisée, l'explication précipitée de faits mal observés ou inexistants, la canalisation de perceptions par des anticipations, la surévaluation de la probabilité de catastrophes, la mésattribution de causalités, etc. M'appuyant principalement sur les travaux de Beck (cf. Beck, 1976; Bedrosian & Beck, 1980), je propose une liste de dix modes d'inférence dont le repérage m'apparaît très important pour la gestion de soi.

Cette liste n'est évidemment pas exhaustive. Par ailleurs, elle n'est pas parfaitement cohérente : les processus énumérés se recouvrent en partie et les expressions choisies sont quelque peu arbitraires. Une recherche menée à l'Université de Californie - Los Angeles par Krantz et Hammen (1979) montre que des étudiants, invités à évaluer des propos tenus par des personnes déprimées, repèrent facilement les «distorsions cognitives», mais ne s'accordent guère quant au choix des étiquetages. Dans l'optique d'une gestion optimale de soi, la reconnaissance rapide de dysfonctionnements cognitifs est évidemment bien plus importante que l'application de dénominations univoques.

1. *La parcellisation* (ou «abstraction sélective», Beck) : concentration sur un ou quelques éléments, en faisant abstraction de leur contexte, de leur fréquence ou de leur évolution.

P.ex. : ruminer des paroles blessantes d'un partenaire sans se rappeler qu'elles ont été provoquées par notre propre comportement; penser que l'on donne mal cours parce qu'un des 50 étudiants présents s'est endormi; se centrer sur des conséquences immédiates d'un comportement et «oublier» les effets à moyen ou à long termes.

2. *La minimisation* : réduction de l'importance d'un fait ou de ses implications.

P.ex. : sous-estimer les efforts accomplis par le conjoint pour consommer moins d'alcool et se montrer plus aimable.

3. *L'amplification* : exagération de l'importance d'un fait ou de ses implications.

P.ex. : croire que l'on devient fou parce qu'on a éprouvé une perte momentanée de contrôle de soi ou un bref sentiment de dépersonnalisation (pareil sentiment peut surgir notamment après deux ou trois jours de privation de sommeil).

4. *L'interprétation égocentrée* (ou «personnalisation», Beck) : interprétation particulièrement subjective, déterminée par l'amplification de faits ou de significations se rapportant à soi. Ce type d'interprétation est particulièrement fréquent chez les individus très attentifs à ce que les autres pensent d'eux (Fenigstein, 1984).

P.ex. : s'imaginer, en arrivant à une réunion, que toutes les personnes présentes vont épier nos faits et gestes; interpréter l'absence de réponse à une lettre comme un signe d'hostilité à notre égard.

5. *La dramatisation* (ou «catastrophisation», Ellis) : amplification du désagrément ou du danger que comporte un événement. Ce type d'inférence se caractérise par l'utilisation d'un langage emphatique : la per-

sonne qualifie de «terrible, scandaleux, horrible, totalement insupportable» une situation qu'elle pourrait raisonnablement définir comme «pénible, frustrante, irritante, moche, regrettable».

P.ex. : estimer que la pire éventualité a de fortes chances de se produire (la chute de l'ascenseur dès qu'on le prendra); interpréter la moindre gêne cardiaque comme le prodrome d'un infarctus; croire qu'une perte d'emploi est une catastrophe dont on ne pourra se remettre.

6. *La surgénéralisation* : forme d'amplification qui consiste à généraliser de façon outrancière ou fallacieuse l'occurrence d'événements.

P.ex. : affirmer que «*tous* les politiciens sont corrompus» ou que «*toutes* les femmes sont les mêmes»; déclarer, après avoir essuyé quelques critiques de l'un ou l'autre collègue : «au bureau, *personne* ne me respecte, *on* me déteste, *on* m'en veut»; penser qu'on ne pourra *jamais* développer une relation amoureuse parce que l'on a été quelque fois éconduit ou délaissé; croire, lorsqu'on traverse un état dépressif, qu'on n'en sortira plus jamais et que *tout* ira *toujours* mal.

Il est très important de savoir que nous avons une tendance spontanée à accorder nettement plus d'importance au «cas vécu» de l'une ou l'autre personne (observé par nous-même, entendu raconter par un ami ou vu à la télévision) qu'à des études scientifiques, même si celles-ci ont été menées de façon rigoureuse et sur de larges échantillons (cf. Nisbett & Ross, 1980 : ch. 3; Leyens, 1983 : ch. 6 : «Un exemple vaut mieux que dix preuves statistiques»).

7. *L'absolutisation* : le fait de croire absolu ce qui est étroitement relatif à un point de vue et/ou limité dans le temps.

P.ex. : se dire : «je suis un faible», au lieu de : «c'est la 5ᵉ fois que je me remets à fumer; ma stratégie n'est pas au point».

L'*essentialisation*, dont nous avons déjà parlé, est une forme d'absolutisation. A. Lazarus, un des fondateurs de la thérapie comportementale, a insisté sur une autre forme : la *sursocialisation*, la non-reconnaissance du caractère arbitraire d'habitudes culturelles ou de conventions sociales. Il écrit à ce sujet : «La souffrance émotionnelle est souvent la conséquence d'un asservissement social. Beaucoup de personnes considèrent les valeurs de leur société comme absolues et n'ont jamais pris le temps de réfléchir à leur relativité. Ainsi des millions de gens sont capables de justifier des guerres cruelles, mais non la masturbation ou le contrôle des naissances» (1971 : 171).

8. *La dichotomisation* : interprétation en fonction de deux catégories diamétralement opposées (bon/mauvais, blanc/noir, tout/rien, vrai/faux, heureux/malheureux, calme/tendu, etc.).

P.ex. : se dire : «j'étais bien et je suis maintenant angoissé», plutôt que : «mon degré de tension est monté à 7/10»; percevoir une demi-réussite comme un échec et la preuve d'une impossibilité de progresser; déclarer : «mon mari critique toutes mes initiatives», au lieu de : «mon mari critique environ 60 % de mes propositions». Lazarus écrit à ce propos : «La plupart des conflits conjugaux semblent liés à des secteurs où l'on raisonne par dichotomies. Les conjoints adoptent des positions opposées au sujet de l'argent, des relations, de l'alcool, des manières de table, des vêtements, du sexe, du contrôle des naissances, de 'la' bonne façon d'éduquer les enfants et ainsi ad infinitum» (1971 : 168).

9. *La polarisation* : l'adoption d'une position extrême.

Ce comportement est typique p.ex. chez des conjoints en conflit : à mesure que les tensions se prolongent, chaque partenaire perçoit l'autre de façon plus négative et lui attribue davantage la responsabilité du blocage de la situation (Beck, 1988).

10. *L'ancrage* (Tversky & Kahneman, 1974) : application rigide d'un schème de pensée, en ne tenant pas compte de particularités individuelles, d'informations contradictoires ou d'incohérences logiques. Ce processus, déjà évoqué par Bacon (1620), apparaît aussi bien dans les raisonnements de scientifiques acharnés à prouver leurs théories que dans les inférences inconscientes des individus sans instruction.

P.ex. : dévaloriser systématiquement ses propres activités. (Cette forme d'ancrage caractérise les personnes déprimées. Loeb e.a. ont montré expérimentalement que les déprimés, qui ont bien réussi des épreuves d'habileté, considèrent leurs propres performances comme plutôt médiocres et sont pessimistes quant à leurs réussites futures. Les sujets non déprimés qui obtiennent grosso modo le même score estiment avoir effectué une bonne performance et sont confiants quant à leurs futurs succès dans le même genre de situations).

g) Les autoverbalisations

1. L'homme se distingue radicalement des animaux par son comportement verbal. Depuis l'antiquité des philosophes ont réfléchi à ce fait. Auguste Comte p.ex. a beaucoup insisté sur le rôle du langage dans la genèse de la conscience, de la pensée et des sentiments (1852 : ch. 4).

Les psychologues scientifiques ont accordé une place déterminante au comportement verbal, sans toutefois négliger l'importance d'autres types de comportements, en particulier l'action effective.

Déjà Pavlov estimait que la différence essentielle entre l'homme et l'animal réside dans le langage — qu'il appelait «le second système de signalisation» (le premier «système» étant constitué par les stimuli non verbaux). Il soulignait que, grâce à cette «fonction corticale», l'être humain réalise des apprentissages sans devoir entrer directement en contact avec les stimuli environnementaux.

Skinner, dès le début de sa carrière, s'est beaucoup intéressé au langage (cf. Richelle, 1977 : 103). En 1957, il publiait sur ce sujet un remarquable ouvrage de 478 pages :

Verbal Behavior. Il y défendait notamment l'idée que le développement de la conscience et la connaissance de soi sont conditionnés par le développement du langage. Il écrivait : «Le comportement verbal autodescriptif est important pour beaucoup de raisons. C'est seulement à partir de son acquisition que le locuteur devient *conscient* de ce qu'il fait ou dit, et du pourquoi» (p. 139).

Par ailleurs, les psychologues ont souvent souligné que la façon de parler se trouve à la source d'erreurs de logique (p.ex. lorsqu'on réifie un aspect de la personne) et de troubles psychologiques (ce qu'illustrent certains usages du verbe «être» dont nous avons déjà parlé).

2. Depuis l'antiquité, des philosophes ont mis en évidence l'importance d'un type particulier de comportement verbal : le dialogue intérieur. Socrate allait jusqu'à dire que «penser est un discours que l'âme se tient à elle-même», que «penser n'est pas autre chose que dialoguer, s'adresser à soi-même les questions et les réponses» (Platon, *Théétète*, 189e).

Nous laissons ici entre parenthèses les discussions de philosophes et de psychologues pour savoir si toute pensée implique une part de langage ou si toute pensée n'est que langage. Notons seulement que la majorité des psychologues contemporains estiment que la pensée est un comportement, qu'elle n'est pas nécessairement un comportement verbal et que le langage joue d'ordinaire un rôle crucial dans le développement des idées.

En ce qui concerne la gestion de soi, nous ne pouvons surestimer l'importance du dialogue intérieur. Grâce à ce comportement, nous pouvons prendre distance à l'égard de nous-même et des situations dans lesquelles nous nous trouvons, nous pouvons nous observer, nous découvrir, nous relativer, nous changer.

Pour bien comprendre l'impact des autoverbalisations sur nos affects et nos actions, commençons par méditer une page de Watzlawick (c'est aussi l'occasion d'encore illustrer le rôle de quelques coverants envisagés plus haut : l'anticipation, l'attribution de causalité, l'interprétation égocentrée, la polarisation, la prophétie autoréalisatrice) :

«Celui-ci veut accrocher un tableau. Il possède un clou mais pas de marteau. Le voisin en a un, que notre homme décide d'emprunter. Mais voilà qu'un doute le saisit. *Et si le voisin s'avisait de me le refuser? Hier, c'est tout juste s'il a répondu d'un vague signe de tête quand je l'ai salué. Peut-être était-il pressé? Mais peut-être a-t-il fait semblant d'être pressé parce qu'il ne m'aime pas! Et pourquoi ne m'aimerait-il pas? J'ai toujours été fort civil avec lui, il doit s'imaginer des choses. Si quelqu'un désirait emprunter un de mes outils à moi, je le prêterais volontiers. Pourquoi refuse-t-il de me prêter son marteau, hein? Comment peut-on refuser un petit service de cette nature? Ce sont les gens comme lui qui empoisonnent la vie de tout un chacun! Il s'imagine sans doute que j'ai besoin de lui. Tout ça parce que Môssieu possède un marteau. Je m'en vais lui dire ma façon de penser, moi!* Et notre homme se précipite chez le voisin, sonne à la porte et, sans laisser le temps de dire un mot au malheureux qui lui ouvre la porte, s'écrie, furibond : *Et gardez-le votre sale marteau, espèce de malotrus!*» (1983 : 35).

Notre dialogue intérieur est orienté, de façon relativement permanente, par des structures cognitives inconscientes, agencées au fil des ans. Il est évidemment plus intéressant de dégager ces organisations sous-jacentes que d'enregistrer des énoncés conscients, mais l'observation d'autoverbalisations spontanées est déjà en soi intéressante et elle s'avère indispensable pour analyser les structures «profondes».

Depuis bien longtemps, des hommes ont compris intuitivement que l'utilisation consciente du dialogue intérieur est un des outils les plus efficaces pour la gestion de soi.

Marc-Aurèle occupe ici une place d'honneur. Ses *Pensées* sont le compte rendu de dialogues avec lui-même. Il y a retranscrit des auto-instructions destinées à développer la vertu et la «tranquillité de l'âme». Il écrivait : «Aie des formules brèves, élémentaires qui, dès qu'elles se présentent, suffiront à écarter tout chagrin et à te renvoyer sans irritation aux affaires quand tu y reviens» (IV 3).

Blaise Pascal notait : «L'homme est ainsi fait, qu'à force de lui dire qu'il est un sot, il le croit; et, à force de se le dire à soi-même, on se le fait croire. Car l'homme fait lui seul une conversation intérieure, qu'il importe de bien régler» (1670, §536).

Des personnes soumises à des conditions de vie très éprouvantes ont découvert spontanément les bienfaits de certaines autoverbalisations pour le «moral».

Ainsi Dolgun explique qu'une de ses principales «stratégies de survie» dans les prisons staliniennes a consisté en discours ravigotants (*pep talks*) qu'il se tenait à lui-même. A titre d'exemple : «Doucement Alex. Garde ton calme. Tu en es capable. Tu es resté une semaine sans dormir et tu es capable de faire tout ce que tu veux vraiment. Tu es O.K., tu as appris à avoir du cran. Tu es jeune. Tu es fort. Ces idiots de Russes essaient de te briser, mais aussi longtemps que tu comprendras ce qu'ils font, ils ne t'auront pas» (1965 : 53).

De même, lorsque le dissident soviétique Anatoli Sjtsjaransky s'est trouvé en prison, s'attendant à une très lourde condamnation, il s'est mis à formuler consciemment des autoverbalisations destinées à diminuer sa peur jusqu'à un niveau supportable. Après sa captivité, il écrivait : «Pour accélérer les processus d'adaptation aux paroles effrayantes de mes gardiens, je commençai à mener des conversations avec moi-même sur ce sujet. Je voulais perdre ma sensibilité à l'endroit des propos qui me faisaient peur, je voulais que mes oreilles se durcissent comme le font la plante des pieds lorsqu'on se promène au début de l'été sur les cailloux du bord de la mer. Jour après jour, pendant des mois, je me suis occupé de cette terrible gymnastique cérébrale (...) J'utilisai ce procédé non pour lutter contre une force intérieure, mais pour un combat que je devais mener en moi-même, ou plutôt contre ma peur. En réfléchissant maintenant à l'ensemble de ce processus, je comprends brusquement qu'il n'y a rien dont ne puisse se convaincre un homme s'il y aspire avec suffisammment de force» (cit. in Diekstra, 1987 : 39).

A l'aube du XXe siècle, Emile Coué a propagé une méthode d'« auto-suggestion consciente » ou de « pensée positive » essentiellement basée sur cette autoverbalisation : « Tous les jours, à tous points de vue, je vais de mieux en mieux ». Cette formule est apparue peu convaincante aux yeux des professionnels de la psychologie. Les comportementalistes, tout en accordant une grande importance aux autoverbalisations, considèrent que la ritournelle incantatoire du célèbre pharmacien français est beaucoup trop générale.

Freud semble avoir eu l'intuition, pour lui-même, de l'importance des auto-instructions. Il écrivait à Jung (au sujet de la maigreur des effets thérapeutiques de la psychanalyse) : « Je me dis souvent pour apaiser le conscient : surtout ne pas vouloir guérir, apprendre et gagner de l'argent ! Ce sont les représentations de but conscientes les plus utilisables » (21 janvier 1909). Malheureusement Freud n'a pas compris que ce procédé peut constituer pour tout le monde, moyennant certaines conditions, une stratégie psychothérapeutique essentielle.

Ce sont des psychologues d'orientation scientifique qui semblent avoir été les premiers à exploiter *méthodiquement* le pouvoir d'utiliser consciemment des autoverbalisations spécifiques, bien réfléchies.

En 1947 Shaffer a défini la psychothérapie comme « un processus d'apprentissage par lequel une personne acquiert l'habileté à se parler à elle-même selon des modalités propres à assurer le contrôle de sa propre conduite » (p. 463). Quelques années plus tard, Dollard et Miller (1950) ont insisté sur l'importance des autoverbalisations comme moyen de faciliter ou d'inhiber des conduites problématiques. Skinner, dans son célèbre texte sur l'autocontrôle, notait l'importance du langage privé. Il écrivait notamment : « Nous nous contrôlons nous-même en créant des stimuli verbaux (...) Pour sortir de notre lit par un matin froid, la simple répétition du commandement *Debout !* peut nous mener de façon surprenante à l'action (1953 : 236). Skinner a développé ce thème dans *Verbal Behavior* (1957 : 438-46).

Albert Ellis est sans doute le premier psychothérapeute de grand renom qui ait attribué au dialogue intérieur une place centrale, dans la genèse des troubles psychologiques et dans leur traitement. En 1956 il déclarait dans un exposé à l'Association américaine de Psychologie :

« Du fait que l'homme est essentiellement un animal créant des signes, des symboles et des langages, sa pensée et ses émotions tendent à prendre la forme d'un langage privé (*self-talk*) ou d'énoncés internalisés (*internalized sentences*) (...) Si ces hypothèses ont une certaine validité, les principaux objectifs du psychothérapeute consistent à démontrer à ses clients que leurs autoverbalisations ont été et sont encore la source première de leurs perturbations émotionnelles. Il importe que les clients comprennent que leurs énoncés internalisés sont, sur certains points cruciaux, illogiques et irréalistes, et qu'ils disposent de la capacité de contrôler leurs émotions s'ils se tiennent à eux-mêmes des propos davantage rationnels et moins autodéfaitistes » (1958 : 288 & 291).

Le psychologue le plus productif, quant à l'usage d'auto-instructions pour la gestion de soi, est sans doute Donald Meichenbaum (Université de Waterloo, Canada). Ses compétences de psychothérapeute et d'expérimentateur rigoureux lui ont permis d'inaugurer un courant de recherches particulièrement fécondes, qui montrent que le dialogue intérieur est un des principaux leviers des changements psychologiques. Il a trouvé la source de son inspiration dans les intuitions d'Ellis et dans les travaux expérimentaux de Luria et Vygotsky sur le rôle régulateur du langage intérieur au cours de l'apprentissage d'activités nouvelles.

Une des premières recherches de Meichenbaum (1971; cf. 1977 : ch. 1) a porté sur l'autocontrôle chez les enfants dits «hyperactifs» (des enfants qui, pour leur âge, apparaissent anormalement agités, dissipés, inattentifs, impulsifs).

La comparaison des autoverbalisations, au cours de tests psychologiques, chez ces enfants et chez des enfants calmes et réfléchis, accuse moins une différence quantitative (tous les enfants se parlent à eux-mêmes) que des différences qualitatives : le langage intérieur des enfants pondérés est davantage centré sur les tâches à effectuer et comprend beaucoup plus d'auto-instructions précises destinées à planifier, à se guider et à terminer les activités entreprises (p.ex. : «Aie! Ici je me trompe. Je dois recommencer plus lentement à partir du début et aller jusque là»).

Meichenbaum a mis au point pour les enfants hyperactifs un programme de formation à l'auto-instruction (*self-instructional training*), qui comporte une progression en cinq étapes. L'enfant s'exerce à chacune des étapes à l'occasion de diverses tâches, selon un ordre croissant de difficulté : colorier puis recopier des dessins, retrouver une figure identique parmi une série de figures ressemblantes, résoudre des petits problèmes de logique, etc. Les 5 niveaux d'apprentissage sont les suivants :

1. *Présentation d'un modèle d'autoverbalisation* (*cognitive modeling*). Devant l'enfant, un adulte réalise les tâches tout en se parlant à haute voix. L'adulte formule des repères essentiels pour une démarche rationnelle de résolution de problèmes : (a) formulation de la tâche («O.K., qu'est-ce que j'ai à faire exactement?... je dois recopier ces lignes»), (b) concentration sur la tâche («je vais travailler lentement, je regarde bien»), (c) autoguidage («d'abord je dessine la ligne du haut... oui, c'est bien ça, puis celle du bas»), (d) auto-évaluation («O.K., cette ligne c'est bien, mais pas celle-là»), (e) autocorrection (en faisant délibérément des erreurs, le modèle montre comment rester calme et comment se réorienter : «stop! ceci n'est pas bon, mais je continue à travailler calmement... voilà, bravo, j'ai bien corrigé... je continue comme ça jusqu'à la fin»).

2. *Direction externe*. L'enfant réalise les mêmes tâches en suivant les instructions de l'adulte.

3. *Autodirection manifeste* (*overt self-guidance*). L'enfant accomplit les tâches en se parlant à haute voix, de la même façon que l'adulte à la 1re étape.

4. *Autodirection manifeste estompée* (*faded*). L'enfant agit tout en se murmurant des instructions.

5. *Auto-instructions privées* (*covert self-instructions*). L'enfant réalise les tâches en se guidant par le dialogue intérieur.

L'instructeur examine ensuite avec l'enfant comment appliquer concrètement cette nouvelle façon de penser dans diverses situations de la vie quotidienne.

Des expériences méthodiques démontrent l'importance de chaque étape et en particulier de la 3e, que l'on a parfois tendance à négliger.

Les enfants hyperactifs ainsi traités ont réalisé, par comparaison avec ceux de groupes-contrôles, des progrès substantiels dans des activités motrices, l'autocontrôle de l'impulsivité, la capacité de maintenir l'attention et d'autres habiletés cognitives mesurées par des tests. Ces résultats positifs se sont maintenus à travers le temps, ainsi qu'en témoigne le «suivi» effectué plusieurs semaines après le traitement.

Des recherches analogues, réalisées par différents auteurs, ont confirmé ces résultats. Au terme d'une revue de la littérature portant sur une quinzaine d'années, Braswell et Kendall concluent : «Ces études suggèrent qu'on peut réaliser, chez des enfants hyperactifs/impulsifs, des changements mesurables tant au niveau cognitif que socio-comportemental, grâce à une formation à l'auto-instruction, à condition toutefois que cette formation comprenne des tâches de résolution de problèmes aussi bien sociaux que cognitifs *et* qu'elle s'accompagne de contingences comportementales (récompenses sociales, auto-évaluations, autorécompenses, etc.)» (1987 : 138).

L'approche de Meichenbaum a connu un succès remarquable chez les psychothérapeutes d'orientation scientifique. Des dizaines d'applications pratiques, contrôlées expérimentalement, ont été réalisées pour préparer des personnes à des situations pénibles ou dangereuses et pour modifier des habitudes de rumination mentale, de colère, d'anxiété, de panique, de suralimentation, etc. (cf. Meichenbaum, 1985 : ch. 3). Dans la partie pratique, nous verrons comment dépister nos verbalisations névrotisantes ou dépressogènes, et comment les remplacer par d'autres, plus réalistes et plus performantes.

h) La visualisation mentale

La visualisation mentale consiste à «percevoir» un objet en l'absence de celui-ci. Ce comportement peut évidemment se distinguer de la perception directe d'un objet présent, mais il importe de souligner l'analogie fonctionnelle entre les deux types de comportements : lorsque nous visons imaginairement un objet, nous nous comportons à certains égards comme si nous regardions cet objet réellement présent et nous mettons en œuvre des processus cognitifs qui sont semblables dans les deux cas. Skinner a insisté sur ce point. Il écrit p.ex. que le rêve peut être considéré comme un «comportement perceptif» et précise : «Les mouvements rapides de l'œil pendant le sommeil semblent confirmer cette interprétation. Lorsque nous rêvons de la façon la plus active, nous bougeons les yeux comme si nous étions occupés à observer un spectacle» (1974 : 94). Edmond Jacobson, le célèbre physiologiste de l'Université de Chicago, a montré expérimentalement que les efforts de visualisation mentale provoquent une augmentation de la tension musculaire dans l'appareil oculaire et, d'autre part, que la décontraction progressive de la tension oculaire induit une diminution des images mentales et de leur intensité (1967 : 110s). Les recherches les plus récentes sur l'électrophysiologie du cerveau confirment la parenté de nature entre la perception directe d'un objet et sa représentation imaginaire : on constate en effet que la visualisation mentale d'un objet provoque dans les aires cérébrales visuelles une activité semblable à celle de sa perception réelle (Peronnet & Farah, 1990).

La visualisation «intérieure» est un comportement très important, difficilement explicable, qui a suscité beaucoup de réflexions depuis l'antiquité. Nous ne présentons pas ici les débats sur sa nature (cf. Paivio, 1971; Denis, 1979). Nous nous limitons à quelques informations essentielles pour la gestion de soi et dont l'utilité apparaîtra dans la partie pratique. Plus précisément, nous évoquons l'impact affectif de certaines images mentales, le phénomène des images intrusives pénibles et la production d'images en vue d'obtenir du plaisir ou de résoudre des problèmes. Deux citations de philosophes nous servent d'introduction.

Schopenhauer écrit dans ses *Aphorismes sur la sagesse dans la vie* : «Nous ne devons considérer ce qui intéresse notre bonheur ou notre malheur qu'avec les yeux de la raison et du jugement; il faut donc réfléchir sèchement et froidement, et n'opérer qu'avec des notions abstraites. L'imagination doit rester hors de jeu, car elle ne sait pas juger; elle ne peut que présenter aux yeux des images qui émeuvent l'âme gratuitement et souvent très douloureusement. C'est le soir que cette règle devrait être le plus strictement observée. Car, si l'obscurité nous rend peureux et nous fait voir partout des figures effrayantes, l'imprécision des idées, qui lui est analogue, produit le même résultat (...) Le soir, la fatigue a revêtu l'esprit et le jugement d'une obscurité subjective, l'intellect est affaissé et troublé, et ne peut rien examiner à fond. Ceci arrive le plus souvent la nuit, au lit; l'esprit étant entièrement détendu, le jugement n'a plus sa pleine puissance d'action, mais l'imagination est encore active. La nuit prête alors à tout être et à toute chose sa teinte noire. Aussi nos pensées, au moment de nous endormir ou au moment où nous nous réveillons pendant la nuit, nous font-elles voir les objets aussi défigurés et aussi dénaturés qu'en rêve; nous les verrons d'autant plus noirs et plus terrifiants qu'ils touchent de plus près à des affaires personnelles» (1851 : 114).

Epictète conseille dans son célèbre *Manuel* : «Quand tu vas entreprendre une œuvre quelconque, remets-toi dans l'esprit quelle est cette œuvre. Si tu sors te baigner, représente-toi ce qui se passe au bain : on vous éclabousse, on vous bouscule, on vous injurie, on vous vole; tu entreprendras cette œuvre avec plus d'assurance si tu te dis tout de suite : *Je veux me baigner, et aussi garder ma volonté en accord avec ma nature*» (§4).

1. L'impact des images mentales sur les affects

Le chapitre sur les anticipations a déjà été l'occasion de signaler le rôle des images mentales dans certains troubles affectifs. Nous notions p.ex.

que les personnes particulièrement anxieuses et phobiques imaginent facilement des évolutions dramatiques aux situations et estiment ces éventualités beaucoup plus probables qu'elles ne le sont en réalité.

La visualisation mentale d'une situation provoque parfois des émotions plus fortes que l'expérience réelle de cette situation. C'est ce qu'évoquent le proverbe japonais : «Mieux vaut voyager plein d'espoir qu'arriver au but» et le mot de George Sand : «Le désir est beaucoup, la possession peu de chose». Des enquêtes révèlent que des fantasmes sexuels peuvent être plus excitants que les situations réelles auxquelles ils se rapportent (cf. Allgeier, 1988 : 249), et que la visualisation mentale de stimuli effrayants provoque parfois, en particulier chez les phobiques, une peur plus intense que la confrontation directe avec ces mêmes stimuli (cf. Mahoney, 1974 : 68). Toutefois, en règle générale l'impact affectif d'un stimulus va en diminuant depuis sa présence réelle jusqu'à son évocation verbale en passant par sa représentation photographique et sa visualisation mentale (Denis, 1979).

De nombreux travaux montrent que la visualisation mentale peut déclencher des affects intenses, accompagnés de réactions physiologiques typiques des émotions, et que plus un stimulus iconique ou symbolique évoque bien un stimulus réel, plus il suscite des émotions se rapprochant de celles que provoque le stimulus réellement présent. Ce processus se vérifie chez des sujets invités à imaginer qu'ils endurent des douleurs physiques (Barber & Hahn, 1964), qu'ils vivent une situation effrayante (Grossberg & Wilson, 1968) ou qu'ils se trouvent face à quelqu'un qui provoque leur colère (Roberts & Weerts, 1976). Il est sans doute superflu de citer des recherches scientifiques prouvant que la visualisation mentale de stimuli sexuels peut provoquer une véritable excitation : tout lecteur peut se référer à son expérience personnelle...

2. *Les images perturbantes*

Comme l'évoque bien la citation de Schopenhauer, des images mentales peuvent fortement nous perturber, surtout lorsque notre possibilité de nous en distancer rationnellement est réduite. Le phénomène est particulièrement pénible dans les perceptions délirantes, les hallucinations, les névroses obsessionnelles et les états de stress post-traumatique.

Les images intrusives, qui surgissent inévitablement lorsque nous avons subi un stress important, illustrent le fait que les cognitions provoquent des affects et que les affects engendrent des cognitions. Des observations cliniques et des expériences menées à l'aide de films (notamment par Horowitz et son équipe de l'Université de Californie à San

Francisco) montrent qu'au plus une personne a éprouvé de fortes émotions, au plus elle est sujette à des images intrusives intenses et fréquentes pendant les jours qui suivent. Des sujets, qui ont assisté à des films d'horreur et qui ont reçu la consigne de se distraire ensuite par diverses opérations cognitives, peuvent retarder l'émergence spontanée d'images angoissantes, mais ne peuvent totalement les supprimer. Celles-ci apparaissent dès que la vigilance diminue, p.ex. durant la nuit ou la soirée suivante. Les travaux de Horowitz (1982) permettent de considérer le degré de pensées intrusives comme un bon indicateur du degré de stress provoqué par un événement.

On peut estimer que les images, qui accompagnent les états de stress post-traumatique, ont une fonction positive pour la survie de l'espèce. En effet elles stimulent l'individu à intégrer les traumatismes subis et à adapter ses schèmes de pensée aux informations qui s'y rapportent. L'individu peut ainsi se préparer à la réapparition du même type d'événements.

Quoi qu'il en soit de l'explication de ce processus, Horowitz, qui a étudié l'évolution des images intrusives chez des personnes ayant subi des traumatismes (agression, mort d'un proche, découverte d'une atteinte cancéreuse, etc.), conclut que les troubles psychiques ont tendance à se prolonger si la personne évite rigidement tout ce qui peut déclencher des pensées perturbantes ou si, au contraire, elle abandonne tout effort de contrôle cognitif. Les sujets le moins longtemps perturbés font preuve d'un «contrôle optimal» : ils acceptent le surgissement régulier de souvenirs et d'émotions pénibles, mais s'efforcent de ne pas les ressasser continuellement. Tout se passe comme s'ils assimilaient à petites doses les traumatismes subis.

3. *La visualisation mentale active*

Les psychanalystes s'intéressent aux images mentales involontaires en vue de démasquer des désirs refoulés. Les psychologues scientifiques s'occupent plutôt de la visualisation mentale intentionnelle et de son utilisation comme outil d'autogestion.

a) Un des thèmes les plus anciens de l'histoire de la psychologie est le recours à des images mentales en vue de *faciliter la mémorisation de notions abstraites*.

L'exemple classique est la «méthode des lieux», déjà décrite par Cicéron. Il s'agit d'associer des éléments abstraits (p.ex. les parties d'un discours qu'on doit prononcer) à différents endroits d'un itinéraire bien connu (p.ex. les pièces d'une maison). Pour se rappeler plus tard (p.ex. pendant le discours) l'ordre des éléments abstraits, il suffit de suivre mentalement l'itinéraire concret.

En 1929 Köhler (cit. in Denis, p. 28) montrait expérimentalement que des paires de mots qui évoquent des images mentales se retiennent plus facilement que des mots abstraits ou non significatifs. Depuis, des dizaines d'expériences ont prouvé qu'on se rappelle mieux un matériel verbal s'il a été associé à des images mentales. Notons toutefois qu'on se rappelle mieux un matériel iconique lorsqu'on a pris la peine de l'exprimer verbalement au cours de l'apprentissage (cf. Fraisse & Léveillé, 1975).

b) Un autre domaine largement exploré est l'usage de la visualisation mentale pour *faciliter la réflexion, la résolution de problèmes et la créativité intellectuelle.*

Comme Piaget et Bruner l'ont constaté dans leurs recherches sur l'enfant, le système symbolique-verbal apparaît indispensable pour développer une pensée élaborée. Il n'empêche que des opérations cognitives abstraites peuvent se trouver facilitées ou dynamisées par le recours à l'imagerie mentale. Einstein p.ex. a déclaré que l'agencement d'images mentales avait joué un rôle important dans l'élaboration de sa théorie de la relativité (Denis, 1979 : 255). Dans le chapitre sur les anticipations, nous avons noté que les personnes qui accomplissent de hautes performances recourent spontanément à la visualisation mentale pour explorer des scénarios possibles, pour évaluer les risques et pour se préparer concrètement à l'action.

Skinner a insisté sur l'importance de développer la capacité de visualisation mentale en tant que telle. Selon lui, il est souhaitable d'exercer les enfants à décrire des objets d'abord lorsqu'ils les ont sous les yeux et ensuite lorsque ces objets ont été soustraits à leur regard pendant un temps plus ou moins long. Il regrette que les moyens audiovisuels modernes dispensent l'enfant de voir mentalement des choses qui ne sont pas présentes. Il écrit : «L'enfant ne visualise pas grand-chose intérieurement lorsqu'il lit dans un livre abondamment illustré à chaque page d'images en couleurs. Le cinéma et la télévision éliminent pratiquement toute occasion de représentation intérieure. Ce genre d'éducation prépare à lire les magazines illustrés et les bandes dessinées, mais ne prépare assurément pas l'élève à assimiler une matière abstraite» (1968 : 150).

c) La visualisation mentale peut s'utiliser pour *modifier ou éliminer des réactions indésirables.*

Bien avant l'avènement d'une psychothérapie fondée scientifiquement, des thérapeutes ont fait usage de ce pouvoir. P.ex. en 1882, Charcot et Magnan soignèrent un patient devenu homosexuel après qu'il ait vu, à l'âge de 6 ans, des soldats se masturber. Le traitement consista à substituer l'image d'une femme nue à celle d'un homme nu. Au bout de quelques mois, le patient fut capable de relations satisfaisantes avec une femme. Vingt ans plus tard, Magnan revit le patient : celui-ci avait acquis la conviction que son «obsession» n'était pas invincible et, après s'être longuement efforcé de créer des associations nouvelles (hétérosexuelles), il se maria et ne revient plus à ses anciennes habitudes (cf. Ellenberger, 1970 : 255). En 1936 Chappell et Stevenson rapportent avoir traité efficacement des patients souffrant d'ulcères peptiques en leur ayant appris à imaginer des scènes agréables de leur existence chaque fois qu'ils éprouvaient de l'anxiété.

Dans le premier livre de thérapie comportementale, l'ouvrage de Wolpe de 1958, la visualisation mentale tient une place décisive (cf. supra : «L'affrontement de l'adversité»). L'auteur utilise les images mentales comme des substituts de stimuli réels, qui provoquent les mêmes émotions (mais de moindre intensité) et qui sont plus facilement maniables. Il apprend à ses clients phobiques à garder leur calme face à des stimuli phobogènes évoqués imaginairement, avant de les inciter à une confrontation progressive *in vivo*. Faisant suite au travail de Wolpe, de nombreux comportementalistes ont exploité les multiples possibilités du comportement imageant (cf. Cauleta, A. Lazarus, J. L. Singer). On peut citer notamment les utilisations suivantes :

– Explorer des situations problématiques, leurs déterminants et leurs impacts affectifs.

– Réduire l'attrait pour des stimuli (p.ex. une drogue) en se concentrant sur les conséquences néfastes ou pénibles auxquelles mènent des comportements qu'ils suscitent.

– Se calmer ou mieux se relaxer (en visualisant des scènes apaisantes).

– Réduire l'anxiété provoquée par des stimuli en les affrontant imaginairement.

– Revivre des situations passées dans le but de restructurer leurs significations.

– Imaginer d'autres modes de réactions, évaluer leurs effets, faciliter des prises de décision.

– Se préparer concrètement à des situations, planifier des séquences de conduites et s'y exercer d'abord mentalement («pratique mentale»).

– Se motiver à des changements effectifs de comportements et au maintien du cap sur les objectifs malgré les difficultés rencontrées.

– Se distraire de sensations douloureuses.

– Mieux contrôler le flux des cognitions, en particulier les images perturbantes.

– Se divertir durant des périodes d'ennui (p.ex. un long voyage en avion).

– Obtenir davantage de plaisirs sensoriels, esthétiques ou sexuels.

La majorité des comportementalistes ne partagent pas sans réserves l'enthousiasme de J. L. Singer qui déclare que «la capacité de fantasmer ou de vivre d'imagination est peut-être la caractéristique dominante et le cadeau le plus précieux de l'évolution de l'espèce humaine» (1980 : 12). Ils accordent en général davantage d'importance aux façons de raisonner, aux (auto)verbalisations et à l'action effective. Ils ne négligent cependant pas les ressources de la visualisation mentale pour la thérapie et l'autogestion : son efficacité est aujourd'hui bien confirmée (cf. Kazdin & Smith, 1979).

4. *Les différences interindividuelles*

Depuis les observations de Francis Galton (1883; cit. in Jacobson, 1967 : 111), les psychologues ont reconnu des différences significatives dans la capacité de générer des images mentales. Ils ont réparti les individus en «visualiseurs» et en «verbaliseurs» selon que leurs processus cognitifs comportent beaucoup d'images ou essentiellement des mots et des concepts. Aujourd'hui ces différences sont envisagées en fonction d'un continuum bipolaire plutôt que de deux catégories opposées. Tout individu se caractériserait par un style de pensée, les circonstances externes pouvant néanmoins favoriser les passages d'un mode cognitif à un autre.

Les verbaliseurs ont tendance à être plus contrôlés et plus abstraits que les visualiseurs. Ils adoptent davantage une approche logique et globale des problèmes. Leurs réactions affectives sont moins prononcées. Les personnes atteintes de névrose obsessionnelle sont le plus souvent de ce type. Au contraire, les visualiseurs ont des réactions affectives plus fortes et sont plus suggestibles. En cas de trouble psychique, ils présentent plus souvent que les verbaliseurs des comportements impulsifs ou «hystériques» (cf. Tower & Singer, 1981).

On peut noter en passant que les travaux de neuropsychologie révèlent que c'est le même hémisphère cérébral (le droit) qui joue le rôle principal dans les réactions affectives et dans le traitement des informations figuratives. Denis écrit à ce sujet : «Ces travaux appuient l'idée intuitive de la *parenté* entre le domaine de l'image et celui de l'émotion, qui, chez bien des individus, sont étroitement liés l'un à l'autre. Il est fréquent, par exemple, de constater que tel individu possédant une vie imaginative très riche présente, dans le même temps, des attitudes et des conduites marquées d'une forte composante affective. L'expérimentation permet d'ailleurs de montrer que les individus possédant des capacités d'imagerie très développées ont une plus grande aptitude à analyser les aspects émotionnels d'une situation» (1979 : 262).

Peter Lang e.a. (Université du Wisconsin) ont réalisé une série de travaux sur les différences d'intensité ou de vivacité des images mentales. De telles expériences sont importantes pour préciser les indications d'utilisation de la visualisation mentale. On sait en effet que des techniques comme la désensibilisation systématique ne sont efficaces que si les images mentales sont relativement vivantes et s'accompagnent d'émotions plus ou moins fortes (Wolpe, 1958; Lang e.a., 1970).

Lang e.a. (1983) ont montré p.ex. que les personnes souffrant d'une phobie simple (la peur de stimuli bien déterminés tels que les araignées ou les ascenseurs) ont des images davantage «vivides» (précises et intenses) que les personnes souffrant d'anxiété sociale (des personnes mal à l'aise dès qu'elles se sentent observées ou jugées). Ils ont par ailleurs constaté que les sujets qui génèrent facilement des images mentales «vivides» se centrent plus que les autres sur leurs réactions affectives et physiologiques. Ils ont ensuite montré qu'on peut augmenter la «vividité» des images mentales et leur impact affectif en se concentrant autant sur l'état affectif et corporel que sur les scènes imaginées.

P.ex. des sujets auxquels on demande d'imaginer qu'ils sont dans un sauna fermé à clé, qu'ils transpirent de plus en plus, qu'ils ont l'impression d'étouffer et qu'ils sentent leur cœur battre à se rompre, réagissent plus fort aux plans imaginaire, affectif et physiologique que des sujets auxquels on demande d'imaginer qu'ils sont dans un sauna fermé à clé, qu'ils voient distinctement le banc, la porte et la vapeur qui augmente.

Dekker, Everaerd et Verhelst (Université d'Utrecht, 1985) ont montré que le même principe se retrouve dans le domaine de la sexualité. Ils ont fait écouter à des sujets le récit détaillé d'une rencontre érotique entre un homme et une femme, et leur ont demandé de bien imaginer la scène. La moitié des sujets étaient invités à se focaliser essentiellement sur des détails de la scène, les autres devaient également être attentifs à leurs sensations physiques et sexuelles. Les résultats confirment, aussi bien chez les hommes que chez les femmes, que l'excitation sexuelle provoquée par la visualisation mentale est plus forte lorsqu'on dirige une partie de son attention vers ses propres réactions affectives et corporelles que lorsqu'on se centre uniquement sur les événements imaginés.

Chapitre III

Les affects

> «Maintenant que nous connaissons toutes les passions, nous avons beaucoup moins de sujet de les craindre que nous n'avions auparavant; car nous voyons qu'elles sont toutes bonnes de leur nature, et que nous n'avons rien à éviter que leurs mauvais usages ou leurs excès.»
>
> Descartes, *Les passions de l'âme* (1649, §211)

I. AFFECTS, ÉMOTIONS, PASSIONS

Nous avons déjà souvent fait allusion à la dimension affective. Le moment est venu d'examiner de plus près ses caractéristiques et ses relations avec les autres variables de l'équation comportementale.

1. Par «affects» nous entendons les divers sentiments que nous éprouvons tout au long de l'existence. Ces sensations, tantôt agréables tantôt pénibles, varient considérablement en qualité, en intensité et en durée. Des affects fréquemment cités dans le langage courant sont la joie, l'amour, la bonne humeur, l'envie, l'indifférence, l'ennui, la saturation, la gêne, la tristesse, le désespoir, le sentiment d'infériorité, la jalousie, la honte, la culpabilité, l'anxiété, la peur, la panique, l'irritation, l'hostilité, la colère, la haine, la rage. A tout moment nous sommes inévitablement «affectés» par l'état de notre organisme et par la situation dans laquelle

nous nous trouvons. Il n'y a guère de comportement humain sans tonalité affective — vague ou précise, simple ou complexe, fugace ou relativement durable.

On peut parler de «comportement affectif» ou de «conduite émotionnelle» lorsqu'un comportement se caractérise plus particulièrement par son aspect affectif, p.ex. lorsqu'une personne est manifestement en colère. Il est légitime et souvent utile d'abstraire de la sorte, mais il importe de rappeler que les conduites «affectives» comportent toujours aussi des aspects cognitifs et moteurs. Les trois dimensions que nous avons pris l'habitude de distinguer sont, au niveau de la réalité existentielle, intimement liées. Il est essentiel de ne pas substantialiser les affects, de ne pas les considérer comme des «choses» autonomes, qui vivent à l'intérieur de nous. Les affects que nous éprouvons se constituent à la faveur de relations de détermination réciproque avec les autres variables de l'équation comportementale.

La dimension affective de l'existence a retenu l'attention des psychologues scientifiques depuis le début de l'histoire de leur discipline.

Wundt (cit. in Averill, 1980 : 19) a formulé en 1896 une théorie tridimensionnelle des affects, selon laquelle chaque état affectif peut se situer par rapport à trois axes indépendants : plaisir-déplaisir (*Lust-Unlust*), excitation-inhibition (*Erregung-Hemmung*), tension-détente (*Spannung-Lösung*). Cette conception s'est maintenue, à travers diverses variantes, jusqu'aujourd'hui. P.ex. James Averill (Université du Massachusetts, 1980) en donne une version qui s'appuie sur une analyse factorielle des concepts affectifs de la langue anglaise.

Dans le cadre de la gestion de soi, un objectif essentiel étant d'optimaliser les expériences agréables et de diminuer les sensations pénibles, nous analyserons les affects en tenant compte de *la dimension hédonique* (degré de plaisir ou de souffrance) et de *l'intensité de l'excitation.*

La question de savoir s'il est légitime de distinguer radicalement des catégories d'*affects primordiaux* apparaît peu importante dans la perspective qui nous occupe ici.

Si l'on veut répondre à cette question, il est judicieux de commencer par rappeler que les opérations de catégorisation sont étroitement dépendantes des usages linguistiques. Ainsi dans certaines langues africaines il n'existe qu'un seul mot pour désigner ce que nous appelons la tristesse et la colère (Foulks, 1979).

Nous pouvons éprouver des affects qui ont une tonalité bien définie. Toutefois notre vécu affectif habituel se caractérise surtout par le flux et le changement (cf. R. Lazarus, 1980 : 197). Plusieurs affects peuvent surgir simultanément, les uns diminuant ensuite au profit de l'un ou de plusieurs autres, en fonction des interactions avec l'environnement et des variations de cognitions. Des psychologues qui, comme Janet Polivy (Université de Toronto, 1981), ont étudié des affects spécifiques à travers des auto-observations quotidiennes et qui ont tenté de provoquer différents affects dans des situations expérimentales ont constaté que les affects sont le plus souvent diffus, complexes, difficiles à qualifier de façon précise. La majorité des personnes invitées à identifier leurs affects dans des situations stressantes ne distinguent pas clairement entre la dépression, l'anxiété et l'hostilité ou entre la peur, la colère et la tristesse. Les affects, conclut Polivy, apparaissent bien plutôt en agrégats (*clusters*) qu'en entités distinctes.

2. Certains auteurs emploient les termes «affect» et «émotion» comme synonymes. D'autres — et je me rallie à leur point de vue — définissent une *émotion* comme un affect relativement intense, qui s'accompagne d'une activation sensible du système nerveux végétatif et hormonal.

Les émotions s'accompagnent habituellement de réactions corporelles et de mouvements expressifs : la rougeur du visage, le hérissement de poils, la dilatation des pupilles, l'augmentation de la transpiration, des tremblements, une érection, le rire, des intonations spécifiques, des cris, une posture menaçante, etc.

L'expression corporelle des émotions a été étudiée par Darwin (1872). Le père de la théorie de la sélection naturelle a souligné sa fonction de communication. Il a montré que beaucoup d'espèces animales ont développé des signaux exprimant leurs états affectifs (en particulier la peur, l'irritation, la satisfaction), de sorte que les congénères sachent comment se comporter les uns par rapport aux autres. Ainsi, lorsqu'un singe manifeste des signes de mauvaise humeur, ses voisins comprennent qu'ils ont intérêt à le laisser tranquille. Il faut toutefois noter que cette forme de langage peut s'avérer ambiguë ou dysfonctionnelle, en particulier dans les relations interspécifiques. P.ex. un singe peut interpréter le sourire d'un homme comme une menace; un homme peut interpréter l'ouverture de la bouche d'un singe, exprimant l'hostilité, comme un sourire ou un signe d'amitié.

L'étude des expressions émotionnelles — en particulier celles du visage — a connu un regain d'intérêt à partir des années 1970. Les travaux de Carroll Izard (Université du Delaware) et Paul Ekman (Université de Californie, San Francisco) font aujourd'hui autorité en la matière. Ces psychologues ont soigneusement analysé les expressions émotionnelles du nourrisson, des expressions qui constituent une sorte de langage inné grâce auquel l'*infans* provoque chez les adultes des comportements d'alimentation, de soins et de protection indispensables pour sa survie et son bien-être.

Des auteurs ont cru pouvoir distinguer un nombre défini de structures émotionnelles innées en se basant sur la mise en évidence d'ensembles de mouvements expressifs, et de modes spécifiques du fonctionnement neurovégétatif (cf. Lacey, 1967; Mason e.a., 1976; Eckman e.a., 1983). Il semble toutefois utopique de vouloir formuler une catégorisation des émotions qui puisse s'imposer définitivement et sans problème.

Certains chercheurs distinguent six émotions fondamentales (la surprise, la peur, la colère, le dégoût, la tristesse, la joie) et estiment que ces prototypes se combinent de façon à produire l'infinité des nuances affectives que nous connaissons (p.ex. l'affect de dépression résulterait de la combinaison de la tristesse avec la peur ou la colère).

D'autres auteurs ajoutent à la liste des émotions de base l'intérêt, la confiance, le mépris, la honte, la culpabilité, l'anxiété, la dépression, etc. Ainsi Plutchik (1980) dénombre huit émotions fondamentales, Izard (1979) dix, Harrison (1986) trente deux...

Répétons la remarque relative à la classification des affects : l'analyse de l'expérience vécue en unités discrètes est une opération relativement arbitraire, largement dépendante des conventions langagières. Certains psychologues renoncent à fixer les catégories prototypiques de l'émotion. S'appuyant sur le fait que les émotions sont étroitement dépendantes des cognitions qui les déclenchent et qui les accompagnent, ils soulignent que les différences qualitatives entre les émotions sont innombrables. Mandler (Université de Californie, San Diego) p.ex. écrit : «Le fait de postuler des idées, des émotions ou des affects innés est une conception qui date d'un autre siècle. La psychologie contemporaine doit s'occuper des processus et des mécanismes (qui, bien évidemment, peuvent être innés) produisant ces idées, émotions ou affects» (1980 : 231).

3. Le mot «passion» a désigné jusqu'au XVIIIe siècle ce que nous appelons aujourd'hui les affects et les émotions. De nos jours les psychologues scientifiques emploient rarement ce terme. Dans l'exergue du présent chapitre, le mot «passion» utilisé par Descartes peut être remplacé avantageusement par «émotion».

En se référant à l'étymologie et à la langue courante, on peut définir l'émotion et la passion de façon contrastée en disant que l'*émotion* (du latin *ex-movere*, mouvoir hors de, faire sortir, ébranler) est un affect qui nous fait sortir de nous-mêmes et nous incite à l'action, tandis que la *passion* (du latin *passio*, action de supporter ou de souffrir) est un affect que nous subissons et qui polarise notre existence (p.ex. la «passion amoureuse»), un type de comportement que nous ne pouvons ou ne voulons pas contrôler (p.ex. la «passion du jeu»), un intérêt prononcé pour un domaine précis (p.ex. «la passion de la musique»). Notons que la passion est volontiers invoquée par ceux qui cherchent à se disculper (cf. le crime «passionnel»).

Ces deux concepts peuvent également se distinguer en fonction de la durée des phénomènes en cause. Théodule Ribot écrivait à ce sujet : «La passion est une émotion prolongée et intellectualisée (...) L'émotion s'oppose à la passion, comme en pathologie l'état aigu et l'état chronique» (1907 : 7).

II. FONCTIONS DES AFFECTS

Des affects apparaissent aussi bien chez les animaux que chez les humains. Ce fait nous permet d'adopter le point de vue évolutionniste selon lequel les mécanismes affectifs de base — comme d'autres mécanismes physiologiques ou comportementaux — ont été mis en place au cours de la phylogenèse, via les processus de sélection naturelle. Ces dispositifs sont devenus ce qu'ils sont aujourd'hui parce qu'ils ont favorisé l'adaptation et la survie. Sans doute n'assurent-ils pas dans toutes les circonstances la survie d'un individu particulier, mais on peut supposer que, globalement ou statistiquement, ils *incitent à accomplir des actions qui favorisent la conservation de l'espèce*.

Les exemples suivants, envisagés selon le schéma de l'analyse fonctionnelle du comportement, illustrent l'utilité foncière des affects pour l'être humain. (La double flèche, qui symbolise les relations entre les actions et les conséquences, rappelle que l'action effective dépend non seulement des stimuli, cognitions et affects, mais également de l'anticipation de conséquences qu'elle va ou pourrait provoquer).

S	→	**CO**	→	**AF**	→	**AC**	⇔	**C**
Bruit soudain		«Attention !» «Qu'est-ce ?»		Surprise		Arrêt de l'action en cours et accroissement de la vigilance		Préparation au danger
Prédateur		Anticipation de la douleur		Peur		Fuite		Mise hors danger, soulagement
Mort du parent (chez l'enfant)		Solitude, perte de satisfactions, insécurité		Tristesse et peur		Pleurs		Provocation de réactions d'assistance chez d'autres protecteurs
Partenaire sexuel		Anticipation de plaisir		Stimulation sexuelle		Approche et comportement de séduction		Contacts, satisfactions
Injustice		«C'est inadmissible, il faut changer»		Colère		Lutte		Intimidation du coupable, changement de son comportement
Travail insatisfaisant		«Ca ne peut durer, c'est un défi»		Anxiété, irritation		Réflexion et action		Obtention d'un résultat, joie

De façon générale les sensations de plaisir et de souffrance, éprouvées et/ou anticipées, provoquent des cognitions et incitent à l'action (approche, contact, lutte, évitement, fuite, etc.). L'ensemble des affects, tant positifs que négatifs, présentent une *fonction de motivation* au sens étymologique du terme : ils font se mouvoir l'individu. Nous pouvons d'ailleurs faire comprendre notre état affectif à un interlocuteur rien qu'en énonçant le type d'action que nous voudrions accomplir (dire p.ex. «Je le giflerais bien» implique que j'éprouve de la colère).

D'un certain point de vue, on peut dire que toute notre existence se passe à rechercher des affects agréables et à éviter des douleurs. La dimension affective est un élément fondamental dans l'élaboration de tous nos comportements. Plus une situation nous paraît importante, plus notre réaction affective devient intense, plus notre système orthosympathique s'active et plus nous sommes incités à agir. Lorsque notre réactivité affective s'estompe (suite à une maladie, l'absorption d'une drogue ou d'une quantité importante de tranquillisants), nous perdons notre dynamisme et notre activité se réduit.

Nous pouvons consciemment «cultiver» des affects en vue de nous mobiliser pour une action soutenue. Nous pouvons p.ex. chercher à «nourrir» notre colère afin de lutter longtemps pour une cause. Nous pouvons nous motiver à travailler durement en entretenant la crainte de l'échec et un certain niveau d'anxiété.

Une stratégie de ce genre a été étudiée par Norem et Cantor (1990 : 491) sous le nom de *pessimisme défensif*. Elle consiste à envisager les pires éventualités et à se centrer sur les souffrances que celles-ci entraîneraient. Les enquêtes de Norem et Cantor auprès d'étudiants universitaires révèlent que cette disposition cognitivo-affective est relativement courante (23 % des sujets de leur échantillon en font un usage régulier). Dans l'ensemble, ceux qui l'adoptent travaillent davantage que ceux qui perçoivent de façon plus réaliste les difficultés à réussir les examens.

Nous pouvons chercher à éviter ou à étouffer des affects qui ne sont pas en eux-mêmes pénibles, mais qui nous incitent à des actions dont nous redoutons les conséquences. Ainsi en va-t-il lorsque nous craignons de ressentir une excitation sexuelle, de l'amour, de la pitié, de la colère. Certaines personnes évitent systématiquement toute émotion quelque peu intense parce qu'elles ont peur d'éprouver, ne fût-ce qu'un moment, la perte du contrôle de soi.

Les personnes qui ont développé un style de vie caractérisé par la neutralisation ou la répression des affects sont qualifiées, par les psychologues et les psychiatres, de «personnalités obsessionnelles» (cf. DSM-III-R : §301.40) ou de «personnalités encapsulées» (A. Lazarus, 1970 : 130). Burger e.a. écrivent à leur sujet : «Elles ne s'ouvrent quasi pas aux émotions. Elles ont tendance à nier ce qui se produit au plan affectif jusqu'au moment où elles se trouvent surprises par des émotions intenses, qu'elles ne peuvent gérer et qu'elles ne parviennent pas à définir correctement. Elles ont tendance à maintenir leur attention sur des stimuli qui permettent de faire diversion. Leur perception de la réalité, physiquement présente ou imaginée, est bancale. Une approche schématique et purement cognitive semble contrôler toute leur existence. Ce mode généralisé de l'évitement varie quelque peu d'une personne à l'autre, de sorte que les qualificatifs suivants peuvent ou non s'appliquer : impassible, renfermée, sans joie, autosuffisante, blasée, ennuyée, fatiguée, insensible, etc. Ces personnes donnent l'impression que rien de neuf ne se produit dans leur vie. Certaines d'entre elles ne manquent pas de signaler des composantes corporelles d'émotions intenses — tension, pression ou douleur dans différentes parties du corps —, mais elles ne perçoivent pas les relations de ces sensations avec les sentiments, les affects et les impulsions» (1985 : 62).

Exemples de réactions affectives dysfonctionnelles

Nous avons vu plus haut que des processus cognitifs essentiels pour notre survie fonctionnent parfois à contretemps. Il en va de même pour les affects : à certains moments, leur fonctionnement nous perturbe et peut nous nuire. Nous envisageons brièvement ici quatre catégories de réactions affectives dysfonctionnelles.

– *Des affects dysfonctionnels peuvent tout simplement résulter de cognitions inadaptées à la réalité* (perceptions fallacieuses, anticipations catastrophisantes, mésattributions, etc.). Un cas typique est celui du paranoïaque qui, par suite de ses interprétations «égocentrées», se croit persécuté et développe une haine dangereuse, l'amenant à des actions provocatrices. Les réactions de ses partenaires à ses propres comportements viennent ensuite confirmer ses inférences et renforcer ses affects, de sorte qu'il se trouve piégé dans une spirale infernale.

– *Des affects en principe utiles peuvent se développer avec une intensité excessive et devenir dès lors dysfonctionnels.* P.ex. une personne peut éprouver une violente angoisse dans des circonstances où la réaction la plus appropriée serait une légère inquiétude. (Nous verrons plus loin que les peurs et les paniques, qui se justifient mal par la réalité extérieure, sont souvent «alimentées» par une interprétation dramatisante de processus physiologiques de la «réaction d'alerte»).

– *Nous pouvons nous laisser motiver à une action par la recherche de plaisir immédiat, sans tenir compte des souffrances que cette action entraînera plus tard.* Inversement, *le désir de réduire ou d'éviter à court terme des affects pénibles* (angoisse, tristesse, irritation, etc.) *peut nous faire adopter des conduites qui produisent après coup des effets douloureux.*

Frijda a bien souligné que «la prépondérance des bénéfices à court terme sur les bénéfices à long terme est dans la nature de l'émotion» (1986 : 476). Ce qu'on appelle agir «raisonnablement» consiste à prendre des décisions en fonction de satisfactions et de souffrances plus ou moins éloignées dans le temps, des affects qui ne sont pas éprouvés réellement au moment de choisir.

– *Des états affectifs peuvent devenir dysfonctionnels parce que la tendance à l'action qu'ils suscitent se trouve contrée par des circonstances externes ou par des inhibitions personnelles.* Il en va ainsi lorsque nous ressentons une peur intense et que nous ne pouvons fuir, ou lorsque nous éprouvons de vives frustrations sans pouvoir les réduire. Si de telles situations se reproduisent fréquemment, il en résulte souvent des troubles, en particulier de l'anxiété pathologique (cf. Gray, 1987), de l'hypertension artérielle (cf. Benson, 1975), des maladies psychosomatiques (que Laborit dénomme précisément «maladies de l'inhibition comportementale») ou encore un état dépressif (cf. Seligman, 1975).

Hypothèses sur les fonctions de la dépression psychogène

Certains affects ne semblent pas présenter à première vue une fonction utile. C'est en particulier le cas des affects éprouvés au cours d'une dépression psychogène (la dépression endogène, qui est une véritable maladie causée par un dysfonctionnement des neurotransmetteurs, est ici hors de question). Cet état se caractérise par une profonde tristesse, le sentiment d'impuissance, l'autodépréciation, l'anxiété, la fatigue, la difficulté à se concentrer et à éprouver du plaisir, la diminution de l'appétit et du désir sexuel, des troubles du sommeil, la perte de l'envie d'agir, le ralentissement des activités. Dans les cas extrêmes, le suicide n'est pas rare (la majorité des suicides sont accomplis en état de grave dépression). Notons que le concept de «dépression» désigne des états fort variables, particulièrement du point de vue de l'intensité des affects éprouvés.

Peut-on trouver une ou des fonctions positives au développement d'une dépression? Les hypothèses ne manquent pas. Nous en passons quelques-unes en revue.

– La dépression peut être considérée comme l'exagération de la tristesse, affect qui résulte d'une perte ou d'une séparation importantes pour l'individu et qui le motive à changer la situation (Beck, 1974).

La tristesse s'avère d'une importance vitale pour tout jeune mammifère, *homo sapiens* compris : elle le dissuade de quitter facilement des adultes dont dépend sa survie; en cas de disparition des adultes protecteurs, elle l'incite à chercher des substituts; elle s'accompagne d'expressions corporelles qui provoquent chez les adultes des réactions d'aide ou de protection. Lorsque la tristesse devient excessive et prend la forme de la dépression, elle comporte des effets «pervers», comme dans le cas d'autres intensifications excessives d'affects, que ce soit l'anxiété, la honte ou l'amour.

– La dépression favorise le processus de désengagement vis-à-vis d'objectifs trop difficiles ou devenus irréalisables.

Eric Klinger (Université du Minnesota), qui avance cette hypothèse, explique que la personne qui perd une raison importante d'agir (suite à un deuil, un licenciement, une rupture sentimentale, etc.) passe par un «cycle de désengagement» dont les phases habituelles sont le redoublement de l'effort ou l'agressivité, la dépression, le relèvement (*recovery*). Selon cette perspective, «la dépression est dans la plupart des cas un processus normal, adaptatif (...) Elle est davantage comparable à une contusion douloureuse qu'à une jambe cassée (...) Dans les cas graves, comme pour certaines contusions, une aide thérapeutique peut s'avérer nécessaire (...) Néanmoins, le processus dépressif en tant que tel peut être considéré comme une part essentielle du rétablissement après une perte» (1975 : 16). Nous avons tout intérêt à «considérer la dépression comme un type d'information importante concernant notre situation existentielle, à partir de laquelle nous pouvons envisager de nouveaux plans pour nous accomplir» (id., p. 20).

– Lorsque l'individu se trouve dans l'impossibilité d'agir, la dépression inhibe une part des désirs et des incitations à l'action. Elle favorise une sorte d'«hibernation» qui permet d'économiser ou de récupérer de l'énergie en attendant des temps meilleurs. Elle s'avère particulièrement utile pour l'homme «primitif» : p.ex. en cas de maladie ou de blessure graves, il est de son intérêt de ne pas éprouver l'envie d'agir vigoureusement. Un argument en faveur de cette hypothèse se trouve dans la similitude de l'état biochimique des animaux qui hibernent et de ceux qui dépriment (Price, 1972).

– La dépression permet d'inhiber ou de maintenir dans des limites tolérables un état de peur devenu dysfonctionnel.

Cette hypothèse a été développée par Seligman, qui écrit : «La peur et la frustration peuvent être considérées comme des agents motivants qui se sont développés de manière à stimuler un réajustement et qui se déclenchent par suite d'un trauma. Les premières réponses en vue de contrôler un trauma sont provoquées par cette peur. Une fois que le trauma est sous contrôle, la peur perd de son utilité et diminue. Aussi longtemps que le sujet est incertain de pouvoir contrôler le trauma, la peur est encore utile car elle continue à faire chercher une réponse efficace. Lorsque le sujet a acquis la conviction que le trauma est incontrôlable, la peur diminue — elle est plus mauvaise qu'utile car elle absorbe une grande part de l'énergie de l'individu dans une situation sans espoir. C'est alors que survient la dépression» (1975 : 55).

– La dépression peut s'avérer inutile ou désastreuse pour l'individu, mais très utile pour la survie de l'espèce : elle favorise l'élimination des individus affaiblis (Gilbert, 1984).

La disparition d'un individu devenu un poids pour le groupe est facilitée par une réduction de ses activités (en particulier d'alimentation et de défense). La diminution des réponses d'immunité cellulaire, qui se produit au cours de la dépression, aurait la même fonction. La dépression serait ainsi une illustration du fait que le processus d'évolution biologique est sans pitié pour les faibles. Fort heureusement, l'humanité a progressivement élaboré d'autres solutions que l'abandon et la destruction.

Il n'y a guère d'argument décisif pour choisir une hypothèse plutôt qu'une autre. Plusieurs d'entre elles sont d'ailleurs conciliables. Il n'est pas superflu de noter ici que les interprétations évolutionnistes sont difficiles à tester «scientifiquement», c'est-à-dire à traduire dans des énoncés en principe «réfutables» par des faits. On peut toujours, pour tout mécanisme biologique ou psychologique, imaginer une fonction positive. Il n'en reste pas moins que la perspective évolutionniste est particulièrement heuristique au niveau de l'exploration scientifique et de la réflexion. Elle est très utile au plan existentiel en ce qu'elle nous permet de voir de façon positive la disposition à être affecté.

Conclusion

Nous avons intérêt à concevoir notre composante affective comme le nerf de l'existence, sa source d'énergie, son combustible, plutôt que comme une force déséquilibrante, opposée à la raison. *Une question centrale de l'autogestion n'est pas d'éliminer ou d'inhiber à tout prix les affects pénibles, mais au contraire de les réguler et de les utiliser comme des incitants à trouver des solutions à des situations-problèmes.*

Le fait que certains processus affectifs soient communs aux animaux et aux hommes n'implique pas que la dimension affective soit à envisager comme un simple reliquat animal ou comme la partie primitive de notre existence. Chez l'être humain les structures du paléocortex — où se trouvent une large part des mécanismes impliqués dans la production des émotions — ont évolué autant que les autres structures corticales. Chez lui ont émergé des réactions cognitivo-affectives inexistantes chez l'animal (la pitié, le sens de l'honneur, la culpabilité, etc.) ainsi que des possibilités d'autorégulation, qui en font un être à part. Ses affects ne sont pas des réactions mécaniques : ce sont des sensations étroitement dépendantes de son système de valeurs et de sa façon d'interpréter la réalité.

III. PRÉCISIONS SUR LES STIMULI INDUCTEURS D'AFFECTS (S → CO → AF)

Nous passons en revue quelques lois qui régissent les réactions affectives à certains stimuli. Le mot «loi» désigne ici des modes de relations régulièrement observés entre des variables. Il n'implique pas que les phénomènes décrits soient véritablement expliqués, ni qu'ils se produisent toujours selon le même enchaînement. Par ailleurs, on peut toujours supposer que l'impact affectif des stimuli se trouve médiatisé par des processus cognitifs (bien souvent estompés ou devenus inconscients).

a) Les stimuli inconditionnés

Certains stimuli déclenchent, en fonction de l'équipement génétique de l'individu, des réactions innées, relativement stéréotypées, qui favorisent la survie de l'espèce. Tout caneton est effrayé par la vue d'un aigle ou de toute forme qui ressemble à ce prédateur, tout jeune *homo sapiens* est effrayé par un son violent inattendu ou une brusque perte d'équilibre. L'effet de tels stimuli n'étant pas «conditionné» par des expériences antérieures, Pavlov a appelé «inconditionnés» (ou «inconditionnels») ces stimuli et les réactions qu'ils provoquent. Voyons deux exemples qui nous concernent quotidiennement.

La brusque modification d'un stimulus ou l'apparition d'un stimulus nouveau suscitent de façon «inconditionnelle» une mobilisation de notre attention, que Pavlov a dénommée «réaction d'orientation». Si nous sommes au repos, cette réaction s'accompagne d'une stimulation du système neuromusculaire (le tonus s'accroît) et du système orthosympathique (la tension artérielle augmente, les pupilles se dilatent, etc.).

Tout stimulus perçu comme menaçant ou frustrant tend à provoquer ce que Walter Cannon appelait la «réaction d'alerte», une mobilisation immédiate des ressources psychologiques et physiologiques requises pour agir énergiquement, en particulier pour attaquer ou pour fuir (*fight or flight reaction*).

b) L'habituation et la sensibilisation

1. Lorsqu'un stimulus reste identique ou se répète, notre réaction peut diminuer ou disparaître. Ce processus, que les psychologues appellent «habituation» (ou «accoutumance»), s'observe aussi bien dans des situations complexes que dans des situations simples.

Une personne interrompue dans sa lecture par les pleurs d'un enfant du voisinage peut être dérangée pendant quelques minutes, puis pratiquement ne plus entendre ces pleurs (à moins qu'ils soient très intenses, que la lecture perde de son intérêt ou que la personne juge ces pleurs inadmissibles).

L'impact d'une séance de psychothérapie apparaît, en règle générale, plus important au début du traitement que par la suite. Des recherches montrent que l'attention des clients aux propos d'un thérapeute est moindre p.ex. à la vingtième séance qu'à la deuxième. On constate également qu'au fil du temps les clients font moins d'efforts pour continuer à changer leurs comportements (Silverman & Beech, 1984).

L'habituation est un processus psychobiologique essentiel : elle nous libère de l'emprise de stimuli et permet l'attention à d'autres. Elle s'avère importante pour l'autogestion. Nous pouvons l'utiliser à notre profit p.ex. en faisant résolument face à un stimulus phobogène jusqu'à ce que notre réaction de peur s'atténue ou disparaisse (nous pouvons d'autant mieux produire cet effet que nous appliquons bien les règles suivantes : réduire quelque peu notre activation physiologique, commencer par affronter des formes atténuées du stimulus, organiser des séances de confrontation relativement longues et fréquentes. Cf. Rachman, 1990).

Par ailleurs nous pouvons neutraliser les effets indésirables de l'habituation à une situation en réaménageant cette situation aux plans matériel et cognitif. Ainsi, pour maintenir notre attention en éveil pendant une longue période d'étude, nous pouvons changer régulièrement de lieu de travail, faire alterner différentes matières, nous poser des questions stimulantes, modifier les points de vue (voir tantôt les grandes articulations et tantôt les détails).

2. L'habituation à des stimuli est d'autant plus lente que ceux-ci nous paraissent importants. Lorsque des stimuli sont intenses, fréquents ou persistants, nos réactions affectives peuvent s'intensifier. Les psychologues parlent alors de «sensibilisation». P.ex. : si un voisin ne cesse d'être bruyant ou si notre conjoint présente fréquemment un même tic, nous pouvons nous irriter de plus en plus; si nous ruminons régulièrement des griefs, nous entretenons ou amplifions nos sentiments hostiles; si nous nous retrouvons régulièrement dans une situation anxiogène pendant des périodes relativement courtes et que nous les fuyons avant que l'habituation ne commence à se manifester, le pouvoir anxiogène de cette situation peut progressivement augmenter.

Les termes «habituation» et «sensibilisation» désignent les formes les plus élémentaires de la modification d'une réaction affective. Il importe de noter que ces termes sont des étiquettes qui recouvrent des processus relativement complexes, dans lesquels la composante cognitive est sans doute cruciale.

c) Le conditionnement pavlovien

La réaction inconditionnée, l'habituation et la sensibilisation sont des mécanismes qui mettent en jeu un stimulus et une réaction. Au cours de l'évolution des espèces, la pression sélective a favorisé la mise en place de processus davantage élaborés grâce auxquels les individus peuvent établir des relations entre différents stimuli. Ainsi p.ex. des stimuli, qui paraissent d'abord sans grand intérêt, peuvent devenir les signaux annonciateurs de stimuli essentiels pour la survie.

Ivan Pavlov a bien mis en évidence un aspect fondamental de ce processus. Son expérience-pilote est célèbre : lorsqu'un chien mâche sa nourriture («stimulus inconditionné», S.I.), il salive («réaction inconditionnée», R.I.); s'il entend régulièrement un son déterminé quelques secondes avant de recevoir la nourriture, il finit par saliver dès l'audition du son. Le chien associe le son, d'abord «stimulus neutre» par rapport à la nourriture, avec celle-ci. Le son devient alors un «stimulus conditionné» (S.C.), qui suscite une «réaction conditionnée» (R.C.) du même ordre que celle provoquée par le «stimulus inconditionnel».

Le conditionnement pavlovien (ou «répondant») peut se définir comme un type d'apprentissage par lequel un stimulus devient le signal de l'apparition possible ou probable d'un autre stimulus. Suite à cet apprentissage, les deux stimuli provoquent le même genre de réactions affectives et physiologiques (salivation, peur, trouble respiratoire, excitation sexuelle, etc.). Les variables en jeu peuvent se formaliser comme suit :

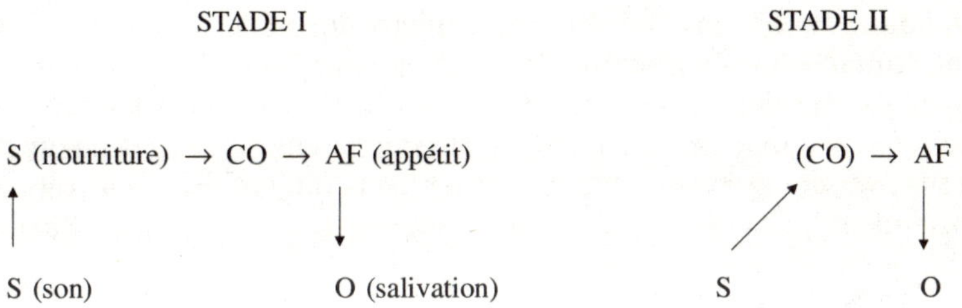

(Le symbole (CO) indique que la composante cognitive, essentielle au cours de l'apprentissage tend à disparaître lorsque le conditionnement est bien établi)

Pavlov a mené des recherches extrêmement intéressantes sur divers processus liés au type de conditionnement qui porte désormais son nom. Nous citons ici deux de ces processus, très importants pour analyser certaines réactions affectives.

1. La *généralisation* désigne l'extension du pouvoir motivant d'un stimulus («initial») à des stimuli plus ou moins similaires (stimuli «connexes»), auxquels ils n'ont pas été directement associés. Ainsi une personne qui a éprouvé une vive angoisse dans un métro tombé en panne peut ensuite ressentir de l'anxiété dès qu'elle voyage en chemin de fer. Ce processus est très utile pour la survie de l'espèce : il provoque p.ex. la réaction d'alerte dès les moindres indices d'un danger potentiel. Il peut évidemment fonctionner à contretemps chez un individu.

2. L'*extinction* est la disparition du pouvoir activateur qu'avait acquis un stimulus. C'est un phénomène semblable à l'habituation. Il se produit lorsque nous sommes confrontés plus ou moins longtemps à un stimulus

(conditionné ou connexe) et que le stimulus (inconditionné ou initial), dont il était devenu le signal, n'apparaît plus en connexion avec lui.

Nous pouvons «éteindre» des réactions conditionnées intenses, telles que des phobies, pour autant que nous réalisions activement des restructurations cognitives à la faveur de confrontations avec les stimuli principaux. Ces expériences «correctrices» doivent être plus ou moins longues (p.ex. une ou deux heures d'affilée) et répétées (cf. Gauthier, 1984; Foa & Kozak, 1986; Frijda, 1988; Rachman, 1990). Nous verrons plus loin comment appliquer concrètement cette stratégie.

Le processus d'extinction a une valeur adaptative capitale : il permet à l'individu d'abandonner des comportements devenus dysfonctionnels. Certains stimuli — en particulier ceux qui sont associés à la douleur ou au danger — changent difficilement de signification. Cette «résistance à l'extinction» favorise les chances de survie : dans un environnement dangereux, de nombreuses fausses alertes sont préférables à un rapide débranchement du système d'alarme.

Nous avons vu que Watson a réalisé une expérience (celle de *Little Albert*) qui montre la pertinence du schéma pavlovien pour rendre compte de certains troubles psychologiques. De nombreuses recherches ont ensuite confirmé la valeur de ce schéma. A titre d'illustration, nous voyons une expérience concernant les troubles psychosomatiques et une autre relative au développement des paraphilies.

Chez des personnes régulièrement victimes de crises d'asthme, des chercheurs hollandais (Dekker, Pelser & Groen, 1957) ont procédé à une association de stimuli neutres (sons, images, parfums) et de substances allergènes (S.I.). Ils ont ensuite constaté que l'apparition de ces stimuli (devenus S.C.) suffisait pour déclencher des dysfonctionnements respiratoires (R.C.).

Stanley Rachman (Université de Londres, 1966) a conditionné une réaction «fétichiste» chez de jeunes adultes (volontaires pour l'expérience). Les sujets voyaient (en diapositives) une paire de bottes typiquement féminines, puis, l'une après l'autre, six photos de femmes nues attrayantes. Leurs réactions sexuelles étaient évaluées par un pléthysmographe (appareil mesurant les variations du volume du pénis). Avant le conditionnement, l'apparition de bottes ne provoquait pas chez ces sujets une réaction sexuelle. Après quelques conjonctions du stimulus neutre et du S.I. (femmes nues), la seule vue des bottes — devenues S.C. — déclenchait une érection (le nombre requis des associations variant de 24 à 65 selon les sujets). On a pu alors observer une «généralisation du stimulus» : les sujets éprouvaient une excitation sexuelle à la vue de chaussures à talon...

Rachman a procédé ensuite à l'extinction de cette «perversion expérimentale» en présentant de nombreuses fois le S.C. (bottes ou chaussures) sans plus montrer des stimuli érotiques «inconditionnels». (Les sujets ont donc pu aller dans des magasins de chaussures sans inquiéter les vendeuses...).

Notons au passage que l'expérience de Rachman va dans le sens de la conclusion que McGuire, Carlisle & Young (1965) avaient tiré de leurs observations cliniques de paraphilies, à savoir que les réactions sexuelles à des stimuli inhabituels se développent souvent à l'occasion d'expériences répétées de masturbation au cours desquelles ces stimuli sont regardés ou imaginés. Signalons enfin que les psychanalystes proposent une explication tout à fait différente. Selon eux, le fétichisme symbolise la peur de la castration et, plus précisément, le refus d'accepter l'absence de pénis chez la mère. «Le fétiche, écrit Freud, est le substitut du phallus de la femme (de la mère) auquel le petit enfant a cru et auquel il ne veut pas renoncer» (XIV 312)...

Note sur les usages du mot «conditionnement»

Le vocable «conditionnement» appelle des remarques semblables à celles dont nous avons fait état au sujet du mot «contrôle».

Dans le langage courant, le mot «conditionnement» évoque régulièrement l'automatisation des conduites, le contrôle répressif, le dressage ou la manipulation. Cette acception péjorative est volontiers reprise ou accentuée par les psychanalystes et autres «penseurs» hostiles au behaviorisme. Toutefois, dans son sens le plus général, ce terme signifie «ce qui conditionne une chose, c'est-à-dire sans quoi elle n'existerait pas» (Foulquié, 1962 : 117).

Les psychologues d'orientation scientifique utilisent ce mot pour désigner soit les conditions environnementales qui favorisent l'apparition d'un comportement, son maintien ou sa disparition, soit un type d'apprentissage dans lequel les contingences environnementales jouent un rôle important.

IV. VARIABLES COGNITIVES DÉTERMINANT L'INTENSITÉ DES AFFECTS

La capacité de réguler l'intensité des affects est une habileté fondamentale pour la gestion de soi. Aussi importe-t-il de bien comprendre les facteurs dont cette intensité est fonction. Nous examinons ici quelques paramètres cognitifs importants. Nous verrons plus loin des déterminants physiologiques essentiels.

a) Le degré d'importance subjective de la situation

Sénèque notait : «Ce qui cause votre colère et votre folie est d'attacher trop de prix à de menues choses» (*De Ira*, III : 34 :2). De façon plus générale, on peut dire que l'intensité des affects provoqués par un stimulus dépend de l'importance que nous lui accordons. Les émotions fortes peuvent d'ailleurs être considérées comme des révélateurs privilégiés de nos intérêts essentiels et de notre façon de les hiérarchiser.

b) Le degré de réalité de la situation

Plus un événement apparaît réel, proche dans le temps et dans l'espace, plus il suscite des affects intenses. Ainsi notre émotion est moins forte quand nous lisons une lettre annonçant la mort d'un ami que lorsque nous voyons son cadavre. Cette loi ne se vérifie pas toujours : parfois des anticipations de situations provoquent des peurs ou des colères plus fortes que la confrontation réelle (ceci est souvent le cas chez des personnes souffrant de phobies caractérisées).

c) Le degré de contrôle sur la situation

Nous avons déjà mentionné l'impact de l'attribution du «lieu de contrôle» d'une situation. Soulignons ici que des stimuli aversifs provoquent des réactions d'autant plus intenses que nous nous croyons démunis de ressources pour les affronter.

Grinker et Spiegel (1945) ont observé chez des pilotes de guerre que les états de stress post-traumatique sont d'autant plus graves que l'individu s'est senti plus impuissant face aux événements.

Diverses expérimentations ont montré que des stimuli aversifs (chocs électriques, bruits violents, images de corps mutilés, etc.) provoquent des affects plus intenses chez des sujets qui n'ont pas la possibilité d'interrompre leur apparition que chez des sujets qui croient disposer de cette possibilité mais n'en font guère usage (cf. Staub e.a., 1971; Dantzer, 1989 : 112s).

De manière générale, nos réactions affectives deviennent plus fortes à mesure que nos forces physiques et psychiques diminuent. Les personnes qui souffrent d'un syndrome de stress post-traumatique présentent des réactions particulièrement vives lorsqu'elles sont épuisées (Frijda, 1988 : 350). Toutefois, au-delà d'un certain degré d'abattement physique et de délabrement psychologique, la réactivité émotionnelle tend à diminuer. Se développe alors l'état d'impuissance (*helplessness*) et de dépression (cf. Garber & Seligman, 1980).

d) Le degré de prévisibilité des événements

La prévisibilité est une dimension relativement liée à la contrôlabilité. En principe, nous «contrôlons» mieux les événements que nous avons prévus que ceux qui surgissent à l'improviste. A défaut d'action réelle, nous pouvons réguler leur impact affectif grâce à la structuration cognitive et la programmation d'étapes pour réagir. Il est cependant opportun de distinguer prévisibilité et contrôlabilité, car certaines situations que nous prévoyons parfaitement échappent, pour une large part, à notre contrôle.

En règle générale, lorsqu'un stimulus apparaît soudainement ou sans avoir été prévu, il provoque une émotion plus forte que lorsqu'il est attendu. Cette loi favorise la survie de l'espèce : en un instant des ressources psychologiques et physiologiques sont mobilisées pour faire face.

Jay Weiss (1970, Université Rockefeller à New York) a réalisé une expérience sur la «prédictibilité» des stimuli pénibles, qui a servi de modèle à plusieurs recherches sur le sujet.

Des rats subissent des chocs électriques précédés d'un signal sonore. D'autres subissent les mêmes chocs, mais sans le stimulus avertisseur. Résultat : chez les rats du second groupe, le niveau des corticostéroïdes s'élève davantage et les ulcères gastriques sont plus fréquents. Cette différence s'explique par le fait que les animaux du 1er groupe apprennent non seulement qu'un signal annonce un choc, mais aussi que l'absence de signal signifie la sécurité. Tant que le signal n'a pas retenti, ces rats peuvent demeurer «relax». Grâce au signal ils disposent d'un temps de préparation au stimulus douloureux.

Chez l'être humain des expériences du même type (cf. Averill, 1973) montrent également qu'un signal avertisseur peut réduire l'intensité d'une réaction à une situation aversive, du moins si la durée entre le stimulus avertisseur et le stimulus douloureux n'est pas trop courte (sinon une réaction de préparation ne peut se mettre en place) ni trop longue (sinon la mise en alerte psychophysiologique peut devenir néfaste).

V. L'IMPACT DES AFFECTS SUR LES COGNITIONS (AF → CO)

a) L'impact des tonalités affectives

Des affects peuvent être provoqués par des stimuli, des cognitions ou des processus physiologiques. Ils agissent à leur tour sur ces variables. Ils peuvent en particulier induire des orientations cognitives pendant une période relativement longue, lorsqu'ils subsistent (ou «traînent») bien au-delà du moment où ils ont été déclenchés.

Descartes avait déjà proposé une explication fonctionnelle au fait que les émotions peuvent se maintenir pendant un temps plus ou moins long.

«L'usage de toutes les passions, écrivait-il, consiste en cela seul qu'elles disposent l'âme à vouloir les choses que la nature dicte nous être utiles, et à persister en cette volonté (...) L'utilité de toutes les passions ne consiste qu'en ce qu'elles fortifient et font durer en l'âme des pensées lesquelles il est bon qu'elle conserve, et qui pourraient facilement sans cela en être effacées» (1649, §52 & 74).

La rétroaction des affects sur les cognitions et le contrôle qu'ils exercent alors sur elles sont particulièrement sensibles lorsque la survie, de l'individu ou de l'espèce, est directement mise en danger. Dans ce cas, toutes les cognitions se trouvent polarisées par des affects tels que la peur, l'angoisse ou la colère. La préparation à l'attaque ou à la fuite, et leur mise en œuvre prennent le dessus sur tous les autres types de cognitions. Les perceptions et les inférences se simplifient au risque de devenir dysfonctionnelles. Les évaluations s'absolutisent. Frijda parle à ce sujet de «loi de clôture» (*law of closure*). Il écrit :

«Au moment où quelqu'un est vraiment en colère, il ressent ce qui s'est produit comme absolument mauvais, scandaleux. Pour lui, il n'est pas simplement question d'une action scandaleuse, mais d'un acte émanant de la véritable nature de l'acteur ou de ses dispositions. Quelqu'un qui agit aussi scandaleusement est scandaleux et le sera donc toujours. L'offense et la blessure causée ont un caractère de perpétuité» (1988 : 354).

Les thérapeutes cognitivistes se sont centrés sur la relation «CO → AF», mais ils reconnaissent aussi l'importance de la relation «AF → CO».

Beck conclut une présentation de ses conceptions en disant : «Des schémas particuliers peuvent demeurer latents pendant des années, mais peuvent venir supplanter des conceptions plus réalistes s'ils sont activés par des situations stressantes. L'application indiscriminée et répétitive de tels schémas conduit à une activation continuelle des affects. Le phénomène «boule-de-neige» qui s'observe dans ces conditions, peut se comprendre en termes de modèle rétroactionnel (*feedback model*). Les réactions affectives produites par les distorsions cognitives mènent à d'autres cognitions particulières. Ainsi s'établit une interaction continue entre des cognitions et des affects (...) Ce modèle peut être utilisé pour interrompre le cycle de l'exacerbation de certains états psychopathologiques. Des stratégies spécifiques, telles que la thérapie cognitive, peuvent viser à modifier les distorsions cognitives tandis que l'emploi de médicaments peut réduire l'intensité des affects» (1974 : 138).

De nombreuses recherches expérimentales ont démontré l'influence d'un état affectif plus ou moins prononcé sur les cognitions subséquentes. Les plus célèbres sont celles de Gordon Bower (Université Stanford) et de John Teasdale (Université d'Oxford).

Il est aujourd'hui bien établi que l'affect éprouvé à un moment donné favorise l'émergence de souvenirs de la même tonalité et inhibe l'accès à des souvenirs associés à des affects de nature différente. Ainsi l'audition du mot «gare» provoque chez une personne déprimée le rappel de tristes séparations plutôt que d'heureuses retrouvailles ou de beaux voyages. Ces souvenirs peuvent alors entretenir ou renforcer l'état de dépression. (Diverses expérimentations ont infirmé l'idée — avancée par Freud — que l'on tend à oublier davantage les événements pénibles que les événements agréables).

L'état affectif influence le jugement de soi et des autres. Ainsi des sujets, qui ont été mis de bonne humeur et sont alors invités à évaluer leurs capacités intellectuelles ou affectives, donnent des «scores d'efficience» plus élevés que s'ils ont été préalablement attristés (Bower, 1986). Des supporters de football, qui viennent d'apprendre que leur équipe a remporté le match, jugent divers aspects de leur existence plus satisfaisants qu'à d'autres moments, même si ces aspects n'ont aucun rapport avec le sport (Schwarz e. a., 1987). De la même façon, les affects orientent la perception des situations sociales, les associations libres, la visualisation mentale, la façon de raisonner, les anticipations.

b) L'impact de l'intensité des affects

Chacun peut constater qu'une diminution de la réactivité affective peut s'accompagner d'une perte de dynamisme comportemental et que l'hyperexcitation va souvent de pair avec une réduction de l'élaboration cognitive et de l'autocontrôle. Ainsi l'acteur de théâtre se trouve-t-il handicapé par une absence d'émotion, mais aussi par un excès de trac.

En 1908 Robert Yerkes et John Dodson ont mis en évidence deux lois psychologiques très importantes pour comprendre l'impact de l'intensité des affects sur les cognitions. L'expérience princeps est la suivante.

Des souris sont placées devant deux couloirs fermés par des portes de couleurs différentes. Une porte blanche mène à de la nourriture, une porte noire à une secousse électrique. Les souris sont obligées de passer par un de ces couloirs pour retourner dans leur nid. Elles sont ainsi invitées à apprendre à «discriminer» les deux couleurs. (Les portes sont régulièrement changées de place en sorte que seulement la couleur puisse servir d'indice).

Tout au long de l'expérience Yerkes et Dodson envoient aux souris des chocs électriques de façon à les maintenir dans un état de tension. Un tiers des animaux endurent des chocs légers, un tiers des chocs d'intensité moyenne, un tiers des chocs violents. L'apprentissage s'avère le plus rapide lorsque la force des chocs est moyenne.

Yerkes et Dodson refont le même genre d'expérience avec d'autres souris, mais cette fois ils varient l'intensité des chocs et aussi la difficulté de l'apprentissage discriminatif. Dans un cas les couleurs se distinguent facilement, dans un autre moins facilement, dans un 3e très difficilement. Les psychologues observent alors que les souris placées dans la situation la plus difficile n'apprennent rapidement que si les chocs sont peu intenses. Les souris qui se trouvent dans la situation la plus facile n'apprennent rapidement que si les chocs sont relativement forts. En termes généraux : plus la situation est complexe, plus vite se trouve atteint le niveau de tension optimal pour l'apprentissage.

Ces expériences ont constitué le point de départ de centaines de recherches réalisées sur une large variété d'espèces (gallinacés, chats, singes, homme, etc.), avec de multiples moyens de stimulation (récompenses, drogues, stimuli douloureux ou anxiogènes, etc.) et dans des situations d'apprentissage très différentes (discriminations perceptives, conditionnements pavloviens, apprentissages complexes, exercices de résolution de problèmes, etc.).

Aujourd'hui les lois de Yerkes-Dodson sont parmi les mieux établies de l'histoire de la psychologie (cf. Anderson, 1990). En référence à la question qui nous occupe, on peut les formuler de la façon suivante.

a) *Le degré d'efficience cognitive est en relation curvilinéaire avec l'activation émotionnelle.* Autrement dit, l'efficience cognitive augmente en fonction de l'intensification des affects jusqu'à un niveau optimal, au-delà duquel l'efficience se détériore à mesure que se poursuit l'activation émotionnelle. Cette loi est parfois appelée «la relation en U inversé» (cf. Eysenck, 1975 : 444) et peut se représenter comme suit :

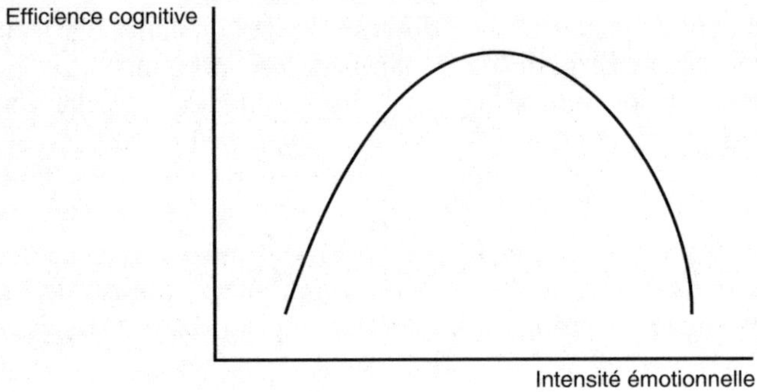

b) *Plus un comportement est cognitivement difficile à réaliser, plus le niveau optimal de tension est rapidement atteint.*

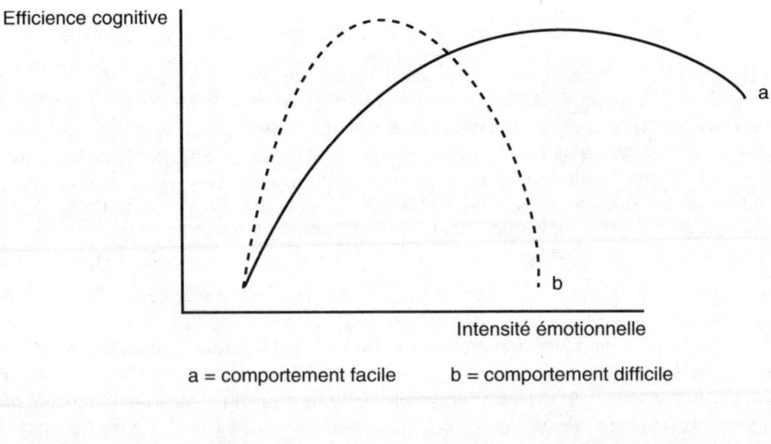

On peut estimer que ces lois sont favorables à la survie de nombreuses espèces. Ainsi, lorsqu'une situation requiert une action particulièrement énergique, il est opportun que le champ de la conscience se restreigne à quelques éléments essentiels. Des opérations cognitives complexes deviennent alors superflues, voire même nuisibles.

La sélection naturelle a fait que nous soyons maintenant doté d'un système psychophysiologique qui nous fait réagir très vite et de façon intense à toute menace. Dans notre vie quotidienne d'homme civilisé, les fortes réactions émotionnelles sont souvent inopportunes : elles favorisent les jugements sommaires et les actions impulsives, elles nous font paraître agité ou «surexcité», elles favorisent le développement de troubles psychosomatiques et névrotiques. Fort heureusement l'évolution de notre espèce a également permis le développement de la capacité de réguler les affects.

Un des problèmes majeurs de l'autogestion n'est pas de réduire le plus possible le degré d'activation émotionnelle, mais de favoriser son niveau optimal compte tenu de la situation particulière. Si nous voulons réaliser longtemps ou rapidement des actions cognitivement faciles (p.ex. courir pour fuir un danger), nous avons intérêt à nous stimuler émotionnellement. Si nous voulons accomplir des opérations cognitives complexes (p.ex. résoudre un problème de mathématique), mieux vaut maintenir la tension émotionnelle à un niveau relativement bas.

VI. LA DIMENSION PHYSIOLOGIQUE DES ÉMOTIONS (AF ⇔ O)

Lorsqu'une situation nous paraît importante, elle suscite inévitablement des affects et des réactions physiologiques. Depuis le début de l'histoire de la psychologie scientifique, ces réactions corporelles ont été prises en compte pour expliquer les affects ou tout au moins leur intensité. Des psychologues tels que William James, le célèbre professeur de Harvard, ont été jusqu'à dire que le fait d'éprouver une émotion résulte essentiellement de réactions de l'organisme (déclenchées par un stimulus externe).

James écrivait en 1884 : «Selon la conception naturelle des émotions, la perception mentale d'un fait stimule l'affection mentale appelée *émotion*, qui à son tour provoque des expressions corporelles. Selon ma thèse, les changements corporels suivent directement la perception du fait stimulant et l'émotion n'est que la sensation (*feeling*) de ces changements (...) Nous nous sentons tristes parce que nous pleurons, en colère parce que nous frappons, effrayés parce que nous tremblons (...) Sans les états corporels qui suivent la perception, celle-ci serait purement cognitive, pale, incolore, privée de chaleur émotionnelle» (p. 18).

Quasi au même moment, indépendamment de James, le physiologiste danois Carl Lange développait l'idée que «nous sommes redevables au système vasomoteur de l'entièreté de la partie émotionnelle de notre vie mentale» (1885, cit. in Mandler, 1975 : 8).

Notons en passant que les deux théories diffèrent sur un point important : Lange expliquait le vécu émotionnel uniquement par des changements opérés dans les vaisseaux sanguins, James invoquait en outre les expressions corporelles et les actions. Dans les deux cas, les phénomènes organiques apparaissaient cependant comme le déterminant primordial des émotions.

Les théories de James et Lange ont été réfutées, tout au moins dans leur formulation provocante et caricaturale. L'éminent physiologiste Walter Cannon (1927) a énoncé à leur encontre une série de critiques décisives, notamment les deux observations suivantes : dans beaucoup de situations, une réaction affective précède les modifications physiologiques; des réactions physiologiques identiques apparaissent au cours d'émotions vécues comme différentes (joie, peur, colère) ainsi que durant des états non éprouvés comme des émotions (forte chaleur, exercices musculaires, etc.). Il n'en reste pas moins acquis que les phénomènes physiologiques jouent un rôle important dans le développement des affects intenses.

a) Le degré de dynamisation physiologique

Lorsque nous sommes au repos, physiquement et psychiquement détendus, la plupart de nos processus physiologiques fonctionnent au ralenti (pas tous cependant : la digestion p.ex. se fait plus facilement). Chacun peut observer que, dans cet état, le tonus musculaire est faible (hypotonie), la respiration est lente et superficielle, le rythme cardiaque est lent (bradycardie), la transpiration est minime (à moins qu'il ne fasse chaud), le diamètre des pupilles est réduit (iridoconstriction). Le physiologiste constate en outre que la tension artérielle est basse et que la consommation d'énergie et le métabolisme sont faibles.

Lorsque nous nous activons physiologiquement ou lorsque notre tension psychique augmente, ces processus se trouvent dynamisés. Nous pouvons observer d'abord une intensification du tonus musculaire et ensuite (2 à 15 secondes plus tard) une augmentation du rythme cardiaque, de la respiration et de la transpiration. (Toutefois, si nous concentrons notre attention sans faire d'effort physique et sans éprouver d'affect important, la respiration est plutôt lente).

L'intensification du fonctionnement de ces systèmes physiologiques (musculaire, végétatif, circulatoire, respiratoire) s'appelle en anglais *arousal* et en français : activation, éveil, excitation, tension, dynamisation physiologique. Elle se caractérise surtout par une activation du système nerveux orthosympathique. Certains auteurs ont désigné la dynamisation physiologique par l'expression «syndrome adrénalien», parce que l'intensification de la sécrétion d'adrénaline (ou épinéphrine) et de noradrénaline (deux hormones produites par les glandes surrénales) joue un rôle essentiel dans cette dynamisation.

Rappelons que le système orthosympathique (appelé aussi «sympathique») est l'une des deux composantes du système «sympathique» (terme dont l'étymologie «sun-pathos» signifie : «en relation avec les affects»). Le système sympathique est une partie du système nerveux comprenant un ensemble de nerfs et de centres nerveux, qui contrôlent le fonctionnement des viscères et des glandes endocrines. Cannon (1914) a démontré que la stimulation du système (ortho)sympathique provoque une intensification des décharges d'adrénaline dans le sang et que l'augmentation des hormones «adrénergiques» stimule l'activité du système orthosympathique.

Le degré de dynamisation du système sympathique — variant du calme profond à l'hyperexcitation nerveuse — *et le degré d'énergie de l'organisme* — variant de l'épuisement à la vigueur maximale — *constituent deux dimensions relativement indépendantes.* Nous pouvons être à la fois fatigués et psychiquement tendus ou encore pleins d'énergie et affectivement calmes. Ces deux dimensions interagissent, tantôt en atténuant leurs impacts respectifs, tantôt en les additionnant. Ainsi des tensions psychiques peuvent diminuer l'impression de fatigue et la difficulté à réagir, dues à un manque de sommeil. Par contre, lorsque l'organisme est physiquement affaibli, des tensions psychiques provoquent plus facilement des troubles mentaux (Thayer, 1989).

La dynamisation physiologique se produit dans le développement de toutes les émotions «actives». Elle est particulièrement intense dans les émotions qui incitent à des actions vigoureuses : la peur, la colère, l'excitation sexuelle. Elle est habituellement moins forte, mais encore bien présente dans la joie, l'enthousiasme, l'amour, l'espoir, la déception. Par contre, dans les dépressions typiques non accompagnées d'angoisse ou de colère, et dans des états affectifs du même ordre (p.ex. l'apathie), l'ensemble des dynamismes vitaux (appétit, libido, envie d'agir, combativité) se réduisent et les taux d'hormones surrénaliennes diminuent (J. Weiss e a., 1970; Frankenhaeuser, 1978).

La dynamisation physiologique ne provoque pas nécessairement des affects intenses. Ainsi, lorsque nous nous adonnons à une activité physique importante tout en restant psychiquement calme, notre *arousal* est élevé sans que cela engendre une forte émotion. Gregorio Maranon

(1924) a réalisé une expérience célèbre, qui démontre que l'émotion ne peut pas s'expliquer simplement par une modification physiologique.

L'éminent endocrinologue espagnol a injecté de l'adrénaline à plus de 200 personnes dans une situation de laboratoire émotionnellement neutre. Il leur a ensuite demandé ce qu'elles éprouvaient. 71 % n'ont signalé que des symptômes physiques (accélération cardiaque, tremblements, etc.), 29 % ont évoqué des états qui ressemblaient à des réactions émotionnelles (p.ex. : «Je me sens comme si j'étais effrayé, mais je suis calme»; «j'ai la même impression que quand j'attends une bonne nouvelle»). Maranon a qualifié ces états d'émotions «froides» ou «comme si».

Cette expérience a été maintes fois répliquée avec des résultats similaires. P.ex. Cantril et Hunt (1932) ont observé dans les mêmes conditions expérimentales que 36 % de leurs sujets évoquaient uniquement des phénomènes physiologiques, 45 % des émotions froides («tension», «nervosité», «comme si j'avais peur»), 18 % de réelles émotions (parfois une excitation agréable; le plus souvent de l'angoisse ou de l'anxiété). Chez tous les sujets la réaction de tressaillement (*startle response*) a pu être facilement provoquée.

Le développement des affects intenses est déterminé à la fois par des cognitions (induisant la tonalité) et une dynamisation physiologique relativement importante.

L'expérience de Schachter et Wheeler (1962) constitue la démonstration classique de cette loi. On injecte à des sujets soit de l'adrénaline, soit un tranquillisant, soit un placebo. Ensuite ces sujets assistent à un film relativement comique. L'observation des expressions montre alors que le degré d'amusement dépend de la dynamisation physiologique : les sujets activés par l'adrénaline rient le plus, ceux qui ont absorbés le calmant rient le moins. Quand on demande une appréciation du film, les sujets «adrénalisés» le trouvent très drôle, ceux qui ont reçu un placebo l'estiment plus ou moins amusant, ceux qui sont sous calmant le jugent peu intéressant.

Les variations de dynamisation physiologique peuvent donner des impressions de différences qualitatives entre les affects. Ainsi quelqu'un qui se croit incapable de contrôler une situation peut dire qu'il éprouve de l'inquiétude, de l'angoisse ou de la panique, selon que son système sympathico-adrénalien a été préalablement calmé (p.ex. par des tranquillisants) ou activé (p.ex. par de la caféine). Dans ce cas, les étiquettes verbales traditionnelles lui font découper et classer des phénomènes que l'on peut considérer comme des variations sur une même dimension.

Toutes ces considérations sont capitales pour la gestion des émotions. Il importe en effet de savoir que l'*on peut modifier l'intensité des affects et même leur tonalité en agissant sur la dynamisation physiologique.*

Diverses drogues et médicaments opèrent essentiellement sur cette variable, en particulier les bêtabloquants (qui inhibent l'action de l'adrénaline) et les benzodiazépines. Dans la pratique de l'autogestion comportementale, on cherche évidemment à se passer de substances qui créent facilement des dépendances. On accorde une très grande importance au développement de la capacité à réduire l'excitation physiologique par des auto-instructions, la décontraction musculaire et la régulation de la respiration car, *dans beaucoup de situations stressantes, la pacification physiologique contribue de façon déterminante à l'efficience d'une démarche de résolution de problème* (nous y reviendrons dans la partie pratique). Cette approche est cruciale lorsqu'un état d'angoisse est massivement déterminé par l'activation physiologique et que les cognitions jouent un rôle secondaire (c'est en particulier le cas des angoisses dites «somatiques», que l'on oppose aux «cognitives»).

b) L'impact de l'interprétation de la dynamisation physiologique

La dynamisation physiologique ne détermine pas les affects de façon mécanique. Son effet se trouve largement médiatisé par la manière dont elle est perçue et interprétée (relation O $\rightarrow$ CO $\rightarrow$ AF). Le comportement, comme le rappelle bien le schéma de l'équation comportementale, résulte toujours de l'interaction entre plusieurs variables.

1. La question de l'attribution

Considérons le cas d'un étudiant qui, le jour de son examen, a absorbé trois tasses de café et/ou une forte dose de vitamines. De par cette ingestion, il a provoqué une stimulation sensible de son système nerveux. Lorsqu'il se trouve devant la porte de l'examinateur et qu'il ressent une forte émotion, il peut interpréter son état affectif de diverses façons, p.ex. : (a) une terrible angoisse due à l'examen, (b) une turbulence physiologique due à l'examen et aux substances consommées, (c) une dynamisation due pour l'essentiel au café ou aux vitamines. L'émotion sera la plus forte et la plus handicapante dans le 1er cas; elle le sera le moins dans le 3e. C'est en tout cas ce que permettent de prédire de nombreuses expériences, dont celle de Stanley Schachter et Jerome E. Singer (1962) est l'exemple princeps.

Schachter (Université Columbia) et Singer (Université de l'Etat de Pennsylvanie) ont voulu étudier l'interaction entre trois déterminants essentiels des affects : (a) l'*arousal*, (b) son codage cognitif, (c) les circonstances externes.

(a) Pour analyser l'impact de l'activation physiologique, ils injectent de l'adrénaline à des sujets volontaires pour des expériences de physiologie. Ils ne révèlent pas la véritable nature du produit, qu'ils présentent comme «un composé vitaminique dont il étudient l'effet sur la perception visuelle». A d'autres sujets ils administrent un placebo (une solution saline).

(b) En vue d'étudier le rôle de la façon de percevoir l'*arousal*, ils fournissent trois types différents d'informations au moment d'injecter l'adrénaline. Un 1er groupe est correctement informé des effets physiologiques à venir : accélération cardiaque, impression de chaleur au visage, légers tremblements des mains, etc. Un second groupe de sujets reçoit une information fausse : on leur prédit un léger mal de tête et des démangeaisons en différentes parties du corps. Un 3e groupe ne reçoit pas d'information. Le groupe auquel le placebo est administré ne reçoit pas d'information sur des réactions physiologiques prévisibles.

(c) Afin d'étudier l'impact de l'environnement, ces quatre groupes sont chacun divisés en deux. Dans un cas, les sujets sont placés dans une situation agréable : une salle d'attente et la compagnie d'un comparse euphorique. Dans l'autre cas, ils sont mis dans une situation désagréable : en compagnie d'un compère simulant la mauvaise humeur, ils sont invités à répondre à un questionnaire indiscret (on leur demande p.ex. : «Avec combien d'hommes votre mère a-t-elle eu des relations extraconjugales?»).

Au total, trois «variables indépendantes» sont combinées de façon à produire huit conditions expérimentales :

(a) Etat physiologique («O»)	(b) Information («CO»)	(c) Circonstances («S»)
1. Excitation	correcte	agréable
2. Excitation	correcte	désagréable
3. Excitation	incorrecte	agréable
4. Excitation	incorrecte	désagréable
5. Excitation	absente	agréable
6. Excitation	absente	désagréable
7. Calme	absente	agréable
8. Calme	absente	désagréable

Chaque sujet est soumis individuellement à une de ces situations. Les effets au niveau des émotions (ressenties par le sujet et observées par deux psychologues) sont les suivants.

– Les sujets des groupes 1, 3, 5 et 7 sont dans l'ensemble de bonne humeur. Ceux des groupes 2, 4, 6, et 8, de mauvaise humeur. Cette différence montre l'importance des circonstances externes dans le développement des tonalités affectives.

– Les sujets des groupes 5 et 6 éprouvent des affects nettement plus intenses que ceux des groupes 7 et 8. Etant donné que ces deux ensembles de groupes ne diffèrent que par rapport à la présence ou non d'adrénaline, on peut conclure que la dynamisation physiologique détermine largement l'intensité des affects, qu'ils soient plaisants ou déplaisants.

– Les sujets des groupes 1 et 2 sont nettement moins émus que ceux des groupes 3 à 6. La variable ici déterminante est d'ordre cognitive : ceux qui ont bénéficié d'une information leur permettant d'attribuer leur «nervosité» à l'injection et à la modification subséquente de l'organisme ont atténué ou neutralisé l'effet de l'adrénaline; ceux qui n'ont pas été incités à comprendre leur état affectif en termes physiologiques sont manifestement, selon les circonstances externes, plus gais ou plus irrités.

L'apport essentiel de cette célèbre expérience peut s'énoncer comme suit : *l'impact de la dynamisation physiologique sur les affects est mé-*

diatisé par la structuration cognitive de la situation et plus précisément par l'attribution de la cause de l'affect. L'*arousal* agit en fonction de la façon dont la personne perçoit son état et de ce qu'elle se dit à elle-même au sujet de la situation. *L'interprétation «physiologisante» d'une émotion réduit son intensité et sa portée sur les comportements conséquents.* La personne qui méconnaît le «poids» de l'excitation physiologique dans le développement de ses émotions est nettement plus asservie à ses turbulences affectives que la personne qui a compris l'importance de cette variable et qui a développé la capacité d'agir sur elle.

La recherche de Schachter et Singer a donné lieu à des réplications et à diverses contre-expériences qui sont venues nuancer ses résultats. P.ex. Maslach (1979), Marshall & Zimbardo (1979) ont montré que lorsqu'une personne se trouve dans une *situation neutre* et qu'elle subit une *importante* excitation physiologique sans attribuer au moins une part de ce qu'elle ressent à des processus organiques, elle éprouve plus facilement des *affects négatifs* (de l'angoisse p.ex.) que des affects positifs (de la gaieté p.ex.).

2. *L'étiquetage pathologisant*

L'expérience clinique des comportementalistes rejoint tout à fait les résultats susmentionnés. *Beaucoup de personnes considérées comme «névrosées» sont simplement victimes d'interprétations erronées de brusques intensifications de l'activation physiologique* (cf. p.ex. Orlemans & Ten Doesschate, 1976; D. M. Clark, 1986; Liotti, 1986; Wolpe & Rowan, 1989; Salkovskis & Clark, 1990).

Des exemples de ce type de mésattribution se trouvent dans la pathogenèse de nombreuses phobies et névroses d'angoisse (caractérisées par un état d'anxiété plus ou moins permanent et des accès de panique). Le début réside dans une interprétation catastrophisante d'une excitation physiologique inhabituelle. Marie Cardinal, dans un roman autobiographique, en fournit une illustration (d'autant plus intéressante que la romancière, avec qui j'ai eu l'occasion de m'entretenir, ignore l'explication scientifique des émotions). Elle écrit :

> «Ma première crise d'angoisse a débuté au cours d'un concert d'Armstrong. J'avais entre dix-neuf et vingt ans (...) J'étais très excitée en arrivant au concert, surtout que les organisateurs avaient annoncé que ce serait une jam-session. Armstrong allait improviser avec sa trompette (...)
>
> Je n'ai pas été déçue; l'ambiance a chauffé très vite. Les sons qui sortaient de l'instrument se tassaient par moments les uns contre les autres, s'emmêlaient, se bousculaient pour former une assise musicale, qui arrachait les nerfs de ceux qui l'avaient suivie.

Mon cœur s'est mis à battre très vite et très fort. Tant et tant qu'il est devenu plus important que la musique. Il secouait les barreaux de ma cage thoracique, il gonflait, comprimant mes poumons dans lesquels l'air ne pouvait plus entrer. Et, prise de panique à l'idée de mourir là, dans ces spasmes, dans ces trépignements, dans ces hurlements de la foule, je me suis sauvée. J'ai couru dans la foule, comme une folle (...)

En arrivant chez moi, au lieu de prendre l'ascenseur j'ai montré les escaliers quatre à quatre, jusqu'au cinquième étage et là, devant la porte d'entrée, j'ai pris conscience de l'énorme effort physique que je venais d'accomplir et je me suis dit : *Si j'étais cardiaque je serais morte, je n'aurais pas pu faire le dixième de ce que je viens de faire.* Cette réflexion ne m'a pas calmée. J'ai trouvé ma chambre, je me suis affalée sur mon lit pour apaiser mon essoufflement. J'étais seule, les yeux fermés, plus rien d'autre ne comptait que mon cœur qui palpitait et sursautait : *Je vais mourir, je suis cardiaque.* Et l'angoisse que je venais alors de rencontrer pour la première fois s'est emparée de moi, elle m'a couverte de sa transpiration glacée, elle a secoué mes muscles de tremblements grotesques (...)

Les jours qui ont suivi cette crise, bien que calmes, se sont traînés gros d'angoisse, de son souvenir, de la hantise de la voir se reproduire. Que pouvait-il y avoir de pire que ce que j'avais vécu ? Peut-on subir plus ? Existe-t-il un désarroi humain plus important ? (...) Toutes les années qui ont suivi (une dizaine) ont été grignotées par une lente gestation de la folie. Je n'en étais pas consciente, évidemment. J'avais simplement de moins en moins goût à bouger, à m'exprimer, à me projeter dans une action ou une pensée» (1975 : 51s).

Après l'expérience traumatisante d'une activation intense, «mésattribuée» et apparemment incontrôlable, le futur «névrosé» redoute fort sa réapparition. Lorsqu'il perçoit ensuite un stimulus qui rappelle de près ou de loin la situation qui avait déclenché le cataclysme interne, il s'angoisse et guette les premiers symptômes de perturbation psychophysiologique. Ses anticipations et ses perceptions sélectives lui jouent alors un très mauvais tour : il croit reconnaître les prodromes de la crise et dès lors il provoque une «auto-activation» de plus en plus forte, de moins en moins compréhensible, de plus en plus «névrotisante». Le cercle vicieux dans lequel il se trouve piégé peut se schématiser comme suit :

S anxiogène → anxiété et dynamisation physiologique → anticipation anxieuse de la turbulence physiologique («je crois que ça va recommencer») → attention sélective aux modifications physiologiques («ça y est, je sens venir la crise !») → auto-activation physiologique → (via l'étiquetage pathologisant) redoublement de l'anxiété, crise d'angoisse ou de panique.

Si en pareilles circonstances la respiration s'amplifie (ce qui est généralement le cas) et provoque des sensations de plus en plus inquiétantes (dont nous reparlerons), les ingrédients essentiels sont réunis pour constituer une névrose d'angoisse ou une phobie tenaces, plus ou moins invalidantes. Si la personne attribue ce qu'elle ressent à un trouble physique, elle développera facilement une nosophobie (peur de l'infarctus ou de l'hémorragie cérébrale, conviction d'être atteinte du cancer, obsession de la mort). Si elle explique son état essentiellement par des stimuli externes, elle développera une phobie des stimuli associés à ses premières crises d'angoisse, ainsi que des stimuli apparentés (claustrophobie, agoraphobie, phobies sociales, etc.). A y regarder de près, la majorité des phobiques redoutent avant toute chose leurs propres réactions physiologiques, interprétées comme de l'angoisse ou de la panique. La crainte que des personnes présentes au moment de l'effervescence viscérale et émotionnelle découvrent leur «manque de contrôle» et les jugent négativement («faible», «bizarre», «névrosé», «fou») vient tout compliquer. Dans certains cas, c'est plutôt la peur d'être seul et sans secours face à ce «cataclysme» psychophysiologique qui est le principal facteur de complication.

En résumé, *la plupart des phobies intenses, qui ne s'expliquent pas par un véritable traumatisme, sont dues essentiellement à la peur de l'excitation physiologique et du jugement d'autrui*, ces deux craintes fondamentales venant se renforcer l'une l'autre.

Partant des recherches qui prouvent qu'une série de troubles psychiques sont moins tributaires d'une forte activation physiologique que de la façon dont celle-ci est étiquetée, Meichenbaum (1972; 1977) a bien montré qu'on peut apprendre à interpréter l'*arousal* comme un dynamisme facilitateur plutôt que comme de la peur ou une angoisse débilitantes. Dans une situation stressante, au lieu de se dire : «Je suis nerveux, ça ne va pas, mon cœur bat à se rompre, je transpire; les autres vont le voir, je n'en peux plus...», on peut apprendre à se répéter avec une conviction croissante : «Il ne faut pas éliminer la tension mais seulement la réguler; c'est mon dynamisme nerveux; je vais mettre en œuvre mes stratégies d'affrontement...». Nous reviendrons sur ce type d'auto-instructions dans la partie pratique.

3. Les différences interindividuelles

Les êtres humains, depuis l'enfance, diffèrent quant à l'intensité de leurs réactions neurovégétatives (cf. Frankenhäuser, 1978). Toutefois, les recherches tendent à montrer que les différences d'«émotivité» ou d'«émotionnalité» sont moins une question de pure physiologie que de perception subjective de symptômes orthosympathiques et de tensions musculaires (Valins, 1967; Mandler, 1980 : 236). Citons à titre d'illustration deux recherches qui mettent en évidence que les personnes «émotives» ou «névrosées» sont particulièrement attentives à leurs réactions physiologiques.

Rainer Schandry (Université de Münich, 1981) a constaté que, dans un groupe de sujets qui ont à peu près le même rythme cardiaque, ceux qui sont habituellement les plus émotifs et les plus anxieux évaluent nettement mieux que les autres la fréquence des battements de leur cœur. On peut supposer que la précision de la viscéroception provient d'une sensibilité particulière aux phénomènes neurovégétatifs et, d'autre part, que la facilité à prendre conscience des accélérations cardiaques favorise la rapidité à éprouver des émotions.

Utilisant le «questionnaire de perception autonomique» de Mandler e.a., Thomas Borkovec (Université de l'Etat de Pennsylvanie, 1976) a observé que les personnes en traitement «psy» sont en général plus vigilantes, que des individus «normaux», quant à leurs réactions viscérales et musculaires (les femmes l'étant davantage que les hommes). Cette vigilance peut être une conséquence de leurs problèmes, mais elle est très probablement un important facteur de leur maintien ou de leur renforcement.

c) Les transferts de dynamisation émotionnelle

Paul Valéry notait dans un de ses *Cahiers* : «Aujourd'hui, 17 mars 191., je fais profiter un petit travail poétique de l'excitation provoquée par un scandale public, par les cris des aboyeurs de journaux. Ce virement de crédits nerveux est un fait général. Un problème de géométrie profite d'une colère. Un bonheur intellectuel fait que le mendiant soit bien reçu» (Rééd. in 1966 : 739).

Le virement de crédits nerveux, comme l'appelle Valéry, est un phénomène très important, largement méconnu. Précisons son mécanisme à partir du cas d'un étudiant qui doit présenter un examen qu'il redoute.

La dynamisation physiologique commence avant la rencontre avec l'examinateur (activation «d'anticipation») et se poursuit au-delà de la fin de l'examen, qu'il se soit bien ou mal déroulé (activation «résiduelle»). Le graphique suivant illustre ce déroulement, T1 et T2 étant respectivement le début et la fin de l'examen. (Nous supposons que l'examen se passe plutôt bien, en sorte que la dynamisation diminue quelques minutes après le commencement de l'épreuve) :

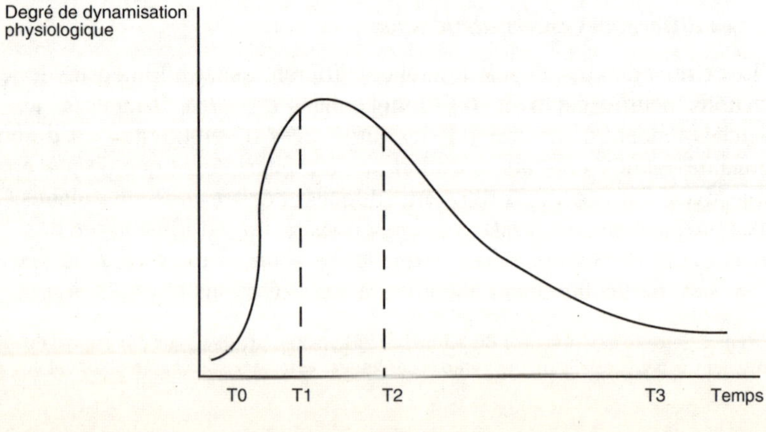

Si un stimulus (S) — p.ex. une parole blessante d'un camarade, une visite de la bien-aimée — provoque une réaction émotionnelle peu de temps après l'examen (entre T2 et T3), l'intensité de cette réaction (colère, amour, excitation sexuelle...) sera plus forte que si l'étudiant était redevenu tout à fait calme (au-delà du moment T3). Cette seconde réaction sera d'autant plus intense que l'activation sympathico-adrénalienne est encore importante et que l'étudiant n'est pas conscient du processus en question.

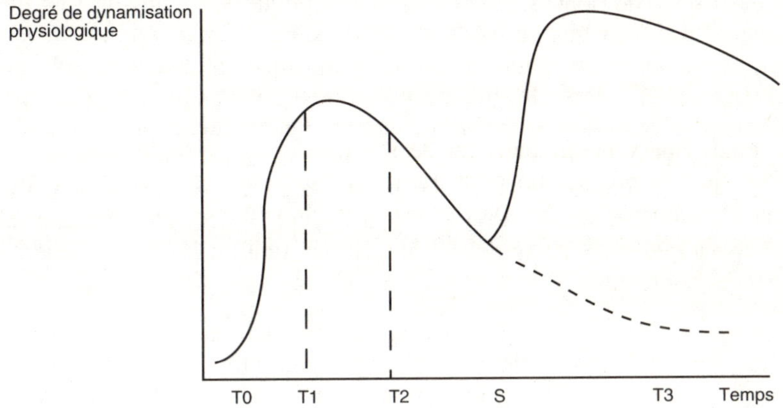

D'après Zillmann, 1983 : 216

Dans la vie quotidienne, les délais entre des stimuli qui provoquent des émotions sont souvent relativement courts, de sorte que le «transfert d'excitation» (ou d'activation physiologique) est un phénomène fréquent. Dolf Zillmann e.a. (Université de l'Indiana) ont réalisé les expérimentations les plus célèbres sur ce sujet. Voyons en une de plus près à titre d'illustration.

Zillmann et Bryant (1974) proposent à des sujets d'effectuer un exercice physique très vigoureux sur un cyclo-ergomètre pendant une minute. Des mesures préalables ayant montré que cet exercice produit une stimulation importante du système orthosympathique pendant les six minutes environ qui suivent son arrêt, ces sujets participent durant cette période à un jeu avec un collaborateur de l'expérimentateur, qui en vient à les insulter. Les sujets sont autorisés à essayer de perturber le jeu de ce partenaire en faisant retentir des bruits désagréables, dont ils peuvent régler l'intensité. Un autre groupe de sujets est soumis à la même procédure à ceci près qu'ils n'effectuent pas l'exercice physique (durant le temps où les sujets du 1er groupe effectuent cet exercice, ils manipulent simplement des jetons). Les expérimentateurs observent dès lors les faits suivants.

Les sujets du 1er groupe réagissent plus agressivement à l'insulte que ceux du second. Ils infligent des bruits nettement plus intenses. Ceci témoigne de l'effet additif des stimulations provoquées par l'exercice et par l'insulte.

Le transfert de l'excitation résiduelle de l'exercice physique à la réaction d'irritation est particulièrement prononcé lorsque l'individu a le sentiment d'avoir retrouvé son calme, mais se trouve en fait encore physiologiquement excité. Le transfert est faible si le sujet se sent lui-même encore très stimulé au moment de l'insulte ou si la période de six minutes que dure l'activation est largement dépassée. On constate ainsi, comme dans la célèbre expérience de Schachter et Singer (1962), que le développement d'une émotion est plus intense lorsque l'individu méconnaît le rôle joué par l'excitation physiologique que lorsqu'il en a pris conscience.

Les sujets en excellente forme physique récupèrent plus rapidement que les autres et dès lors effectuent un transfert de charge émotionnelle nettement moins important.

Diverses expériences, relativement compliquées et souvent très ingénieuses, ont bien mis en évidence le transfert de l'excitation provoquée par une activité physique, le bruit, la musique intense, une substance stimulante, un spectacle grandiose aux sentiments d'irritation, de peur, d'amour, d'excitation sexuelle, de dégoût. On a également démontré des transferts de dynamisation entre des émotions telles que la colère, l'anxiété, l'excitation sexuelle, le plaisir esthétique, etc. (cf. Zillmann, 1971, 1983, 1989; Dutton & Aron, 1974; Konecni, 1975; White e.a., 1981). Les principales conclusions et implications pratiques de ces recherches sont les suivantes.

1. *Une dynamisation physiologique intense ne diminue que lentement.* Elle peut être encore relativement importante alors que le stimulus qui l'a provoquée a déjà disparu et que l'individu n'a plus l'impression d'éprouver une émotion caractérisée.

2. Le rythme de la diminution de l'activation orthosympathique varie d'un individu à l'autre. Un mauvais état du système cardio-vasculaire ralentit ce rythme.

3. *Si une stimulation du système sympathique se produit durant la période de décroissance d'une activation physiologique, l'excitation résiduelle s'additionne à la nouvelle stimulation, quelles que soient les tonalités affectives en jeu.* Ce processus s'observe aussi bien chez de nombreuses espèces animales que chez les êtres humains.

4. *Lorsqu'un individu éprouve une réaction émotionnelle, il a tendance à l'attribuer à un seul déterminant (externe ou interne)*, sans prendre conscience des additions et transferts d'excitations («erreur du déterminant unique»). Ainsi il est peu probable que le garçon, qui tombe amoureux au cours d'une soirée dans une discothèque, comprenne que l'excitation due à la musique, à la danse et à la chaleur ait contribué à son «coup de foudre».

5. *Il est indispensable de prendre en compte ces processus pour comprendre l'effet des microstresseurs dans la vie quotidienne* (surpopulation, bruit, densité de la circulation, interruptions, attentes imposées,

rythme de travail intense, compétition, désaccords conjugaux, petites vexations, etc.). L'addition et le transfert de leurs impacts respectifs favorisent un niveau élevé d'activation physiologique, ainsi que le déclenchement de fortes réactions par des incidents « mineurs » (phénomène de « la goutte qui fait déborder le vase »).

6. Les mésattributions d'émotions favorisent des actions impulsives ainsi que le développement de troubles psychiques et psychosomatiques. Inversement, *la compréhension des processus psychophysiologiques en jeu et la réalisation d'attributions nuancées facilitent la gestion des émotions intenses.*

Chapitre IV

L'organisme

Nous entendons ici par « organisme » notre composante physiologique. Son importance pour l'autogestion des comportements est déjà apparue dans le chapitre consacré aux affects. Il s'agit maintenant de l'examiner de plus près.

Depuis le début des années 70, les comportementalistes se sont de plus en plus intéressés à l'impact de certaines conduites sur la santé physique et à l'influence des maladies sur les styles de vie. Ils ont développé les ressources de la thérapie comportementale pour modifier des habitudes (tabagisme, alcoolisme, suralimentation, sédentarité, conduites impulsives, etc.) qui favorisent ou aggravent des troubles physiques (obésité, hypertension artérielle, ulcères, crampes, céphalées, diminution de l'immunité, etc.). Ils ont appelé ce champ d'application la « médecine comportementale » (cf. P. & S. Davidson, 1979; Fontaine, Cottraux & Ladouceur, 1984 : 3e partie). A la fin des années 70, des behavioristes ont promu les concepts de « psychologie de la santé » (cf. Stone, Cohen & Adler, 1979) et de « santé comportementale » (Matarazzo, 1980) en vue de démédicaliser le traitement psychologique des troubles physiques et de mettre l'accent sur le développement de conduites favorisant la santé de populations entières, plutôt que sur la réduction de pathologies individuelles.

Nous ne pouvons exposer ici les différents problèmes posés par les interactions entre d'une part les comportements (ou les styles de vie) et d'autre part les variables physiologiques, les maladies psychosomatiques et la santé physique. Sur ces questions, un manuel paru en 1984 (Matarazzo e.a.) comptait déjà près de 1300 pages et les travaux scientifiques ont depuis continué à un rythme soutenu (du moins dans les pays anglo-saxons). Nous nous limitons ici à l'examen de trois variables, cruciales pour la gestion des affects et relativement faciles à contrôler.

I. LA RESPIRATION

a) Interactions entre les affects et la respiration

Ce n'est pas par hasard qu'un amoureux s'appelle un «soupirant» et que le mot «angoisse» vient d'un terme latin (*angere*) signifiant : étrangler, resserrer. Les affects, comme chacun sait, agissent sur la respiration. Dès qu'ils deviennent intenses, qu'ils soient agréables ou pénibles, ils font augmenter sa fréquence et sa profondeur (les émotions agréables augmentent surtout le rythme respiratoire, les émotions pénibles surtout la profondeur). Par ailleurs, les affects positifs favorisent une respiration ventrale et les affects négatifs une respiration thoracique (Ancoli e.a., 1980).

La relation causale inverse est généralement beaucoup moins bien comprise, même par la plupart des personnes qui ont pratiqué le yoga ou qui connaissent le dicton «on vit comme on respire». Le fait est cependant scientifiquement établi : *la façon de respirer a un impact direct sur divers paramètres physiologiques* (*arousal*, rythme cardiaque, débit sanguin cérébral, etc.) *et influence dès lors les affects, en particulier leur intensité.*

Parmi les premières recherches expérimentales sur le sujet, on peut citer celles de Westcott et Huttenlocher (1961), montrant que l'augmentation volontaire de la respiration accélère sensiblement le rythme cardiaque et que la réduction de la respiration ralentit ce rythme. On peut aussi mentionner les travaux de Harris e.a. (1976) prouvant que le contrôle de la respiration permet de diminuer l'activation orthosympathique induite par une situation stressante.

Bien avant ces expérimentateurs, des yogis et quelques médecins avaient déjà découvert qu'*une respiration dysfonctionnelle peut, par elle-même, déterminer des troubles physiques et psychiques plus ou moins graves.*

En 1937 Kerr, Dalton et Gliebe ont publié, dans une revue américaine de médecine interne, un article capital : «Some physical phenomena associated with the anxiety states and their relation to hyperventilation». Ils expliquaient comment l'«hyperventilation», c'est-à-dire une respiration excessive par rapport aux besoins du métabolisme, peut provoquer toute une série de sensations physiques inquiétantes et dès lors des états d'angoisse. Ils soulignaient qu'en pareil cas la personne peut se croire malade et être renforcée dans cette idée par des médecins émettant un diagnostic fallacieux (trouble cardiaque, spasmophilie, conflits psychologiques, tempérament anxieux, hystérie, etc.).

Un autre médecin américain, B. Lewis (cf. 1959), a confirmé l'importance de cette découverte. Il a mis en évidence que beaucoup de troubles cardio-vasculaires «fonctionnels» ne sont que la conséquence de l'hyperventilation. Il a bien expliqué le cercle vicieux dans lequel enferme un étiquetage erroné. Il a également eu le grand mérite de distinguer deux types d'hyperventilation : une forme caractérisée par des accès aigus, «terrifiante pour le patient et quasi aussi terrifiante pour tout spectateur» et une forme chronique, «avec un début insidieux et une tendance à simuler des maladies organiques sérieuses». Cette dernière, qui est assurément la plus fréquente, est la moins reconnue comme telle. Lewis notait que l'hyperventilation est souvent inconsciente et que de fréquents soupirs peuvent déjà en être la cause!

Aujourd'hui le «syndrome d'hyperventilation» est assez bien connu par les médecins et psychologues anglo-saxons (cf. Defares & Grossman, 1984; Garssen e.a., 1984; Salkovskis & Clark, 1990), mais reste très largement ignoré dans le monde latin. Cette répartition géographique d'une information capitale constitue un cas étonnant de la sociologie des connaissances.

Etant donné que 5 à 10 % des personnes qui consultent un médecin généraliste sont inconsciemment victimes d'une forme d'hyperventilation, je crois utile de présenter ici une synthèse de quelques données essentielles qui devraient permettre à l'un ou l'autre lecteur de ne plus s'étiqueter «cardiaque», «complexé» ou «névrosé».

b) Les effets psychophysiologiques de l'hyperventilation

Lorsque nous faisons des efforts physiques intenses, en particulier quand nous nous battons ou que nous courons à toute allure, nous avons besoin d'un surplus d'oxygène pour «brûler» les substances nutritives et ainsi mobiliser nos réserves énergétiques. En pareilles circonstances une respiration rapide et profonde s'enclenche spontanément et s'avère tout à fait fonctionnelle. L'hyperpnée est une réaction qui fait partie intégrante de la «réaction d'alerte». Elle apparaît comme un mécanisme inné favorisant la survie en cas de danger.

Lorsque nous respirons de façon rapide et/ou profonde sans avoir une activité musculaire importante, la respiration est mal adaptée à l'état de notre organisme : elle nous conduit alors à absorber un excès d'oxygène et à expulser trop rapidement le dioxyde de carbone. Il en résulte une alcalose, qui empêche l'oxygène d'atteindre les tissus. Ceci provoque une série de modifications au niveau nerveux, cardio-vasculaire, cérébral et musculaire. Ces processus induisent quantité de sensations inhabituelles, en particulier :

– l'impression, tout à fait paradoxale, de manquer d'air ou d'étouffer (!);

– une sensation de tête vide, d'étourdissement, de vertige ou de nausée (due à la diminution du débit sanguin cérébral);

– une accélération du rythme cardiaque (tachycardie) et des extrasystoles;

– une augmentation de la transpiration et parfois une sensation de froid aux extrémités des membres;

– des paresthésies (sensations inhabituelles) dans les mains et parfois dans les pieds : picotements, raideurs, douleurs, crampes; dans les cas extrêmes : de la tétanie et des convulsions.

Chacun peut facilement faire l'expérience de telles sensations : il suffit de respirer profondément et très rapidement (30 à 40 fois par minute), pendant trois minutes, en restant à peu près immobile.

Lorsque nous hyperventilons de façon consciente (p.ex. en gonflant rapidement à la bouche un matelas pneumatique) les effets physiologiques ne nous inquiètent guère, car nous savons à quoi les attribuer. Par contre, si notre ventilation pulmonaire est excessive par rapport à notre activité physique et que nous ne nous en rendons pas compte, ou si nous ne comprenons pas bien les effets d'une hyperventilation, les sensations corporelles provoquées induisent facilement la peur, l'angoisse et parfois une crise de panique. (La plupart des grandes crises d'angoisse, qui ne sont pas provoquées par un réel traumatisme, résultent de l'intensification d'un état d'anxiété par une hyperventilation mal décodée!).

Plusieurs recherches expérimentales démontrent que les affects induits par l'hyperventilation peuvent considérablement varier selon l'interprétation donnée aux sensations corporelles (cf. Salkovskis & Clark, 1990). Ainsi, lorsqu'une hyperventilation est pratiquée dans un laboratoire et que l'expérimentateur présente les changements corporels comme normaux ou comme des signes de bon ajustement psychologique, rares sont les sujets qui éprouvent de fortes angoisses. Certaines personnes font même état d'affects agréables. Par contre, si l'hyperventilation est provoquée dans un contexte anxiogène, les sensations physiques sont des plus inquiétantes, tout particulièrement chez des personnes qui ont déjà vécu des crises d'angoisse. En plus des sensations citées, peuvent alors apparaître d'autres phénomènes physiologiques (variables d'un individu à l'autre) : oppression respiratoire, bourdonnements d'oreilles, mal de tête (dans la zone frontale et occipitale), douleur dans la région du cœur ou dans l'ensemble de la poitrine, bouche sèche, aérophagie, diarrhée, vomissements, sentiment d'être sur le point de s'évanouir, syncope...

Il est facile de comprendre que la personne, qui ignore les effets physiologiques de l'hyperventilation et qui en fait l'expérience de façon «catastrophisante», devient très facilement victime de l'effet de spirale décrit dans le paragraphe sur l'étiquetage pathologisant. On peut le préciser comme suit :

S stressant → agressivité ou anxiété → hyperventilation → attention sélective aux sensations corporelles inquiétantes et anticipation de leur augmentation → redoublement de l'anxiété, crise de panique → «maladie» physique ou psychique...

Les personnes qui font des erreurs d'attribution quant aux effets psychophysiologiques de l'hyperventilation développent souvent des nosophobies (surtout des cardiophobies) ou des phobies de situations (en particulier celles où il faut rester plus ou moins immobile : files d'attente, transports en commun, ascenseurs, salles de spectacle). Elles peuvent également attribuer leurs crises d'angoisse à des complexes cachés et aller perdre leur temps sur un divan de psychanalyste (Freud et ses fidèles n'ayant guère parlé de ce mécanisme, la grande majorité des psychanalystes ignorent encore aujourd'hui de quoi il s'agit). Du fait que l'alcool et les tranquillisants apportent un répit temporaire, il est fréquent que ces personnes en surconsomment et deviennent des toxicomanes (le point de départ d'une bonne proportion des cas d'alcoolisme réside dans le syndrome d'hyperventilation).

Les psychiatres et les psychologues qui connaissent bien ce processus ont constaté qu'il se trouve à l'origine d'un grand nombre de troubles psychosomatiques et psychopathologiques, ou tout au moins qu'il intervient pour les amplifier : «hyperactivité neurovégétative», «syndrome du cœur irritable», «pseudo-angine de poitrine», «colopathie fonctionnelle», «asthénie neurocirculatoire», troubles de l'attention et de la concentration, «hystérie», «névrose de dépersonnalisation», «états limites», hypocondrie, obsession de la mort, certaines dépressions et névroses obsessionnelles, etc. Compernolle (Université de Leuven), qui a étudié pendant plusieurs années l'incidence de ce processus dans diverses populations, a publié un article (1984) dont le titre résume bien la question : «Pourquoi quelqu'un qui hyperventile deviendra probablement un cas psychiatrique et le restera».

Soulignons encore que le caractère excessif de la respiration ne doit pas être évident pour que les effets de l'hyperventilation se développent : une respiration légèrement excessive peut suffire, pour autant qu'elle soit fréquente ou habituelle («hyperventilation subclinique»).

II. LE TONUS MUSCULAIRE

Nous entendons par «tonus» le degré de tension de la musculature striée. L'interaction entre les affects et cette variable est analogue à l'interaction entre les affects et la respiration.

a) L'impact des affects sur le tonus

Commençons par la relation la plus évidente. La dynamisation physiologique ou l'apparition d'une émotion s'accompagnent automatiquement d'une augmentation du tonus des muscles striés (cf. E. Jacobson, 1967 : 105s). La réaction d'alerte provoque un «tonus d'alerte» qui prépare l'organisme à l'action. Le tonus s'élève à mesure que l'activité physique ou un affect s'intensifient, de sorte que l'individu dispose d'une énergie musculaire croissante. Ce processus inné favorise évidemment la survie. L'*homo sapiens* a tout lieu de se réjouir de son déclenchement spontané dans toute situation de danger.

Comme dans le cas de la respiration, il y a un revers à ce processus. Dans des circonstances qui ne sont pas effectivement dangereuses, si nous sommes sur le «qui-vive» ou psychologiquement tendus et que nous n'avons pas d'activité motrice importante, notre tonus devient facilement excessif, dysfonctionnel. Lorsque cet état psychophysiologique est fréquent ou chronique, l'hypertonie musculaire peut devenir une cause ou un facteur d'intensification de troubles somatiques, tels que le «syndrome de fatigue-tension» (E. Jacobson, 1967), des douleurs musculaires (en particulier dans la nuque et le dos), la crampe de l'écrivain, le torticolis spasmodique (Pieters & Cosyns, 1981), les maux de tête appelés «céphalées de tension» (Budzynski, 1978), des troubles oculaires, la dyspnée (induisant la lassitude, l'irritabilité), l'hypertension artérielle (Patel, 1984), des troubles cardio-vasculaires et gastro-intestinaux.

b) L'impact du tonus sur les affects

Les variations du tonus musculaire tendent à induire des variations concomitantes de la dynamisation physiologique et de l'intensité des affects. Cet effet ne se vérifie pas à chaque instant de façon stricte : nous pouvons être physiquement tendus (p.ex. en escaladant un rocher) et rester mentalement «relax»; nous pouvons être musculairement décontractés (p.ex. dans un bain chaud) et ruminer des événements stressants. Néanmoins, en règle générale, la diminution du tonus musculaire réduit l'activité du système orthosympathique et la force des émotions. Ainsi les médicaments qui relâchent les muscles (p.ex. le méprobamate) ont un effet «tranquillisant». La décontraction volontaire des muscles a le même effet (cf. Gellhorn, 1964; Jacobson, 1967; Paul, 1969).

L'hypertonie dysfonctionnelle, en particulier si elle est fréquente, induit une activation physiologique excessive et des troubles psychosomatiques. Son effet est d'ordinaire moins dramatique que l'hyperventilation, mais peut néanmoins s'avérer très important, surtout lorsqu'un cercle vicieux se développe entre les phénomènes physiologiques, l'étiquetage pathologisant et l'anxiété.

En conclusion, on peut dire que *la tension psychique augmente le tonus musculaire et, réciproquement, les contractions musculaires intensifient la tension psychique*. Il n'est donc pas étonnant que diverses expressions langagières («manquer de tonus», «être tendu, crispé, décontracté») désignent aussi bien un état de la musculature qu'une disposition affective.

Edmond Jacobson (1929; 1976), un physiologiste qui s'est formé à Harvard auprès de Walter Cannon, a mis au point une méthode de relaxation utilisant l'effet de la décontraction des fibres musculaires sur l'activation physiologique et les émotions. Il l'a appelée *relaxation «progressive»* pour deux raisons : le sujet détend graduellement des groupes musculaires (main, bras, jambe, ventre, etc.); au fur et à mesure des pratiques quotidiennes, la relaxation devient plus profonde et se réalise plus rapidement.

Afin de faciliter la relaxation musculaire, Jacobson suggère de contracter successivement chacun des groupes pendant quelques secondes, puis de les décontracter, en restant le plus attentif possible au contraste entre la tension et la détente. Après quelques semaines d'entraînement, les contractions ne sont plus nécessaires : il suffit de se centrer sur les différents groupes musculaires et de vouloir se décontracter pour induire un état de relaxation tout à fait satisfaisant.

Jacobson (1967) a traité par cette technique des personnes souffrant d'hyperémotivité, d'anxiété et de troubles psychosomatiques. Les résultats ont été encourageants. Sa technique a été largement utilisée par l'Armée américaine durant la Seconde Guerre mondiale. Au début des années 40, le gynécologue Grantly Read, alors collègue de Jacobson à l'Université de Chicago, s'est inspiré de cette technique pour développer la célèbre méthode de l'«accouchement sans peur». L'apprentissage de la relaxation permet en effet d'interrompre le cercle vicieux «peur → tension musculaire → augmentation de la douleur → intensification de la peur et du tonus, etc.».

Des études subséquentes ont permis d'améliorer l'efficacité de la méthode inaugurée par Jacobson (cf. Paul, 1966; Bernstein & Borkovec, 1973). Comme nous l'avons déjà dit, elle est apparue comme une technique de base de la thérapie comportementale, depuis le début de son développement (dès 1954 Wolpe utilisait une version abrégée de la relaxation progressive pour apprendre aux personnes phobiques à rester relativement décontractées face à des stimuli anxiogènes affrontés progressivement, d'abord en imagination, puis *in vivo*).

Aujourd'hui l'apprentissage de la décontraction musculaire volontaire dans les situations stressantes est un ingrédient essentiel de la majorité des traitements comportementaux. Elle apparaît comme une stratégie fondamentale pour l'autorégulation des émotions. Nous en reparlerons donc dans la partie pratique.

III. LA CONSOMMATION DE PSYCHOSTIMULANTS

Nous avons déjà évoqué le fait que les êtres humains utilisent fréquemment des substances en vue d'agir sur leurs affects. Tantôt ils consomment des dépresseurs du système nerveux pour diminuer des émotions pénibles (ces produits sont, par ordre de fréquence de consommation dans le monde, l'alcool, les benzodiazépines, les dérivés de l'opium...), tantôt ils absorbent des stimulants en vue de se sentir plus dynamiques ou d'intensifier leurs affects. Comme exemples de stimulants citons, par ordre de consommation, la caféine, la nicotine (qui peut donner une impression d'apaisement, mais qui est bien un excitant du système nerveux), les anorexigènes, les amphétamines, la cocaïne...

Nous examinons de plus près l'exemple de la caféine parce que son usage est généralisé en Occident et que ses effets sont mal compris ou sous-estimés par la majorité des consommateurs.

La caféine se trouve dans le café (100 à 150 mg par tasse), le thé (environ 70 mg par tasse), le cacao, le chocolat, le cola et divers médicaments (stimulants, antimigraineux, analgésiques). Cette substance peut être considérée comme une drogue, car elle provoque une réelle dépendance et, en cas de manque, un syndrome de sevrage (céphalées, irritation, sentiment de fatigue, humeur dépressive). Le consommateur ne se sent toutefois pas contraint d'absorber des doses croissantes au fil du temps, contrairement à ce qui se passe pour la majorité des autres drogues.

L'effet de la caféine sur le comportement illustre bien les lois de Yerkes-Dodson. A petite dose (p.ex. une ou deux tasses de café) elle provoque une stimulation du système sympathique et une sécrétion d'adrénaline, ce qui favorise l'attention, la rapidité des réactions, la vivacité d'esprit, la mémorisation, le travail musculaire, l'endurance intellectuelle et physique (l'effet est maximal environ 45 minutes après l'ingestion). A forte dose (p.ex. un gramme ou 8 tasses de café en un jour) la caféine provoque une hyperexcitation qui tend à perturber les activités cognitives complexes.

La surconsommation de caféine («caféinisme») provoque des syndromes souvent étiquetés «névrose d'angoisse» et parfois «épisode hypomaniaque». Le DSM III-R (§305.90) énumère les symptômes suivants : nervosité, tachycardie, arythmie cardiaque, agitation psychomotrice, soubresauts musculaires, pensée décousue, périodes d'infatigabilité, insomnie, troubles gastro-intestinaux. On peut ajouter l'hyperventilation et les troubles qu'elle génère. Lorsque les doses excèdent un gramme par jour, des perturbations sensorielles peuvent apparaître (p.ex. des tintements dans les oreilles, la vision d'éclairs lumineux). Au-delà de 10 grammes, la caféine peut provoquer des crises d'épilepsie et une défaillance cardiaque ou respiratoire entraînant la mort.

Une large proportion de personnes sont particulièrement concernées, sans bien s'en rendre compte, par le fait que la caféine stimule le système nerveux sympathique et donc intensifie les affects. Dans une ambiance agréable, la consommation tend à accentuer la gaieté; dans un contexte érotique, elle renforce les sensations sexuelles (à moins que la personne ne soit psychologiquement inhibée); dans les situations stressantes, elle intensifie l'irritation, l'anxiété et même la dépression (Veleber & Templer, 1984). Lorsque les manifestations physiques et les effets psychologiques sont mal décodés ou mésattribués, le consommateur est facilement victime du cercle vicieux mentionné dans le paragraphe relatif à l'étiquetage pathologisant de l'*arousal*.

Les effets de la caféine varient sensiblement selon le degré d'accoutumance de l'organisme à cette substance, les différences de tempérament, les autres variables de l'équation comportementale et la consommation d'autres psychotropes. A titre d'exemple, citons le cas du fumeur qui (sur)consomme du café : l'effet de la nicotine, sur le système sympathique et la tension artérielle, s'additionne à l'effet de la caféine en sorte que se trouvent fortement augmentés les risques de maladies cardio-vasculaires, mais aussi de perturbations psychologiques (cf. Shapiro e.a., 1986).

Chapitre V

Les actions

> «L'action compte double; elle change la
> situation; elle me change moi-même.
> Le bûcheron fend l'arbre et se fait les bras.»
>
> Alain, *Minerve ou la sagesse*
> (1939; rééd. in 1953, II : 4)

Notre survie et notre épanouissement sont conditionnés par la mise en œuvre d'une multiplicité de conduites. Lorsque nous voulons améliorer la gestion de nous-même, nous devons affiner notre capacité de comprendre les déterminants essentiels de nos actions et nous devons élargir notre répertoire de modes d'action efficaces.

Rappelons d'abord que, dans la perspective (néo)behavioriste, l'analyse des actions s'effectue toujours en fonction de l'ensemble de l'«équation comportementale». *Toute action* — mis à part quelques mouvements élémentaires, tels que le réflexe rotulien ou palpébral — *est envisagée dans sa dépendance à des stimuli, des cognitions, des affects, des conséquences (anticipées) et des processus physiologiques.*

La plupart des gens limitent l'explication de leurs actions à un ou deux facteurs. Ainsi, l'individu qui a battu son enfant expliquera qu'il était en colère ou que l'enfant n'arrêtait pas de pleurer. En fait son acte a aussi été déterminé par son interprétation des pleurs de l'enfant («il le fait exprès; c'est insupportable»), sa croyance que la violence physique est un moyen souverain d'agir sur autrui, la pauvreté de son répertoire de comportements face aux situations irritantes, son état physiologique (fatigue, excitation nerveuse, absorption d'alcool), etc.

D'autre part, *les actions exercent une influence sur chacune des variables de l'équation comportementale* : elles modifient des stimuli, suscitent des cognitions et des affects, influencent l'état de l'organisme, apportent des changements matériels et symboliques qui constituent de nouveaux stimuli... Nous détaillons à présent celles de ces relations qui sont particulièrement importantes pour l'autogestion.

I. L'EFFET DE L'ACTION SUR LES STIMULI

Dans nombre de situations, l'action nous permet de moduler le contrôle que des stimuli exercent sur nous. Nous pouvons transformer ces stimuli ou tout au moins changer notre distance par rapport à eux. P.ex. lorsque nous vivons un grave conflit avec le conjoint, nous pouvons organiser une séparation ou tenter activement d'améliorer la communication; nous pouvons également limiter l'impact affectif du conflit en fuyant au bistrot, dans le travail ou dans le sport...

Du fait que nous sommes toujours tenus d'adopter des comportements face aux événements qui nous concernent (ne fût-ce que la résignation passive ou l'attitude de désintérêt), nous nous retrouvons régulièrement dans des situations en rapport avec nos dispositions psychiques. Si nous éprouvons facilement des satisfactions dans les disputes, nous n'éviterons pas les conflits et nous agirons souvent de manière à favoriser leur développement. Sans bien nous en rendre compte, nous agençons une large part des stimuli qui nous affectent et nous motivent.

La thérapie et l'autogestion comportementales ne visent pas seulement à réguler l'intensité des affects et à modifier l'interprétation des situations stressantes : elles visent aussi à mieux faire prendre conscience du degré d'implication personnelle dans les situations et à changer de façon effective une part des contingences environnementales qui nous affectent négativement.

II. L'EFFET DE L'ACTION SUR LES COGNITIONS ET LES AFFECTS

Quel conseil peut-on donner à l'homme qui cherche la foi, mais ne parvient pas à la trouver par des raisonnements? Pascal recommandait d'agir à la manière de celui qui l'a déjà trouvée :

«Vous voulez aller à la foi, et vous n'en savez pas le chemin; vous voulez vous guérir de l'infidélité, et vous en demandez le remède : apprenez de ceux qui ont été liés comme vous, et qui parient maintenant tout leur bien; ce sont gens qui savent ce chemin que vous voudriez suivre, et guéris d'un mal dont vous voulez guérir. Suivez la manière par où ils ont commencé : c'est en faisant tout ce qu'ils croyaient, en prenant de l'eau bénite, en faisant dire des messes, etc. Naturellement même cela vous fait croire» (§233).

L'accomplissement de nouvelles actions entraîne de nouvelles façons de penser et d'éprouver. La psychologie scientifique a largement confirmé la généralité de ce principe.

Le pionnier des recherches expérimentales en rapport avec cette question est Festinger (1953). Ce psychologue de l'Université du Minnesota a bien montré que lorsque nous sommes amenés à agir à l'encontre d'une de nos croyances, nous avons tendance à la modifier, de façon à réduire la dissonance qui apparaît entre elle et l'action accomplie. Ainsi la personne, qui est incitée à faire publiquement des déclarations auxquelles elle accorde peu de foi au départ, est portée à réorienter sa conviction intime dans le sens des propos qu'elle énonce. Plus une action lui a coûté (en efforts, en temps, en argent), plus elle se convainc de la valeur de celle-ci. L'individu qui a beaucoup investi dans une psychothérapie, sans être parvenu à résoudre ses problèmes essentiels, tend à croire qu'il tire tout de même un bénéfice substantiel de cette démarche, ne fût-ce qu'au niveau «profond»... Un fumeur qui a vainement cherché à se libérer de la cigarette, lorsqu'il reçoit des informations sur les méfaits du tabac, tend à minimiser l'importance de ces informations (Churchill disait qu'à force de lire des tas de choses sur les dangers du tabac, on finit par cesser de... lire).

Daryl Bem (1972) a effectué une remarquable synthèse de travaux qui prouvent que la conception que nous nous faisons de nous-même est construite à partir d'actions que nous avons été amenés à accomplir (et des circonstances dans lesquelles elles se sont produites). Si nous avons éprouvé une peur intense dans une situation où nos semblables n'apparaissent pas effrayés, nous croirons volontiers que nous «sommes» peureux ou atteints d'une phobie. Si nous parvenons ensuite, à diverses reprises, à affronter ce type de situation, nous serons amenés à nous étiqueter autrement. Nous agissons en fonction de nos cognitions et, réciproquement, nous pensons en fonction de nos actions (CO ⇔ AC).

Certaines actions peuvent, en provoquant un affect, intensifier une impulsion. Ainsi des personnes se mettent à boire de l'alcool de façon incontrôlée à partir du moment où elles ont consommé un ou deux verres.

Des amateurs de chocolat éprouvent une appétence maximale pour cette substance dès qu'ils en ont un peu mangé (surtout s'ils sont à jeun).

L'exemple d'un traitement comportemental de la phobie des serpents

La peur des serpents est une des peurs les plus largement répandues. Elle se développe très facilement chez les enfants, dès l'âge de deux ans (et surgit spontanément chez les singes au même âge). Une fois acquise, elle est très résistante à l'extinction. Ces faits permettent de supposer que la peur des serpents est génétiquement «préparée» à s'installer (Seligman & Hager, 1972). Cette réaction, sans doute très utile pour la survie de l'espèce humaine, constitue pour certains individus un problème extrêmement gênant. Dans les régions où les serpents vivent nombreux, des personnes sont véritablement obsédées par l'éventualité d'en voir surgir et sont dès lors gravement handicapées dans leurs déplacements quotidiens. On peut en ce cas parler de «phobie».

La procédure de loin la plus efficace pour diminuer et même faire disparaître cette phobie a été mise au point par Bandura, Blanchard et Ritter (1969) à l'Université Stanford. (Dans l'expérience-pilote, les sujets étaient 48 volontaires qui avaient répondu à une annonce, parue dans un journal, proposant un nouveau traitement de la phobie des serpents). Nous l'évoquons ici parce qu'elle constitue une excellente illustration de l'impact que peut avoir l'expérimentation de nouvelles actions sur des croyances et des réactions émotionnelles bien ancrées. Voici ses principales étapes.

1. Le sujet commence par apprendre une technique de relaxation, qui lui permet de diminuer plus ou moins rapidement la brusque augmentation de dynamisation physiologique provoquée par l'apparition d'un stimulus phobogène. Cette première étape est celle qui requiert le plus de temps.

2. Le sujet est amené à observer, à travers une vitre, une personne (le «modèle») qui se trouve en compagnie d'un serpent non venimeux et qui ne mord pas. A certains moments l'animal circule librement dans la pièce. A d'autres, le modèle prend le serpent en mains, approche la tête de l'animal de son visage ou le laisse circuler sur l'ensemble de son corps. Face à ce spectacle, le sujet phobique ressent évidemment une vive émotion. Aidé alors par le psychologue qui se trouve près de lui, ainsi que par l'adoption d'une attitude relativement «relax», il parvient progressivement à se calmer. La durée moyenne de cette étape est de 15 minutes.

3. Accompagné du psychologue, le sujet se rend dans la pièce où se trouvent le modèle et le serpent. Il se maintient d'abord à une distance qu'il choisit librement. Lorsqu'il est parvenu à plus ou moins bien se détendre, il est invité à s'approcher par étapes de l'animal, qui se trouve d'abord dans un vivarium, puis en liberté. Le modèle et le psychologue tiennent des propos rassurants au sujet des serpents. Ils parlent affectueusement de l'animal présent, dénommé «Charlie».

4. Le sujet est invité à toucher le serpent, bien maintenu par le modèle, d'abord pendant une seconde, puis plus longuement. Si ce comportement lui paraît trop difficile, il peut commencer par toucher la main du modèle ou du psychologue posée sur «Charlie».

5. Le sujet est incité à prendre le serpent en mains (à la queue et près de la tête). Si cette étape lui semble inabordable, il s'entraîne d'abord en portant des gants.

6. A l'instar du modèle, le sujet approche la tête de Charlie de son visage, puis laisse l'animal circuler sur son corps.

7. Le sujet répète l'étape précédente avec un serpent d'une autre espèce (bien entendu non venimeuse).

Bandura dénomme cette procédure «l'imitation d'un modèle (*modeling*) *in vivo* avec participation graduée» ou encore «désensibilisation par contact» (*contact desensitization*). Des expérimentations rigoureuses démontrent l'étonnante efficacité de la procédure. Dans l'expérience princeps, après l'entraînement à la relaxation, il a suffi en moyenne de deux séances, réparties sur une semaine et totalisant 2 heures 10 minutes, pour que 92 % des sujets arrivent à la dernière étape et affirment être débarrassés de leur phobie. Le traitement de sujets-contrôles par la procédure classique de désensibilisation systématique (Wolpe, 1958) aboutit à des résultats nettement moins efficaces (après un temps de traitement beaucoup plus long, 25 % seulement des sujets parviennent à laisser un serpent circuler sur leur corps).

Chez des enfants, la procédure de Bandura donne des résultats encore plus spectaculaires. Dans l'expérience princeps de Ritter (1968), 80 % des enfants traités (en groupe) ont été libérés de leur phobie des serpents après deux séances de 35 minutes. (Il est par ailleurs bien établi que les phobies apparaissent et disparaissent plus facilement chez les enfants que chez les adultes).

Des dizaines d'expériences ont porté sur les effets à long terme de la désensibilisation par l'action directe dans le cas de phobies «simples» et «spécifiques» (phobies d'animaux, d'aiguilles, d'avions, etc.), non compliquées par le cercle vicieux dont nous avons parlé plus haut, ni «renforcées» par des bénéfices secondaires tels que l'évitement de l'école ou du travail. Elles confirment massivement les faits suivants (cf. Biran & Wilson, 1981; Bandura 1986 : 258s; Emmelkamp, 1989; Ost, 1989).

a) L'effet est durable.

b) L'élimination de ces phobies n'est pas, d'ordinaire, suivie de «substitutions de symptômes».

Lorsque des psychanalystes apprennent l'existence de la procédure en question, ils refusent généralement d'admettre qu'elle traite la phobie «en profondeur». En effet, Freud a enseigné que «le serpent est, de tous les animaux, le symbole le plus typique du pénis» (II 362) et que «lorsque la peur naturelle du serpent devient intense, elle a toujours une signification sexuelle» (II 352). Pour éliminer la «véritable» cause de la phobie des serpents, il serait donc indispensable de mettre au jour son symbolisme phallique. (Le psychologue scientifique estime que ces généralisations sont réfutées par les faits suivants : 1° chez les enfants, la peur des serpents surgit beaucoup plus facilement que la peur des pénis; 2° des adultes peuvent souffrir d'une forte phobie de serpents sans présenter d'importantes difficultés sexuelles. Pourquoi diable la peur du signifiant serait-elle plus intense que la peur du signifié ?).

D'autre part, les disciples de Freud affirment que la suppression d'une phobie — une «névrose» qui, selon eux, est le «symptôme» d'un problème sexuel inconscient — mène inévitablement à une augmentation de la tension dans «l'appareil psychique» et à un «retour du refoulé» (cf. supra : le modèle «médico-psychologique» des troubles psychiques). Les faits observés de façon méthodique donnent manifestement tort aux psychanalystes. Certes il importe d'envisager toujours un comportement problématique en fonction de l'ensemble des paramètres de l'équation comportementale, mais la méthode promue par Bandura permet généralement de faire disparaître des phobies «simples» sans que l'on observe un déplacement du symptôme. Par ailleurs, les psychanalystes ne parviennent guère à traiter avec succès des phobies réellement invalidantes.

En fin de compte, l'observation montre clairement que les paroles et la «découverte» de significations «inconscientes» ne provoquent nullement la disparition des phobies intenses. Pour ce faire, il faut apprendre de nouveaux comportements qui permettent d'affronter *activement* des situations anxiogènes.

c) Le traitement behavioriste d'une phobie s'accompagne très souvent d'autres changements positifs.

Bandura e.a. avaient déjà observé, un mois après le traitement, que les personnes débarrassées de la phobie des serpents signalaient la diminution d'autres peurs (p.ex. de prendre la parole en public) et une amélioration de la confiance en soi. Bien plutôt que des substitutions de symptômes, ils observaient un *effet boule-de-neige positif*. Près de vingt ans après cette expérience, une vaste littérature scientifique autorise à conclure comme suit :

«Après un laps de temps relativement court, le modeling avec participation produit de larges changements psychologiques. Il élimine le comportement phobique, réduit la réaction de peur dans des domaines non spécifiquement traités et permet aux sujets de s'adonner désormais à des activités agréables qu'ils évitaient. Il est caractéristique que les bénéfices se généralisent à travers les diverses modalités du comportement. En plus d'une restauration de capacités comportementales, le sentiment de contrôle personnel permet de diminuer l'activation de l'anxiété, d'instaurer des attitudes positives et d'éliminer des ruminations et des cauchemars perturbants (...) La nature et la structure des changements, qui accompagnent l'élimination du comportement phobique, donnent à penser que la généralisation d'effets positifs est médiatisée par des mécanismes d'autorégulation plutôt que contrôlée automatiquement par la similitude des stimuli. Au cours du traitement, les participants acquièrent des habiletés généralisables, qui leur permettent d'affronter d'autres menaces, ainsi que de solides croyances quant à leur efficacité à faire face. Ces résultats les rendent aptes à mieux fonctionner dans des domaines relativement différents de ceux qui ont été spécifiquement traités» (Bandura, 1986 : 258s).

d) L'efficacité de la procédure est tributaire de divers paramètres environnementaux et cognitifs. L'importance de ceux qui suivent a été établie expérimentalement :

– La similitude de plusieurs aspects entre le modèle et la personne en traitement (une petite femme blanche âgée ne se risque pas facilement à imiter un jeune grand homme noir).

– L'allure «réservée» du modèle (un modèle casse-cou ou plein d'arrogance est contre-indiqué).

– Le nombre de modèles (l'imitation est plus facile si plusieurs personnes accomplissent sans difficulté le comportement redouté).

– La diversité des stimuli anxiogènes utilisés (l'apprentissage d'une attitude calme en présence des serpents est meilleur si des serpents d'espèces différentes ont été utilisés durant le training).

– La fréquence et la durée des exercices (de nombreuses expériences positives favorisent, davantage qu'une expérience isolée, une «surextinction» de la phobie et elles préviennent son éventuelle «restauration spontanée» après un temps plus ou moins long).

– L'absence d'effets réellement pénibles (si le sujet traité se fait ensuite mordre par un serpent, il peut évidemment éprouver de nouveau la peur de cet animal).

L'avis des thérapeutes cognitivistes sur l'importance de l'action

– Albert Ellis raconte qu'à l'âge de 19 ans sa vie était assombrie par la terreur de devoir parler en public et la peur d'adresser la parole aux jeunes femmes. En cherchant à éliminer ces deux phobies, il réalisa ses premiers «exercices d'attaque de la honte» (*shame-attacking exercices*). D'une part il s'appliqua à rechercher toutes les occasions possibles pour prendre la parole au sein de groupes ou d'assemblées. D'autre part il se rendit régulièrement dans des parcs pour s'asseoir près d'une femme seule et engager la conversation. Lors de 130 rencontres de ce type, 30 femmes partirent rapidement, mais un nombre trois fois plus élevé «acceptèrent de converser au sujet de leur tricot, des oiseaux, d'un livre et de quantité d'autres choses (...) Aucune ne vomit, aucune n'appela un policier et je n'en suis pas mort» (Ellis in Warga, 1988 : 56). Le célèbre psychothérapeute explique qu'il a surmonté les peurs de sa jeunesse «grâce au processus qui consiste à essayer de nouveaux comportements et à comprendre ce qui se passe dans le monde réel plutôt que dans l'imagination» (id.).

Quelques années plus tard, Ellis se formera à la psychanalyse, puis deviendra le pionnier de la thérapie cognitive. En tant que praticien soucieux d'efficacité, il reconnaîtra alors pleinement le rôle de l'action pour changer «en profondeur» les croyances névrotisantes. Il écrira notamment :

> «En dernière analyse, le dialogue intérieur (*self-talk*) ne suffit pas. Dans beaucoup de cas vous avez grand intérêt à vous forcer vous-même, à vous pousser en avant, dans l'action. Souvent vous disposez du pouvoir d'organiser vos propres actes de courage : aller trouver le patron dans son bureau, inviter une personne attrayante à danser, présenter votre projet de publication à un éditeur. Vous pouvez vous forcer vous-même à l'action, répéter longtemps, encore et encore, jusqu'à ce que cette action devienne de plus en plus facile, et même agréable» (Ellis & Harper, 1975 : 195).

– Aaron Beck a souligné l'importance de l'action concrète dès le début de son élaboration de la thérapie cognitive. Il n'a jamais cessé d'en parler. A titre d'illustration, lisons ce passage extrait d'un de ses derniers ouvrages, consacré aux conflits conjugaux :

> «Une fois que vous décidez d'essayer de changer, vous pouvez vous demander par quels changements il vaut mieux commencer : les structures cognitives ou les actions? Lorsque je reçois un couple en thérapie, je me concentre d'abord sur leurs actions. Il est beaucoup plus facile de changer des actions concrètes ou d'inciter à de nouvelles actions, que de changer des structures de pensée. Bien souvent, lorsque les actions changent effectivement, elles sont rapidement suivies d'une gratification, telle que la reconnaissance par le partenaire de la capacité de faire quelque chose d'agréable ou de faire cesser un désagrément» (1988 : 162).

– Citons enfin Meichenbaum, un des praticiens-chercheurs les plus créatifs du courant cognitivo-comportemental :

> «La meilleure façon d'opérer un changement de ses propres structures cognitives consiste à expérimenter des actions faisant découvrir que les anciennes structures cognitives sont discutables et peu fondées, et que l'adoption de nouvelles structures, mieux adaptées, est gratifiante. Les données de l'expérience (c'est-à-dire les résultats d'expérimentations personnelles) fournissent la base la plus convaincante pour modifier sa propre identité, le monde et leur interaction» (1985 : 9).

III. L'EFFET DE L'ATTITUDE CORPORELLE SUR LES COGNITIONS ET LES AFFECTS

Nous savons tous que les affects agissent sur la posture, les gestes et l'expression faciale. Cet effet a été soigneusement étudié par de nombreux chercheurs (cf. Feyereisen & de Lannoy, 1985), qui ont montré p.ex. que les situations stressantes provoquent une augmentation des mouvements d'autocontact (se gratter, se toucher le nez, réarranger la coiffure, etc.) et que l'humeur dépressive s'accompagne d'une diminution des gestes qui illustrent ou accompagnent les propos d'une conversation.

Intuitivement nous connaissons aussi l'effet inverse, le fait que l'attitude corporelle influence nos affects et cognitions. Quand nous voulons dormir, nous prenons une position de repos, nous fermons les yeux, nous détendons nos muscles, nous mimons l'attitude du dormeur. Les policiers savent bien qu'un suspect est plus vulnérable s'il est obligé de rester assis sur une sellette que s'il est confortablement installé dans un fauteuil. Depuis l'antiquité les yogis utilisent des postures (les *âsanas*) en vue de « neutraliser les sens » et de favoriser l'état de méditation. William James avait sans doute raison de dire que « nous nous sentons tristes parce que nous pleurons et effrayés parce que nous tremblons ». Son erreur était seulement de sous-estimer la place de la structuration cognitive dans le développement des émotions...

L'attitude corporelle apparaît tantôt comme une dimension du comportement, tantôt comme une conséquence de cognitions et d'affects, tantôt comme un déterminant de ces deux variables. Nous examinons de plus près cette dernière relation car son utilisation consciente revêt une certaine importance pour la gestion de soi.

1. La psychologie expérimentale a bien montré que *la posture que nous adoptons est un aspect du comportement (ou une forme de comportement) qui influence nos cognitions et affects*. A titre d'exemple, voyons des expériences de Riskind et Gotay (1982).

Sous prétexte d'une recherche sur la physiologie musculaire, les auteurs placent des électrodes sur leurs sujets et leur font adopter soit l'attitude typique d'une personne déprimée ou effondrée (tête baissée, épaules arrondies), soit l'attitude d'une personne énergique, sûre d'elle, expansive. Ils prennent soin de ne suggérer aucune signification psychologique à l'une ou l'autre prise d'attitude. Les sujets sont ensuite invités à résoudre des problèmes dont la moitié sont en fait insolubles. Riskind et Gotay observent que les sujets du 1er groupe se découragent plus rapidement que ceux du second. Ils constatent également un «effet résiduel» de la posture : les sujets du 1er groupe manifestent encore des signes de découragement et une légère «déprime» plusieurs minutes après qu'ils soient passés dans une autre pièce où ils pouvaient se tenir comme ils le voulaient.

Dans une autre expérience basée sur le même scénario, Riskind et Gotay font adopter soit une posture crispée (muscles tendus, jambes jointes et rigides), soit une attitude «relax». La tâche consiste en tests d'intelligence plus ou moins compliqués. Les psychologues observent alors que les sujets du 1er groupe font davantage mention de stress et de tensions que ceux du second, du moins lorsque les tests sont difficiles.

Les attitudes corporelles que nous adoptons, le plus souvent sans nous en rendre compte, ont un impact sur les autres dimensions du comportement. Généralement ces attitudes sont induites par des cognitions et des affects, sur lesquelles elles rétroagissent, les entretenant, les amplifiant ou les atténuant. S'ajoute fréquemment à cet effet, celui des réactions de nos partenaires à nos attitudes corporelles.

2. Les psychologues ont accordé une attention particulière à *l'influence de l'expression de notre visage sur nos cognitions et nos affects*. L'expérience paradigmatique est celle de James Laird (Université Clark, 1974).

Sous prétexte d'une étude physiologique de l'effet des tensions des muscles faciaux, des sujets sont invités à composer un visage d'aspect souriant ou bien renfrogné. L'expérimentateur prend soin de ne pas suggérer l'adoption d'un type d'humeur. Les sujets doivent ensuite juger des dessins plus ou moins humoristiques. Laird constate que ceux qui ont dû adopter un aspect souriant fournissent des scores d'amusement plus élevés que ceux de l'autre groupe. D'autre part, lorsqu'il interroge les sujets sur leur humeur, ceux du 1er groupe font davantage mention d'affects agréables que ceux du second.

L'hypothèse du feed-back facial, comme l'appellent les psychologues, a donné lieu à de nombreuses recherches, qui n'ont pas démontré un effet clair et net. Il semble bien que l'influence directe de l'expression du visage soit moins importante que celle de la posture (depuis l'enfance nous apprenons à «garder la face» et à «faire bonne figure», de sorte que la connexion entre les affects et l'expression du visage est sans doute moins étroite que la connexion entre les affects et l'ensemble de la posture corporelle). Des données expérimentales suggèrent que l'influence de notre expression faciale sur nous-même résulte principalement de l'effet que cette expression exerce sur nos interlocuteurs (Buck, 1980). Notons enfin qu'on n'observe pas une diminution sensible de l'intensité des émotions lorsque les muscles du visage sont paralysés, alors qu'on enregistre une telle diminution lorsque l'activation orthosympathique se trouve réduite ou qu'une section de la moelle épinière a entraîné la paralysie d'une grande partie du corps (Heilman & Watson, 1989). Pour gérer nos affects, il semble donc plus important de jouer sur la dynamisation physiologique et sur l'attitude générale que sur l'expression faciale. Il n'en reste pas moins que nous pouvons contribuer quelque peu à notre bonheur en adoptant fréquemment un visage détendu, serein ou souriant. L'effet est sans doute d'autant plus marqué que nous croyons ainsi agir sur nous-même et sur les autres.

IV. L'EFFET DES MANIFESTATIONS VERBALES ET MOTRICES SUR LES AFFECTS

Lorsque nous éprouvons une forte émotion, avons-nous intérêt à la contrôler autant que possible ou à la manifester ouvertement, en paroles et en actions ? La réponse est loin d'être simple. Elle peut s'avérer très différente selon que nous envisagions p.ex. une perspective à court ou à long terme : agir agressivement en état de colère peut réduire notre tension dans l'immédiat, tout en nous préparant bien des complications; gémir ou pleurer continuellement en présence de nos proches peut, dans un premier temps, susciter leur compassion et, par la suite, engendrer leur lassitude ou leur irritation...

Dans le présent chapitre, nous examinerons essentiellement l'incidence de nos expressions verbales et motrices sur nos propres affects. Nous chercherons à savoir si ces expressions ont tendance à les intensifier ou à les diminuer.

La réponse de Darwin à la question est claire : les manifestations des affects tendent à les renforcer. Le célèbre biologiste écrit :

> «La libre expression d'une émotion quelconque par des signes extérieurs la rend plus intense. Inversement, les efforts faits pour réprimer toute manifestation extérieure modèrent l'émotion elle-même. L'homme qui se laisse aller à des gestes violents augmente sa fureur; celui qui n'exerce aucun contrôle sur les marques de sa frayeur ressent une frayeur bien plus grande; celui qui reste inerte sous le coup d'une grande douleur perd sa meilleure chance de pouvoir réagir contre elle. Ces résultats viennent en partie de la relation intime qui existe entre presque toutes les émotions et leur manifestation extérieure, en partie de l'influence directe de l'effort musculaire sur le cœur et par conséquent sur le cerveau. Le simple acte de simuler une émotion tend à la faire naître dans notre esprit» (1872 : 397).

Une opinion fort différente se trouve p.ex. chez Breuer, ce médecin viennois dont Freud disait : «ce n'est pas à moi, mais au Dr Josef Breuer, que revient le mérite d'avoir mis au monde la psychanalyse» (VIII 3). Selon lui la répression des affects provoque, dans certains cas, leur maintien à l'état inconscient et dès lors le développement de troubles névrotiques.

Breuer a développé cette conception en essayant de traiter une jeune femme, qualifiée d'«hystérique», par des séances d'hypnose, de décembre 1880 à juin 1882. Il a constaté que la patiente se disait soulagée lorsqu'elle lui avait raconté des événements pénibles de la journée ou de son passé, et qu'elle avait exprimé les affects coincés (*eingeklemmt*) qui s'y rattachaient. Breuer a dès lors imaginé que les somatisations hystériques sont des «conversions somatiques» d'émotions qui n'ont pu se résorber par la voie normale de l'action. Il a estimé que le traitement de ce type de symptômes, voire même de tous les troubles névrotiques, doit passer par la prise de conscience et la décharge (*Entladung*) d'affects bloqués. Il a appelé son procédé psychothérapeutique : la «méthode cathartique» (en grec, le mot *catharsis* signifie : purge, purification).

La jeune femme soignée par Breuer est entrée, sous le nom d'Anna O., dans la légende dorée de la psychanalyse. Freud l'a considérée comme le *cas princeps* de sa propre théorie. Il a déclaré dans plusieurs de ses ouvrages que la thérapie avait abouti à une guérison complète. Il écrivait p.ex. dans sa *Selbstdarstellung* : «En extériorisant librement l'affect, le symptôme était balayé et ne reparaissait plus. Grâce à ce procédé, Breuer réussit après un long et pénible travail à libérer la malade de tous ses symptômes» (XIV 45).

La publication de la correspondance de Freud après sa mort révèle que le père de la psychanalyse savait pertinemment que cette déclaration était fausse (cf. Van Rillaer, 1980 : 334s). En réalité, à l'issue d'un an et demi de traitement cathartique appliqué quasi quotidiennement, Anna O. se trouvait en piteux état et fut envoyée au Sanatorium Bellevue à Kreuzlingen. Henri Ellenberger a retrouvé et publié les rapports rédigés par les psychiatres à l'arrivée d'Anna O. et durant son séjour en clinique psychiatrique. Je renvoie le lecteur intéressé à l'ouvrage du célèbre historien de la psychiatrie (Ellenberger, 1970 : 406-8) et me contente de citer sa conclusion : «Les documents nouvellement découverts confirment donc ce que Freud, au dire de Jung, lui avait révélé : la malade n'avait pas été guérie. Le *prototype d'une guérison cathartique* ne fut ni une guérison ni une catharsis. Anna O. était devenue une morphinomane grave qui avait conservé une partie de ses symptômes les plus manifestes».

Après le traitement d'Anna O., Breuer ne se risqua plus à des incursions dans le domaine de la psychothérapie et se limita à la pratique de la médecine interne. Son amitié avec Freud l'amena toutefois à publier avec lui l'ouvrage *Studien über Hysterie* (1895). Ensuite, pour diverses raisons, les deux hommes se brouillèrent (cf. Sulloway, 1979 : 64-93).

Freud utilisa la méthode cathartique en 1889, mais l'abandonna rapidement au profit de la technique des «associations libres». Parallèlement à ce changement, il émit des doutes quant à l'effet thérapeutique d'une simple abréaction d'affects bloqués et affirma que la psychothérapie doit être avant tout une recherche et une élaboration *verbale* de *significations* refoulées. Il fit cependant usage jusqu'à la fin de sa vie du modèle «marmitéen» de «l'appareil psychique» ainsi que d'un langage énergétique (cf. le «point de vue économique», les «pulsions», les «déplacements d'affects»). Quelques-uns de ses élèves (p.ex. Reich, Lowen, Janov) et des vulgarisateurs de sa doctrine trouvèrent là une justification de formes de psychothérapies par le «défoulement», les explosions émotionnelles, les cris, les pleurs, les coups envoyés dans des coussins, les sports violents...

Des enquêtes auprès de familles américaines typiques montrent que la croyance dans les bienfaits de la «libération» émotionnelle est aujourd'hui largement répandue aux Etats-Unis (cf. Tavris, 1982 : 42s). On retrouve la même conception chez un bon nombre de «psy», principalement ceux dont les connaissances en psychologie scientifique sont rudimentaires ou insignifiantes.

Les résultats des travaux expérimentaux sur la catharsis

1. La majorité des observations bien contrôlées, relatives aux rétroactions des manifestations verbales et motrices sur les émotions, ont trait à l'irritation et à la colère. Le lecteur soucieux d'examiner la façon dont

ces recherches ont été menées peut consulter le travail de synthèse de Leyens (1977) ou de Tavris (1982). Nous nous limitons ici aux conclusions qui présentent une valeur évidente pour la gestion de soi.

a) L'irritation et la colère sont provoquées par une frustration (la colère résulte le plus souvent d'une frustration jugée abusive ou inadmissible). Cependant, s'il est vrai que les frustrations provoquent quasi automatiquement une dynamisation physiologique, les tonalités affectives qui en résultent varient largement selon les individus et les circonstances. Ainsi la plupart des Occidentaux s'irritent lorsqu'ils sont fréquemment interrompus dans leur travail ou dans des activités qui leur tiennent à cœur; chez les Balinais, pareille situation ne provoque guère d'hostilité ni même un sentiment de frustration (Bateson, 1941). Nous n'insistons pas davantage sur ce point, déjà évoqué dans les pages relatives à la détermination cognitive de l'impact des stimuli.

b) Le fait de ressasser longtemps des griefs, sans agir sur leur objet ou sans arriver à les voir de façon moins frustrante, apparaît généralement néfaste, tant au niveau psychique que physiologique.

c) Lorsque nous sommes irrités ou en colère, nous pouvons réduire notre activation émotionnelle en parlant ou en agissant de façon agressive. Cette possibilité est attestée par des impressions subjectives comme par l'enregistrement de paramètres physiologiques (rythme cardiaque, tension artérielle, etc.). Toutefois, diverses recherches montrent clairement que l'effet «cathartique» est loin d'être automatique et d'avoir les vertus que la psychologie populaire lui prête aujourd'hui. *La «purgation» de l'irritation ou de la colère par l'agression ne réduit notre tension physiologique que dans la mesure où elle nous donne l'impression d'améliorer notre contrôle sur la source de la frustration.* Si l'«explosion» affective n'élimine pas réellement le sentiment de frustration, son efficacité peut s'avérer nulle ou de courte durée. Bien souvent elle en vient à compliquer la situation ou engendre de nouveaux problèmes (escalade de la violence, rupture affective, perte d'emploi, etc.).

L'être humain étant davantage contrôlé par des effets à court terme que par des effets à long terme, une large proportion d'individus développent l'habitude de réagir agressivement, alors que cette «solution» aux frustrations leur est en fin de compte néfaste. Il s'agit là d'un conditionnement qui dépend de diverses variables (normes sociales, bénéfices escomptés, délai de satisfaction, réactions d'autrui, etc.). Il importe de savoir que d'autres types de réactions sont toujours possibles et sont souvent préférables.

d) Les conduites habituellement les plus rémunératrices, aux plans psychologique et physiologique, sont le comportement de résolution de problèmes et, si des changements effectifs s'avèrent irréalisables, une restructuration cognitive qui nous permet d'accepter que le monde ne se modèle pas toujours selon nos désirs. A titre d'illustration, citons une personne interviewée par Tavris :

«A une femme adorable affligée d'une sclérose en plaques, fut demandé de se retirer du club de détente auquel elle s'était inscrite, le directeur prétextant qu'elle n'était pas *en pleine forme*, et que ses clientes *en pleine forme* n'appréciaient guère de faire de l'exercice en compagnie d'handicapées physiques. (A l'époque, les seuls signes extérieurs du handicap de cette femme consistaient en une canne et un corset orthopédique. Mais en fait les clientes du club étaient extrêmement serviables et prévenantes pour elle.) Quand elle me rapporta cette consternante histoire, ma première réaction fut de me dire que tout ce que je pourrais bien apprendre de navrant sur les malheurs de ce directeur de club ne prévaudrait pas contre le sentiment d'outrage que son attitude odieuse me faisait ressentir. *Comment as-tu réagi?* lui demandai-je. *Je suis rentrée chez moi et j'ai pleuré*, me dit-elle. *Plus tard, une fois calmée, je lui ai fait clairement comprendre que j'entendais être remboursée de l'argent que j'avais versé à son club, plus les intérêts. Et c'est ce que j'ai obtenu. Alors j'ai renoncé à lui faire un procès et j'ai décidé d'abandonner l'affaire. Après tout, on ne peut pas passer son temps à enrager contre le monde entier, non? Bon, on peut le faire, bien sûr... Mais la vie est si brève.*» (1982 : 183).

2. Il existe plusieurs dizaines d'études sur des personnes ayant subi une expérience traumatisante telle qu'un viol, un emprisonnement arbitraire, la mort soudaine du conjoint ou le suicide d'un proche (cf. Pennebaker & Beall, 1986; Pennebaker, 1989). Il en ressort que les individus qui présentent le moins de troubles post-traumatiques sont ceux qui, en faisant le récit de leur expérience, sont parvenus à élaborer les multiples informations (sensorielles, affectives, symboliques) qui s'y rapportent, et à reprogrammer certains schémas cognitivo-affectifs. Les sujets qui demeurent les plus perturbés sont, d'une part, ceux qui ont gardé le silence et ont essayé d'inhiber leurs émotions, d'autre part, ceux qui se sont complus dans des déclarations répétées et théâtrales de leurs souffrances.

3. Quelques investigations sur la fonction des larmes suggèrent que le fait de pleurer peut avoir un effet cathartique chez la personne qui éprouve de fortes émotions (cf. Levoy, 1988).

– Les larmes versées en pareilles circonstances ont une composition chimique différente de celles produites pour humidifier les yeux ou en réaction à une irritation (due p.ex. à l'épluchage d'oignons). Elles contiennent notamment une importante proportion d'adrénocorticotropine (ACTH), une hormone dont la sécrétion augmente en cas de stress. Les pleurs permettraient d'éliminer l'excès de cette substance.

– Selon des enquêtes américaines, une majorité de personnes (environ 80 % des femmes et 70 % des hommes) déclarent que le fait de pleurer, dans les états émotionnels intenses, les soulage.

– Une étude réalisée à l'Université de Pittsburg montre que les personnes, qui s'interdisent de pleurer et qui ont une attitude négative à l'égard des larmes, présentent davantage de troubles psychosomatiques que celles qui tolèrent facilement cette manifestation émotionnelle.

4. On peut conclure, de l'état actuel des recherches, que l'effet cathartique est loin d'être univoque. Si l'on peut se trouver soulagé en criant ou en pleurant «tout son soûl», la répétition de manifestations émotionnelles a tendance à entretenir les affects, voire même à les intensifier. Le fonctionnement de l'être humain est sensiblement plus complexe que celui d'une marmite, même lorsqu'il apparaît «bouillonnant» ou «sous pression». La personne confrontée à de sérieux problèmes, personnels ou interpersonnels, a généralement intérêt à miser sur des stratégies d'autogestion qui soient plus élaborées que le simple défoulement.

L'enseignement de la thérapie comportementale

Salter, un des ancêtres de la thérapie comportementale, écrivait en 1949 que l'habitude de réprimer les expressions émotionnelles génère une sorte de «toxicité psychologique» (p. 47). Cette idée a été développée par Arnold Lazarus, un des premiers thérapeutes comportementalistes en titre. Un des chapitres de son célèbre ouvrage *Behavior Therapy and Beyond* (1971) s'intitule : «L'acquisition d'habitudes de liberté émotionnelle». Il y explique que beaucoup de personnes — tout particulièrement celles qui paraissent «encapsulées» ou «hypersocialisées» — ont intérêt à apprendre à mieux *prendre conscience* de leurs affects négatifs (irritation, etc.) et positifs (amour, admiration, compassion, etc.), à mieux *ressentir* ces affects et à mieux les *exprimer*.

A l'instar de Lazarus, les comportementalistes d'aujourd'hui accordent une place importante à la reconnaissance des affects et à leur expression (plus ou moins socialisée), sans pour autant adopter le modèle marmitéen de la vie affective. Selon eux, la régulation des affects passe principalement par des (re)structurations cognitives et l'élaboration de stratégies de confrontation efficaces.

D'autre part, dès le début de l'histoire de la thérapie comportementale, des praticiens ont incité leurs clients en proie à des émotions pénibles (angoisse, deuil, colère) à affronter, de façon relativement calme et pendant des séquences d'au moins une demi-heure, les stimuli inducteurs d'affects particulièrement intenses. L'application de cette procédure, *in vivo* ou en imagination, s'accompagne souvent de fortes émotions.

Cette méthode, qui a connu une large diffusion parmi les comportementalistes, se présente sous diverses modalités, désignées par les termes : «exposition» (*exposure*), «immersion» (*flooding*), «thérapie par implosion», «confrontation active». La première publication sur le *flooding* est, à ma connaissance, celle de Polin (1959). Les travaux de Stampf et Levis (1973) sont parmi les plus célèbres.

Au-delà de petites différences techniques, les spécialistes s'accordent pour dire qu'ils ne cherchent guère à «libérer» des affects coincés ou un trop-plein d'énergie (agressive p.ex.). Leurs objectifs fondamentaux sont :

– apprendre à affronter plus ou moins calmement des stimuli externes et des cognitions perturbantes (notamment des souvenirs de traumatismes et des obsessions);

– apprendre à supporter plus ou moins sereinement l'émergence de fortes émotions, chez soi-même et chez les autres;

– modifier activement des schémas de perception et d'interprétation.

Des recherches bien contrôlées montrent que cette méthode est remarquablement efficace pour «éteindre» des réactions émotionnelles «névrotiques» (cf. W. Marshall e.a., 1979; Burger e.a., 1985; Foa & Kozak, 1986; Pennebaker, 1989).

Chapitre VI

Les (stimuli) conséquences

> «Le comportement est façonné et maintenu par ses conséquences. Une fois ce fait reconnu, nous pouvons formuler l'interaction entre l'organisme et l'environnement d'une manière beaucoup plus féconde.»
>
> Skinner (1971 : 30)

I. L'IMPORTANCE DES CONSÉQUENCES

Nous avons déjà signalé plusieurs fois que l'anticipation des conséquences d'un comportement constitue un des déterminants majeurs de celui-ci. Le moment est venu d'examiner de plus près le rôle de la variable «C» dans l'équation comportementale.

Le premier psychologue qui a montré expérimentalement l'importance des conséquences des comportements pour expliquer la répétition de ceux-ci est l'Américain Edward Thorndike (1898). Ses recherches lui ont permis de formuler la célèbre «loi de l'effet» : un comportement suivi d'un état de satisfaction dans une situation donnée, a ensuite tendance, dans une situation semblable, à se reproduire; réciproquement, tout comportement suivi d'un état désagréable a ensuite tendance à moins se répéter. Les expériences les plus fécondes sur les relations entre les comportements et leurs conséquences ont été réalisées par Skinner (p.ex.

Skinner, 1938; 1969; Ferster & Skinner, 1957). Le célèbre psychologue de Harvard a bien montré que, tout au long de notre vie éveillée, les effets produits par nos comportements sélectionnent et façonnent nos comportements futurs. Il a étudié avec une extrême minutie divers paramètres essentiels des relations comportements-conséquences. Ses travaux ont permis d'élaborer une théorie des modifications de la conduite qui surpasse toutes les autres, tant au niveau de la vérification scientifique qu'au niveau des possibilités d'application pratique.

Certains comportements constituent à première vue des exceptions à la règle de la détermination du comportement par ses conséquences. Ainsi en va-t-il des réactions inconditionnées (p.ex. le réflexe palpébral ou la réaction d'alerte à la perception d'un danger) et des réactions conditionnées mises en évidence par Pavlov (p.ex. l'augmentation de la salivation suite à l'audition d'un signal annonçant la nourriture) : elles semblent contrôlées essentiellement par des stimuli antécédents et/ou des facteurs physiologiques, raison pour laquelle les psychologues les appellent parfois des «réflexes» ou des «répondants» — qu'ils opposent aux «opérants», les comportements en vue d'effets. Toutefois, si nous élargissons l'unité d'analyse de ces deux types de réactions, nous pouvons constater le rôle déterminant de conséquences dans leur genèse et dans leur fonctionnement.

En effet, le répertoire des réactions inconditionnelles et le mécanisme à la base des réponses conditionnelles ont été progressivement constitués, au cours de la phylogenèse, en fonction de conséquences positives. Chez les individus qui se sont trouvés munis de ces réactions, la probabilité de survivre et de se reproduire a été plus élevée que chez les autres. D'autre part, au cours de la vie quotidienne d'un animal ou d'un être humain, ces réactions sont toujours intégrées à des comportements ou sont immédiatement suivies de comportements qui, eux, visent à produire des effets. Les réactions analysées par Pavlov sont typiquement des observations de laboratoire. Elles sont assurément très intéressantes, mais elles ne sont que des éléments d'une réalité plus complexe. Normalement, un chien affamé qui entend un signal annonçant de la nourriture ne se contente pas de réagir affectivement et physiologiquement : il se dirige vers elle et agit de façon à pouvoir manger. Le harnais, dans lequel les chiens de Pavlov étaient retenus prisonniers pendant ses célèbres expériences, a empêché l'apparition de comportements opérants. La formule S-R, dérivée de ce type d'observation, ne rend compte que d'unités comportementales artificiellement découpées.

De façon générale, le comportement apparaît comme «sandwiché» entre des stimuli (antécédents) et des (stimuli) conséquents. Son analyse requiert l'observation de deux situations : celle qui l'«aiguillonne» et celle qu'il tend à produire. Ce principe s'applique aussi bien aux comportements manifestes qu'aux coverants. *Nos croyances, autant que nos actions, sont régies par leurs effets* : nous pouvons accorder foi à des réalités désagréables parce que nous avons appris qu'une perception relativement objective des faits présente des avantages (tels qu'une préparation adéquate aux dangers), mais nous pouvons aussi, en fonction d'autres intérêts, nier des réalités et entretenir des illusions...

II. LA QUADRIPARTITION DES CONSÉQUENCES POSITIVES ET NÉGATIVES

Nous choisissons nos comportements en fonction de leurs répercussions affectives : *nous pensons et agissons de manière à éprouver des satisfactions et à éviter des désagréments ou des souffrances*. Cette disposition fondamentale conditionne notre survie en tant qu'individu et en tant qu'espèce.

Les conséquences (anticipées) qui affectent nos comportements peuvent être considérées comme des «stimuli» au sens large du terme, c'est-à-dire des variables induisant des réactions. Afin d'insister sur le caractère «stimulant» ou motivant des conséquences, nous avons mentionné le mot «stimulus» dans le titre du présent chapitre et nous symboliserons dorénavant les conséquences des comportements en utilisant la lettre «S» (précédée et suivie d'un signe + ou -). Plus précisément, nous emploierons la formulation des (stimuli) conséquences devenue usuelle chez les psychologues hollandais, suite aux publications de Burger (p.ex. 1980) : le signe «+» ou «-» qui suit «S» précise s'il s'agit d'un stimulus agréable (appétitif) ou désagréable (aversif), tandis que le signe qui précède «S» indique l'effet du comportement sur l'occurrence du stimulus-conséquence («+» signifie que, suite au comportement, le «stimulus» apparaît ou augmente; «-» signifie que le «stimulus» diminue ou disparaît).

Il est extrêmement utile, pour analyser les comportements, de distinguer les quatre types suivants de conséquences.

a) L'apparition ou l'augmentation de stimulation positive suite au comportement (CMPT → +S+)

Une illustration expérimentale toute simple de ce processus est l'action d'un animal, dans une Skinner-box, qui appuie sur un levier de façon à obtenir de la nourriture.

Un comportement suivi de conséquences positives se trouve en principe «renforcé». Autrement dit, quand le même type de circonstances se représente, l'individu a tendance à répéter ce comportement, à moins que des conséquences négatives ne viennent l'inhiber ou que des comportements «concurrents» semblent pouvoir lui apporter davantage de satisfactions.

Les événements qui, suite à un comportement, favorisent sa répétition ultérieure sont appelés des «renforçateurs» ou «agents renforçants». L'effet d'un renforçateur sur le comportement est appelé un «renforcement» (Rf). Les stimuli, qui permettent d'anticiper l'apparition de conséquences à la suite d'un comportement, sont les «stimuli discriminatifs» (Sd). Ceux-ci ne sont pas la cause du comportement, mais seulement «un aspect, essentiel peut-être, des circonstances dans lesquelles une réponse est émise» (Skinner, 1969 : 23).

Le processus aboutissant à un renforcement positif peut se symboliser comme ceci :

$$\text{Sd} \rightarrow \text{Cmpt x} \rightarrow \text{+S+} \rightarrow \text{Rf du Cmpt x}$$

Rappelons encore deux expressions de Skinner devenues classiques en psychologie. Les «contingences de renforcement» désignent l'ensemble des interactions entre les stimuli discriminatifs, le comportement et les conséquences. Le «conditionnement opérant» désigne l'apprentissage de la possibilité de produire des effets déterminés moyennant un comportement (opérant), dans certaines circonstances (Sd).

b) La réduction ou l'empêchement de stimulation aversive suite au comportement (CMPT → -S-)

L'illustration paradigmatique de ce processus est l'action d'un animal, dans une Skinner-box, qui appuie sur un levier de façon à interrompre des chocs électriques ou à éviter leur apparition.

Comme dans le premier type de conséquences, l'effet positif du comportement incite l'individu à le répéter lorsqu'il se trouve dans certaines situations. Le renforçateur est ici appelé «négatif» parce qu'il consiste en la réduction ou en l'absence (-S) de stimulation désagréable (S-).

Skinner a bien mis en évidence que les comportements qui visent à diminuer ou à éviter des stimulations aversives («comportements d'échappement» ou «d'évitement») s'avèrent particulièrement résistants au changement et à l'extinction. L'animal, qui a appris qu'il peut éviter des chocs électriques s'il appuie sur un levier dès l'allumage d'une lampe, répète cette conduite chaque fois que la lampe s'allume, *quand bien même il ne risque en fait plus aucun choc*. Il n'essaie pas spontanément un autre type d'action. Il reproduit une réaction d'évitement qui se trouve sans cesse renforcée par des conséquences apparemment positives (-S-).

Le comportement d'un animal contrôlé par des «renforcements négatifs» peut se répéter indéfiniment, dès l'apparition de stimuli discriminatifs. Un expérimentateur peut cependant le faire disparaître assez rapidement : il suffit d'obliger l'animal à faire concrètement l'expérience d'une nouvelle réalité. Ainsi l'animal qui voit la lampe s'allumer et qui est mis dans l'impossibilité d'appuyer sur le levier, s'il ne subit alors plus aucun choc, apprend vite l'inutilité de son comportement d'évitement. Les psychologues appellent cette procédure «l'empêchement de la réponse» (*response prevention*).

Chez l'être humain, une large proportion de comportements ont pour fonction principale de retarder ou d'éviter des stimulations aversives. On peut citer à titre d'exemples l'élève qui fait ses devoirs pour ne pas être puni, l'étudiant qui prend rituellement sa tasse de thé avant de se mettre au travail, la personne en thérapie qui parle longuement de thèmes sans implication affective, le collectionneur de bandes dessinées qui «oublie» son incompétence professionnelle en songeant à ses albums, l'universitaire jargonnant de façon à ne pas voir la pauvreté de son savoir, l'homme d'affaires obsédé par de petits détails qui lui permettent de dissimuler à lui-même la futilité de son job.

Skinner écrit que «souvent le comportement qui semble irrationnel, dans ce sens qu'il n'a pas de conséquence renforçante positive, peut avoir pour effet de remplacer un comportement sujet à punition» (1971 : 81). Ce processus s'observe tout particulièrement dans les assuétudes et les comportements «névrotiques», comme l'indiquent les illustrations suivantes.

L'*alcoolisme* est en général contrôlé davantage par la réduction de stimulations aversives que par la recherche de plaisir. La boisson permet à l'alcoolique d'atténuer (à court terme) des affects pénibles (anxiété, tristesse, irritation, ennui, sentiment d'infériorité, culpabilité). Lorsque la dépendance est installée, la consommation sert avant tout à éviter ou à diminuer les souffrances provoquées par le manque de la dose devenue un «besoin».

Tomkins a réalisé des recherches sur le *tabagisme* qui illustrent bien l'importance de distinguer les renforcements positifs et négatifs (Ikard & Tomkins, 1973; Tomkins, 1980). Il a montré que les personnes qui fument essentiellement par plaisir (*positive-affect smokers*) renoncent assez aisément à ce comportement (pour autant qu'elles le remplacent par d'autres modes de gratification). Par contre, les personnes qui utilisent la cigarette comme un moyen de réduire leurs affects négatifs (*negative-affect smokers*) éprouvent beaucoup plus de difficultés à arrêter de fumer et rechutent facilement dès qu'elles sont confrontées à des difficultés existentielles (pour venir à bout de leur habitude, elles ont intérêt à développer de nouvelles stratégies d'affrontement du stress, plus efficaces que celles qu'elles utilisaient jusqu'alors). Enfin les personnes devenues physiquement dépendantes de la nicotine (*addictive smokers*) renoncent le moins facilement à leur drogue. Elles finissent par fumer principalement afin d'éviter les souffrances suscitées par l'abstinence. Pour elles l'élimination du tabagisme est un problème particulièrement ardu.

Mis à part des cas de phobies simples et spécifiques, une *phobie* est souvent conditionnée par l'évitement de plusieurs types de stimuli aversifs. Ainsi une personne agoraphobe peut, en restant chez elle, éviter les événements suivants : une crise d'angoisse en public, qui s'accompagne de honte et qui pourrait se solder par l'embarquement en ambulance; la perte du contrôle de soi et une action impulsive («je pourrais perdre la tête et me jeter dans le vide»); le fait de travailler («je ne peux plus me rendre au bureau parce que je n'ose plus sortir de chez moi»); des rencontres provoquant une excitation sexuelle.

Lorsqu'une phobie s'est développée, elle se maintient ou se renforce suite au soulagement qu'apporte la fuite de stimuli perçus comme dangereux. A partir de ce moment, le phobique évite de s'exposer aux situations anxiogènes pendant le temps requis pour produire une «extinction» des réactions conditionnelles d'anxiété. (Généralement il ignore qu'une «exposition» prolongée aux stimuli phobogènes — p.ex. trois séances d'une heure — pourrait réduire ou éliminer sa peur).

Les *somatisations hystériques* peuvent être un moyen d'échapper à des devoirs (travail, obligations religieuses, missions militaires). En focalisant l'attention sur la douleur ou sur un problème «médical», elles constituent également un moyen d'«oublier» des problèmes existentiels tels que le manque d'estime de soi, le sentiment d'être incompétent, la désagrégation de la relation conjugale, l'inéluctabilité de la mort, etc.

Les *ruminations obsessionnelles* et les *compulsions* ont, elles aussi, une fonction d'évitement ou d'échappement (Hodgson, 1982; Burger, 1984). Pendant les premiers temps, elles sont «utilisées» dans des situations précises (p.ex. un étudiant se sent sale et éprouve l'impulsion à se laver chaque fois qu'il s'est masturbé et chaque fois qu'il commence à étudier un cours qui le rebute). Ensuite les obsessions et compulsions deviennent des réducteurs de tension généralisés, déclenchés par n'importe quel problème (l'étudiant finit par se laver dès qu'il éprouve une contrariété ou anticipe une difficulté). En définitive les tensions augmentent et compliquent de plus en plus l'existence. Le problème s'auto-alimente. L'obsessionnel se trouve alors enfermé dans une spirale infernale. Pour en sortir, la seule stratégie efficace consiste à affronter résolument et tenter de résoudre les véritables problèmes que les conduites obsessionnelles permettent de fuir.

c) L'apparition ou l'augmentation de stimulation aversive suite au comportement (CMPT → +S-)

Les conséquences négatives d'un comportement sont appelées «punitions» ou «effets aversifs». Deux catégories sont utilement distinguées : les *punitions positives* (+S-), qui sont les stimulations aversives conséquentes à un comportement, et les *punitions négatives* (-S+), qui sont la diminution ou l'absence de stimulations agréables par suite d'un comportement.

Le prototype de la punition positive est un choc électrique que subit un animal lorsqu'il appuie sur un levier de Skinner-box. Le prototype de la punition négative est une diminution de nourriture suite à l'appui sur un levier.

L'individu dont le comportement, dans des situations déterminées, est suivi de contingences punitives a tendance à modifier ce comportement ou à le délaisser au profit d'un autre. Toutefois, lorsqu'un comportement puni continue d'apparaître à l'individu comme un moyen potentiel de stimulations positives, l'affaiblissement peut s'avérer provisoire ou de faible importance. Dans ce cas, l'individu peut chercher à éviter les effets aversifs du comportement sans renoncer, en certaines circonstances, à son accomplissement. L'enfant puni parce qu'il a volé peut désormais s'abstenir de voler, mais il peut aussi essayer de voler en prenant davantage de précautions...

La stratégie la plus efficace pour réduire une conduite habituelle revient à rendre cette conduite *intrinsèquement* aversive et à aménager les conditions favorables au développement de comportements «concurrents» suffisamment gratifiants. On peut p.ex. diminuer l'habitude de l'agression chez une personne en la sensibilisant autant que possible aux multiples risques et inconvénients du comportement agressif, en favorisant l'apprentissage du dialogue constructif et en faisant éprouver concrètement les avantages de solutions négociées.

d) La réduction ou l'absence de stimulation positive suite au comportement (CMPT → -S+)

La distinction entre cette catégorie de «punitions» et la précédente paraît parfois artificielle. P.ex. quand un enfant est privé de sortie parce qu'il n'a pas assez étudié, on peut qualifier cette punition de «positive» (l'enfant est confiné chez lui) ou de «négative» (il est privé de contacts avec des camarades). Dans d'autres cas, cette distinction s'avère heuristique. Elle incite à s'interroger sur les stimulations positives que pourraient apporter des comportements concurrents. P.ex. la personne qui essaie de ne plus boire d'alcool a tout intérêt à centrer son attention non seulement sur les +S- (malaises physiques, développement de la dépendance, maladies à venir), mais encore sur les -S+, les divers plaisirs que l'alcoolisme fait perdre (estime des proches, efficacité dans le travail, pratique du sport, etc.) et que des comportements «antagonistes» permettraient d'obtenir.

Le tableau suivant résume la quadripartition des conséquences positives et négatives (les termes «techniques» sont indiqués en italique)

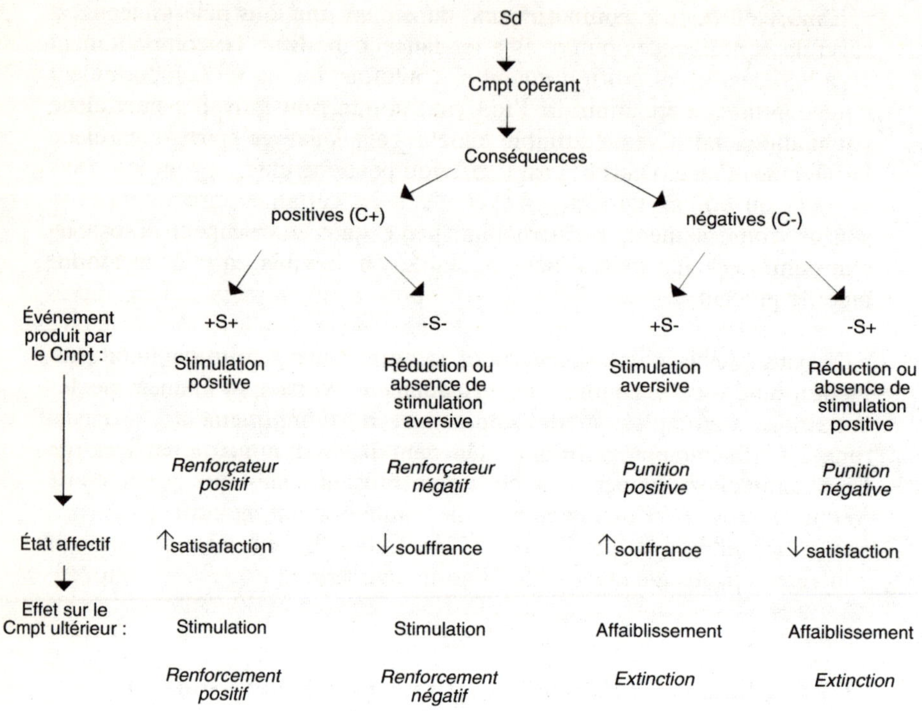

III. LES CONSÉQUENCES EXTRINSÈQUES, INTRINSÈQUES ET AUTOPRODUITES

Une conséquence «extrinsèque» est une stimulation (agréable ou pénible) qui se produit dans l'environnement suite au comportement de l'individu. P.ex. un parent autorise un enfant, qui a étudié sa leçon, à regarder la télévision, ou lui dit : «c'est bien, tu m'as fait plaisir».

Une conséquence «intrinsèque» est une réaction affective provoquée par le comportement en tant que tel. P.ex. le plaisir qu'éprouve un élève en cherchant une réponse à une question qui l'intrigue.

Une conséquence «autoproduite» (ou «auto-administrée») est un comportement intrinsèquement agréable ou pénible, que la personne émet pour sanctionner un de ses propres comportements. P.ex. après avoir terminé un travail, l'élève s'offre une heure de télévision ou se dit : «j'ai fait du bon boulot, chouette, je suis content de moi». On peut ranger dans cette catégorie les conséquences intrinsèques, non évidentes à première vue, qu'on élabore activement en vue de mieux contrôler son propre comportement. C'est p.ex. le cas de l'élève qui ne ressent pas spontanément du plaisir à étudier un cours et qui, dès lors, s'efforce de l'envisager de manière à y trouver de l'intérêt et de l'attrait.

Skinner a évoqué dès 1953 l'importance des conséquences autoproduites pour la gestion de soi. Il illustrait l'autorenforcement par le comportement de la personne qui ne s'octroie des contacts sociaux qu'après avoir accompli une tâche déterminée, et l'autopunition par le fait de s'injurier après s'être engagé dans une action évaluée négativement (1953 : 237s).

Skinner posait des questions sur les processus effectivement en jeu. Concernant l'exemple de l'autorécompense, il se demandait si le facteur essentiel, dans ce genre de situation, n'est pas l'évitement de la culpabilité que provoquerait le non-respect d'un contrat conclu avec soi-même. Concernant le second exemple, il notait que le comportement d'autopunition semble avoir pour principale fonction d'échapper à la stimulation pénible que constitue la culpabilité. Par ailleurs il s'interrogeait sur l'efficacité des conséquences auto-administrées. Les conduites, auxquelles ces conséquences font suite, ont-elles tendance à être modifiées à l'instar de celles qui sont suivies de conséquences externes ?

Au cours des années 60, les équipes de Kanfer à l'université de l'Oregon (cf. Kanfer & Phillips, 1970 : ch. 9) et de Bandura à Stanford (cf. Bandura, 1976 : ch. 4) ont étudié expérimentalement le degré d'efficacité des conséquences autoproduites, les facteurs de leur développement durant l'enfance, et de leur modification par la thérapie comportementale. Nous retiendrons de leurs travaux les conclusions suivantes.

– Les conséquences autoproduites de certains comportements influencent effectivement la répétition ultérieure de ceux-ci.

– Une large proportion de comportements sont contrôlés par des conséquences auto-administrées. Ce processus assure une certaine cohérence dans les conduites d'une personne.

– L'apprentissage de l'autoproduction de conséquences s'effectue essentiellement à la suite d'interactions sociales. L'individu apprend à se récompenser et à se punir en fonction du traitement que des figures d'autorité ont réservé à ses actions. Cet apprentissage est également conditionné par l'observation de la manière dont des figures d'autorité se traitent elles-mêmes suite à leurs comportements.

– A tout âge, on peut apprendre à augmenter la fréquence quotidienne de ses autorécompenses. On peut ainsi modifier la façon dont on s'évalue et améliorer la confiance en soi.

– Une augmentation des autorécompenses ne s'accompagne pas ipso facto d'une diminution des autopunitions. (On peut apprendre à s'octroyer davantage de renforçateurs pour les actions qu'on juge positives et continuer à s'autocritiquer abondamment pour les actions qu'on juge négatives).

Lynn Rehm et ses collaborateurs (Université de Pittsburgh) ont bien étudié l'effet dépressogène de la rareté des autorécompenses et de l'abondance des autopunitions. Ils ont mis au point un programme destiné aux personnes déprimées, dans lequel la modification méthodique des conséquences auto-administrées occupe une place centrale.

Les intéressés apprennent à définir des objectifs réalistes, des activités qu'ils peuvent accomplir assez facilement, des autorécompenses matérielles et des auto-appréciations positives. Ensuite ils programment concrètement la réalisation d'activités quotidiennes. Enfin ils s'efforcent de se réjouir et de se «renforcer» amplement chaque fois qu'ils accomplissent une action quelque peu valable.

Les comportementalistes qui prennent en charge des personnes déprimées font volontiers usage de cette stratégie (cf. Kramer e.a., 1987). Du fait qu'ils l'emploient quasi toujours en conjonction avec d'autres mesures thérapeutiques (réattributions de causalité, reformulation des objectifs de vie, augmentation de la fréquence des activités, etc.), il n'y a malheureusement pas d'études — à ma connaissance — qui démontrent sans ambiguïté son efficacité pour le traitement des dépressions.

IV. LA MULTIPLICITÉ DES CONSÉQUENCES D'UN COMPORTEMENT

En règle générale, chacun de nos comportements est contrôlé par une pluralité de conséquences positives (incitatrices) et négatives (inhibitrices). Nous ne sommes pas souvent conscients de ce processus.

Lorsque nous voulons modifier de façon systématique un comportement, nous avons intérêt à analyser ses conséquences en fonction de la structure quadripartite évoquée plus haut (cf. Burger, 1980; 1984). A titre d'illustration, voyons l'analyse «quadripartite» des conséquences de deux comportements.

(a) Propos moralisateurs qu'une personne déprimée énonce quotidiennement à l'égard de son épouse et de ses collègues (cf. Burger, 1985 : 13).

+S+ Sentiment d'être moralement supérieur au conjoint et aux collègues

-S- Neutralisation de toute critique que lui adressent le conjoint ou les collègues

-S- Evitement des situations de compétition; empêchement d'être surpassé par les autres

-S- Inattention à ses propres manquements

-S- Négation d'une disposition agressive personnelle (la personne croit qu'elle ne critique pas les autres pour des raisons «égocentriques», mais seulement pour faire respecter la Morale)

+S- Réactions agressives de l'entourage, en particulier de l'épouse devenue allergique à toute marque de rigorisme venant de sa part

+S- Irritation, anxiété et dépression provoquées par le spectacle quotidien du non-respect de la Morale par les autres

-S+ Absence de relations intimes gratifiantes avec l'épouse

-S+ Rareté d'interactions chaleureuses avec les collègues.

(b) Automutilations par cutter, en moyenne une fois par mois, quand la personne éprouve un sentiment de rejet brutal de la part du conjoint.

-S- Contrôle de la crise de panique et de dépersonnalisation consécutive au sentiment de rejet (la mutilation fait brusquement dévier l'attention et fait disparaître l'impression de se désintégrer)

-S- Empêchement d'agresser le conjoint perçu brusquement comme un «monstre» qui devrait être châtié

+S+ Arrivée rapide du médecin, qui interrompt ses autres consultations quand on l'appelle pour ce motif et qui manifeste d'ordinaire une attention compatissante.

+S+ Contrôle du conjoint, qui redoute ce comportement et se soumet à certaines injonctions en vue de l'éviter

+S+ Culpabilisation du conjoint («Je n'en arriverais pas là s'il m'aimait»)

+S- Douleur momentanée
+S- Cicatrices, qui rappelleront toujours les «impulsions maladives»
+S- Sentiment d'être méprisé par diverses personnes de l'entourage
+S- Autodévalorisation («Je suis incapable de me contrôler, je me rends moche»)
-S+ Prise de distance de plusieurs membres de la famille, qui considèrent ce comportement comme une manipulation
-S+ Absence de toute élaboration de solutions positives aux tensions qui déclenchent l'automutilation.

Les «stimulations» formulées grâce à une telle analyse sont pour une large part hypothétiques, à moins de disposer d'un échantillon représentatif des interactions entre l'individu et l'environnement. La meilleure façon de vérifier l'impact effectif d'une conséquence présumée consiste à modifier celle-ci et à enregistrer les changements concomitants de conduite.

L'impression personnelle est un critère relativement peu fiable pour diagnostiquer les véritables déterminants du comportement. La prise de conscience des conséquences réellement «opérantes» est un comportement (un coverant) lui-même déterminé par ses effets, de sorte que la plupart des individus se contentent d'explications simplistes, soulignant leur mérite personnel ou leur permettant de s'excuser.

Certaines conséquences de comportements sont assurément non souhaitées. Ceci est généralement le cas des effets négatifs, dont une large proportion ne sont même pas anticipés par l'acteur. Expliquer un comportement d'automutilation par le masochisme ou la pulsion de mort, comme le font des psychanalystes, apparaît tout à fait simpliste au regard de la psychologie scientifique.

La diversité des comportements possibles à partir d'une situation et la multiplicité des conséquences de chacun d'eux rend compte des attitudes ambivalentes et des conduites d'hésitations. Skinner écrit à ce sujet : «Les conflits entre sentiments, tels que les illustrent les thèmes littéraires classiques de l'amour et du devoir ou du patriotisme et de la foi, sont en fait des conflits entre contingences de renforcement» (1971 : 143).

V. LES MODALITÉS D'APPARITION DES CONSÉQUENCES

Nous sommes davantage motivés à étudier un cours si nous avons le sentiment d'acquérir des informations intéressantes à chaque page plutôt qu'à une page sur dix. Par ailleurs, notre motivation est plus forte si les informations intéressantes apparaissent d'emblée plutôt qu'après un délai relativement long. Autrement dit, une même conséquence — ici l'acquisition d'informations intéressantes — détermine différemment le comportement selon sa fréquence et son délai d'apparition.

Depuis les recherches de Skinner, les psychologues accordent une importance considérable aux «contingences» de la relation comportements-conséquences (cf. Ferster & Skinner, 1957; Kanfer & Phillips, 1970 : ch. 2). Nous nous limitons ici à trois variables essentielles.

a) Le délai

De façon générale, une conséquence anticipée s'avère d'autant plus motivante que le temps entre le comportement et cette conséquence apparaît plus court. P.ex. le dégoût pour une boisson s'installe d'autant mieux qu'elle rend rapidement malade; le degré de dépendance à l'égard d'une benzodiazépine est en partie déterminée par la rapidité de son action anxiolytique.

Le délai d'occurrence des effets des opérants est une variable cruciale dans les situations typiques d'autocontrôle. La personne se trouve p.ex. partagée entre, d'une part, des comportements qui entraînent des C+ immédiates et des C- différées et, d'autre part, des comportements qui entraînent des C- immédiates et des C+ éloignées. Ainsi le fumeur, qui continue à fumer, s'épargne les symptômes de sevrage (-S-) et garde un moyen d'agir sur l'intensité de ses affects (+S+), mais il favorise des processus physiologiques dont les effets apparaîtront à long terme (troubles cardio-vasculaires, impuissance sexuelle, accentuation des rides, ulcères, cancers, etc.). S'il renonce à fumer, il souffre dans l'immédiat, mais il peut espérer conserver plus longtemps un bon état de santé.

Le degré d'incitation à un comportement change lorsque certaines conséquences deviennent plus proches (et donc plus concrètes). Nombreux sont les fumeurs qui ont vainement tenté d'arrêter de fumer quand ils étaient en bonne santé et qui y parviennent suite à une crise cardiaque, qu'ils attribuent au tabac et dont ils redoutent la répétition (Jeffery, 1989).

Des psychologues ont analysé différents facteurs de la capacité d'un individu à réguler son comportement en fonction de conséquences à long terme plutôt qu'en fonction de satisfactions immédiates. Walter Mischel (Université Stanford) est en l'occurrence le chercheur le plus productif. Son expérience princeps a porté sur les déterminants de la conduite d'enfants amenés à choisir entre un petit bonbon, qu'ils pouvaient immédiatement consommer, et un gros bonbon, qu'ils pouvaient consommer seulement une semaine plus tard (Mischel, 1958).

Les variables suivantes sont apparues importantes pour la durée du délai de gratification (cf. Mischel, 1981; Rehm, 1982; Morris & Really, 1987).

– L'âge (la proportion d'enfants qui, dans l'expérience princeps de Mischel, ont opté pour un gros bonbon à consommer après une semaine est de 19 % à 7 ans, 52 % à 8 ans, 80 % à 9 ans).

– Le mode de présentation du stimulus (les enfants qui voient l'objet convoité résistent moins longtemps que ceux qui ne voient qu'une photo).

– Les «modèles» observés (les enfants apprennent à postposer des plaisirs en voyant des adultes agir de la sorte).

– Le degré de socialisation (les délinquants optent de façon très caractéristique pour les gratifications rapides ou immédiates).

– L'état affectif (lorsqu'un expérimentateur induit chez des sujets des affects pénibles et chez d'autres des affects agréables, ceux du 1er groupe ont davantage tendance que ceux du second à choisir des satisfactions rapides. Les personnes déprimées tolèrent moins bien, que des personnes non déprimées, l'allongement d'un délai de gratification; elles font moins d'efforts que les autres au cours d'activités qui ne sont pas directement renforcées).

– La possibilité de se distraire (lorsque l'attention est dirigée vers d'autres stimulations agréables que celles qui sont convoitées, le délai de gratification est mieux toléré et plus facilement allongé).

– L'utilisation d'auto-instructions en vue de planifier les comportements et de résister à des gratifications immédiates (des enfants peuvent apprendre efficacement ce type d'autoverbalisations).

Il est intéressant de noter que l'aptitude à différer une satisfaction peut également se développer chez des animaux (cf. Rachlin, 1980 : 94).

On peut p.ex. apprendre à un pigeon à choisir une nourriture délivrée six secondes après un coup de bec sur un disque (A) plutôt qu'une nourriture moins abondante délivrée immédiatement après un coup de bec sur un autre disque (B).

Dans une première étape de l'expérience, il n'y a pas de différence de délai entre la nourriture obtenue par un coup de bec sur l'un ou sur l'autre disque. Ensuite l'expérimentateur augmente progressivement le délai d'obtention de la nourriture grâce à un coup de bec sur le disque A. Un pigeon, même affamé, peut ainsi apprendre à choisir d'attendre pour obtenir une plus grande quantité de nourriture. Rachman écrit au sujet de ce type d'expériences : «Comme le pigeon, l'enfant peut choisir de façon conséquente des récompenses plus importantes même si elles sont différées. C'est de cela qu'il s'agit dans l'autocontrôle (...) Nous pouvons l'apprendre comme nous apprenons à rouler à bicyclette ou à lacer nos chaussures» (1980 : 94).

b) La fréquence

On constate couramment qu'un renforçateur exerce sur le comportement un contrôle d'autant plus étroit que ce renforçateur est plus fréquent.

Un renforçateur très fréquent peut toutefois perdre son caractère motivant («effet de satiété»), raison pour laquelle il importe de diversifier les renforçateurs et de les utiliser judicieusement. D'autre part, l'apparition non systématique d'un renforçateur — un type de contingence que Skinner (1938) appelle «renforcement intermittent» — façonne moins rapidement le comportement que son apparition «continue», mais dès que la relation comportement-renforçateur est bien établie, le comportement résiste mieux à l'«extinction» (la raréfaction ou la disparition des renforçateurs) dans le premier cas que dans le second.

Le rat dans une Skinner-box, qui a appris à appuyer sur un levier pour obtenir de la nourriture et qui ensuite n'en obtient plus de cette façon, continue à appuyer beaucoup plus souvent si le renforçateur est précédemment apparu une fois sur dix plutôt qu'à chaque appui de levier.

Une situation remarquable est celle où le renforçateur apparaît de façon aléatoire : le comportement peut alors s'avérer tout particulièrement résistant à l'extinction. L'adepte de la roulette ou du jack-pot illustre bien ce processus : il continue à miser alors que les récompenses sont en fait peu fréquentes, mais sont à tout moment susceptibles de se produire.

Dans nos relations avec le monde physique, les renforcements sont le plus souvent continus (nous obtenons de l'eau quasi chaque fois que nous ouvrons le robinet). Dans nos relations interpersonnelles, les renforcements sont le plus souvent discontinus (nous ne recevons pas des félicitations chaque fois que nous agissons honnêtement). Lorsque nous cherchons à expliquer un comportement, nous ne pouvons nous contenter d'observer ce qui suit ce comportement à un moment donné : nous devons tenir compte des renforçateurs qui, par le passé, ont suivi ce type de conduites, des renforçateurs qui peuvent avoir disparu ou n'apparaître que de façon intermittente.

c) Le degré de probabilité

De façon générale, une conséquence anticipée motive d'autant plus fortement qu'elle apparaît davantage probable. Ainsi un individu peut être d'autant plus tenté de commettre un délit que ce comportement pourrait rapporter davantage de bénéfices et comporter moins de risques. (On peut noter à ce sujet que les récits détaillés de la manière dont la police a arrêté l'auteur d'un délit peuvent servir au délinquant potentiel à imaginer une stratégie plus sûre que celle du délinquant arrêté. Ces récits ont alors un effet «pervers» : au lieu de dissuader de commettre un délit, ils fournissent des informations qui augmentent la probabilité d'échapper à la justice).

*
* *

Il n'est peut-être pas superflu de rappeler que la plupart des processus psychologiques examinés ci-dessus fonctionnent sans que nous en prenions activement conscience. Le plus souvent nous agissons sans réfléchir à nos comportements et à leurs déterminants : nous parlons sans songer aux règles de la grammaire, nous roulons à bicyclette sans connaître consciemment les lois de la biomécanique, nous nous angoissons sans comprendre que nous avons inféré de fausses conclusions.

L'attention consciente portée à un comportement ou à des variables qui l'affectent peut modifier son déroulement habituel. La connaissance scientifique des tenants et aboutissants de nos conduites nous permet en principe de mieux gérer celles qui entraînent des difficultés, surtout de par leur caractère irréfléchi et automatisé. Nous allons maintenant voir comment utiliser pratiquement, dans cette perspective, la conception du comportement qui vient d'être présentée.

CINQUIEME PARTIE

LA PRATIQUE DE LA GESTION DE SOI

«La gestion de soi est une forme particulière de résolution de problème.»

Skinner (1988 : 190)

La question de l'autogestion se profile constamment à l'horizon de notre existence. A chaque instant, nous agissons en fonction d'objectifs que nous pourrions changer, nous «choisissons» des conduites plutôt que d'autres. Nous ne sommes toutefois pas en mesure d'être attentifs à chacun de nos comportements. Leibnitz disait : «Il n'est pas possible que nous réfléchissions toujours expressément sur toutes nos pensées; autrement l'esprit ferait réflexion sur chaque réflexion à l'infini sans pouvoir jamais passer à une nouvelle pensée (...) Il faut bien que je cesse de réfléchir sur toutes ces réflexions et qu'il y ait enfin quelque pensée qu'on laisse passer sans y penser» (cit. in Brun, p. 44). D'autre part, il semble bien établi que *nous n'avons pas intérêt à nous observer le plus possible*. L'ensemble des recherches scientifiques sur les effets de l'auto-observation aboutit à la conclusion que «la gestion effective d'une variété de situations de la vie quotidienne suppose la limitation de l'attention à soi-même» (Strack e.a., 1985 : 1084).

Les individus particulièrement préoccupés d'eux-mêmes, lorsqu'ils se trouvent face à des situations stressantes, sont plus facilement perturbés que d'autres (Sarason, 1988). Ceux qui sont hyperattentifs à la façon dont ils sont perçus par autrui ont typiquement tendance à faire des interprétations «égocentrées» et à développer des croyances paranoïdes ou paranoïaques (Fenigstein & Vanable, 1992). L'étude de l'évolution de personnes déprimées montre que celles qui demeurent le plus longtemps dans un état dépressif «tendent à observer systématiquement leurs comportements, contrairement à celles qui se rétablissent rapidement» (Doerfler & Richards, 1983 : 222). Des enquêtes sur les moments de satisfaction les plus intenses révèlent que ceux-ci surviennent le plus souvent lorsque l'être humain est pleinement engagé dans des activités telles qu'un travail créateur ou une activité sportive (Csikszentmihalyi, 1978).

Une saine gestion de soi implique une large ouverture au monde et exclut l'obsession du «moi». Des procédures d'auto-observation et d'autocontrôle deviennent essentielles lorsque nous éprouvons des émotions pénibles et que nous sommes tentés d'adopter des conduites à certains égards néfastes (assuétudes, actions antisociales, fuites névrotiques, rituels obsessionnels, sujétion étouffante à des «musts», etc.).

Nous avons grand intérêt à envisager nos comportements indésirables comme des réactions inadéquates à des situations problématiques, plutôt que comme les expressions d'un manque de volonté, les symptômes d'une névrose ou les symboles d'un complexe inconscient. Nos apprentissages antérieurs nous permettent de résoudre facilement bon nombre de problèmes, mais pas tous. Dès qu'une situation nous paraît compliquée, la stratégie généralement la plus efficace est une démarche méthodique de «résolution de problème». La durée et la complexité de cette démarche peuvent considérablement varier, selon qu'il s'agisse p.ex. de l'adoption en cinq secondes d'un «réflexe d'autogestion» (on se dit : «stop ! - décontracte - réfléchis») ou de l'élaboration d'un dossier détaillé sur les tenants et aboutissants d'une grave décision à prendre.

Dans notre conception de l'autogestion, la démarche de résolution de problème constitue la stratégie de base par rapport à laquelle peuvent s'articuler toutes les interventions sur soi et sur l'environnement (les autres stratégies permettent d'adopter ou de maintenir des comportements efficaces, tandis qu'elle les produit ou les sélectionne). Nous commencerons donc la partie pratique par l'examen de ce canevas fondamental (ou «métastratégie») de la gestion de soi.

Chapitre I

La démarche de résolution de problème (D.R.P.)

Définissons d'abord quelques termes. Par *problème*, nous entendons ici une situation dans laquelle une personne ne parvient pas à produire les réactions qu'elle juge adéquates. Le mot *résolution*, qui vient du latin *resolvere* (décomposer, dénouer, débrouiller), signifie que la personne distingue des composantes ou des étapes en vue de trouver une solution. L'expression *démarche de résolution de problème* (ou D.R.P.) désigne une séquence relativement méthodique d'opérations visant à explorer un problème, à imaginer des solutions et à mettre en œuvre les comportements estimés les plus opportuns, compte tenu des circonstances. Cette démarche se trouve à l'antipode des réactions irréfléchies et impulsives.

Chacun se trouve, à un moment ou un autre, amené à adopter spontanément des conduites de résolution de problème. Le chercheur scientifique, lui, les adopte le plus rigoureusement possible, afin de mettre en évidence des faits significatifs et des relations entre des variables pertinentes. La majorité des personnes ignorent qu'elles pourraient plus souvent et plus efficacement employer la D.R.P. Ainsi un chef d'entreprise peut appliquer avec succès une telle démarche pour des problèmes de marketing sans songer à l'utiliser pour aborder un conflit conjugal, qu'il se contente d'attribuer au mauvais caractère ou à la bêtise de son épouse.

Toute personne désireuse d'améliorer la gestion de son existence peut bénéficier d'un entraînement méthodique à la D.R.P. dans la vie quotidienne. L'expérience des thérapeutes comportementalistes montre que cet entraînement n'est pas facile (au début la D.R.P. apparaît fort abstraite), mais que les efforts d'entraînement sont largement récompensés. Après quelques semaines d'application, la D.R.P. peut devenir une réaction aussi «naturelle» que l'étaient des réactions de colère, d'angoisse ou de découragement.

Chacun peut faciliter son entraînement à la D.R.P. en développant les trois types de convictions suivantes :

(a) «La vie est ponctuée de problèmes. *Exister c'est relever des défis* : sans eux, mon existence serait ennuyeuse et je ne ferais guère de progrès».

(b) «*Je dispose de ressources de réflexion et d'action.* J'ai déjà résolu convenablement beaucoup de problèmes et j'en résoudrai bien d'autres. Je ne suis pas un robot : je suis capable de me piloter».

(c) «*Je n'ai pas l'obligation de trouver la solution optimale à tous les problèmes que je rencontre.* En tant qu'être humain, je commets inévitablement des erreurs».

Nous inspirant du travail de Thomas D'Zurilla et Marvin Goldfried (1971), nous formalisons comme suit la démarche de résolution d'un problème d'autogestion.

1° La prise de l'attitude de résolution de problème

La 1re étape consiste à décider de percevoir (interpréter) la situation aversive, l'émotion pénible ou la réaction indésirable comme un «problème à résoudre», que nous allons affronter de façon méthodique et réfléchie.

Lorsqu'une réaction d'alerte surgit brusquement — en particulier sous la forme d'anxiété ou d'irritation — il est utile d'enclencher immédiatement un *dispositif d'auto-apaisement* du type suivant : inspirer profondément et expirer lentement, en décontractant le visage et le ventre; se dire, quasi en même temps : «Stop! C'est pas une catastrophe - C'est un problème, un défi - Réfléchis!».

Chez un enfant hyperactif ou impulsif, on peut faciliter l'apprentissage de cette première étape en lui expliquant la «technique de la tortue» (Schneider & Rolin, cit. in Goldfried, 1980 : 93). Dès qu'il éprouve une frustration ou une impulsion à foncer, il doit faire comme la tortue qui perçoit brusquement un danger : se retirer un petit moment dans sa «carapace», le temps d'un peu se calmer et de réfléchir avant d'agir.

La durée de cette première étape est évidemment très courte (quelques secondes). Chez la personne rodée à la D.R.P., elle peut devenir une sorte de réflexe presque instantané, analogue au coup de frein que donne l'automobiliste dès qu'il voit un obstacle sur sa route.

Les cinq étapes qui suivent sont parallèles à celles que nous avons distinguées dans l'analyse de l'élaboration des comportements efficaces et dans l'analyse du déroulement d'une recherche scientifique expérimentale.

2° L'exploration et la formulation du problème

Lorsque nous avons décidé de décoder une difficulté d'autogestion comme un problème à résoudre, nous devons explorer la situation présente et imaginer concrètement les changements souhaitables.

Cette démarche se trouve facilitée par une certaine prise de distance à l'égard de la difficulté en question (rappelons que le mot «problème», dérivé des vocables grecs *pro* et *ballein*, signifie étymologiquement : jeter devant soi). Lorsque l'intensité des affects constitue un problème en soi, entravant la prise de distance et la réflexion, il importe de recourir d'emblée à des procédures de régulation émotionnelle (cf. infra).

Etant donné les limites de notre capacité à envisager d'un seul tenant une multiplicité d'informations, nous avons toujours intérêt à décomposer tout problème quelque peu complexe en sous-problèmes. Nous suivons ainsi le fameux précepte de Descartes : «Diviser chacune des difficultés en autant de parcelles qu'il se pourrait et qu'il serait requis pour les mieux résoudre».

Exemple : l'étudiant qui envisage son échec aux examens comme un problème (plutôt que comme une catastrophe, une injustice ou la preuve de son incapacité), devrait examiner notamment les points suivants.

– Le choix des études : difficultés des études par rapport aux aptitudes - connaissance des informations prérequises - motivation (intérêt pour les études et pour la profession à laquelle elles conduisent).

– L'hygiène corporelle : alimentation - exercice physique - quantité de sommeil - abus de substances psychoactives (alcool, caféine, médicaments, etc.).

– L'environnement matériel de l'étude : bruits et autres sources de distraction - luminosité - température - confort du siège de bureau - temps requis pour se rendre aux cours.

– Le niveau d'aspiration : objectifs irréalistes - «must» anxiogène de la réussite - satisfaction de soi trop rapide ou trop lente.

– La technique de l'étude : technique de structuration de la matière précédant le travail de mémorisation - soulignage des notions importantes dans les textes - rédaction de plans et de résumés - consultation de dictionnaires - demande d'explications à des enseignants et à des camarades - répétition active de la matière - évitement du piège du perfectionnisme.

– L'insuffisance d'habiletés cognitives spécifiques : difficulté à prendre des notes convenables, à faire une synthèse, à rédiger un rapport, à utiliser les ressources d'une bibliothèque.

– La planification de l'année académique : nombre raisonnable de jours de vacances - jours consacrés à des révisions régulières.

– La planification des semaines : nombre d'heures de présence aux cours, de lectures, de mise en ordre de notes, d'étude active de nouvelles matières, de révision, de détente (en règle générale, mieux vaut étudier quelques heures quasi chaque jour que des journées entières de temps à autre).

– L'utilisation d'un horaire hebdomadaire établi à l'avance : motifs de son non-respect (irréalisme - procrastination des tâches ennuyeuses - tendance à se laisser distraire par des imprévus).

– L'organisation de la journée : détermination, en fonction du rythme biologique personnel, des heures consacrées chaque jour aux travaux difficiles (certaines personnes se concentrent le mieux le matin, d'autres après 15 heures, etc.) - planification de périodes d'étude suffisamment longues (pour saisir des ensembles de matière) et suffisamment variées (pour éviter une saturation rapide) - utilisation d'un système de pauses (il est préférable de faire des pauses courtes et fréquentes - p.ex. 10 minutes toutes les heures - que longues et rares - p.ex. 30 minutes toutes les trois heures).

– Présence au cours : attitude durant les cours (efforts d'attention et de compréhension - rêveries et autres distractions) - solutions adoptées pour compenser les absences au cours.

– Les relations sociales : conflits familiaux - insuffisance de contacts (induisant une humeur dépressive) ou excès (incompatible avec le nombre requis d'heures de travail).

– L'habileté à réguler les émotions : aptitude à garder un calme relatif durant la préparation et la présentation des examens.

– Comportements durant les examens oraux (manque d'assurance - arrogance) et durant les examens écrits (lecture calme et méticuleuse des questions - planification du temps à réserver à chaque question).

Lorsqu'un problème d'autogestion se trouve plus ou moins bien identifié, il est indispensable de le *concrétiser*. A cet effet, il apparaît très utile, si pas indispensable, d'organiser une observation méthodique de ses propres comportements et de leurs contingences (l'étudiant qui a l'impression qu'un de ses principaux (sous)problèmes tient à l'insuffisance du nombre d'heures d'étude active devrait noter sur papier son emploi du temps de façon précise et systématique, pendant au moins une semaine, avant de chercher à modifier ses comportements habituels). Comme nous le verrons plus loin, le travail d'auto-observation est généralement facilité par la prise en compte de chacune des variables de l'équation comportementale.

3° La recherche de solutions possibles

Il est souvent opportun d'envisager de multiples possibilités de solutions avant de prendre une décision. A titre d'exemple, citons quelques solutions que pourrait imaginer l'étudiant dont l'étude est régulièrement perturbée par de la musique en provenance d'un appartement voisin.

- Entreprendre des actions :
  - Demander (aimablement ou fermement) au voisin de diminuer l'intensité de la musique (le voisin ignore peut-être à quel point celle-ci empêche l'étudiant de travailler).
  - Aller étudier ailleurs : dans une autre pièce, chez un ami, à la bibliothèque, etc.
  - Réserver les travaux de routine aux périodes bruyantes et étudier activement pendant les périodes calmes.
- Changer le stimulus :
  - Mettre des boules Quies dans les oreilles.
  - Se procurer des protège-tympans comme en portent des ouvriers dans des ateliers bruyants.
  - Diffuser une musique qui «couvre» celle du voisin et aide à se concentrer.
- Gérer la structuration cognitive :
  - Se convaincre que le voisin est un pauvre type et accepter que ce «malheureux», en s'occupant de la sorte, ne fait finalement pas trop de dégâts (le bruit accepté perturbe moins que le bruit jugé inadmissible).
  - Considérer cette situation comme une occasion de développer l'habileté à se concentrer (habileté de la plus haute importance pour étudier et résoudre de nombreux problèmes)...

Face à une situation problématique, nous avons spontanément tendance à juger et à prendre des décisions en fonction des informations les plus facilement disponibles (perceptions, souvenirs, constructions imaginaires). Tversky et Kahneman (1973) ont appelé cette disposition le «biais (ou l'heuristique) de la disponibilité». Fort heureusement, nous sommes habilités à continuer la recherche d'informations au-delà du moment où une première solution vient à l'esprit.

Lorsque nous nous efforçons de trouver diverses possibilités de stratégies, nous avons intérêt à tenir compte de ce précepte d'Osborn (l'inventeur du brainstorming) : *la quantité engendre la qualité* (*quantity breeds quality*). Des travaux expérimentaux montrent en effet que des sujets invités à imaginer le plus de solutions possibles à des problèmes existentiels, par comparaison avec des sujets invités à trouver une solution à chacun de ces problèmes, trouvent des solutions de meilleure qualité (Meadow & Parnes, 1959).

Durant cette 3e étape, il importe de suspendre toute évaluation car, toujours selon Osborn, «il est plus facile d'étouffer des idées que d'en faire naître». L'évaluation est résolument postposée à l'étape suivante.

En attendant, toutes les solutions imaginées sont enregistrées, même les plus saugrenues.

La mise en œuvre des règles suivantes favorise la production de solutions :

– Considérer notre perception du problème comme une interprétation parmi d'autres. Refuser méthodiquement des croyances qui semblent évidentes.

– Essayer de voir le problème de haut, selon «le point de vue de l'hélicoptère» (van Lennep), de façon à dégager les éléments centraux et les relations essentielles.

– Hiérarchiser les sous-problèmes, d'une part selon leur importance, d'autre part selon leur difficulté (nous avons généralement intérêt à commencer par aborder des problèmes importants, mais dont la solution paraît facile).

– Essayer de se rappeler comment on a déjà résolu des problèmes analogues. «Dériver» à partir de ces solutions.

– Rechercher des personnes qui ont été confrontées au même problème ou à des problèmes analogues.

– Consulter des experts. Considérer leurs réponses comme des informations intéressantes mais discutables.

– Imaginer comment réagirait telle personne habituellement compétente.

– Imaginer les conseils que l'on donnerait à un ami confronté au problème.

– Lorsqu'on se sent à court d'idées et qu'on dispose encore d'un délai avant de devoir décider, laisser «reposer» ou «incuber» le problème pendant quelques jours.

4° La sélection d'une solution

Lorsque diverses solutions ont été rassemblées, vient l'étape de leur évaluation et du choix de la meilleure (ou de la moins mauvaise) d'entre elles.

Chaque solution peut être considérée comme une «hypothèse», c'est-à-dire un énoncé ayant la forme conditionnelle suivante : *si* telle solution est adoptée, *alors* dans les conditions **x** il y a telle probabilité d'obtenir **y** et d'éviter **z**.

La tendance naturelle, contre laquelle nous devons réagir, est de privilégier des conséquences à court terme et d'opter pour la solution la plus rapidement rentable. S'il nous faut prendre une décision importante et difficile, nous avons intérêt à composer un tableau à double entrée, axé sur la distinction entre les conséquences positives et négatives, et tenant compte de la dimension temporelle (cf. le tableau «matrice de décision»).

L'élaboration d'une telle «matrice de décision» peut s'avérer un travail compliqué, notamment parce que les conséquences anticipées ont des degrés différents de probabilité et que les solutions ont des degrés diffé-

		Conséquences							
		à court terme				à moyen et long terme			
		+S+	-S-	+S-	-S+	+S+	-S-	+S-	-S+
Hypothèse	A								
	B								
	C								

(Matrice de décision)

rents de faisabilité. Les évaluations sont facilement biaisées par des inférences dysfonctionnelles : nous amplifions l'importance de certaines conséquences, nous minimisons des risques, nous dramatisons des «coûts», nous dichotomisons là où nous pourrions combiner des solutions ou trouver des compromis, etc.

Lorsque nous avons composé l'ensemble du tableau des coûts et bénéfices des solutions imaginées, nous pouvons y faire ressortir les points qui sont particulièrement importants en fonction de nos objectifs (ou valeurs) fondamentaux.

Une prise de décision s'avère parfois difficile parce que le choix implique l'acceptation des inconvénients de la solution retenue et le renoncement aux avantages des autres solutions. En pareil cas, nous pouvons nous inciter à prendre position en nous concentrant sur les coûts de la passivité et sur les bénéfices de l'action.

Une fois le choix effectué, nous pouvons réduire les éventuelles «tensions postdécisionnelles» (hésitations, oscillations, regrets) en polarisant résolument notre attention sur les conséquences positives de l'option prise et sur les inconvénients des options délaissées.

Illustrons ce dernier point par une expérience de Langer, Janis et Wolfer (1975) sur des personnes qui avaient accepté une opération chirurgicale après avoir été informées des «bénéfices» et des «coûts». L'opération ne pouvant se réaliser qu'après un délai de plusieurs jours, la moitié des patients ont été invités à se répéter systématiquement les aspects positifs de la décision chaque fois que les aspects pénibles ou anxiogènes leur venaient à l'esprit. Ces patients ont éprouvé moins de stress, avant et après l'opération, que l'autre moitié des patients. Une nette différence est apparue dans la demande d'analgésiques et de tranquillisants : 50 % des patients du premier groupe en ont demandé, contre 93 % de ceux du second.

5° La mise en œuvre de la décision

Lorsque nous avons arrêté une décision, nous avons souvent intérêt à consacrer du temps à la planification de son exécution. Il importe notamment de fixer des échéances précises pour la réalisation des objectifs intermédiaires et de l'objectif final. La visualisation mentale de situations et de comportements concrets peut constituer un outil de préparation des plus précieux.

Diverses recherches montrent que la mise en pratique d'une décision s'effectue d'autant plus facilement que nous disposons d'un schéma plus précis de conduites à adopter. P.ex. des campagnes antitabac se révèlent peu efficaces si elles se limitent à induire la peur des conséquences néfastes de la cigarette; leur impact augmente de façon significative si elles informent en outre sur des moyens pratiques de rompre la dépendance (cf. Leventhal, 1982).

Le passage à l'action constitue parfois une difficulté en soi. L'application des règles suivantes peut contribuer à résoudre ce problème :

– Visualiser mentalement les conséquences positives (+S+ et -S-) de l'action décidée.

– Envisager l'action comme une «expérimentation» qui va permettre de recueillir des informations importantes pour la gestion de soi.

– Limiter son ambition à une réalisation «satisfaisante» et attaquer résolument le perfectionnisme, le «must» de la compétence exemplaire et des félicitations.

– Convenir avec soi-même de la date précise (jour et heure) à laquelle on passera à l'action sans tenir compte de l'état affectif du moment.

– Limiter l'attention à la première phase de l'action, laissant provisoirement entre parenthèses l'ensemble de ce qui reste à faire (certaines personnes ne font rien parce qu'elles remâchent tristement l'ampleur des tâches à réaliser).

– Débuter par une activité bien délimitée, intrinsèquement agréable ou susceptible de fournir rapidement un sentiment d'efficacité (activité de mise en train, d'échauffement, de «remorquage»).

– Repérer les cognitions autodébilitantes, les attaquer et les remplacer par des énoncés positifs («tout travail commencé est à moitié terminé», «il n'y a que le premier pas qui coûte», «l'eau paraît moins froide dès qu'on se met à nager»).

– Se répéter que «gérer son existence c'est anticiper et agir, plutôt que discourir et discutailler».

6° L'évaluation

Des évaluations durant la mise en œuvre de la décision, ainsi qu'à son terme, sont essentielles pour maintenir la motivation, pour réajuster les stratégies utilisées et pour dégager des «règles de conduite» en vue d'aborder des problèmes à venir.

Lorsque la réalisation concrète laisse à désirer par rapport aux objectifs, le cycle de la D.R.P. peut être répété en vue de trouver de nouvelles informations, de reformuler le problème et d'imaginer d'autres stratégies de résolution.

Dans certains cas, il est sage de s'obstiner, d'essayer à plusieurs reprises une même solution. Dans d'autres cas, mieux vaut se dire, avec Watzlawick, que «cette formule apparemment toute bête : *il suffit d'insister*, est l'une des recettes les plus assurément désastreuses mises au point sur notre planète... Elle a conduit des espèces entières à l'extinction» (1983 : 27).

*

* *

On peut résumer la D.R.P. par les formules suivantes :

1. Stop ! Réfléchis !
2. Quel est le «problème» ?
   Quelles sont les difficultés ?
   Qu'est-ce que je souhaite ?
3. Quelles sont les solutions possibles ?
4. Qu'est-ce que je décide ?
5. Je programme et j'essaie.
6. Quels sont les coûts et les bénéfices ?

Dans la pratique, les étapes distinguées interfèrent parfois largement. Ainsi on peut reformuler un problème au moment de programmer l'action ou continuer l'exploration du problème pendant qu'on teste une solution. Le temps consacré à chacune des étapes peut varier considérablement. On peut p.ex. se fixer un délai de deux mois pour rechercher des solutions possibles, consacrer une demi-journée à sélectionner une solution et travailler deux jours à programmer la mise en œuvre de la décision.

Il est irréaliste de vouloir appliquer la procédure décrite pour chaque «problème» de la vie quotidienne. Son application méthodique se justifie essentiellement quand surgissent des questions importantes, complexes, et que nous disposons d'un délai de réflexion. Face à la majorité des petits problèmes de la vie quotidienne, nous pouvons sans doute nous contenter d'une attitude globale de résolution de problème, visant simplement à réduire l'intensité des soubresauts émotionnels et à favoriser des comportements efficaces.

Albert Ellis déclarait en 1956 que le principal objectif des psychothérapies devrait être de «pourvoir les clients d'une manière de penser et de résoudre des problèmes suffisamment large que pour leur permettre d'affronter efficacement la plupart des situations auxquelles ils sont confrontés» (1958 : 299). Depuis les années 70, les comportementalistes ont placé cet objectif au centre de leur pratique. Ils ont veillé à former la plupart de leurs clients à la D.R.P. (cf. D'Zurilla & Goldfried, 1971; Mahoney, 1974; Goldfried, 1980; Kanfer & Schefft, 1987).

Les recherches scientifiques sur l'entraînement systématique à la D.R.P. ont montré des effets très satisfaisants pour le traitement p.ex. de l'impulsivité et de la délinquance (Spivak, Platt & Shure, 1976), de toxicomanies (Marlatt & Parks, 1982), de l'obésité (Craighead, 1985), de mésententes conjugales (Weiss, Hops & Patterson, 1973), de dépressions unipolaires (Nezu & Perri, 1989). Des transferts d'apprentissage sont courants (p.ex. des enfants qui ont appris à utiliser une D.R.P. pour aborder les conflits avec leurs parents adoptent ensuite «spontanément» des stratégies de négociation avec des camarades de jeu) et des progrès peuvent continuer à se réaliser bien au-delà de la période de formation (D'Zurilla, 1986). Ces succès ont permis d'affermir la conception «cognitiviste» des troubles affectifs, selon laquelle ces troubles sont davantage des conséquences de dysfonctionnements cognitifs que leur cause.

Chapitre II

L' Observation de comportements et de leurs contingences

«L'auto-observation n'est qu'un préliminaire à l'action. Le degré de prise de conscience de soi-même devrait dépendre de l'importance que revêt l'auto-observation pour se comporter efficacement.»

Skinner (1988 : 189)

Nous agissons souvent de façon tout à fait satisfaisante sans prendre activement conscience de nous-même. Par ailleurs, l'attention obsessionnelle à l'ego est néfaste : la leçon du mythe de Narcisse se trouve bien confirmée par la psychologie scientifique. Toutefois, si nous éprouvons fréquemment des émotions pénibles et si nous cherchons à mieux gérer nos problèmes existentiels, l'observation méthodique de certains comportements et de leurs contingences s'avère généralement utile, voire même indispensable, pour

– comprendre les déterminants des comportements en question,

– évaluer plus objectivement l'importance de la situation et d'un changement,

– programmer des objectifs et des stratégies réalistes (tenant compte des habitudes acquises),

– vérifier le degré de changement effectif,

– s'encourager à poursuivre une stratégie définie, malgré les stimulations aversives qu'elle comporte.

Les premières observations et analyses réalisées dans cette perspective ne sont pas une tâche facile. Etant donné les limites de notre capacité d'articuler et d'intégrer une multiplicité d'informations, il est souvent nécessaire de les mettre par écrit. Ces observations ne requièrent pas toujours beaucoup de temps, mais elles doivent se réaliser selon des règles précises que nous examinons maintenant.

I. L'OBSERVATION DE COMPORTEMENTS EN TANT QUE TELS

Nous avons déjà amplement évoqué la tendance à catégoriser les comportements et à les expliquer sans prendre la peine de les observer de manière objective et méthodique. Une auto-observation féconde devrait, en opposition avec cette tendance, s'effectuer dans une perspective résolument «comportementaliste» : elle devrait porter sur des comportements en tant que tels, considérés comme un objet d'étude primordial.

Prenons un exemple. Avant d'essayer de comprendre pourquoi je suis «timide» et comment je pourrais résoudre ce problème, je devrais observer de multiples comportements qui peuvent être rangés dans la catégorie «timidité». Après avoir effectué ce travail, je constaterai p.ex. que cette *étiquette* recouvre essentiellement, dans mon cas, quatre types de conduites :

– l'acceptation de toute demande de rendre service qui m'est faite, même si je dispose de très peu de temps libre (en d'autres termes, je ne parviens pas à dire : «non, désolé, je suis trop occupé»);

– des comportements d'achat : lorsqu'un vendeur a consacré du temps à me montrer des produits, je n'ose plus partir sans acheter quelque chose (en d'autres termes, je ne réussis pas à déclarer de façon ferme : «excusez-moi, ce n'est pas vraiment ce que je cherche» ou encore «je regrette, c'est trop cher pour mon budget»);

– des comportements en rapport avec la danse : je me sens mal à l'aise à des soirées dansantes; je ne danse que deux ou trois fois sur la soirée et j'ai peur de paraître ridicule (autrement dit : je n'ai guère développé ma capacité de danser et ça me gêne);

– des comportements lors de l'assistance à une conférence : j'éprouve une difficulté à poser des questions et je n'énonce jamais d'objection, même si je me sens en total désaccord avec l'orateur.

Nous avons toujours intérêt à chercher aussi des «contre-exemples», de façon à relativer la généralité des comportements observés et les «traits» de personnalité inférés à partir d'eux. Je puis p.ex. me rappeler que j'ai participé à des collectes d'argent en rue pour une œuvre philanthropique et que j'ai moi-même mis fin à une relation avec un ami qui essayait de m'exploiter. Je ne *suis* donc pas *fondamentalement* timide. Simplement, dans certaines situations, je ne me comporte pas de façon suffisamment assertive.

II. L'INTÉGRATION DE TOUTE OBSERVATION À L'ÉQUATION COMPORTEMENTALE

Buytendijk, le célèbre phénoménologue, enseignait :

> «Ce que nous appelons *être en situation* est la condition absolue de tout comportement (...) L'observateur ne comprend jamais le comportement qu'à partir de la situation (...) Nous devons étudier la situation avec soin, et cela non seulement au moment du comportement, mais encore au cours de sa transformation dans le temps. Nous devons savoir ce qui a eu lieu et ce qui suit» (1958 : 12s).

Les psychologues comportementalistes pensent de même. L'analyse d'un comportement nécessite, d'une part, l'examen des interactions entre ses dimensions intrinsèques (CO - AF - AC) et, d'autre part, sa mise en rapport avec des stimuli (antécédents) et des (stimuli) conséquences. Autrement dit, l'observation et l'analyse doivent toujours s'effectuer en fonction des différentes variables de l'équation comportementale. Cette démarche est d'ordinaire facilitée par l'enregistrement des observations dans un «schéma d'analyse fonctionnelle».

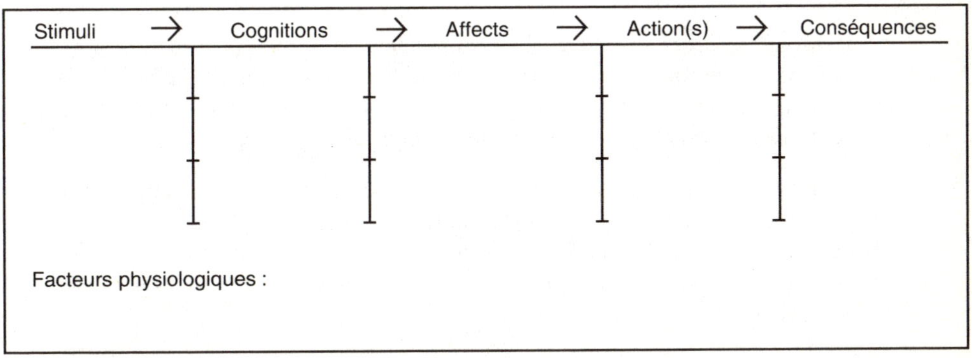

(Schéma d'analyse fonctionnelle)

Exemple : l'inhibition à énoncer une objection lors de l'assistance à une conférence.

1. Stimulus : le conférencier expose des idées que je crois fausses.

2. Cognitions : je songe à une objection; si je l'énonce, l'orateur pourrait réagir agressivement et les auditeurs pourraient se mettre à rire.

3. Affects : je ressens une activation émotionnelle; je suis irrité (par ce que j'ai entendu); j'ai peur (de prendre la parole); je me sens «coincé».

4. Action : je reste passif.

5. Conséquences :
   -S- j'évite la possibilité d'éprouver de la honte
   +S- je suis agité et mécontent de moi
   -S+ je rate une occasion de lutter contre une idée fausse et de faire partager une conception que j'estime plus adéquate.

6. Etat de l'organisme : avant la conférence, j'ai bu trois tasses de café; ce que j'entends me crispe; mon rythme cardiaque s'accélère; je crains qu'en prenant la parole mon activation émotionnelle en vienne à redoubler d'intensité.

De telles observations permettent en principe de démêler des variables cruciales dont notre comportement est tributaire. Elles ne dévoilent évidemment pas notre «essence profonde» (qui échappe sans doute à toute forme d'analyse, qu'elle soit scientifique, philosophique ou freudienne).

III. LA CONCRÉTISATION DES VARIABLES À OBSERVER

Dans l'optique d'une autogestion efficiente, nous devons observer attentivement des conduites et des contingences objectivables, tout à fait concrètes. Une telle observation peut porter sur des situations passées, imaginaires ou actuelles.

a) L'exploration de situations passées

Il s'avère souvent instructif d'examiner des situations passées, en particulier des situations de crise (p.ex. une dispute, un accès d'angoisse) ou des situations dans lesquelles nous avons régulièrement présenté un comportement problématique (p.ex. la suralimentation).

Soulignons toutefois que la psychologie scientifique a clairement établi que plus une situation remonte loin dans le passé, plus nous avons tendance à en déformer et oublier des éléments, même importants. *L'investigation devrait donc porter par principe sur des situations très récentes, plutôt que sur des situations anciennes!*

La psychanalyse a largement diffusé l'idée que la disparition de réactions problématiques (les «symptômes névrotiques») est conditionnée par la remémoration de traumatismes de l'enfance, enfouis dans l'Inconscient. Le roman de Marie Cardinal *Les mots pour le dire* a fourni au grand public une soi-disant preuve de cette théorie.

L'expérience accumulée par des psychothérapeutes tels que Wolpe (1973), Beck (1976), Ellis (1979) ou moi-même — qui sont passés par la psychanalyse et sont ensuite devenus comportementalistes ou cognitivistes — permet d'avancer d'une part que *le ressouvenir d'événements du passé n'est nullement nécessaire pour réaliser des changements importants du comportement* et, d'autre part, que *le ressouvenir d'événements passés n'entraîne pas automatiquement des modifications de réactions problématiques.* (Je connais p.ex. un psychanalyste qui, suite à un accident d'avion, éprouve depuis des années une très forte angoisse dès qu'il prend l'avion, et de l'anxiété lorsqu'il voyage comme passager d'une voiture. La parfaite connaissance de l'événement phobogène ne l'a pas aidé à résoudre ce problème).

L'analyse d'une situation peut être facilitée ou améliorée par sa *visualisation mentale*. L'utilisation de la procédure suivante donne généralement des résultats intéressants.

1. On s'installe confortablement et on se détend, ou bien on prend l'attitude corporelle caractéristique du comportement que l'on veut analyser. On ferme les yeux.

2. On s'imagine être vraiment dans la situation. *On regarde imaginairement comme si on regardait réellement.* On cherche à s'ancrer dans la situation, à s'en imprégner, à la laisser «travailler» sur soi. On ne peut cependant ambitionner de la percevoir de façon parfaitement claire et détaillée : ce n'est guère possible, ni nécessaire.

3. En restant mentalement dans la situation à explorer (ou dans son «voisinage»), on cherche à éprouver les *affects* qu'elle suscite. On observe les *modifications corporelles* (changements de tonus musculaire, constriction de la gorge, etc.). On essaie de spécifier les affects (irritation, ennui, tristesse, anxiété, etc.).

4. On explore soigneusement les *stimuli* et les *cognitions* qui en résultent (les images intrusives et notre dialogue intérieur). On se demande p.ex. quel est le comportement précis du partenaire qui a brusquement assombri notre humeur, quelles cognitions ont pu affluer à ce moment-là. Les cognitions ainsi repérées sont largement hypothétiques, mais n'en sont pas pour autant dénuées d'intérêt.

5. On suit le déroulement de la situation (il est d'ailleurs difficile de rester imaginairement fixé pendant plusieurs secondes sur un même stimulus). On répète mentalement les *actions* accomplies. On observe leurs *conséquences* sur la situation extérieure et sur les affects.

6. On peut répéter ce scénario de manière à préciser davantage les variables jugées importantes (p.ex. le stimulus déclenchant la tristesse, les jugements de valeur implicites, l'effet de l'action sur l'entourage).

b) L'exploration de situations imaginaires

La même procédure peut être utilisée pour explorer des *situations passées dont on modifie imaginairement des éléments* (j'imagine p.ex. que je prends la parole à la conférence où je n'ai pas osé formuler une objection), des *situations à venir* (j'imagine p.ex. que je me trouve à la prochaine conférence) ou des *situations possibles* (p.ex. je pose une question et des auditeurs s'esclaffent).

Cet *experimentum mentis* fournit parfois des informations que n'apporte pas l'observation des situations réelles, toujours limitées dans l'espace et le temps. Il facilite tout particulièrement l'analyse de cognitions, notamment les anticipations les plus redoutées, les autoverbalisations spontanées, les croyances sous-jacentes aux façons d'interpréter et d'évaluer.

c) L'observation de situations actuelles

Le mode d'observation qui est souvent le plus utile pour modifier des comportements consiste à noter systématiquement, pendant une période définie, l'apparition de certains stimuli, réactions et conséquences. Cette notation se fait par écrit, le plus rapidement possible après l'apparition des événements en question (idéalement : au moment même de leur apparition). Les psychologues appellent cette démarche l'*automonitoring*.

Depuis les travaux de Ferster e.a. (1962) et de Goldiamond (1965), les thérapeutes comportementalistes font usage de procédures d'automonitoring dans la plupart de leurs traitements. Les clients jugent parfois cette tâche artificielle et fastidieuse, du moins au début. L'expérience accumulée par les comportementalistes montre toutefois qu'elle peut contribuer de façon décisive au remplacement durable de comportements-problèmes (consommation de drogue, rituels obsessionnels, agoraphobie, etc.) par des comportements plus adéquats.

Les *événements à observer* varient évidemment selon le type de problème à résoudre. Il peut s'agir d'actions (tenir bon dans une situation anxiogène, refuser l'offre d'un vendeur, résister à une impulsion, se relaxer, etc.), d'affects (sentiment d'irritation, degré de tension, impulsion à la violence, etc.), de cognitions (énoncés spontanés de « musts », absolutisations, attributions de causalité globalisantes, etc.). Il est essentiel de noter chaque fois certaines contingences (jour, heure, personnes présentes, paroles entendues, ton de la voix, etc.) et les conséquences de nos réactions.

Les *méthodes de notation* sont également variables. Les suivantes sont en général instructives :

– notation de chaque événement dès qu'il apparaît (p.ex. la consommation d'un verre d'alcool)

– notation d'heure en heure des événements qui se sont produits (p.ex. le nombre de pages étudiées et le degré de concentration)

– notation à des moments fixes de la journée (p.ex. l'état de l'humeur au moment du déjeuner, à midi, au coucher)

– notation à des moments aléatoires (p.ex. la préoccupation présente chaque fois que sonne le téléphone ou que retentit le «bip» d'un appareil émettant un signal à des intervalles qui varient entre quelques secondes et 60 minutes).

Les observations doivent en principe être relativement fréquentes. Il est souvent utile, pour découvrir certains déterminants d'impulsions ou de variations de l'humeur, de faire une notation chaque heure pendant 8 à 10 jours. Aad Burger note à ce sujet : «Plus grandes sont les unités de temps, plus les évaluations tendent à être stéréotypées (...) La notation d'un événement sur une base horaire ne nécessite pas beaucoup plus que 16 x 20 secondes (c'est-à-dire plus ou moins 5 minutes par jour)» (1980 : 29).

Dans tous les cas, il est souhaitable de noter les observations le plus rapidement possible dans un petit carnet que l'on porte sur soi et de les retranscrire ensuite sur des feuilles plus grandes, de façon à faciliter la compréhension d'ensembles et de relations significatives. Il est généralement utile de traduire ces données sous forme de tableaux ou de graphiques («feed-back visuel»).

La période durant laquelle on procède à un automonitoring dépend du type de problème et de sa gravité. Elle peut varier de quelques jours (quand il s'agit p.ex. de «monitorer» le sentiment d'irritation, surgissant plusieurs fois par jour) à plusieurs semaines (quand on étudie p.ex. des colères qui n'apparaissent que deux ou trois fois par mois). Il est souhaitable que l'automonitoring ne se limite pas à la phase exploratoire d'un problème (l'établissement de la «ligne de base»), mais se poursuive tout au long de la mise en œuvre de stratégies de changement.

Heure	Humeur
8	3
10	3
12	5
14	3
16	6
18	6

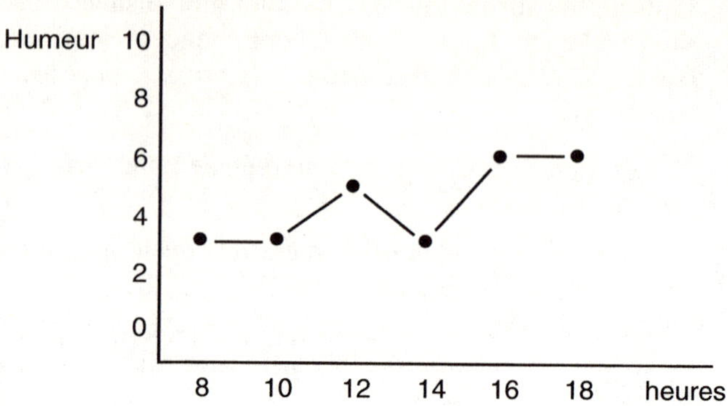

Exemple de notation des variations d'humeur en fonction de l'heure
(O = dépression totale, 5 = humeur normale, 10 = euphorie)

L'automonitoring n'est pas seulement un moyen de faire un bilan ou d'analyser des comportements : il contribue directement à des modifications de conduite.

Ainsi des étudiants parviennent à augmenter sensiblement leur temps d'étude en notant méthodiquement les heures passées à étudier (Perri & Richards, 1977). Des personnes qui se suralimentent peuvent diminuer les quantités ingérées du seul fait qu'elles inscrivent dans un carnet, de façon immédiate et précise, toute nourriture consommée (Romanczyk, 1974). Des personnes qui ruminent des idées pénibles peuvent en réduire la fréquence en les mettent systématiquement par écrit (Frederiksen, 1975).

Les psychologues appellent ce phénomène la *réactivité de l'automonitoring*. Ils l'expliquent par une *désautomatisation* d'habitudes et une meilleure prise de conscience des déterminants de celles-ci. Diverses recherches, commencées dans les années 70, ont permis de préciser les conditions de son efficacité (cf. Kazdin, 1974; Mc Fall, 1977; Harmon e.a., 1980).

Ces études ont montré notamment *l'importance du choix de la variable observée*. P.ex. des étudiants qui effectuent des exercices de façon autonome à l'aide de machines à enseigner travaillent mieux et plus longtemps s'ils ont été invités à noter leurs résultats après chaque exercice plutôt qu'après un exercice sur trois. Chez des personnes déprimées, la notation d'heure en heure des *activités* réalisées entraîne davantage d'effets positifs sur leur état que la notation des *variations d'humeur*. L'automonitoring de chaque impulsion à fumer non suivie de son accomplissement provoque une diminution significative du nombre de cigarettes fumées, ce que ne provoque pas la notation de chaque cigarette après qu'elle ait été fumée. De la même façon, des élèves en classe, qui notent chaque envie contrôlée de bavarder, bavardent moins que ceux qui notent chaque bavardage après qu'il se soit produit. Un automonitoring limité à des comportements indésirables peut altérer l'humeur et augmenter le sentiment d'incompétence. Au contraire, la notation systématique d'événements positifs a généralement un effet favorable sur l'état thymique.

La *fréquence* des auto-observations est une variable déterminante. P.ex. chez des déprimés, la notation d'heure en heure pendant plusieurs jours du niveau de l'humeur améliore celle-ci, tandis que la notation du même phénomène une fois par jour ne produit guère de changement.

Le *moment* des auto-observations importe également. Ainsi les personnes qui notent ce qu'elles vont manger mangent moins que celles qui notent ce qu'elles ont mangé.

Les effets de l'automonitoring sont les plus manifestes durant les premiers jours de sa pratique. Pour aboutir à des modifications durables du comportement, cette procédure doit généralement être combinée avec d'autres stratégies, dont il sera question plus loin.

IV. LA QUANTIFICATION DES OBSERVATIONS

Epictète conseillait à celui qui veut apprendre à ne plus se mettre en colère :

> «Calmez votre premier accès et comptez les jours où vous ne vous êtes pas mis en colère. *J'avais l'habitude de me mettre en colère tous les jours; puis ce n'est plus qu'un jour sur deux, un jour sur trois...*; quand vous aurez dépassé trente, offrez un sacrifice à Dieu; votre disposition à la colère, qui d'abord s'affaiblit, disparaît ensuite complètement» (Stoïciens, p. 930).

Le conseil peut paraître naïf. Les thérapeutes comportementalistes confirment cependant sans réserve que la quantification de certains stimuli et réactions peut améliorer de façon décisive l'autogestion. Les variables suivantes leur semblent importantes :

– la fréquence (le nombre de cigarettes fumées, de cognitions autodépréciatives, de marques d'affection, etc.)

– le moment d'apparition (p.ex. les moments de la journée où surgit l'impulsion à se rendre au bistrot)

– la durée (p.ex. des exercices physiques, du sommeil, des moments de détente, des maux de tête)

– le temps de latence (p.ex. entre une frustration et un accès de colère, entre une impulsion à manger et la consommation)

– l'intensité (le degré de tension, d'angoisse, d'irritation, de mal à la tête, etc.)

– la qualité (d'un travail, du comportement durant une discussion, etc.).

La quantification s'avère importante pour juger du caractère grave ou bénin d'une situation. En effet, certains problèmes sont facilement minimisés. Un exemple typique est celui de la personne devenue alcoolique ou qui est en passe de le devenir : lorsqu'elle note chaque verre consommé (un «monitorage» qu'elle ne fait pas volontiers), elle est généralement étonnée de la quantité totale de ce qu'elle boit. D'autres problèmes sont dramatisés. C'est typiquement le cas chez des insomniaques (souvent ils dorment davantage qu'ils ne le croient) et des déprimés (beaucoup d'entre eux se disent tout le temps déprimés, alors que leur humeur varie au cours de chaque journée ou selon le jour de la semaine).

La quantification permet généralement d'effectuer des analyses instructives. Le «quand» et le «combien» mènent souvent à la découverte du «pourquoi». Si une personne constate p.ex. que ses maux de tête les plus intenses apparaissent quand elle se trouve en famille (le week-end en particulier), elle devra examiner avant tout les relations avec ses proches. (Rappelons toutefois que corrélation n'implique pas causalité).

Notons à ce sujet que la plupart des personnes évaluent mal l'importance des facteurs qui affectent leur humeur. A titre d'exemple citons une recherche de J. Weiss et Brown (Université Harvard, 1977; cit. in Nisbett & Ross, p. 221).

Des femmes ont noté chaque jour pendant deux mois leur état de santé, la quantité de sommeil, la qualité de leur humeur, le temps (soleil, pluie, grisaille), le stade du cycle menstruel, le jour de la semaine, l'activité sexuelle. Au terme de ces enregistrements quotidiens, qu'elles n'avaient pas été invitées à interpréter, Weiss et Brown leur ont demandé quel facteur, selon elles, joue le plus sur leur humeur. La réponse la plus fréquente a été la quantité de sommeil (la même réponse a été donnée par un échantillon de personnes n'ayant pas réalisé d'auto-observations méthodiques). L'étude statistique des observations montre que la corrélation entre l'humeur et la quantité de sommeil est en réalité très faible et que la variable la plus significative est le jour de la semaine. Paradoxalement, les personnes chez lesquelles la corrélation entre le jour de la semaine et l'humeur est particulièrement forte citent le moins souvent ce facteur comme le principal déterminant.

La quantification s'avère indispensable pour réaliser méthodiquement certains changements durables d'habitudes problématiques. En effet, dans la vie quotidienne, les modifications soudaines et radicales de comportements-problèmes sont plutôt exceptionnelles. (On peut bien sûr ne plus toucher une cigarette après avoir assisté à l'agonie finale d'un fumeur atteint du cancer du poumon). Beaucoup de conduites façonnées de longue date ne changent que progressivement et avec difficulté. L'expérience des comportementalistes (p.ex. Avard, 1984 : 347) enseigne que la modification de réactions émotionnelles pénibles (colère, angoisse, dépression) commence généralement par une diminution de l'*intensité* des réactions (p.ex. la personne ne fait plus des crises de panique, mais éprouve encore de fortes angoisses). Ce n'est que par la suite qu'on parvient, progressivement, à réduire la *durée* et puis la *fréquence* de ces réactions.

Il convient dès lors d'insister particulièrement sur l'utilisation d'*échelles d'intensité d'affects*. Sans ces «instruments», les premières modifications passent inaperçues ou semblent négligeables, et la personne reste convaincue de son impuissance. Bien au contraire, l'utilisation judicieuse de ces échelles donne le sentiment de progresser, lentement mais sûrement. Des changements réels peuvent alors mener à l'objectif final.

Une des échelles les plus utiles est le «tensiomètre imaginaire». Il permet de situer une tension entre 0 (totalement «relax») et 10 («panique»). Le niveau 5 correspond au début d'une tension légèrement désagréable; 7,5 est une tension franchement désagréable mais supportable (on peut préférer une graduation allant de 0 à 100). Selon le même principe on peut concevoir p.ex. une échelle d'humeur («thymomètre»), de peur («phobomètre»), de douleur («algomètre»), d'impulsion-tentation, de concentration.

Il importe de ne pas chercher à «mesurer» de façon méticuleuse. L'essentiel est de se sensibiliser à des variations d'intensité. Pour ce faire, des quantifications sont indispensables, mais elles peuvent manquer de précision.

Chapitre III

L'analyse et l'explication de comportements

«Forger des hypothèses est un acte naturel à la pensée de l'homme. Posez des questions et vous aurez toujours des réponses, posez des *faits* et chacun vous donnera sans peine quantités d'explications (...)
Le difficile, le rare, est de choisir, de déceler les faits, et de contrôler par le réel les transformations, les identifications, les *explications* que la pensée humaine en donne si abondamment.»

Jean Fourastié
Les conditions de l'esprit scientifique
(1966 : 137)

Les observations de comportements et de leurs contingences, selon les règles que nous venons de préciser, suggèrent parfois directement des stratégies de modification satisfaisantes, mais bien souvent ces observations doivent encore être analysées et expliquées avant de pouvoir servir à des prises de décisions adéquates.

L'élaboration d'analyses et d'hypothèses en vue de mieux gérer nos comportements se trouve favorisée par l'adoption d'une attitude scientifique et par la référence constante au schéma du fonctionnement du comportement, exposé dans la IVe partie.

D'ordinaire, au cours de la vie quotidienne, nous n'avons pas l'occasion d'effectuer des recherches scientifiques rigoureuses, mais nous pouvons cependant régulièrement observer, analyser et expliquer des phénomènes en nous inspirant des règles essentielles de la méthode scientifique. Nous pouvons notamment :

– considérer nos croyances et celles qu'on nous rapporte comme des hypothèses plutôt que comme des vérités,

– rechercher les déterminants passés et actuels de ces croyances,

– organiser de nouvelles observations et «expérimentations» (c'est-à-dire observer les phénomènes qui se produisent lorsqu'on modifie de façon contrôlée une ou plusieurs variables),

– se méfier des biais de confirmation et des inférences fallacieuses,

– avoir le courage de délaisser des croyances non confirmées par des faits bien contrôlés...

I. LES UNITÉS D'ANALYSE

A. La résolution d'un certain nombre de problèmes requiert seulement l'analyse d'*une classe de comportements* bien circonscrits et de leurs contingences. Ainsi un étudiant soucieux de planifier son travail peut se contenter d'observer le nombre de pages qu'il est capable d'étudier par heure (en moyenne) pour décider du temps qu'il devrait chaque jour consacrer à l'étude.

B. D'autres problèmes ne peuvent bien se comprendre que si l'on prend en compte des *séquences (ou «chaînes») de comportements plus ou moins longues*. Citons à titre d'exemple le cas (réel) d'une conduite boulimique.

Une jeune fille de 15 ans consomme quatre fois par semaine cinq à six bâtons de chocolat (± 350 grammes) l'un après l'autre. Le moment de l'accès de boulimie est le retour à la maison, après l'école (17 heures). La jeune fille déclare à ce sujet : «Je voudrais me mettre à étudier dès que je rentre, mais j'ai alors une terrible envie de chocolat et c'est plus fort que moi».

Pour comprendre ce comportement, il faut examiner *au moins* l'ensemble des conduites alimentaires au cours de la journée, l'organisation des périodes de travail et de détente, les relations avec les autres personnes vivant sous le même toit.

Les jours où surgit le comportement-problème se déroulent habituellement selon le scénario suivant. L'étudiante ne prend pas de petit déjeuner. A midi elle ne mange qu'un sandwich. Elle rentre affamée à la maison. A ce moment, elle se croit tenue de se remettre d'emblée au travail (elle est fortement contrôlée par le «must» d'une réussite scolaire exemplaire; jusque l'an dernier elle a été à la tête de sa classe). Au lieu de se reposer et de préparer un repas bien équilibré, elle sort précipitamment de chez elle pour acheter des bâtons de chocolat et les consomme à toute allure. Au moment du repas familial (19 heures), elle n'a pas faim. L'atmosphère est toujours tendue. Souvent la jeune fille éclate alors en sanglots, proteste de son impuissance, puis se réfugie dans sa chambre. Ses deux prochains «repas» seront le sandwich à midi et le chocolat à 17 heures... Le comportement-problème ne se produit pas lorsque l'étudiante n'a pas de travail scolaire et qu'elle s'adonne à des activités agréables (p.ex. voir son petit ami, faire des courses avec sa sœur).

Ce cas illustre bien les *cercles vicieux qui s'établissent dans la plupart des dépendances et conduites névrotiques*. Le comportement boulimique est suscité par des tensions psychiques et organiques ; il provoque à son tour une excitation physiologique (le chocolat contient de la caféine) et des tensions psychologiques qui contribuent à son maintien voire même à son intensification.

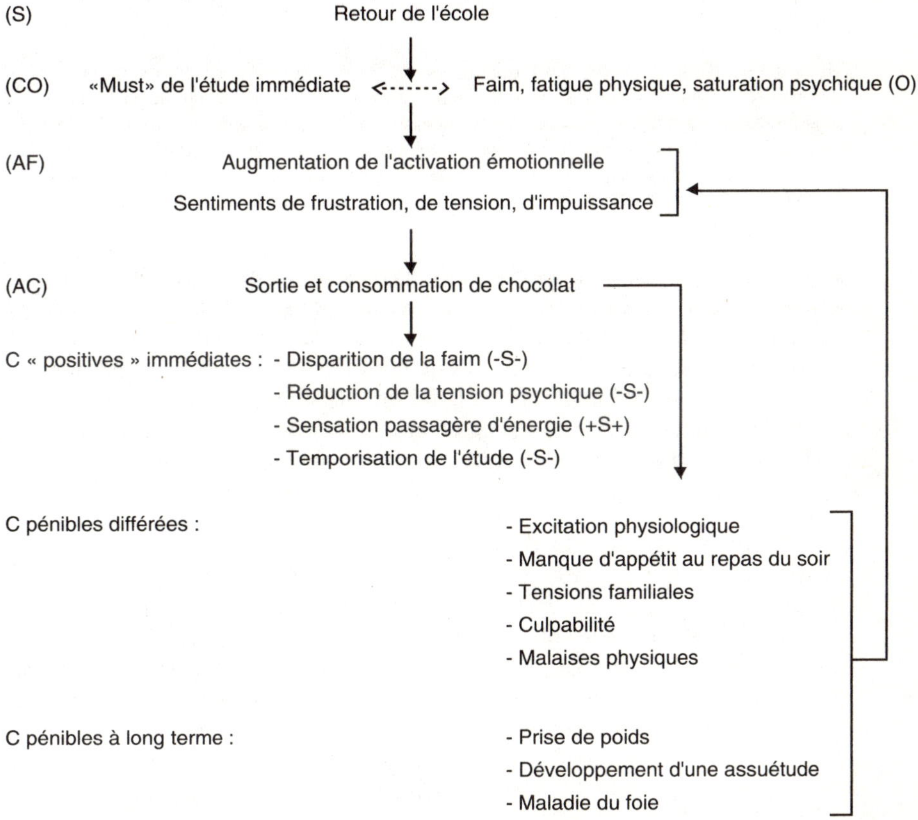

C. Une autre procédure d'observation et d'analyse souvent instructive consiste à aligner un ensemble de comportements-problèmes en vue de *dégager des dénominateurs commmuns.*

P.ex. une personne (a) souffre d'une phobie des couteaux, (b) évite systématiquement d'assister aux enterrements, (c) refuse obstinément de voir certains membres de sa famille, (d) n'ose pas demander à son patron des changements dans l'organisation du travail.

L'exploration doit alors se poursuivre par l'examen des événements «terribles» que cette personne imagine possibles dans ces situations. Supposons qu'il s'agisse respectivement de (a) l'impulsion de donner un coup de couteau, (b) une «crise de nerfs», (c) des disputes violentes, (d) une colère à l'égard du patron et par conséquent le licenciement. Une même problématique apparaît à travers les différentes craintes : la peur de perdre le contrôle de soi en présence d'autrui.

Dans cette perspective, l'analyse de situations passées peut s'avérer éclairante.

P.ex. il peut être instructif, pour quelqu'un qui semble piégé par le «must» d' un autocontrôle rigoureux, qu'il se souvienne de comportements de ses parents et d'autres personnes en rapport avec ce postulat existentiel. Ces personnes ont-elles puni sévèrement les manques apparents de contrôle de soi ? Ont-elles récompensé particulièrement les efforts de contrôle émotionnel ? Sont-elles apparues comme des modèles de contrôle à imiter ou, au contraire, comme des exemples de conséquences «désastreuses» du manque d'autocontrôle ?

Les analyses du passé personnel et du passé de l'espèce permettent de mieux expliquer certaines réactions à des situations. Elles ne provoquent cependant guère par elles-mêmes des modifications substantielles de comportements actuels et à venir. Pour modifier des conduites de façon effective, il faut réaménager les facteurs qui les maintiennent ou les renforcent actuellement (parmi ces facteurs, des schèmes d'interprétation résultant de conditionnements antérieurs peuvent bien sûr jouer un rôle décisif).

Quant aux rêves, dont les psychanalystes font grand cas, leur analyse n'offre que des hypothèses, des indices, jamais des preuves. La valeur des «clés» interprétatives de Freud n'est guère plus assurée que celles de Jung, de Stekel, de Rank ou de Silberer. La recherche scientifique montre qu'il y a un rapport entre le contenu de rêves récurrents et des préoccupations de la vie éveillée (p.ex. les déprimés rêvent souvent d'échecs et de la perte d'objets de valeur), mais elle montre également que les fictions qui apparaissent dans le sommeil ne permettent pas de prédire avec assurance des actions effectives (cf. Van Rillaer, 1980 : 121-30). Les rêveries diurnes sont à cet égard plus fiables. Les comportements effectifs sont, eux, les plus intéressants à observer et à analyser. Nous ne dévoilons pas brusquement nos «profondeurs» inconscientes lorsque nous rêvons, lorsque nous sommes ivres ou que nous subissons des tortures. Simplement, quand des déterminants environnementaux ou physiologiques viennent à changer, nos comportements changent en conséquence. Une conduite est autant révélatrice de la spécificité de la situation que de structures cognitivo-affectives de la personne.

II. PRÉCISIONS SUR L'ANALYSE DES VARIABLES DE L'ÉQUATION COMPORTEMENTALE

a) Les stimuli

– Nous avons déjà évoqué l'importante distinction entre les *stimuli principaux* (ou essentiels) et les *stimuli annexes* (ou secondaires). Rappelons que les stimuli principaux ne se repèrent pas toujours facilement et qu'une addition de stimuli secondaires peut susciter des réactions qui paraissent disproportionnées par rapport au stimulus déclencheur (p.ex. une parole ambiguë d'un partenaire peut provoquer une colère qui est incompréhensible sans la prise en compte de divers «microstresseurs» qui l'ont précédée).

– L'analyse de la spécificité situationnelle des comportements-problèmes doit mettre en évidence les «situations-pièges», les environnements et contextes qui incitent plus que d'autres à ces comportements (cf. Pelc & Antoine, 1984). Remarquons que les stimuli-traquenards ne sont pas toujours des situations qui induisent des tensions pénibles. Ainsi une personne qui a cessé de fumer peut ressentir l'incitation maximale à reprendre une cigarette au moment de terminer un délicieux repas passé en bonne compagnie.

– Une bonne gestion de soi requiert un *entraînement à la reconnaissance rapide d'indices précurseurs de comportements (ou de séquences comportementales) problématiques*. En effet, la régulation des affects est plus facile quand elle débute avant que ces réactions n'arrivent à leur intensité maximale.

Les stoïciens avaient déjà noté l'importance des premiers éléments des «chaînes» comportementales. Sénèque conseillait à celui qui veut contrôler ses colères : «Le mieux est aux premiers symptômes du mal de se soigner, de laisser à ses propres paroles le moins de liberté possible et d'en contenir le flux. Car il est possible de surprendre ses passions à leur naissance; les maladies ont leurs signes précurseurs. De même qu'il y a des pronostics de la tempête et de la pluie, la colère, l'amour et tous les autres orages qui ravagent l'esprit ont leurs avant-coureurs» (*De Ira*, livre III, X).

Les prodromes peuvent être des stimuli externes (p.ex. le quartier des dealers, l'apparition d'un personnage détesté) ou des réactions internes (p.ex. l'augmentation du tonus musculaire et de l'activation émotionnelle). Il est judicieux d'interpréter l'apparition de ces signaux comme le brusque allumage d'une lampe rouge, et d'y réagir par des *autoverbalisations d'alerte* (p.ex. : «Attention, prudence, reste relax, tu ne te laisses pas piéger par les idées qui surgissent»).

b) Les cognitions

Dans la perspective de l'autogestion, les cognitions les plus importantes à repérer et à analyser sont celles qui provoquent des affects pénibles et qui suscitent des actions néfastes (présentant des «bénéfices» immédiats et des effets négatifs différés). Le point de départ sont des autoverbalisations spontanées et des images mentales (souvenirs, fantasmes, anticipations). L'analyse vise à mettre en évidence, à partir d'elles, des croyances implicites et des coverants dysfonctionnels (obnubilation par des renforcements immédiats, mésattributions, généralisations abusives, absolutisations, évaluations à l'emporte-pièce, etc.). Les trois questions suivantes facilitent ce travail :

1° Quels faits (*stimuli*), concrets et précis, sont au départ des cognitions à modifier?

2° Quelles *inférences dysfonctionnelles* ont pu jouer dans l'interprétation de ces faits? La réponse à cette question est facilitée par l'examen de la liste évoquée plus haut (IVe partie, chapitre II, f).

3° Quels sont les *dogmes sous-jacents*, les postulats silencieux? L'utilisation du répertoire des croyances qui suivent facilite leur saisie.

Supposons que je me dise : «Je suis toujours un perdant et ça me déprime complètement».

1° Fait-stimulus : la non-obtention de la promotion que je voulais.

2° Inférences : absolutisation (essentialisation) - dramatisation.

3° Croyances névrotisantes sous-jacentes : je dois toujours paraître compétent et intelligent, sinon je «suis» nul; il faut que j'obtienne tout ce que je désire, sinon la vie est insupportable.

Répertoire de croyances névrotisantes et dépressogènes

Dans le chapitre sur les évaluations, nous avons déjà évoqué les principales catégories de croyances psychologiquement empoisonnantes. Nous présentons ici une liste plus détaillée. Elle comprend des *injonc-*

tions (croyances n° 1 à 6), la *dramatisation* (n° 7), la *condamnation* (n° 8) et des *affirmations autodébilitantes* (n° 9 à 12).

Cette liste reprend, à quelques détails près, un répertoire de « croyances irrationnelles » publié par Ellis (1958; 1962) et qui a fait la preuve de son efficacité pour détecter des affirmations qui piègent quotidiennement la majorité des gens à leur insu. Nous indiquons entre parenthèses des autoverbalisations « alternatives », propices à une meilleure gestion de soi.

(1) *Je dois toujours me contrôler parfaitement.* (Il est avantageux et agréable de se gérer convenablement, mais ce n'est pas une catastrophe si je traverse un orage émotionnel et que les autres s'en aperçoivent).

(2) *Je dois toujours paraître intelligent, compétent et performant.* (J'essaie d'être relativement compétent dans quelques domaines. En tant qu'être humain, je suis limité et j'ai droit à des erreurs. Il est plus important que je m'estime moi-même que d'être l'esclave de l'opinion d'autrui).

(3) *Il faut absolument que je contrôle mon environnement, que j'obtienne ce que je désire, que la vie soit confortable et que les autres me traitent avec respect.* (Je me réjouis lorsque l'environnement est agréable et que je parviens à agir efficacement, mais il est irréaliste d'exiger qu'il en soit toujours ainsi).

(4) *Il faut que je sois aimé et estimé par toutes les personnes de mon entourage.* (J'agis souvent de façon à me faire aimer et apprécier, mais pas à n'importe quel prix. Il est inévitable que des personnes de mon entourage me critiquent ou me rejettent. Ma valeur ne dépend pas fondamentalement de l'opinion des autres).

(5) *Dès qu'apparaît la possibilité d'un danger, je dois y songer sans relâche, m'agiter et m'angoisser.* (S'il y a réellement une menace, je consacre un temps déterminé à envisager ce problème et à préparer mes possibilités de réaction, puis j'essaie de m'occuper d'autre chose).

(6) *Pour prendre des décisions, je dois toujours me référer à d'autres personnes et croire tout ce que disent les Autorités.* (Pour prendre des décisions, j'adopte une démarche de résolution de problème. Je m'informe de l'avis d'autres personnes, en particulier d'« experts », mais en fin de compte c'est moi qui décide).

(7) *C'est catastrophique, terrible, insupportable... quand les choses ne vont pas comme « il faut » ou comme je le veux.* (C'est désagréable, triste,

pénible... quand les choses ne vont pas comme je le souhaite, mais je peux vivre malgré cela).

(8) *Il y a énormément de mauvaises actions. Ceux qui les accomplissent (moi ou les autres) «sont» foncièrement mauvais et méritent d'être sévèrement punis.* (Certaines actions sont inappropriées ou antisociales; elles doivent être sanctionnées. Ceux qui les accomplissent ne «sont» pas nécessairement mauvais; moyennant certaines conditions ils peuvent apprendre à agir autrement).

(9) *Les souffrances émotionnelles sont (entièrement) causées par des événements extérieurs que je ne puis changer.* (Mes souffrances émotionnelles sont déterminées par des événements extérieurs, mais aussi par ma façon de les interpréter. Si je ne peux vraiment pas agir sur certains événements, je peux toujours au moins modifier ma façon de les percevoir et de les évaluer).

(10) *Je ne puis me changer. Mes comportements actuels et futurs sont (entièrement) déterminés par mon passé.* (Mes comportements sont déterminés par des expériences passées, mais également par ma façon d'interpréter la situation présente et d'anticiper l'avenir. Je ne peux changer le passé, mais je peux changer mes comportements à venir).

(11) *Je ne puis supporter un échec. Mieux vaut ne rien essayer et ne pas s'engager, plutôt que de prendre le risque d'échouer.* (En tant qu'être humain, il m'est impossible d'apprendre sans faire des erreurs. Des échecs ne peuvent anéantir ma valeur intrinsèque).

(12) *Je suis incapable de m'imposer une discipline. Pour moi les solutions les plus faciles et les plus rapides sont les meilleures.* (Je suis capable de poursuivre un certain nombre d'objectifs à moyen et à long terme, des objectifs qui impliquent des efforts méthodiques et soutenus).

c) Les affects

– Nous avons déjà insisté sur l'extrême importance de la sensibilisation aux variations d'intensité des affects. Deux recommandations, relativement antithétiques, peuvent être formulées quant à *l'analyse des affects négatifs de faible intensité*. D'une part, le fait d'accorder beaucoup d'attention à ces affects risque de transformer des taupinières en montagnes et de compliquer dangereusement l'existence. D'autre part, l'inattention aux prémices du développement d'un affect comporte le risque d'addition et de transfert d'activations émotionnelles, et dès lors le risque de mésattributions. Il n'est pas toujours simple de savoir quand l'auto-analyse est souhaitable et quand le mieux est de ne pas s'en soucier.

– Un certain nombre de personnes n'ont qu'une perception confuse ou fortement biaisée de leurs affects. Ainsi les individus très anxieux éprouvent la majorité de leurs stimulations émotionnelles comme des angoisses, les déprimés interprètent quasi toute augmentation de stress, de fatigue ou d'ennui comme une intensification de leur tristesse. Ces interprétations unidimensionnelles ont souvent une fonction d'évitement. Elles permettent de ne pas ressentir des émotions, telles que la colère, la haine ou l'excitation sexuelle, appréhendées comme particulièrement dangereuses ou culpabilisantes. *L'apprentissage d'une meilleure différenciation des tonalités affectives* permet de mieux analyser les comportements et de mieux les gérer. Cet apprentissage peut être facilité par la procédure de visualisation mentale évoquée dans le chapitre précédent.

d) Les actions

– Dans un certain nombre de cas, il importe de *ne pas se contenter d'analyser ce que l'on croit faire, mais de procéder à une observation méticuleuse de ce qu'on fait effectivement.*

L'expérience suivante, réalisée par J. Goodman à l'Université de Waterloo (cit. in Meichenbaum, 1977 : 96s), illustre bien cette distinction. Des écoliers passent un test comprenant des séries de six figures différentes parmi lesquelles ils doivent chaque fois désigner celle qui est identique à une figure-modèle. Après le test, les enfants sont invités à dire comment ils ont procédé. Ils expliquent tous qu'ils ont, à chaque série, comparé chacune des six figures, l'une après l'autre, avec la figure-modèle. L'enregistrement des mouvements oculaires durant le test montre qu'il n'y a que quelques enfants qui ont effectivement agi comme ils le déclarent. En particulier les enfants « impulsifs », bien qu'ils connaissent la stratégie optimale et croient l'avoir appliquée, ne l'ont en fait pas utilisée.

– L'analyse des actions-problèmes devrait toujours comporter une réflexion sur *les actions à apprendre ou à intensifier pour combler des déficits comportementaux ou pour concurrencer des comportements dommageables*. P.ex. si l'on cherche à comprendre une action violente, il faut s'interroger sur l'absence ou l'insuffisance d'habiletés de négociation ; si l'on veut analyser la conduite de suralimentation, il importe de faire le bilan des moyens habituels pour affronter le stress et pour obtenir des satisfactions.

– Un moyen privilégié pour réaliser des observations et des analyses fécondes est l'*« expérimentation » d'actions*. Elle s'avère souvent plus instructive que d'interminables décorticages en chambre. P.ex. les déterminants essentiels des phobies sont généralement mieux mis en évidence par quelques confrontations effectives avec les situations phobogènes que par des dizaines d'heures d'«associations libres» produites sur le divan d'un psychanalyste.

e) Les conséquences

Les principes de l'analyse des conséquences ont déjà été exposés. Nous nous limitons dès lors au rappel de trois processus fondamentaux.

– Tout comportement qui se répète est contrôlé par l'anticipation d'une ou de plusieurs conséquences positives, même si l'individu n'en prend guère conscience ou s'il se plaint amèrement de conséquences négatives.

– Dans la recherche des bénéfices cachés d'un comportement problématique, *une attention particulière doit être accordée aux renforcements négatifs* (-S-). Il faut toujours poser la question : «que permet-il d'éviter à court terme ?»

– Les renforcements de cognitions sont généralement moins apparents que ceux des actions, mais ils ne sont pas moins importants. Soulignons en particulier que *les croyances névrotisantes*, évoquées un peu plus haut, *se maintiennent parce qu'elles sont suivies de conséquences positives*, des conséquences qui peuvent être imaginaires et/ou intermittentes. P.ex. le postulat «mes conduites sont entièrement déterminées par mon passé ; il m'est impossible de les changer» peut avoir pour fonctions de désamorcer d'avance toute critique visant les comportements actuels, de dispenser de tout effort en vue d'un changement effectif et d'éviter la culpabilité liée à la passivité et aux échecs.

f) L'organisme

Nous vivons d'ordinaire sans prendre activement conscience de nos processus physiologiques. Notre survie suppose en effet que nous soyons attentifs surtout à l'environnement et à ses changements. Nos conduites n'en sont pas moins dépendantes de facteurs organiques, que nous avons parfois intérêt à examiner de plus près. Soulignons deux points en rapport avec cette question.

– Nos perceptions des processus physiologiques sont, comme nos perceptions des stimuli externes, des *interprétations*. Elles peuvent être fortement biaisées et donner lieu à des mésattributions. Leur analyse méthodique requiert toujours la prise en compte des différentes variables de l'équation comportementale.

Prenons à titre d'illustration l'appétit. Notre désir de manger dépend évidemment de processus physiologiques, mais aussi de stimuli (externes), d'opérations cognitives, de l'état affectif, de l'activité du moment et des conséquences de l'alimentation.

L'incidence p.ex. des stimuli apparaît clairement dans l'expérience dite des «rats-cafétéria». Des rats qui disposent en permanence d'une nourriture riche, agréable au goût, mais peu variée ne deviennent pas obèses. Ils ne surconsomment que si l'expérimentateur leur propose chaque jour plusieurs plats différents. Dans ces conditions ils deviennent obèses en six semaines. Ils le restent pour autant qu'ils continuent à disposer en grande quantité d'une nourriture *diversifiée*.

Apfeldorfer, qui rapporte cette expérience, ajoute : «Tout cela ne fait que confirmer notre expérience personnelle : une alimentation variée renouvelle un appétit défaillant. Même si nous n'avons plus faim pour le rôti, nous retrouvons notre appétit à l'arrivée du fromage; et si nous nous sentons incapables de reprendre du camembert, nous pouvons tout de même faire un sort au dessert. Voilà qui explique pourquoi l'obésité est rare dans les pays où la nourriture, abondante en quantité, est pauvre en variété. C'est loin d'être notre cas, nous habitants des pays privilégiés d'Occident, qui avons accès à tous les aliments que notre globe est capable de produire» (1983 : 12).

– Concernant l'importance des *modifications physiologiques de faible intensité*, on peut répéter la recommandation faite au sujet des affects. D'une part, leur accorder beaucoup d'attention peut être une source de troubles (tension, angoisse, phobie, névrose hypocondriaque, dépression).

Paul Watzlawick, dans son recueil de recettes pour «faire son propre malheur», propose divers exercices qui offrent un avant-goût de ces complications. A titre d'exemple, on peut s'installer dans un fauteuil, fermer les yeux et se concentrer sur les souliers qu'on porte. «Il ne devrait pas s'écouler un temps très long avant que l'on commence à se rendre compte, pour la première fois de sa vie peut-être, que le port de souliers est éminemment inconfortable. Même si l'on croyait jusqu'à cet instant posséder des souliers parfaits, on ne tarde pas à prendre conscience d'innombrables défauts désagréables — points de pression, friction, torsion des orteils, lacets trop serrés, chaleur, froid et ainsi de suite. On répétera l'exercice jusqu'à ce que le port de souliers, de nécessité banale qu'il était jusqu'alors, se transforme en insupportable corvée» (1983 : 38).

D'autre part, la totale négligence de certains signaux physiologiques augmente le risque de laisser se développer des dysfonctionnements (p.ex. l'hypertension artérielle et les maladies qui en découlent) jusqu'à un stade avancé, voire même létal.

Certaines personnes prêtent fort peu d'attention à leurs tensions psychophysiologiques. C'est en particulier le cas des individus caractérisés par le «schème comportemental de type A» (cf. Avard, 1984 : 335). Leur manque d'intérêt pour les signaux de stress et d'épuisement leur permet sans doute d'être plus endurants et plus performants que des personnes qui réagissent plus rapidement à ces indices par un changement de comportement, la détente ou le repos. Ils constituent malheureusement un groupe dans lequel les maladies cardio-vasculaires sont nettement plus fréquentes que dans la population générale.

Chapitre IV

La programmation de changements comportementaux

> «L'acquisition d'une compétence dans un domaine quelconque résulte d'un acheminement pas à pas.»
>
> Skinner (1968 : 30)

Les étapes qui suivent l'observation et l'analyse d'un problème d'autogestion sont la recherche et la mise au point d'une stratégie de modifications comportementales. Dans certains cas, la stratégie apparaît simple (il suffit p.ex. de changer d'environnement). Dans d'autres, elle nécessite une programmation soigneuse (c'est en particulier le cas lorsqu'on désire mettre fin à des conduites habituelles qui sont puissamment renforcées par la diminution rapide de stimulations négatives). Notons toutefois que la triste existence des personnes dites «obsessionnelles» illustre le danger d'une préoccupation constante de planification et d'organisation. Vouloir programmer tous les moments de l'existence est un objectif aussi irréaliste et pathogène que de vouloir s'observer ou s'analyser constamment.

Des procédures de changement peuvent être envisagées au niveau de chacune des variables de l'équation comportementale. Nous passerons en revue, dans le chapitre suivant, des procédures centrées respectivement sur la modification de C, S, CO, AF, O et AC. Nous examinons d'abord six principes qui peuvent contribuer de façon décisive à l'élaboration d'une stratégie de changement comportemental. L'importance de leur application dépend étroitement de l'ampleur du problème à résoudre et de la difficulté de «reprogrammer» durablement des contingences de renforcement.

I. LE PRINCIPE DE L'APPROCHE MULTIMODALE

Du fait que nos comportements comprennent plusieurs dimensions (CO, AF, AC) et dépendent de divers facteurs (S, C, O), leur gestion est généralement facilitée par des stratégies à composantes multiples, portant sur plusieurs variables. Ulysse n'aurait sans doute pas résisté aux Sirènes s'il s'était contenté d'une seule des trois tactiques conseillées par Circé.

Nous avons vu plus haut que le principe d'une approche plurifocale a été adopté dès les premiers programmes d'autocontrôle (Ferster e.a., 1962; Fox, 1962). En thérapie comportementale, Arnold Lazarus a lancé dès 1965 l'idée d'une «perspective multidimensionnelle» (pour le traitement de l'alcoolisme). L'année suivante il parlait de «thérapie comportementale à large spectre» (cf 1987 : 7). Depuis les années 70, son concept de «thérapie multimodale» est devenu un des leitmotive essentiels des comportementalistes praticiens.

Des recherches précises sur le contrôle de soi montrent la supériorité de stratégies pluridimensionnelles par rapport à la mise en œuvre d'un seul type d'intervention (cf. Perri & Richards, 1977). Cette approche s'avère même indispensable pour résoudre durablement des problèmes complexes tels que l'obésité (Mahoney, Moura & Wade, 1973), l'habitude de colères violentes (Novaco, 1979) ou une anxiété sociale généralisée (Hollin & Trower, 1988). Il y a toutefois une limite au nombre de procédures à employer conjointement. Au-delà d'un certain degré d'hétérogénéité et de complexité, l'efficacité des programmes n'est guère meilleure ou s'avère moindre que celle d'une ou deux techniques appliquées méthodiquement (Rehm, 1982 : 542; Depreeuw, 1985 : 18). On ne peut courir trop de lièvres à la fois.

II. LA SÉLECTION D'OBJECTIFS ESSENTIELS

En tant qu'êtres humains, nous disposons de pouvoirs limités. Nous ne sommes pas en mesure d'apporter une solution heureuse à tous nos problèmes. Nous devons opérer des choix, renoncer à des possibilités, réaliser certaines tâches de façon superficielle. Dès lors, *une gestion optimale de nous-même suppose que nous redéfinissions périodiquement, de façon réfléchie, nos objectifs essentiels à court, à moyen et à long termes.*

Du point de vue de la santé mentale, on peut rappeler l'importance d'équilibrer les devoirs et les plaisirs, et d'obtenir des satisfactions régulières dans les trois secteurs suivants :

(a) les besoins corporels et les plaisirs sensoriels (alimentation saine, activité physique, détente, sexualité, etc.),

(b) les relations interpersonnelles,

(c) la réalisation d'activités qui s'accompagnent d'un sentiment d'efficience.

Nous avons intérêt à bien classer nos divers objectifs, selon l'importance que nous leur accordons. Cette *hiérarchisation* est un préalable à une bonne gestion du temps. Elle nous motive à mieux nous défendre contre les « voleurs de temps » (Servan-Schreiber, 1983 : 96) que sont les réunions improductives, les personnes qui nous parlent continuellement de leurs émotions négatives et ne font rien pour changer la situation, notre manque d'organisation, notre perfectionnisme, notre inhabileté à dire « non, désolé, je suis fort occupé, je ne puis accepter », etc.

La détermination des objectifs essentiels est une question personnelle. Le psychologue n'a pas à donner des directives précises à ce sujet. Il peut toutefois signaler que les personnes apparemment les plus heureuses poursuivent en général des objectifs qui requièrent des efforts, mais qui sont cependant réalisables sans trop de difficultés (cf. les recherches résumées dans Argyle, 1987 : 116s). Des recettes quasi infaillibles pour déprimer sont : l'évitement de tout engagement dans des tâches tant soit peu difficiles ou, à l'inverse, la poursuite obsessionnelle d'objectifs inaccessibles.

III. LA FORMULATION D'OBJECTIFS COMPORTEMENTAUX

La définition d'objectifs « essentiels » est importante pour orienter globalement l'existence. La formulation explicite d'objectifs « comportementaux » ou de « comportements-cibles » est indispensable pour réaliser certains objectifs essentiels et pour résoudre des problèmes complexes d'autogestion.

Les objectifs destinés à résoudre un problème se formulent idéalement à partir des déterminants mis en évidence par l'analyse fonctionnelle des comportements à modifier. A titre d'exemple supposons qu'une personne désire se libérer de l'habitude, développée depuis six mois, de boire chaque jour 5 à 6 verres d'apéritif ou de bière, la plupart du temps à la sortie du bureau. En se basant sur l'analyse fonctionnelle de ses comportements de boisson, elle peut s'assigner p.ex. pendant deux mois les objectifs suivants (à ce stade de «préalcoolisme», leur réalisation pourrait suffire à résoudre le problème) :

– Accentuation des conséquences aversives : Observer soigneusement les effets de l'alcool chez des personnes déjà dépendantes - Noter dans un carnet (toujours à portée de main) toutes les conséquences négatives de l'alcool qui viendront à l'esprit - Relire cette liste au moins une fois par jour.

– Contrôle des stimuli-pièges : Au moment de quitter le bureau, s'efforcer de songer aux occupations agréables qui sont possibles à la maison (prendre un bain, écouter de la musique, etc.); rentrer par un nouveau chemin permettant d'éviter le bistrot tentateur - Au cours des réceptions, essayer de «déguster» des jus de fruits et, en tous cas, se limiter à deux verres d'alcool («règle de la boisson contrôlée»); se concentrer très régulièrement sur les conséquences les plus pénibles de l'alcoolisme et sur le plaisir d'être capable de dire calmement : «non merci, pas d'alcool aujourd'hui».

– Restructurations cognitives : Combattre l'exigence d'être estimé ou admiré (en se répétant à chaque occasion : «c'est dommage quand un individu me critique ou ne m'applaudit pas, mais je peux vivre désormais malgré cela; l'important c'est que moi je m'apprécie») - Attaquer «sauvagement», dès qu'elle pointe, l'idée : «je ne peux plus tenir», et lui substituer : «c'est dur; j'ai tenu le coup (x) jours; je décide de tenir au moins encore aujourd'hui; avec cette tactique, ça va devenir de jour en jour plus facile et je connaîtrai de plus en plus de moments de bonheur».

– Régulation des affects : Apprendre une technique de relaxation et faire chaque jour un exercice en rentrant du travail - Diminuer la tension musculaire et mentale chaque fois qu'on voit l'heure ou qu'on prend conscience d'être crispé.

– Développement d'activités agréables : Reprendre contact avec des amis (non alcooliques).

– Développement de l'assertivité : S'exercer à refuser, de façon aimable mais très ferme, tout ce qu'on n'a pas intérêt à ingurgiter (alcool ou nourriture).

– Autorécompenses : Utiliser quotidiennement l'argent économisé à ne plus boire pour s'offrir des choses agréables (bande dessinée, disque, pâtisserie, etc.).

– Dispositions autocorrectives : En cas d'«excès» (plus de 2 verres en un jour), faire par écrit, endéans les 24 heures, une analyse fonctionnelle détaillée du comportement - Si les «excès» dépassent le nombre de 4 en un mois, se rendre chez les Alcooliques Anonymes (ou chez un thérapeute comportementaliste), sans plus discuter avec soi-même de l'opportunité ou non de se faire aider.

Les règles suivantes sont essentielles pour formuler des objectifs comportementaux pertinents :

·1° La règle de la concrétisation (ou de l'opérationalisation)

Un objectif comportemental désigne des opérations concrètes, observables et quantifiables, qui s'accomplissent dans des circonstances relativement bien spécifiées. «Etre heureux» n'est pas un objectif comportemental. Par contre, «aller samedi matin flâner chez les bouquinistes» et «apprendre à riposter à mes pensées autodénigrantes dès qu'elles surgissent» sont des objectifs de ce type.

On observe de façon générale que plus des comportements-cibles sont clairement précisés, plus la probabilité de les réaliser augmente.

2° La règle de la formulation positive

Lorsque nous cherchons à résoudre un problème d'autogestion, nous ne pouvons nous contenter de mentionner des comportements à réduire (p.ex. «cesser de me suralimenter»). Nous devons *toujours formuler des comportements à effectuer* (p.ex. «dès que je me mets à table, 1° je me détends, 2° je me rappelle que je vais manger très lentement et déguster, au lieu d'engloutir»).

Rappelons que la suppression durable d'une assuétude nécessite le développement de stratégies efficaces pour affronter des situations difficiles et, d'autre part, l'augmentation de la fréquence de comportements épanouissants (plaisirs corporels, contacts sociaux, activités altruistes, etc.).

3° La règle du réalisme et de la progressivité

Un objectif comportemental doit pouvoir se réaliser concrètement. Pour le formuler de façon adéquate, il faut tenir compte des contingences actuelles (contexte matériel, rythmes biologiques, etc.) et des réactions habituelles (auxquelles d'autres ne peuvent se substituer que de façon progressive). P.ex. l'étudiant qui n'étudie plus depuis plusieurs semaines va droit à l'échec s'il programme «8 heures d'étude par jour, 6 jours par semaine, dès demain». Un objectif réaliste pour les deux semaines à venir pourrait être : «deux fois une heure par jour, quel que soit mon état affectif».

Lorsqu'un objectif paraît difficile ou relativement éloigné dans le temps, il importe de formuler de nombreux objectifs «intermédiaires» («parcellaires», «préparatoires») et de se réjouir vivement dès qu'ils sont atteints. Faute de ces «sous-objectifs» (ou «micro-objectifs»), la motivation tend à fléchir ou à disparaître. Le sentiment d'efficience peut alors faire place aux sentiments d'incompétence et d'impuissance.

Nous avons souvent intérêt à appliquer la règle du «un jour à la fois» (*one day at a time*) promue par les *Alcooliques Anonymes*.

Une brochure de la célèbre Association l'explicite comme ceci : «Nous nous efforçons, chez les A. A., d'éviter les expressions comme *Je ne boirai plus* ou *Je m'engage à ne plus boire*. Elles nous rappelleraient trop nos défaites... Nous avons constaté qu'il était plus pratique et plus avantageux de déclarer : *Aujourd'hui, je ne bois pas*. Aurions-nous bu la veille que nous pourrions décider de ne pas boire le jour même. Il se pourrait que nous recommencions à boire le lendemain — nul ne sachant d'ailleurs si nous serions encore en vie — mais nous décidons de ne pas boire endéans *les vingt-quatre heures à venir*. Quelles que soient les tentations ou les provocations, nous prenons la résolution de mettre tout en œuvre pour ne pas boire *ce jour-là*.

Si l'envie de boire se fait trop pressante, beaucoup d'entre nous divisent leurs 24 heures en portions plus réduites. Nous décidons de ne pas boire... disons pendant une heure. Nous pourrons ensuite supporter une heure de plus les malaises passagers du sevrage, puis encore une heure, etc. C'est de cette façon qu'un grand nombre d'entre nous ont amorcé leur sobriété. En fait, *tout rétablissement* de l'alcoolisme commence par *une heure sans boire*» (1975 : 6s).

Beaucoup de problèmes résident dans la quantité (insuffisante ou excessive) de comportements. La solution réaliste consiste alors à changer leur fréquence, leur durée ou leur intensité. Dans cette perspective, il est souvent utile et parfois indispensable de faire usage de mesures (p.ex. des évaluations de l'intensité des affects). Du fait que nous sommes des êtres humains, il y a de nombreux domaines dans lesquels nous avons intérêt à viser p.ex. un 5 ou un 7 sur 10, et non une performance parfaite. Le goût de la qualité est une disposition recommandable, le perfectionnisme est une compulsion névrotisante et dépressogène.

Dans certains cas, un excellent «objectif intermédiaire» est d'effectuer un type de comportements sans se soucier de la qualité du résultat. Skinner (1968 : 217) recommande cette stratégie pour apprendre à rédiger : dans un premier temps, l'accent est mis sur l'expression écrite en tant que telle, indépendamment de sa valeur esthétique.

Robert Boice (1992, Université de l'Etat de New York - Stony Brook) a montré expérimentalement la pertinence de ce conseil. Il a réussi à éliminer le «blocage de l'écriture», chez des universitaires qui ne parvenaient pas à terminer leur thèse, en les incitant à rédiger chaque jour une ou deux pages, quelle qu'en soit la qualité. Cette production régulière a débouché sur un travail valable chez pratiquement tous les intéressés. (Les recherches de Boice illustrent bien, par ailleurs, le principe de l'approche multimodale. En effet, la combinaison de cette procédure avec d'autres — telles que la modification du dialogue intérieur et la planification «équilibrée» des activités quotidiennes — apparaît comme plus efficace que toute procédure utilisée seule).

4° *La règle de la flexibilité*

Beaucoup d'objectifs comportementaux, sous peine de devenir handicapants, doivent être régulièrement réajustés ou remplacés en fonction des contingences (p.ex. notre vieillissement) et des changements de conduite observés.

La solution optimale à un problème consiste tantôt à modifier notre comportement, tantôt à modifier l'environnement, tantôt à changer d'environnement. Parfois ces diverses possibilités peuvent être essayées tour à tour ou de façon conjointe.

IV. L'ÉTABLISSEMENT DE CONTRATS

Un traitement effectué avec l'aide d'un behavioriste comprend toujours, en principe, un «contrat thérapeutique». Après l'inventaire des problèmes à résoudre, le thérapeute et le client s'accordent de façon explicite sur les objectifs du «training», les moyens qui seront utilisés, les rôles et les responsabilités de chacun, la durée probable et le coût du processus. (Aux Etats-unis, il est fréquent que le contrat soit écrit et signé par les deux partenaires). Une telle procédure est essentielle, tant du point de vue éthique que motivationnel (cf. Sulzer, 1962; Fontaine, Cottraux & Ladouceur, 1984 : 27).

Dans le cadre d'une thérapie comportementale, les contrats portant sur les comportements-cibles s'établissent et se respectent plus aisément que dans une démarche entièrement autogérée. Un contrat de ce genre s'avère cependant quasi indispensable pour résoudre un certain nombre de problèmes difficiles (assuétudes, rituels obsessionnels, phobies intenses, etc.).

Un autocontrat précise des objectifs (et des sous-objectifs) comportementaux et, d'autre part, des récompenses, des sanctions et des dispositions correctives, qui seront appliquées selon des normes définies (p.ex. des scores variant de 1 à 10). Nous en avons donné une illustration dans le paragraphe relatif aux objectifs comportementaux (cf. le cas de la personne décidée à mettre fin à un début de dépendance alcoolique). Des recherches (cf. Liebert e.a., 1969) montrent qu'un tel contrat est d'autant mieux respecté que son contenu est davantage explicite et concret (stimuli auxquels réagir, dates et durées d'application, etc.).

Les autorécompenses sont généralement beaucoup plus efficaces que les autopunitions (cf. Mahoney & Thoresen, 1974 : 57s; D. L. Watson & Tharp, 1977 : 114s). Lorsque les résultats sont médiocres par rapport aux objectifs, l'intéressé devrait les interpréter, non comme la preuve de son incompétence, mais comme un point de départ de nouvelles observations, analyses et stratégies. Pour bien se gérer, mieux vaut procéder à la manière d'un chercheur attentif et bienveillant que comme un parent répressif, qui ne voit que les failles et réprimande sans cesse.

V. L'INSTAURATION DE PROCÉDURES DE FEED-BACK.

Un contrat de changement comportemental implique évidemment l'auto-observation des conduites effectuées. Toutefois, même en l'absence de contrat explicite, une procédure de feed-back peut s'avérer indispensable pour soutenir les efforts et réajuster régulièrement la stratégie adoptée.

Les caractéristiques d'une procédure adéquate sont celles que nous avons énoncées dans le chapitre relatif à l'observation de comportements et de leurs contingences. Les observations doivent porter sur des comportements concrets, mis en rapport avec les différentes variables de l'équation comportementale. Elles concernent la réalisation d'objectifs intermédiaires et pas seulement un résultat final, tel que l'obtention d'un diplôme ou la disparition durable d'une assuétude.

Les courbes cumulatives sont souvent utiles. Elles permettent de visualiser l'accomplissement d'un ensemble des comportements. A titre d'exemple, supposons un étudiant qui s'est engagé à étudier quotidiennement 2 heures pendant cinq jours d'affilée (la ligne pointillée représente l'objectif; la ligne continue, le nombre total d'heures passées à étudier).

Heures d'étude effectives

	Par jour	Cumulées
Lundi	2	2
Mardi	3	5
Mercredi	0	5
Jeudi	1	6
Vendredi	2	8
Samedi	4	12

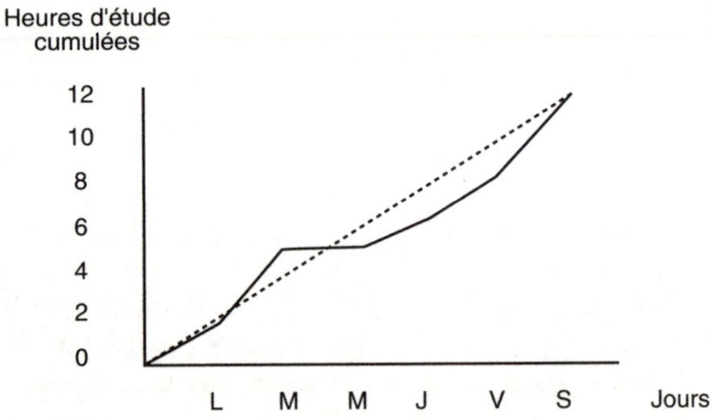

VI. LE PRINCIPE DE LA RÉPÉTITION ET DE L'EFFORT

Selon le modèle «médico-psychologique» des troubles mentaux, la condition nécessaire et suffisante pour faire disparaître ces troubles réside dans la mise au jour de leur «cause profonde». Les données objectivables ne cadrent pas souvent avec cette conception «intellectualiste». La réduction ou l'élimination de perturbations psychologiques requièrent fréquemment des observations méthodiques, des répétitions actives de comportements-cibles en dépit des «états d'âme», des restructurations successives d'objectifs et la relativisation de multiples échecs. Autrement dit, le remplacement de modes de réactions problématiques par d'autres, davantage satisfaisants, suppose un apprentissage. Cet apprentissage peut s'avérer aussi lent et laborieux que celui d'une nouvelle langue ou de nouvelles habiletés motrices (p.ex. skier ou écrire de la main gauche si l'on a toujours utilisé la droite).

Les psychologues d'orientation scientifique peuvent aujourd'hui, bien mieux que par le passé, modifier certaines habitudes. Tous soulignent cependant la nécessité d'efforts et de répétitions.

Albert Ellis p.ex. déclare, au sujet des cognitions névrotisantes répertoriées plus haut, que «travailler à changer des croyances irrationnelles comporte les implications suivantes : (a) les contester et les mettre au défi, de façon énergique et répétitive; (b) se forcer à tenir bon malgré la douleur et les troubles qui surviennent quand on les contredit fermement; (c) essayer d'éprouver d'autres émotions à leur sujet ou au sujet de leurs effets (p.ex. chercher à se sentir heureux d'avoir cessé de fumer au lieu de rester accroché à l'idée que c'est terrible de passer par la souffrance de l'abstinence); (d) agir à leur encontre de manière directe et vigoureuse» (1979 : 86).

Lynn Rehm, au terme d'une analyse des traitements les plus performants des dépressions psychogènes, conclut : «Les facteurs essentiels de leur efficacité pourraient bien être la présentation convaincante d'un schéma fonctionnel, l'incitation à faire l'effort de travailler à des problèmes, le renforcement de cet effort, et la mise en évidence des progrès réalisés» (1982 : 546).

1. Certains apprentissages n'exigent pas beaucoup de temps, mais une stratégie adéquate et des *efforts* particulièrement intenses (pendant quelques heures). Ainsi en va-t-il pour la procédure d'élimination de phobies simples par affrontement direct («exposition» ou *flooding*). Nous avons déjà évoqué son principe (cf. IVe partie, chapitre V). Nous soulignons ici l'importance de la ténacité au cours de sa mise en œuvre.

L'évolution de l'activation émotionnelle, pendant la confrontation avec une situation phobogène, présente généralement trois phases : une brutale intensification, un plateau, une diminution progressive (cf. graphique). Durant les deux premières phases, la personne est évidemment tentée de fuir. Si elle cède à cette impulsion, son angoisse diminue très rapidement, mais hélas elle renforce sa conviction d'être «phobique», incapable de faire face (processus de «sensibilisation»). Si elle «tient» jusqu'à ce que la tension diminue sensiblement, une restructuration cognitive s'opère et la phobie peut disparaître durablement. La personne éprouve à cette occasion un sentiment d'efficience qui peut l'aider à

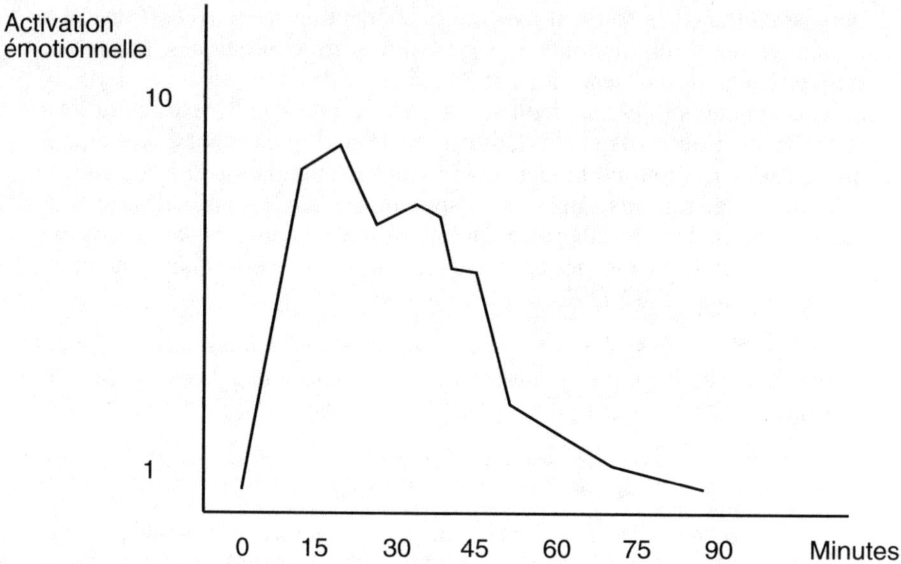

Exemple-type de l'évolution de la tension pendant une confrontation prolongée avec un stimulus phobogène.

affronter d'autres stimuli anxiogènes. Diverses recherches ont montré que les deux premières phases durent en moyenne de 10 à 30 minutes. Le traitement d'une phobie par «exposition» directe devrait donc toujours se réaliser par séances d'au moins 30 à 60 minutes chacune (cf. Borkovec, 1986; Foa & Kozak, 1986; Marks, 1991). A ce «prix», les résultats peuvent être spectaculaires (parfois deux ou trois séances suffisent).

Le traitement comportemental des compulsions s'appuie sur le même principe. Des recherches montrent en effet que les «obsessionnels», qui s'efforcent de résister pendant plusieurs heures d'affilée à l'impulsion à réaliser un rituel, parviennent à diminuer progressivement son intensité et sa fréquence (Rachman, de Silva & Röper, 1976; Rachman & Hodgson, 1980; Hodgson, 1982).

2. Les enquêtes sur des personnes qui ont réussi à éliminer durablement une habitude néfaste (suralimentation, alcoolisme, etc.) montrent qu'elles ont quasi toutes «rechuté» plusieurs fois avant de réaliser leur objectif (Perri & Richards, 1977; Schachter, 1982).

De nombreuses *répétitions* sont nécessaires pour transformer certains montages cognitivo-affectifs, qui ont été renforcés des milliers de fois depuis l'enfance (par les parents, des autorités de toutes sortes, les médias et la personne elle-même). P.ex. pour se libérer du «must» de paraître toujours intelligent et estimable, il ne suffit pas de se dire à l'une ou l'autre occasion : «en tant qu'être humain, j'ai droit à des erreurs; il est plus important que je m'estime moi-même que de me soumettre à l'opinion des autres». Pour qu'une nouvelle façon de penser soit affectivement intégrée et devienne «naturelle», elle doit généralement être réaffirmée, avec force, des dizaines voire même des centaines de fois.

On peut programmer de répéter des autoverbalisations ou des images mentales bien définies chaque fois qu'apparaissent des stimuli ou des cognitions en rapport avec la réaction qu'on souhaite modifier, ou encore chaque fois qu'on se trouve dans une situation relativement fréquente (p.ex. entendre sonner le téléphone, utiliser un ascenseur). Il peut être utile de placer des «mémos» (ou mémentos) à un endroit où l'on passe chaque jour (p.ex. la salle de bains) ou de mettre dans le portefeuille une carte avec des auto-instructions (p.ex. «Je me tiens au contrat fixé avec moi-même. Ceux qui en sont incapables ont une vie déglinguée»). On peut également tirer profit du pouvoir suggestif d'images ou de dessins (ainsi la personne qui veut éviter de se suralimenter peut placer sur la porte du réfrigérateur des photos d'individus obèses et d'individus ayant un poids satisfaisant).

Certaines personnes rejettent ces moyens de changer en les qualifiant d'«autosuggestion» ou de «conditionnement». En fait, nous nous trouvons souvent devant une alternative : nous laisser contrôler par des schèmes infantiles et des conditionnements sociaux ou bien élaborer progressivement des modes de réaction en accord avec des objectifs que nous avons définis. La seconde optique implique la désautomatisation réfléchie de certains réflexes cognitifs et leur remplacement, conscient et méthodique, par d'autres.

Chapitre V

La modification des variables de l'équation comportementale

«Dans une large mesure l'individu apparaît comme l'artisan de sa propre destinée. Il est souvent capable d'agir sur les variables qui l'affectent.»

Skinner, *Science and human behavior* (1953 : 228)

I. LE MANIEMENT DES CONSÉQUENCES

Le moteur essentiel d'un changement comportemental se trouve dans la perception des effets négatifs de comportements et dans la perception d'effets positifs de conduites «alternatives». Plus les conséquences d'une habitude nous paraissent aversives, plus nous sommes motivés au changement, à moins d'être convaincus de son impossibilité ou de son «prix» excessif. Etant donné la fonction primordiale du facteur «C» dans le processus d'autogestion, c'est par lui que nous commençons l'étude de la modification des variables de l'équation comportementale.

Epictète avait déjà indiqué la possibilité de se contrôler grâce à une focalisation de l'attention sur des conséquences de conduites. Il écrivait :

«Quand tu formes l'idée de quelque plaisir, traite-la comme les autres, garde-toi de te laisser emporter par elle; mais attends pour t'exécuter, et obtiens de toi-même quelque délai. Puis compare les deux moments : celui où tu jouiras de ce plaisir, et celui où, après la jouissance, tu en viendras à te repentir et à te faire à toi-même des reproches; à ce mécontentement, oppose la joie de t'être abstenu et les éloges que tu t'adresseras à toi-même. S'il t'apparaît opportun de passer à l'action, fais attention de ne pas te laisser vaincre par sa douceur, son agrément et son attrait; oppose-lui, au contraire, comme infiniment préférable, la conscience que tu auras d'avoir remporté cette victoire» (§34).

Les principes généraux de la gestion de la variable «C» sont les suivants :

(a) *Pour développer un comportement*, on accentue ses conséquences positives (+S+ et -S-) et on minimise ses conséquences négatives (+S- et -S+). Conjointement, on accentue les conséquences négatives de son non-accomplissement.

(b) *Pour réduire ou éliminer un comportement*, on intensifie (ou on dramatise) ses conséquences négatives et on réduit (ou on «empoisonne») ses conséquences positives. Conjointement, on s'efforce de développer un comportement «concurrent» (ou «alternatif»), dont on accentue les conséquences positives et dont on minimise les inconvénients.

Les conséquences utilisées pour l'autogestion peuvent être *intrinsèques* au comportement (leur effet étant fonction de l'attention qu'on leur porte) ou *autoproduites*, c'est-à-dire programmées par contrat (p.ex. convenir avec soi-même qu'on ira au restaurant quand on aura terminé un travail). Les conséquences intrinsèques, lorsqu'elles suffisent, sont évidemment préférables aux conséquences autoproduites. Il est cependant judicieux de disposer en permanence (en mémoire ou sur une fiche) d'une liste de diverses «récompenses» (matérielles et symboliques) grâce auxquelles on peut intensifier la motivation à faire un effort particulier. La perspective d'événements agréables (à bref délai) favorise le contrôle d'impulsions néfastes et l'accomplissement de conduites désagréables.

Les conséquences peuvent être immédiates ou différées. Soulignons l'importance d'apprendre à agir en fonction de conséquences plus ou moins éloignées, tout en programmant des mini-objectifs qui apportent des autosatisfactions rapides et fréquentes (notamment le sentiment d'efficience).

La modification de l'impact de conséquences peut se réaliser de diverses façons, que nous passons en revue.

a) L'exploration systématique de la multiplicité des conséquences

Sénèque conseillait, pour éviter des colères fréquentes, de bien inventorier leurs conséquences négatives. Il écrivait :

«Nous trouverons un moyen de ne pas nous irriter en nous mettant de temps à autre sous les yeux tous les vices de la colère et en l'estimant à sa juste valeur. Il faut faire son procès, la condamner, enquêter sur ses méfaits, les apporter à la barre ; pour qu'elle se montre telle qu'elle est, il faut la comparer aux pires vices» (*De Ira*, III, V, 3).

Le comportementaliste ajoute qu'il ne suffit pas de répertorier assidûment les +S- et les -S+, mais qu'il faut également dépister les renforcements positifs (+S+) et les renforcements négatifs (-S-), en vue de les minimiser ou de les obtenir par des comportements alternatifs (dans le cas de l'habitude de se mettre en colère, ces renforcements sont p.ex. le fait d'avoir toujours le dernier mot et l'évitement du sentiment d'humiliation).

Rappelons avec insistance que les conséquences ne sont pas toutes conscientes, qu'elles n'ont pas toutes le même pouvoir motivant et que les conduites-problèmes très résistantes au changement sont d'ordinaire accomplies pour éviter des stimulations aversives (perdre le contrôle de soi, paraître incompétent, être rejeté, se sentir coupable, etc.). Les efforts de changement doivent évidemment se focaliser sur les stimuli-conséquences essentiels.

b) L'intensification effective de conséquences

Nous pouvons parfois programmer des expériences destinées à mieux éprouver des conséquences. Un exemple typique est la procédure du *rapid smoking*, promue par Edward Lichtenstein (Université de l'Oregon). Elle consiste à tirer une bouffée de cigarette toutes les six secondes pendant des séances de 5 à 20 minutes.

Au cours des séances on s'efforce de ressentir le tabagisme comme extrêmement désagréable et nuisible. On peut associer à cette expérience des images évoquant le dégoût, la nausée ou le vertige. On peut également visualiser des conséquences désastreuses du tabac, s'imaginer p.ex. que l'on souffre d'un cancer du poumon. Le traitement-type comporte une séance quotidienne pendant une semaine. Quelques séances supplémentaires s'imposent si l'envie de fumer redevient importante. Combiné avec d'autres procédures, le «fumer rapide» s'avère réellement efficace (Lichtenstein e.a., 1973).

Cette technique étant relativement éprouvante pour les systèmes respiratoire et cardiovasculaire, seules les personnes en bonne santé peuvent en faire un usage efficace. Les autres peuvent fumer à un rythme normal tout en se concentrant sur les sensations négatives (*focused smoking*). Elles peuvent aussi, à chaque inhalation, garder le plus longtemps possible la fumée en bouche (cf. Lichtenstein & Mermelstein, 1984).

c) L'intensification cognitive de conséquences

L'amplification matérielle de conséquences est souvent une opération compliquée. Il est plus facile de modifier la façon de percevoir des conséquences. Cette stratégie s'avère particulièrement importante lorsqu'on cherche à se libérer d'une assuétude néfaste.

En effet, les personnes asservies à une substance ou à un mode de relation ont tendance à «ignorer» ou minimiser des conséquences négatives de leur habitude, surtout celles qui apparaissent à long terme (p.ex. une enquête réalisée par Eiser e.a. en 1979 montre que 50 % des fumeurs contre 85 % des non-fumeurs admettent que «fumer est réellement aussi dangereux qu'on le dit»). D'autre part, l'évolution de l'attention aux conséquences est un facteur essentiel pour le maintien d'un changement comportemental. Après une période d'abstinence, le pouvoir dissuasif des effets négatifs du comportement-problème vient à diminuer. Si l'on se trouve alors dans une situation à haut risque de récidive (p.ex. des sentiments d'ennui, de frustration intense ou d'impuissance), les «avantages» (-S- et +S+) du comportement-problème peuvent brusquement venir occuper tout le champ de la conscience, les «coûts» (culpabilité, risque de maladie, perte d'argent, etc.) étant minimisés ou scotomisés (Marlatt & Gordon, 1979).

L'impact de conséquences peut être maintenu ou intensifié par l'observation d'autrui («modèles» et «antimodèles»), l'automonitoring, la visualisation mentale et l'autoverbalisation.

1. Une illustration de la tactique de *l'observation attentive de conséquences de comportements chez d'autres personnes* est le cas de l'individu qui, en vue de saper son habitude de boire, va travailler bénévolement dans une institution pour alcooliques arrivés au dernier stade de la déchéance.

2. *La notation systématique d'expériences et de leur impact affectif* peut aider à maintenir le cap sur un objectif difficile. Ainsi la personne, qui essaie vainement de se détacher d'un partenaire qui la fait souvent souffrir, a tout intérêt à tenir un journal des événements pénibles. La relecture fréquente de ces notes neutralise la tendance à gommer les déceptions et les humiliations subies. Au bout d'un certain temps, la rupture libératrice et la traversée de la période de «sevrage» pourront se réaliser plus facilement.

3. *La visualisation mentale* peut porter sur des stimuli-conséquences ou sur des séquences comportementales suivies de leurs conséquences.

P.ex. une personne qui abuse d'alcool peut repasser en imagination le «film» détaillé d'une beuverie qui s'est mal terminée, depuis l'instant où a surgi l'idée de boire jusqu'au moment des souffrances finales. Elle s'appesantit alors sur ces souffrances. Elle les «observe» soigneusement. Elle les éprouve dans son corps. Ensuite elle visualise un scénario dans lequel elle réagit, face à la situation de départ, par des comportements «positifs» et en éprouve de vives satisfactions.

Des recherches ont montré l'efficacité de cette procédure, notamment pour développer l'assertivité (Kazdin, 1984) et pour réduire la surconsommation d'aliments (Bellack e.a., 1976). Un comportement se trouve «renforcé» ou diminué si l'on visualise, *à de nombreuses reprises*, son déroulement et ses effets (respectivement positifs ou négatifs). Rappelons que l'impact des images mentales est plus fort quand on ne se contente pas de visualiser des scènes, mais qu'on est également attentif aux réactions corporelles et affectives qu'elles provoquent.

4. *Les autoverbalisations* sont des moyens essentiels pour «réduire l'intervalle entre le comportement et les variables contrôlantes» (Skinner, 1957 : 441). Le premier programme d'autocontrôle mis au point par Fester e.a. (1962) insistait déjà sur l'élaboration d'un «répertoire verbal actif» qui permette d'évoquer facilement les «conséquences ultimes».

P.ex. la personne qui perçoit des stimuli à consommer de la drogue peut se dire : «Stop! Attention! Du calme... Aujourd'hui tu ne te laisses pas stupidement piéger. Ne pense plus qu'aux effets pénibles, éprouve ces souffrances... Ne te laisse pas obnubiler ; c'est la superconnerie, le toboggan pour l'asile... Je veux éprouver le plaisir de tenir bon, de décider, de ne plus être esclave. O.K. ma décision est prise. Je ne discute plus avec moi-même. Je fais autre chose... Bravo. La tension va diminuer. Je suis capable, je progresse, ça va devenir de plus en plus facile. Ce soir je vais m'endormir content».

II. LA GESTION DES STIMULI

S'il est vrai que nos conduites sont déterminées par l'anticipation de leurs effets, il n'en reste pas moins important de considérer les stimuli (antécédents) qui les induisent. Nous pouvons agir sur nos cognitions, nos affects et nos actions en modifiant ces stimuli ou notre relation avec eux. Cette stratégie suppose évidemment le repérage de stimuli qui nous affectent (cf. chapitres II et III).

Les principes généraux de la gestion des stimuli sont les suivants :

(a) *Pour faciliter une réaction*, on accentue ou on produit des stimuli incitants.

(b) *Pour réduire ou «éteindre» une réaction*, on évite, on diminue ou on transforme des stimuli incitants. Conjointement, on accentue ou on produit des stimuli qui favorisent des réactions «incompatibles».

A. Nous illustrons le 1er principe par des dispositifs utilisés par Skinner pour favoriser son comportement d'écriture.

Pour le professeur de Harvard, «un endroit commode est important. Celui-ci doit comporter toute une série d'objets qui facilitent l'acte d'écrire : machine à écrire, enregistreur, classeurs, livres, un bureau et un siège confortables. Ce lieu doit être agréable et avoir une bonne odeur. Les vêtements doivent être bien seyants. Du fait que ce cadre est destiné à exercer un contrôle sur un comportement particulier, aucune autre activité ne s'y effectue» (...)

«Lire ce qu'a écrit un autre à votre sujet intensifie parfois le comportement, du fait qu'on est rarement à court de mots dans une discussion animée. J'ai une fois utilisé un livre de Boring comme un instrument d'autogestion. J'étais si violemment en désaccord avec la position de l'auteur, qu'après avoir lu une page ou deux, mon comportement verbal était particulièrement vigoureux» (1987 : 133; 138).

Notons bien le caractère idiosyncrasique des stimuli motivants. Un individu peut se trouver stimulé à écrire quand il se trouve toujours au même endroit, dans le silence; un autre se dynamise en changeant régulièrement de lieu de travail ou en entendant de la musique (la rédaction du présent ouvrage doit beaucoup à Vivaldi, Bach, Purcell et Jean-Michel Jarre)...

On peut parfois *accentuer le pouvoir incitateur d'un stimulus en le couplant exclusivement avec un comportement.* Bootzin et Nicassio (1978) proposent cette stratégie aux insomniaques pour favoriser l'endormissement. Ils donnent les règles suivantes (qui ont largement fait leurs preuves) pour que le lit devienne un stimulus inducteur de sommeil :

– N'aller au lit que lorsqu'on se sent fatigué, prêt à dormir.

– Au lit, ne rien faire d'autre que dormir (ou avoir des activités sexuelles). Donc, ne plus y lire, écouter la radio, se disputer avec le conjoint, ruminer, échafauder des plans d'action, etc.

– Si l'on n'est pas endormi après 10 minutes, se lever et se rendre dans une autre pièce (où l'on accomplit de préférence des activités monotones, ennuyeuses ou désagréables). Ne se remettre au lit que si l'on se sent sur le point de s'endormir.

– Si, en se remettant au lit, on ne parvient pas à s'endormir endéans les 10 minutes, répéter la procédure décrite au point précédent.

– Se lever chaque matin à la même heure, indépendamment du nombre d'heures de sommeil et de l'état de fatigue.

– Pendant la journée, s'abstenir de sieste et éviter de somnoler.

(Des recherches expérimentales subséquentes suggèrent que les facteurs les plus importants du programme de Bootzin et Nicassio sont en fait l'élimination des ruminations mentales et la régularisation du rythme veille-sommeil).

B. Le principe qui consiste à neutraliser des stimuli est bien connu. L'exemple archétypique est l'occlusion des oreilles des marins d'Ulysse pour empêcher les Sirènes de les attirer.

L'utilisation de ce principe est souvent déterminant au cours de la 1re étape du démantèlement d'une dépendance. Durant la période où l'on n'a pas encore bien intégré une riposte efficace, on a tout intérêt à *éviter* les stimuli incitateurs, dès l'apparition du premier indice (l'alcoolique ne fréquentera plus ses amis buveurs, l'obèse s'abstiendra de remplir le frigo, etc.). Le courage, à ce stade, c'est de fuir sans tergiverser.

On peut soi-même *rendre plus difficile l'accès à un stimulus*. La personne qui abuse de chocolat peut mettre cet aliment à la cave et n'en ramener qu'une petite quantité à la fois. Celle qui dépense impulsivement peut placer une part de ses avoirs sur un compte à terme; lorsqu'elle va flâner dans les boutiques, elle peut n'emporter qu'une petite somme d'argent et laisser ses cartes de banque à la maison, etc.

Une procédure souvent efficace consiste à *établir un autocontrat de réduction du nombre de stimuli en présence desquels on s'autorise désormais un comportement déterminé*.

Cette démarche correspond à la deuxième méthode citée par Nietzsche «pour combattre la violence d'un instinct», à savoir : «se donner pour loi de le satisfaire, mais selon les règles d'un ordre rigoureux (...) en comprimant son flux et son reflux dans des limites temporelles stables» (cf. Ire partie, chapitre I)

La personne qui a tendance à se suralimenter peut décider de manger uniquement dans une salle à manger, bien assise devant la table, en l'absence de radio ou d'autres stimuli distrayants (Ferster e.a., 1962; Apfeldorfer, 1983). Celle qui programme de se libérer du tabagisme peut commencer, pendant un mois, par ne plus fumer qu'à des endroits et à des moments bien définis (p.ex. seulement à l'extérieur de la maison ou à la cave; jamais avant 10 heures du matin). Le nombre de stimuli induisant le tabagisme se trouve ainsi réduit, la dépendance physiologique à la nicotine diminue et la personne développe le sentiment de pouvoir gérer ses impulsions.

III. LA (RE)STRUCTURATION COGNITIVE

Nous produisons la grande majorité de nos cognitions de façon automatisée et cela ne se fait pas toujours à notre avantage. Des idées et des images surgissent parfois bien malencontreusement. Nous avons cependant toujours la possibilité de restructurer consciemment, en fonction de nos objectifs, nos propres opérations cognitives et les significations que nous attribuons aux événements. Ce pouvoir — qui est peut-être celui qui spécifie le mieux l'*homo sapiens* — constitue le principal instrument de l'autogestion. Il ne s'exerce pas facilement, mais peut se développer.

Une gestion optimale de nos perceptions et interprétations présuppose d'une part la capacité de repérer et d'analyser des cognitions particulièrement «négatives» (cf. chapitres II et III) et, d'autre part, la prise de conscience du caractère contingent et relatif des cognitions (cf. IVe partie, chapitre II).

Il est sage de suivre le conseil d'Epictète : «A propos de toute idée pénible, prends soin de dire aussitôt : *Tu es une idée, et non pas exactement ce que tu représentes*» (*Manuel*, §1) et de méditer ce propos d'Alain : «La folie, à proprement parler, est cet état de nos pensées où nous croyons que nous ne pouvons rien changer à nos pensées. Le moindre éclair de raison revient au contraire à chercher un meilleur arrangement de nos pensées, et d'abord à croire qu'un tel arrangement dépend de nous» (II 27).

Lorsque nous avons l'ambition de faire une recherche scientifique, nous devons tendre évidemment à un maximum d'objectivité, du moins pendant les étapes du testing des hypothèses et de l'évaluation des résultats. Au contraire, lorsque nous voulons modifier nos affects ou nous déterminer à l'action, nous avons parfois intérêt à développer une perspective résolument subjective.

Avant de détailler quelques procédures de (re)structuration cognitive, voyons un exemple de cognitions «automatiques» et de cognitions «alternatives».

Supposons un employé qui rumine quotidiennement des cognitions de ce genre : «Mon patron est un tyran. Je le déteste : c'est plus fort que moi et ça me tue». Les affects conséquents sont tour à tour la révolte et la colère, l'angoisse (suscitée par la peur de perdre le contrôle de soi face au patron) et la dépression.

Les solutions les plus radicales à ce problème sont le changement de travail ou l'action sur les comportements du patron. Dans la mesure où elles sont impraticables, la restructuration cognitive permet néanmoins de modifier les affects et d'envisager d'autres actions positives. L'employé peut développer p.ex. les autoverbalisations suivantes :

«Stop! Assez ruminé. Cette poisse émotionnelle est un problème que je vais aborder rationnellement (auto-instructions; attitude de résolution de problème)... Le patron *croit* qu'il doit se faire craindre et tout décider par lui-même pour bien diriger (concrétisation; démantèlement d'une essentialisation)... Il pratique un style de gestion démodée (recadrage)... C'est bien *dommage* pour moi et pour lui (relativisation, dédramatisation)... L'atmosphère et le rendement seraient meilleurs s'il me consultait davantage, s'il était moins *autocratique* (réétiquetage)... Je me suis fort tourmenté parce que j'ai beaucoup investi dans ce boulot, je me suis identifié à l'entreprise (réattribution de la causalité des affects)... Je décide de changer. Le centre de ma vie est maintenant ma famille et mes loisirs (changement de focalisation de l'attention, élargissement du cadre)... Demain je reprends contact avec le club sportif... Je n'ai pas *besoin* d'être glorifié par le patron; ma valeur fondamentale ne dépend absolument pas de l'opinion de cet homme (attaque d'une croyance névrotisante)... Dans le cadre du travail, mon principal objectif est de conserver mon emploi et de faire ce que j'estime légitime pour mon salaire (focalisation sur des conséquences d'action)... Je vais répéter ces autoverbalisations chaque matin et chaque soir, jusqu'au moment où ma nouvelle façon de voir la situation sera automatisée et où mes réactions affectives auront vraiment changé».

a) Les auto-instructions

Les auto-instructions sont des autoverbalisations par lesquelles nous pouvons structurer nos actions et le courant de nos cognitions, eu égard à nos objectifs. Les principales règles pour formuler des auto-instructions pertinentes sont les suivantes :

1. La concrétisation

Les formules générales à la Coué («Tous les jours, à tous points de vue, je vais de mieux en mieux») sont d'ordinaire peu efficaces. De bonnes instructions sont précises et tiennent compte de la spécificité de la situation (p.ex. : «Tu as déjà discuté cent fois cette décision. Aujourd'hui tu plonges. En avant, le succès est en vue...»).

2. Le réalisme

L'étudiant, qui éprouve une forte angoisse au moment de présenter un examen difficile, n'a évidemment pas intérêt à laisser libre cours à des cognitions automatisées du genre : «J'ai terriblement peur. Ce professeur est un salaud. Je vais sûrement échouer. Jamais je ne m'en remettrai». Il ne parviendra cependant pas à diminuer son émotion en se répétant : «Je suis relax. Je vais mettre cet idiot dans ma poche. Tout va aller comme sur des roulettes». On ne peut impunément mentir à soi-même. On peut néanmoins toujours dédramatiser une situation angoissante ou pénible et l'appréhender comme un problème à résoudre. L'étudiant sera bien avisé de développer un dialogue intérieur du style suivant :

> «Pas facile, mais j'en ai vu d'autres. Je sais comment faire... Je transpire : c'est normal d'être activé; l'adrénaline c'est du dynamisme. Ma tension est maintenant à 8 (sur 10). C'est beaucoup... ça va se régler dès que je serai occupé à répondre. Doucement mon vieux. Respire lentement... Essaie de descendre d'un degré. Détends ton visage... tes épaules... ton ventre. O.K. tu gardes le contrôle... Tu es maintenant à 7. Essaie de rester à ce niveau... Ce ne serait pas marrant de rater, mais je suis capable d'encaisser et de faire autre chose... A présent la seule chose qui importe c'est la tâche. Attention : une chose à la fois...».

3. L'élaboration par essais successifs

Des psychologues ont mis au point des listes d'auto-instructions, p.ex. pour faciliter la confrontation positive avec des épreuves douloureuses (Meichenbaum & Turk, 1976), des situations génératrices d'angoisse (Meichenbaum, 1977) ou de colère (Novaco, 1979). Ces listes sont très utiles. Elles le sont particulièrement si elles incitent le lecteur à élaborer des instructions personnalisées. L'idéal est en effet de trouver des formules «sur mesure», ajustées à la psychologie propre et aux situations particulières (p.ex. certains individus sont sensibles aux formules humoristiques, d'autres se dynamisent en usant de gros mots, etc.). Il s'agit d'un travail par approximations, qui réclame de la réflexion dans le calme, des essais *in vivo*, des remaniements. Il est vivement conseillé de s'aider d'une mise par écrit.

Il est vain d'en rester à répéter des litanies «psy» assis dans un fauteuil. Des recherches montrent que les auto-instructions sont les plus efficaces lorsqu'elles sont testées, remaniées et *«exercées» dans des situations «réelles» de difficulté croissante* (cf. Meichenbaum, 1985). On peut bien sûr s'entraîner d'abord à l'occasion de visualisations mentales des situations à affronter.

Exemples d'auto-instructions pour affronter des situations stressantes

Nous inspirant des travaux de Meichenbaum (1977; 1985), nous proposons à titre d'illustration une série d'auto-instructions susceptibles de faciliter l'affrontement de situations stressantes. Il est judicieux d'en faire usage dès les premiers signes d'activation émotionnelle.

Un bon principe est de commencer, pendant quelques secondes, par réguler les processus physiologiques (cf. 1° à 3°), puis de dédramatiser la situation, d'arrêter les ruminations et enfin de se concentrer sur les problèmes à résoudre. Certaines personnes se contentent d'une ou deux instructions, sans passer par ces différentes étapes. C'est fort bien ainsi. Il serait absurde que l'obsession de réciter une série définie d'auto-instructions devienne une facteur supplémentaire de stress.

1° Contrôle de la respiration
- Je respire lentement
- Je pense à ma respiration
- Je ralentis l'expiration. Je contrôle l'hyperventilation.

2° Régulation du tonus
- Ma tension est de.. (entre 0 et 10). Je vais essayer de diminuer de 1 ou 2 degrés
- Hé vieux, tu relaxes!... Détendre... O.K., ça vient
- Je passe mon corps en revue : le visage, les épaules, le ventre... Je garde le contrôle
- Pas de panique. Tu restes «cool». Tu sais le faire.

3° Etiquetage de l'activation physiologique
- Mon activation, c'est mon dynamisme
- Les décharges d'adrénaline ne me font pas perdre la tête
- Cette tension signifie simplement que je dois faire attention
- Faut pas éliminer la tension : seulement la garder sous contrôle. C'est de l'énergie.

4° Dédramatisation, relativisation
- Ce n'est pas gai, mais ce n'est pas une catastrophe
- Ce n'est pas mon premier orage émotionnel. Je ne vais pas en crever. Je sais me piloter
- Ce n'est heureusement pas le pire
- Cela ne va pas durer l'éternité : j'en ai pour.. minutes
- Pas besoin de paraître un surhomme... J'ai droit à l'erreur
- Je suis capable d'assumer un échec sans catastrophiser
- Garde une distance. Il y a toujours moyen de recadrer
- Pas absolutiser. Pas de «must». Tu essaies, c'est tout.

5° Arrêt du ressassement
- Stop ! J'ai assez réfléchi. Maintenant je commute
- Attention ! Ruminer paralyse. Rediscuter maintenant c'est le piège. Fonce
- Ruminer c'est pour les vaches. Maintenant tu agis
- C'est un défi, une occasion d'apprendre
- Assez de cette croyance débilitante ! J'ai une stratégie efficace
- Je refuse d'être myope : je ne me laisse pas piéger par l'effet immédiat. Je tiens bon
- Plus question de céder. La seule question est de voir comment tenir sans trop souffrir.

6° Focalisation sur les problèmes à résoudre
- O.K., assez pensé aux émotions. Maintenant au problème. Quelle est la 1re étape ?
- Maintenant j'utilise mes yeux. Je regarde, j'observe... je communique avec les autres
- Stop ! Réfléchis ! Quels sont les faits... les objectifs... les moyens ?
- Je reste centré sur la tâche
- Tu es capable d'affronter le problème, mais une étape à la fois
- Doucement ! Pas galoper. Tu prends le temps de penser
- C'est difficile, mais j'essaie... C'est dur dur, mais ce sera payant
- O.K. Tu fais une pause. Tu te décontractes... voilà... Maintenant tu te recentres sur la tâche.

Le dialogue intérieur qui suit la confrontation avec une situation frustrante mérite toute notre attention, que l'issue soit satisfaisante ou non.

a) En cas de succès (même relatif) :
- Chouette, j'ai réussi. Très bien. Je suis capable de me piloter comme je veux
- Voilà, il suffit de contrôler les autoverbalisations pour ne plus perdre la tête
- J'ai agi efficacement. Ma technique fonctionne
- J'ai fait du bon boulot. Je progresse. Ma tension n'a pas dépassé 75 (sur 100).

b) En cas d'échec (ou de contrôle insuffisant) :
- Je vais me détendre : ça vaut mieux que s'énerver
- Stop ! Inutile de ruminer et de se lamenter : mieux vaut tirer des leçons de l'incident
- J'analyse ce qui m'a fait perdre le contrôle. Que s'est-il passé exactement ? Quelles idées m'ont perturbé ?
- Je repasse le « film » des événements... Qu'est-ce que je programme pour la prochaine fois ?
- La voie vers la réussite est souvent interrompue, jamais fermée.

b) La réinterprétation d'une situation

Nous précisons maintenant quelques stratégies permettant de restructurer des significations qui nous compliquent la vie ou qui nous empoisonnent. (Ces stratégies se superposent ou se recoupent en partie). La question n'est pas de trouver des énoncés qui soient « vrais », mais de produire des énoncés acceptables, qui facilitent la réalisation de nos objectifs.

1. La relativisation

Nous avons déjà maintes fois évoqué ce processus capital qui consiste à réduire l'importance d'un événement ou à relativer le caractère absolu d'un énoncé. Nous nous contentons de rappeler l'intérêt de remplacer : des impératifs «tyranniques» («il faut que... j'ai absolument besoin de...») par des souhaits («ce serait bien si... je vais essayer»); des dramatisations («c'est terrible») par des qualifications plus sobres («ça m'est pénible»); des condamnations de personnes («ce n'est qu'un égoïste») par des évaluations de comportements («je n'apprécie guère qu'il refuse de prêter sa voiture»); des affirmations autodébilitantes («je suis incapable de...») par la reconnaissance de difficultés abordables («ça va me demander beaucoup d'efforts et de répétitions»).

2. La réattribution de causalités

Nous avons longuement évoqué les effets des inférences causales et des mésattributions. Nous rappelons seulement l'importance de pouvoir modifier l'explication spontanée de certains événements qui nous touchent.

Epictète disait : «C'est le fait d'un ignorant d'accuser les autres de ses propres échecs; celui qui a commencé de s'instruire s'en accuse soi-même; celui qui est instruit n'en accuse ni autrui ni soi-même» (§5). Cette maxime est souvent pertinente. On peut toutefois estimer, de façon générale, que la réalité est complexe et que nous pouvons, sans nous mentir, insister tantôt sur des facteurs internes, tantôt sur des facteurs externes, tantôt sur leur intrication. Si nous voulons fondamentalement conserver ou renforcer notre sentiment d'efficience, nous avons intérêt à attribuer nos comportements positifs à des dispositions internes, stables et globales, et nos échecs à des facteurs externes, variables et spécifiques...

Layden (1982) a invité des personnes déprimées ou manquant de confiance en elles-mêmes à noter quotidiennement leurs échecs et leurs succès, et à effectuer chaque fois une analyse causale nuancée en fonction de la dimension internalité-externalité. Après un mois d'application systématique de ce principe (*attribution retraining*), l'état de ces personnes a été sensiblement amélioré. Rehm (1982) intègre le même principe dans son programme d'autogestion de la dépression.

3. Le recadrage

L'adoption d'une nouvelle perspective pour transformer la signification d'un événement est une stratégie connue depuis longtemps. Marc Aurèle p.ex. recommandait, à celui qui éprouve de la colère ou de l'hostilité, d'élargir son horizon temporel. Il disait : «Lorsque tu t'irrites trop, lorsque tu as de mauvais sentiments, songe que la vie de l'homme ne dure qu'un moment et que, dans peu de temps, nous serons étendus» (XI : 18).

L'humour est une forme de recadrage qui consiste à formuler gaiement des choses graves (ou gravement des choses manifestement futiles). Il se distingue de l'ironie par son côté bienveillant. Les psychothérapeutes ont maintes fois souligné l'importance de ce lubrifiant psychique pour les relations avec autrui et avec soi-même.

Ellis, dans un article intitulé «Fun as psychotherapy», écrit : «Les perturbations émotionnelles proviennent pour une large part du fait que nous prenons la vie trop au sérieux ou que nous exagérons la signification des choses (...) L'humour a un puissant effet thérapeutique, aux multiples facettes (...) Un sens de l'humour ne peut par lui-même résoudre tous les problèmes émotionnels. Néanmoins le refus de prendre *trop* au sérieux les faits pénibles de l'existence y contribue largement» (1976 : 262s).

La *technique «judo»* est un type de recadrage par lequel on esquive une «attaque» — qui peut être p.ex. le surgissement d'une idée pénible dans notre propre esprit — en l'amplifiant et en l'orientant dans une direction inattendue. Ce conseil d'Epictète fournit une excellente illustration : «Si l'on te rapporte qu'un tel dit du mal de toi, ne te défends pas contre ses propos, mais réponds : 'C'est qu'il ignorait mes autres défauts; sans quoi il ne se serait pas borné à ceux-là'» (§33).

4. Le réétiquetage

Souvent nous pouvons définir une situation ou une conduite d'une façon relativement neutre (p.ex. «il réfléchit longtemps avant d'agir»), d'une façon négative, ravalante («c'est un inhibé, un obsessionnel») ou encore d'une manière positive, idéalisante («c'est un homme réfléchi, un sage»). Nous avons déjà mentionné l'impact affectif et motivationnel de certaines dénominations par rapport à d'autres. Nous avons notamment souligné le rôle d'un étiquetage pathologisant de l'hyperventilation et de l'activation physiologique dans le développement de certaines phobies. Ajoutons que diverses recherches expérimentales confirment l'effet d'un changement d'appellation.

Exemple. Des sujets sont invités à maintenir le plus longtemps possible une main dans de l'eau à 1 degré (*cold pressor test*). Un sous-groupe est incité à se concentrer sur les sensations «douloureuses»; l'autre, sur les «sensations de picotement et d'engourdissement». Les sujets du second groupe résistent, en moyenne, nettement plus longtemps (Leventhal, 1982).

La pratique psychothérapeutique montre que la compréhension par le client de l'impact des réétiquetages (en anglais *label shifting*) peut l'aider à accomplir des modifications substantielles de comportement (cf. Mc Mullin, 1986 : 27).

Notons par ailleurs que les psychologues scientifiques déplorent la pratique, devenue courante, de l'étiquetage psychiatrisant. Les conduites banales n'ont pas à être «pathologisées» et les conduites manifestement pathologiques sont à envisager comme des dysfonctionnements, souvent amendables, de processus communs à tous les hommes (conditionnements malencontreux, mésattributions, absolutisations, etc.). D'un enfant qui a peur des chevaux, il est plus respectueux et plus efficace de dire : «il réagit aux chevaux par une peur excessive et un comportement d'évitement» que de décréter : «c'est un phobique» ou, selon l'expression de Freud, «il est atteint d'une hystérie d'angoisse» (VII 349).

La mode de la «psychopathologisation de la vie quotidienne» a été propagée principalement par Freud et ses disciples. Ainsi, quand Adler développe une nouvelle théorie, le père de la psychanalyse le qualifie de «paranoïaque», quand Hirschfeld quitte le Cercle des psychanalystes, Freud le traite d'«homosexuel», quand l'Américain Blanton fait l'éloge des Etats-Unis, le Viennois décode : «manifestation d'exhibitionnisme». Quand Rank s'éloigne de la psychanalyse orthodoxe, Karl Abraham écrit au Maître : «Rank fait une régression évidente au stade sadique-anal». Pour Dolto, les rapports amicaux entre individus de même sexe sont de «l'homosexualité sublimée». Pour Chasseguet, les clients qui se plaignent des honoraires de leur psychanalyste «éprouvent une difficulté à accepter les formes infantiles de la sexualité et plus précisément l'analité», etc. (le lecteur trouvera les références précises de ces exemples et d'autres illustrations dans Van Rillaer, 1980 : 64-67; 260s; 385).

c) La focalisation de l'attention

Nous ne pouvons percevoir et traiter qu'une petite partie des informations qui nous sont disponibles à chaque instant. La sélection que nous opérons dépend des variables de l'équation comportementale (les stimuli prégnants, l'état de l'organisme, les schèmes de pensée habituels, les préoccupations du moment, etc.). Certains événements s'imposent en quelque sorte à notre attention (p.ex. un bruit inattendu, une idée obsédante). Néanmoins nous avons la possibilité de nous (re)focaliser activement sur des événements et des significations plutôt que sur d'autres. Des auto-instructions appropriées et des exercices d'entraînement permettent de développer ce pouvoir (Meichenbaum & Turk, 1976). Nous examinons à travers quelques exemples son intérêt pour l'autogestion.

1. La régulation de la douleur

Kant raconte qu'il avait réussi à émousser la souffrance, due à des attaques de goutte, en se concentrant sur des pensées philosophiques. Il citait comme exemple de ces pensées le nom de Cicéron et tout ce qu'il pouvait y associer (cit. in Meichenbaum & Turk , 1976 : 18). En fait, la tactique du détournement de l'attention est connue depuis des siècles. Les recherches expérimentales démontrant son efficacité sont récentes.

Kanfer et Goldfoot ont utilisé en 1966 le *cold pressor test* afin de comparer l'efficacité de différentes stratégies cognitives. Les sujets invités à se centrer sur leurs sensations douloureuses et à les décrire à haute voix ont gardé une main dans de l'eau glacée pendant 129 secondes en moyenne. Ceux qui se sont concentrés sur une horloge ont résisté 196 secondes. Ceux qui ont regardé et décrit des diapositives intéressantes (paysages variés) : 271 secondes.

Des dizaines de recherches ont montré que la fixation de l'attention sur des stimuli divertissants diminue l'intensité d'une souffrance (plus ces stimuli sont captivants, moins la souffrance est perçue). Cette stratégie apparaît bien plus importante que la diminution de l'anxiété par exemple (Arntz e.a., 1990). Elle est une technique essentielle dans le traitement comportemental de la douleur (cf. Boureau, 1986 : 174s).

2. *La résistance aux tentations*

Nous pouvons éviter de succomber aux «chants des Sirènes» en détournant d'eux notre attention, particulièrement si nous nous efforçons alors de songer à des choses agréables ou si nous en réalisons.

Les expériences paradigmatiques sont celles de Mischel et de ses collaborateurs. A titre d'exemple : des enfants invités à attendre «le plus qu'ils peuvent» avant de consommer des bonbons à leur disposition attendent davantage si les bonbons sont recouverts d'un objet que s'ils sont bien en vue (chez des enfants de 4 ans, les moyennes des «délais de gratification» sont de 13 minutes dans le premier cas et de 30 secondes dans le second). Des enfants qui voient des bonbons, mais qui sont invités à penser à des choses agréables sans rapport avec les bonbons, tiennent aussi longtemps que ceux qui ne les voient pas (cf. Mischel, 1981). Des enfants chez lesquels l'expérimentateur induit des pensées attristantes résistent beaucoup moins bien que ceux qui sont amenés à penser à des choses heureuses (Fry, 1975).

Ces résultats vont dans le sens des observations cliniques de Marlatt et d'autres, déjà évoquées dans le chapitre relatif aux assuétudes et aux activités concurrentes (Ire partie, chapitre III, III).

3. *La sensibilisation aux stimuli agréables*

Les personnes déprimées sont des «spécialistes» d'une focalisation prioritaire sur les aspects négatifs de l'existence. Leurs perceptions ne sont pas fausses : elles sont seulement parcellaires, biaisées, unilatérales. Des psychologues ont mis au point des stratégies destinées à les aider à renverser cette perspective débilitante (cf. Rehm, 1982 : 550). Une procédure toute simple consiste à noter (p.ex. 3 fois par jour pendant 2 semaines) des événements agréables qui viennent de se produire, aussi «modestes» soient-ils (consommation d'un bon aliment, coup de fil reçu, passage d'un enfant joyeux, apparition d'un rayon de soleil, etc.). Il est utile de noter chaque fois le niveau de l'humeur (sur une échelle de 0 à 10) de façon à mieux prendre conscience de ses variations.

Cette procédure induit une sensibilisation aux stimuli agréables. Une équipe de psychologues comportementalistes de l'Université d'Utrecht (Kramer e.a., 1987) a montré son efficacité dans les cas de dépressions psychogènes, du moins lorsqu'elle est utilisée en combinaison avec d'autres mesures thérapeutiques (la formulation d'objectifs réalistes et le développement d'autorécompenses).

Nous pouvons tous apprendre, dans la vie quotidienne, à «discriminer» une multiplicité de stimuli agréables et à structurer positivement des informations neutres. P.ex. nous pouvons envisager le petit déjeuner comme un remplissage de l'estomac, pendant lequel on se focalise sur les ennuis qui vont suivre, ou comme un moment savoureux, qui contribue au bonheur de vivre.

On a dit que le pessimiste se désole de voir la bouteille à moitié vide et que l'optimiste se réjouit de la voir à moitié pleine. Le comportementaliste ajoute que l'interprétation du pessimiste n'est pas le produit d'un tempérament immuable. Même si la variable «O» (p.ex. l'état des neurotransmetteurs) peut jouer un rôle très important, chaque individu détient le pouvoir de (ré)orienter son attention et d'élaborer de nouvelles significations. Le soi-disant «pessimiste» qui essaie de se persuader de l'importance des (re)structurations positives et s'y applique jour après jour, finit par transformer «en profondeur» sa manière «spontanée» de réagir aux événements.

4. *La réduction des ruminations anxieuses*

En se préoccupant beaucoup d'un problème, on aboutit parfois à d'excellentes solutions, quoique ce ne soit pas toujours le cas. Par contre, le fait de ressasser très fréquemment des questions angoissantes ou irritantes constitue un lourd handicap dans la réalisation d'activités complexes (telles que la présentation d'un examen). Chez certaines personnes un flux quasi continu de pensées négatives est une source de souffrances considérables.

L'habitude du remâchement ne peut s'éliminer comme par enchantement. L'application des règles suivantes permet toutefois de réduire sensiblement sa fréquence et sa durée.

a) Observer les cognitions ressassées et procéder à leur analyse fonctionnelle. (Quand se produisent-elles? Quels stimuli les déclenchent? Quelles pourraient bien être leurs fonctions? Quelles stimulations pénibles permettent-elles d'anticiper, d'éviter ou de «contrôler»?).

Des recherches scientifiques (cf. Borkovec, 1986; Borkovec & Inz, 1990) montrent que les renforcements des ruminations sont d'ordinaire : le sentiment de leur utilité (+S+) et l'apaisement de l'angoisse provoquée par la croyance que les choses vont mal tourner si l'on n'y réfléchit pas assez (-S-). Sous-jacents à cette angoisse, on trouve fréquemment des «musts» mis en évidence par Ellis, en particulier l'obligation impérieuse de se contrôler, de paraître compétent et estimable. Dans certains cas, la rumination sur un thème relativement stressant (p.ex. des difficultés professionnelles) permet de détourner l'attention de questions qui le sont davantage (p.ex. le sentiment de vieillir ou la désagrégation de la relation conjugale).

b) Oser regarder bien en face les stimuli et les cognitions qui perturbent. Refuser de croire que des impulsions mènent nécessairement à l'action. Chercher à résoudre les problèmes répertoriés (p.ex. apprendre à relativer et assumer la désapprobation sociale).

c) Chaque jour, à la même heure et au même endroit, ruminer activement les préoccupations dominantes pendant au moins 30 minutes, en essayant de ne pas s'interrompre. S'aider d'une mise par écrit des images et des pensées obsédantes.

d) Apprendre à détecter le début d'un épisode spontané de ruminations. Dès qu'il se produit, se crier «stop!» et postposer la rumination à la prochaine période prévue pour cela. En attendant, essayer de se focaliser sur la situation présente et sur l'accomplissement d'activités.

En l'absence de séances de rumination active relativement longues et d'une attitude de résolution de problème, les tentatives de se distraire ou de s'interdire des idées obsédantes sont d'ordinaire vouées à l'échec. Des expériences menées par l'équipe de Borkovec avec des ressasseurs (*worriers*) chroniques ont montré que des séances de rumination volontaire de 15 minutes par jour sont insuffisantes pour provoquer l'extinction de cette habitude. Chez certains sujets le comportement s'est même renforcé! Par contre, les personnes qui se sont astreintes à une séance quotidienne d'au moins 30 minutes ont constaté une diminution sensible des ruminations, après quelques semaines de pratique. Borkovec pense que «l'efficacité de la technique réside peut-être dans le fait que les intéressés apprennent qu'ils peuvent choisir de changer leur comportement et leur pensée. Pour changer, ils doivent toutefois prendre conscience du processus de rumination, autrefois habituel et automatique, et apprendre, moyennant des efforts, à modifier la focalisation de l'attention» (1986 : 95).

5. *Le traitement cognitif de l'insomnie*

Diverses stratégies permettent de réduire le temps d'endormissement (ou de réendormissement) : les règles de Bootzin et Nicassio évoquées plus haut; des méthodes de relaxation; une séance quotidienne d'au moins 30 minutes de ruminations volontaires deux heures avant d'aller au lit, suivie du refus obstiné de remâcher en dehors de cette période.

Une procédure remarquablement efficace (cf. Levey e.a., 1991) consiste, au moment où l'on souhaite s'endormir, à focaliser toute l'attention sur un mot affectivement neutre (p.ex. «dors»). Ce mot est sans cesse répété, lentement et calmement, jusqu'à l'endormissement. La répétition se fait intérieurement, mais il est bon de l'accompagner de l'impression d'une énonciation. Les personnes perturbées davantage par des images intrusives que par des ruminations d'idées, obtiennent parfois de meilleurs résultats en se focalisant sur une figure géométrique qui se transforme lentement, de façon continue. Cette procédure peut être utilisée en combinaison avec les stratégies susmentionnées.

IV. LA RÉGULATION DES AFFECTS

En règle générale nous ne sommes pas capables de transformer volontairement, en un clin d'œil, des affects intenses. Nous pouvons toutefois les modifier progressivement, en agissant sur plusieurs de leurs déterminants (l'action en cours, la situation actuelle et son interprétation, l'orientation globale du flux des cognitions, certains processus physiologiques et leur étiquetage). Compte tenu de ce qui a déjà été expliqué, nous nous limitons ici à deux points essentiels pour la pratique de l'autogestion : l'acceptation de notre dimension pathique et le contrôle de certains paramètres physiologiques.

a) L'acceptation des affects

Pour nous gérer efficacement, nous avons intérêt à accepter d'être régulièrement affectés de façon négative. Nous faisons bien d'apprendre à tolérer des émotions pénibles (en les dédramatisant !) plutôt que de fuir au plus vite toute situation stressante ou de nous abrutir de tranquillisants. L'«extinction» d'émotions dysfonctionnelles est généralement à ce prix.

Il est irréaliste de vouloir une existence sans problèmes ni souffrances. Un objectif raisonnable est d'arriver à supporter une inquiétude sans paniquer, une irritation sans écumer de rage, une phase de tristesse (p.ex. en cas de deuil) sans s'enliser dans la dépression. A cet égard il est essentiel d'être attentif à la diversité des affects, aux variations de leur intensité, et de compter avec le temps.

b) La régulation de l'activation physiologique

Nous avons déjà souligné l'impact de la dynamisation physiologique sur l'intensité des affects. Parfois cette dynamisation est insuffisante par rapport aux actions que nous souhaitons accomplir. Bien plus souvent elle excède le degré qui serait optimal et contribue dès lors à l'apparition de troubles psychiques. Nous examinons ici des stratégies qui permettent d'agir, assez facilement, sur trois variables contrôlant le niveau de l'activation.

1. Le contrôle de la respiration

Certaines difficultés psychologiques proviennent d'une insuffisance respiratoire. Dans des cas bien plus nombreux, le problème réside au contraire dans une ventilation excessive par rapport aux dépenses énergétiques. Réduire le rythme respiratoire est une des premières stratégies à mettre en œuvre dès que nous sentons «monter» l'excitation, l'angoisse ou la colère.

Les personnes victimes des effets (généralement mésattribués) d'accès d'hyperventilation devraient suivre les règles suivantes :

– Si possible, apprendre à diminuer facilement le tonus musculaire (cf. infra) et à utiliser des «auto-instructions pour affronter des situations stressantes» (cf. supra).

– De toute façon, apprendre à réduire volontairement l'hyperventilation dès qu'elle s'amorce. Acquérir à cette occasion la conviction de disposer d'une stratégie qui permet, non d'éviter l'anxiété ou l'irritation, mais bien de réduire les crises de panique ou de colère. Plus précisément, dans les situations de crise, il faut procéder comme suit :
- Respirer le plus lentement possible (surtout *expirer très lentement*, comme si l'on avait devant la bouche une bougie qui doit rester allumée).
- Se répéter : «Ce que je ressens est (très) désagréable, mais ce n'est pas dangereux. C'est seulement l'effet de l'hyperventilation. En freinant l'expiration je vais progressivement réduire ces sensations».

Si cette procédure s'avère inefficace ou insuffisante, il y a lieu de pratiquer assidûment un ou plusieurs des exercices suivants :

(a) Au moins une fois par jour pendant environ 2 semaines, hyperventiler volontairement (en respirant profondément, à un rythme accéléré) pendant 2 à 3 minutes, puis respirer le plus lentement possible pour faire disparaître rapidement le malaise corporel provoqué.

(b) Au moins 3 fois par jour pendant chaque fois 10 minutes, faire des apnées de plus en plus longues, jusqu'à ce que le temps d'une inspiration suivie de la fin de l'expiration dure au moins 60 secondes (cette procédure suscite l'habituation à une gêne respiratoire et réduit la sensibilité des chémorécepteurs du centre respiratoire aux variations du taux de gaz carbonique dans le sang).

(c) Une demi-heure par jour pendant environ 3 semaines, s'exercer à une respiration abdominale, lente et régulière.

2. *La régulation du tonus musculaire*

Nous avons parfois intérêt à augmenter volontairement le tonus musculaire. C'est en particulier le cas si nous nous sentons défaillir à la vue du sang ou de blessures.

Les personnes sujettes à la phobie du sang (environ 3 % de la population) peuvent prévenir la chute de tension artérielle et la syncope en contractant les muscles (surtout ceux de la partie supérieure du corps) dès les premiers signes de malaise ou de vertige.

Ost et Sterner (Université d'Uppsala, 1987) ont traité avec succès des personnes souffrant de ce type de problème. Après avoir expliqué le principe de la «tension appliquée», les sujets faisaient des exercices *in vivo* (ils voyaient d'abord des diapositives de blessures, ils se rendaient ensuite dans un Centre de transfusion sanguine et finalement assistaient à une opération chirurgicale). Le traitement a requis, en moyenne, 5 séances d'une heure.

Dans la majorité des troubles affectifs, passagers ou durables, le problème est inverse : il importe de réduire l'hypertonie musculaire de façon à diminuer l'activation émotionnelle. Diverses techniques peuvent être utilisées, depuis le yoga jusqu'à la sophrologie de Caycedo ou l'eutonie de Gerda Alexander. Leur base commune réside dans les éléments suivants :

– un environnement calme, sans stimuli distrayants;

– une position confortable, dans laquelle les tensions musculaires sont réduites au maximum;

– une attitude passive («a *let it happen* attitude» dit Benson, 1975 : 113), analogue à celle adoptée pour s'endormir;

– la focalisation de toute l'attention sur un stimulus déterminé (son, mot, objet, respiration, sensations corporelles).

Les méthodes de relaxation se distinguent entre elles au niveau de ce 4e point. P.ex. dans la méditation transcendantale, l'attention se centre sur un son (le «mantra»); dans le training autogène de Schultz, sur des impressions d'engourdissement et de chaleur.

La plupart des comportementalistes donnent la préférence à la «relaxation progressive» de Jacobson (ou plus exactement à des versions plus rapides, élaborées par Wolpe, A. Lazarus, Bernstein & Borkovec). Sa spécificité réside dans la focalisation de l'attention sur le contraste qui apparaît entre des contractions et des décontractions musculaires. Elle présente actuellement le meilleur rapport «coûts-bénéfices». La procédure de base s'apprend en quelques heures (quoiqu'il faille un rythme d'un ou deux exercices quotidiens pendant plusieurs mois pour parvenir à se détendre convenablement en quelques secondes). Elle sensibilise fort bien à l'apparition de tensions corporelles, un indice capital pour enclencher une procédure d'autogestion consciente. Par ailleurs, elle comporte très peu d'inconvénients. D'autres méthodes induisent parfois des bouffées d'anxiété, en particulier chez des personnes rétives à se laisser aller et à relâcher le contrôle des émotions (cf. Heide & Borkovec, 1983).

Toute simple que soit la méthode de Jacobson, son utilisation correcte ne peut que difficilement s'apprendre à partir d'un livre (mentionnons cependant des ouvrages qui donnent des instructions en français : Jacobson, 1976; Mahoney, 1979; Boureau, 1986 : 163s). Heureusement on trouve facilement un(e) kinésithérapeute ou un(e) psychologue (comportementaliste) qui peut l'enseigner. L'utilisation d'enregistrements sur cassette, en vente dans les grandes librairies, est une solution intermédiaire.

Une séance quotidienne de relaxation, d'une durée de 20 à 30 minutes, permet de réduire sensiblement la suractivation physiologique et l'instabilité émotionnelle (Vinck e.a., 1987). Elle peut diminuer ou faire disparaître des troubles psychosomatiques, tels que l'hypertension artérielle (Benson, 1975; Vinck e.a., 1987), des céphalées de tension (Cox e.a., 1975), des maux de dos (Turner, 1982; Philips, 1988), certaines formes d'insomnie (Bootsin & Nicassio, 1978), etc.

La technique de relaxation progressive apporte un maximum d'avantages si elle sert de point de départ pour apprendre, par étapes, à diminuer rapidement la suractivation physiologique provoquée par des situations stressantes (cf. Goldfried, 1971; 1977).

A titre d'exemple, voici un programme, calqué sur celui de Borkovec et Bernstein, dont j'ai vérifié l'efficacité notamment dans le traitement des phobies. Le temps requis pour passer de la 1re étape à la 8e varie considérablement d'un individu à l'autre, mais il faut toujours compter au moins deux ou trois mois. Le passage d'une étape à la suivante requiert qu'elle soit acquise convenablement, mais non parfaitement. (Pour plus de détails techniques, cf. p.ex. Bernstein & Borkovec, 1973, ou Ost, 1987).

1. Relaxation par la contraction suivie de la décontraction de 15 groupes musculaires, passés successivement en revue (main dominante, bras dominant, autre main, autre bras, pied dominant, jambe dominante, autre pied, autre jambe, ventre, épaules et haut du dos, nuque, gorge, bouche et joues, région des yeux, front). La contraction d'un groupe coïncide avec une inspiration suivie d'une courte apnée. Elle dure 7 à 10 secondes. La décontraction se fait conjointement avec l'expiration et l'énonciation intérieure d'un mot-clé évoquant la détente («relax», «détends», «calme»). L'exercice se pratique quotidiennement pendant au moins deux semaines, en écoutant des instructions enregistrées sur cassette.

2. Même procédure, mais au rythme de la personne et sans utiliser la cassette. L'exercice est effectué chaque jour pendant au moins deux semaines.

3. Contraction et décontraction de 8 groupes musculaires (main et bras dominants, main et bras de l'autre côté, pied et jambe dominants, pied et jambe de l'autre côté, ventre, épaules et haut du dos, cou, visage).

4. Décontraction de 15 groupes musculaires, sans contraction préalable, en écoutant une cassette. Comme dans la méthode de Schultz, l'attention se focalise sur des sensations de détente, d'engourdissement et de chaleur.

5. Même procédure qu'à la 4e étape, mais sans utiliser une cassette.

6. Décontraction des 8 groupes musculaires distingués à la 3e étape, sans contraction préalable.

7. Exercices quotidiens de diminution rapide du tonus dans diverses positions et situations peu stressantes (p.ex. assis, chaque fois qu'on se met à table ; debout, en attendant devant un guichet ou une caisse de magasin).

8. Diminution rapide de l'activation émotionnelle dans des situations stressantes. L'objectif n'est pas de se sentir le plus «relax» possible, mais de réduire de quelques degrés l'activation physiologique, de manière à faciliter une démarche rationnelle de résolution de problème.

3. *L'utilisation de psychostimulants*

Beaucoup de troubles psychologiques diminuent d'intensité et certains en viennent même à disparaître si l'on réduit la consommation de psychostimulants, notamment la caféine et le tabac.

Ayant déjà évoqué l'importance de cette question (IVe partie, chapitre IV), nous nous limitons ici à signaler un cercle vicieux relativement fréquent. Il s'agit de la séquence : insomnie → prise d'un somnifère au cours de la nuit → somnolence durant la matinée → consommation de café (plus de 350 mg en un jour) pour s'activer → le soir, difficulté d'endormissement → prise d'un somnifère, etc. → développement d'une dépendance aux somnifères et détérioration de la qualité du sommeil → augmentation de la fatigue → consommation accrue de caféine ou d'autres stimulants, etc.

Pour briser ce cercle, il faut pendant plusieurs jours consécutifs : tolérer des insomnies, se lever chaque jour à la même heure, ne plus abuser d'excitants, accomplir les activités quotidiennes comme si l'on n'était pas (trop) fatigué.

V. L'APPRENTISSAGE DE NOUVEAUX MODES D'ACTIONS

a) Le «choix» du type d'action

Notre capacité de contrôler nos cognitions et nos affects se trouve parfois drastiquement limitée (la meilleure tactique consiste alors à les accepter de manière relativement «relax» et à modifier le contexte qui les induit ou les renforce). Notre pouvoir sur nos actions apparaît, lui, nettement mieux assuré (quand bien même nous accomplissons la plupart d'entre elles de façon automatisée et sans bien prendre conscience de leurs déterminants effectifs). Ainsi, l'impression d'être offensé et la colère qui en résulte nous prédisposent à une action agressive, mais le passage à un acte violent n'a rien d'un déterminisme absolu. Nous pouvons tout aussi bien différer la réaction hostile, fuir la situation, rechercher le dialogue, faire de l'humour ou nous convaincre que «l'homme grand et noble est celui qui, comme le lion, écoute sans s'émouvoir l'aboiement des roquets» (Sénèque, II : 32).

L'étude psychologique des astronautes américains illustre de façon remarquable qu'un type d'affect — en l'occurrence la peur — n'entraîne pas invariablement une catégorie déterminée d'actions. En effet, les hommes sélectionnés pour les missions spatiales ressentent la peur ou d'autres émotions dans des situations qui les provoquent normalement, mais ils ont développé à un très haut degré l'habileté à maintenir les réactions émotionnelles en deçà de certaines limites et la capacité d'agir rationnellement malgré une forte activation physiologique (cf. Rachman, 1978 : 237s).

Paraphrasant la célèbre formule de Shakespeare «c'est une chose d'être tenté, c'en est une autre de faillir» (*Mesure pour mesure*, Ac. 2, sc. 1), le psychologue peut dire : «c'est une chose d'être assailli de cognitions et d'affects, c'en est une autre d'agir impulsivement».

b) La temporisation

Une manière de mettre à profit la marge, dont nous disposons pour réagir d'une façon plutôt que d'une autre, est de retarder le passage à l'acte ou d'interrompre momentanément la séquence des actions.

Sénèque enseignait : «Le meilleur remède à la colère, c'est l'ajournement. Demande-lui au début non de pardonner, mais de réfléchir. Ce sont les premiers élans qui sont graves; elle cessera, si elle attend» (II 29). De même Epictète conseillait : «Quand on t'a mis en colère, sache que c'est ta propre opinion qui t'a mis en colère. Aussi, efforce-toi avant tout de ne pas te laisser emporter par ton idée; car une fois que tu auras gagné du temps, obtenu un délai, il te sera plus facile de te dominer toi-même» (§20).

Le principe de l'auto-imposition d'un délai est à l'honneur chez les Alcooliques Anonymes («Nous décidons de ne pas boire endéans les 24 heures à venir (...) Si l'envie de boire se fait trop pressante, nous décidons de ne pas boire disons pendant une heure. Nous pourrons ensuite supporter une heure de plus les malaises passagers du sevrage, puis encore une heure, etc.»). Ce principe se trouve intégré à divers programmes d'autocontrôle behavioristes. Ainsi dans l'expérience pilote de Ferster e. a. (1962) les personnes obèses étaient invitées à interrompre chaque repas pendant des durées croissantes (de quelques secondes à 5 minutes) de façon à désautomatiser leur comportement alimentaire.

«Tenir bon» pendant quelques heures ou quelques jours, malgré la tension, l'angoisse, la colère ou la souffrance du manque, est un comportement qui permet d'expérimenter que *la plupart de nos impulsions diminuent d'intensité avec le temps et peuvent finir par «s'éteindre»* (cf. Rachman, de Silva & Röper, 1976; Hodgson, 1982). Le dialogue intérieur, qui se développe à cette occasion, est évidemment une variable cruciale (la personne qui se dit, dès qu'elle éprouve une pulsion : «c'est insupportable, c'est plus fort que moi» réagira autrement que celle qui se répète : «c'est dur, mais je suis capable d'attendre; ainsi je me libère d'un automatisme destructeur, je prépare des jours meilleurs»).

c) L'expérimentation de nouvelles actions

Pour nous libérer d'une habitude néfaste, nous avons souvent intérêt à adopter l'attitude d'un expérimentateur qui ose essayer autre chose, hardiment, ne fût-ce que par curiosité.

L'agoraphobe qui se dit : «je voudrais sortir, mais j'ai peur et *donc* je reste chez moi», se laisse piéger par une conception «mécaniciste» des émotions. S'il attend la disparition de son angoisse pour sortir, il ne parviendra plus à quitter son refuge (sauf en compagnie d'une personne qui le sécurise ou si des événements extérieurs l'y contraignent impérativement). Au contraire, l'agoraphobe qui effectue des sorties et qui se répète à cette occasion : «ma tension (émotionnelle) est de 8/10; ce n'est pas drôle, mais je suis décidé à supporter chaque jour cette tension pendant au moins une demi-heure; je vais essayer de la réduire d'un ou deux degrés», cet agoraphobe met progressivement en place de nouvelles réactions. S'il parvient effectivement à diminuer quelque peu l'activation physiologique (en contrôlant sa respiration, etc.), il finira par circuler sans difficultés.

On peut aujourd'hui souscrire sans réserve au principe fondamental formulé par Bandura dans son célèbre texte sur la *self-efficacy* : «Le changement comportemental est médiatisé par des processus cognitifs, mais ce qui induit et modifie le plus rapidement ces processus cognitifs ce sont des actions menant à l'expérience d'un contrôle effectif» (1977 : 139). Précisons toutefois que le leitmotiv «behavioriste» de l'action ne signifie pas que la solution optimale de tous les problèmes réside dans un contrôle effectif de l'environnement. Il y a des contextes dans lesquels la décision la plus sage est de «laisser tomber» et de renoncer à «maîtriser». Pouvoir s'abandonner est l'attitude requise pour s'endormir facilement, pour bien se relaxer, pour prendre l'avion sans s'angoisser... et pour envisager sereinement l'inéluctabilité de la mort.

d) La préparation de nouvelles conduites

Dans certaines circonstances qui provoquent de fortes émotions, notre possibilité de réfléchir et de «choisir» avant d'agir est manifestement limitée. Par contre, nous pouvons nous organiser pour diversifier notre répertoire comportemental et pour programmer l'enclenchement de réactions déterminées dans des situations futures. Les procédures suivantes sont utiles à cet effet.

1. L'agencement d'étapes intermédiaires

Nous avons déjà évoqué l'importance du principe de la progressivité (cf. chapitre V, III). Ajoutons que Skinner (cf. 1968 : 80s) a montré, par de nombreuses expériences, qu'on peut considérablement faciliter l'apprentissage de conduites complexes pour autant qu'on programme de façon soigneuse des séquences de réactions «intermédiaires». Il a appelé ce processus le façonnement (*shaping*) d'un comportement par approximations successives. David Watson et Roland Tharp écrivent à ce sujet :

> «Une des raisons les plus courantes de l'échec des projets d'autodirection est le manque de *shaping*. Quand vous avez un objectif, il vous est agréable de penser que vous vous récompenserez lorsque vous l'aurez atteint. Mais si vous décidez de ne récompenser que des comportements parfaits, vous diminuez considérablement la probabilité d'arriver au but. Tout au contraire, vous devez récompenser, pas à pas, des approximations qui sont nettement en deçà de l'objectif final» (1977 : 122).

2. L'imitation de «modèles»

Nous apprenons la plupart de nos modes d'action en observant les conduites d'autrui et leurs contingences environnementales. Ce type d'apprentissage nous fait gagner un temps considérable et nous permet d'éviter de nombreux dangers. L'exemple, vu plus haut, du traitement comportemental de la phobie des serpents illustre bien que le *modeling* (l'apprentissage via un «modèle») peut constituer un procédé très efficace (parfois le meilleur) pour modifier des réactions automatisées.

Lorsque nous voulons développer de nouveaux modes de comportements — qu'il s'agisse d'alpinisme, de pratiques professionnelles, de l'affrontement de situations d'échec, etc. — nous avons souvent intérêt à rechercher un ou des «modèles», qui les accomplissent de façon satisfaisante. Cette imitation consciente de conduites précises n'implique nullement une identification aliénante ou une perte d'identité.

Bandura (1976; 1977) a bien mis en évidence l'importance de diverses variables intervenant dans ce processus d'apprentissage. Retenons en particulier :

- la perception des conséquences des comportements observés (nous imitons des actions suivies d'effets positifs, non celles qui sont suivies d'effets pénibles)
- la conviction d'être capable d'essayer et d'apprendre (*expectations of personal efficacy*)

– le degré de similitude entre soi et le modèle (nous apprenons le mieux si le modèle nous ressemble, notamment quant à l'âge, à la classe sociale et au tempérament)

– le degré d'élaboration cognitive des observations effectuées (nous apprenons davantage si nous formulons verbalement les comportements observés et si nous utilisons des auto-instructions explicites)

– le nombre et la variété des situations observées (l'apprentissage s'améliore lorsque les expériences se multiplient).

3. *La visualisation mentale de «modèles»*

Nous pouvons préparer des modes spécifiques de réaction en imaginant une ou plusieurs personnes qui les mettent en œuvre. Epictète évoquait cette stratégie lorsqu'il conseillait : «Quand tu vas rencontrer quelqu'un, surtout s'il est de ceux qui passent pour éminents, représente-toi ce qu'aurait fait dans cette circonstance Socrate ou Zénon, et tu ne seras pas embarrassé pour tirer de l'éventualité la part qu'il convient» (§33).

La procédure comporte idéalement les étapes suivantes :

1. Etablir une hiérarchie de situations selon le degré de difficulté. Commencer par «travailler» les situations les plus faciles.

2. S'installer confortablement. Se relaxer de manière à bien se concentrer.

3. Visualiser la situation choisie comme si l'on regardait une situation réelle.

4. Visualiser un «modèle» (de préférence un modèle psychologiquement proche de soi) et le déroulement détaillé de séquences d'actions relativement «correctes» (non des actions parfaites, accomplies sans effort). Bien «regarder» les postures corporelles et les expressions du visage. Imaginer les auto-instructions que le modèle se donne pour agir efficacement en dépit des soubresauts émotionnels.

5. Imaginer le surgissement de nouvelles difficultés ainsi que des réactions appropriées.

6. Visualiser les conséquences positives des actions accomplies, les éprouver comme agréables et désirables.

7. Répéter les scénarios (p.ex. trois fois par jour, chaque fois pendant une dizaine de minutes, plusieurs jours consécutifs).

8. Visualiser mentalement ses propres actions (cf. infra) et programmer le passage à des actions *in vivo*.

9. Faire alterner des exercices de visualisation mentale et de pratique effective.

10. Evaluer les effets et procéder aux corrections souhaitables.

Le premier comportementaliste qui a utilisé méthodiquement le «modeling imaginé» (*covert modeling*) est Joseph Cautela, au début des années 70. Les études sur les effets de cette procédure (cf. Kazdin & Smith, 1979) montrent que sa pratique systématique aboutit à des résultats quasi équivalents à ceux de l'observation directe de modèles, notamment quand il s'agit d'améliorer l'affirmation de soi et de réduire des phobies. Elle est toutefois moins efficace que le «modeling in vivo avec participation guidée», inauguré par Bandura e. a. (1969) pour traiter des phobies d'animaux.

4. *La visualisation mentale de ses propres actions*

Comme la procédure précédente, la visualisation imaginaire de nos propres comportements permet d'élaborer des schémas cognitivo-affectifs auxquels on pourra se raccrocher pendant les expérimentations *in vivo*. Les étapes de l'entraînement sont semblables, mis à part la 4e durant laquelle il s'agit évidemment de visualiser ses propres actions. Soulignons l'importance de se voir affronter les situations problématiques *en éprouvant des difficultés sans toutefois perdre le «contrôle»*, plutôt que de rêver d'un accomplissement aisé d'actions parfaitement réussies (cf. Meichenbaum, 1977 : 120s).

5. *La fonction de «modèle» pour autrui*

Nous pouvons «consolider» des comportements nouvellement acquis en les réalisant pour servir de modèle à d'autres personnes. Tout parent fait un jour cette expérience lorsque, dans une situation anxiogène, il se montre rassurant aux yeux de son enfant.

Fremouw et Harmatz (1975) ont montré expérimentalement que des sujets traités pour la peur de parler en public peuvent encore faire des progrès lorsqu'ils s'appliquent à aider d'autres personnes à résoudre le même problème. Rakos et Schroeder (1976) ont observé que des sujets, que la présence de serpents met mal à l'aise (sans toutefois les mettre en état de forte angoisse), peuvent développer rapidement leur assurance face à ces animaux en jouant le rôle de «modèle» dans un traitement à la Bandura (modeling in vivo avec participation guidée).

e) Le développement d'habiletés sociales

Nous sommes des êtres sociaux, qui ont besoin d'une «dose» régulière de contacts positifs pour vivre heureux. Aussi la capacité d'établir et de maintenir des relations interpersonnelles satisfaisantes est-elle une composante essentielle de la gestion de soi.

Au début des années 60, Edward Zigler et Leslie Phillips (cit. in Eisler, 1984 : 352) mettaient en évidence chez des patients d'hôpitaux psychiatriques que le niveau de «compétence sociale», antérieur à l'hospitalisation, est un meilleur prédicteur de l'évolution de l'état mental après la sortie que le type de traitement appliqué pendant le séjour à l'hôpital. Des dizaines d'études bien contrôlées ont ensuite confirmé «l'hypothèse du déficit social», à savoir que l'insuffisance de réactions appropriées dans certaines interactions constitue un déterminant essentiel ou un facteur de complication de nombreux troubles psychiques (phobies sociales, dépressions, assuétudes, etc.). Ces déficiences peuvent être relativement générales ou spécifiques (telle personne se montre agressive dans la plupart de ses relations, telle autre ne le devient que si elle perçoit son interlocuteur comme une figure d'autorité, etc.). Parallèlement, un nombre croissant d'expériences ont étayé l'idée que des habiletés sociales (*social skills*) peuvent se développer, à l'instar des habiletés psychomotrices ou artistiques, grâce à des programmes d'apprentissage progressif, directement axés sur une pratique effective.

Les programmes de formation portent habituellement sur les comportements suivants :

– des perceptions (reconnaître chez autrui des intentions, repérer des indices de fatigue ou d'agacement, etc.)

– des croyances et des inférences dysfonctionnelles (le «must» d'une valorisation constante par autrui, la dramatisation des critiques reçues, la mésattribution du manque d'intérêt de la part d'un partenaire, etc.)

– des stratégies de résolution positive de conflits (s'exprimer, écouter, chercher des compromis)

– des actions (adopter une attitude calme et assurée, oser regarder dans les yeux, parler plus fort, sourire davantage, commencer et entretenir une conversation, formuler une demande et la répéter, refuser un achat malgré l'insistance du vendeur, accomplir «expérimentalement» une action gênante telle que se rendre à une réception en portant un vêtement démodé, etc.).

Les techniques d'apprentissage les plus utilisées sont des instructions précises, des discussions en groupe, le *modeling* (via des films ou l'observation de modèles *in vivo*), des visualisations mentales, des jeux de rôle et surtout des exercices répétés dans des situations «réelles» de difficulté croissante.

L'efficience de ce type de programmes a été maintes fois testée (cf. Trower, Bryand & Argyle, 1978; Eisler, 1984; Hollin & Trower, 1988). Globalement les résultats sont satisfaisants (d'ordinaire, les effets sont rapides dans les situations d'apprentissage et les situations analogues, mais les transferts d'apprentissage à des situations fort différentes ne sont pas évidents). Dans certains cas, la formation méthodique à des habiletés sociales s'est avérée la forme la plus efficace de prévention ou de traitement. Ainsi, dans l'état actuel des connaissances, la meilleure stratégie de prévention contre les toxicomanies et les relations sexuelles à risque chez les adolescents est de leur apprendre à dire «non» et à résister à la pression de pairs (cf. Flora & Thoresen, 1988; Newcomb & Bentler, 1989).

Nous nous limitons ici à quelques indications relatives à quatre catégories de conduites sociales particulièrement importantes.

1. L'assertivité

Le terme «assertivité» est un anglicisme qui désigne une affirmation «positive» (non arrogante ou violente) de ses propres opinions, sentiments et désirs. Cette forme de conduite peut être située sur un continuum, à égale distance entre la passivité (la soumission à autrui) et l'agressivité (l'affirmation de soi au détriment d'autrui) :

Passivité ← Assertivité → Agressivité

Les comportements suivants peuvent être regroupés sous ce vocable :

– Exprimer de façon socialisée des affects positifs et négatifs (-l'admiration, la tendresse, le désir sexuel, la reconnaissance, l'agacement, l'indignation, etc.). Parler à la première personne, de façon claire, directe, concrète (dire p.ex. : «*je* suis irrité lorsque tu rentres tard sans prévenir», plutôt que : «*tu* es sans gêne, tu te fiches de moi»).

– Faire des compliments. Accepter avec simplicité des compliments.

– Formuler aimablement et sans honte des souhaits ou des demandes explicites. (Il est irréaliste d'exiger d'un partenaire qu'il devine tous nos besoins et désirs).

– Refuser de façon aimable et ferme certaines demandes. Dire simplement «non» à des propositions et résister aux tentatives de manipulation. Prendre du temps pour soi, sans se culpabiliser.

– Formuler, sur un ton neutre, des désaccords ou des objections (dire p.ex. : «je ne suis pas d'accord avec vos affirmations; j'ai l'impression que vous faites erreur», plutôt que : «vous avez tort; vous êtes de mauvaise foi»).

– Ecouter de façon attentive et sereine des critiques qui nous sont adressées (répondre p.ex. : «vous faites bien de me donner votre opinion... je vais y réfléchir»).

En règle générale, les conduites assertives contribuent davantage à la qualité des relations interpersonnelles que des comportements de soumission ou de violence, surtout dans une perspective à long terme. En fonction des circonstances, il peut évidemment être de notre intérêt d'adopter une conduite qui se situe à l'un des pôles du continuum.

Des formations méthodiques à l'affirmation positive de soi ont d'abord été proposées à des personnes timides et anxieuses (Wolpe, 1958) ou psychologiquement «encapsulées» (A. Lazarus, 1971). Ensuite les praticiens ont constaté que ces formations peuvent faciliter la résolution de problèmes très différents : l'habitude de colères ou de réactions violentes (Novaco, 1975), des dépressions psychogènes modérées (Hayman & Cope, 1980), des toxicomanies (Marlatt & Gordon, 1979; Pelc & Antoine, 1984), etc.

Ces dix dernières années, les programmes d'apprentissage de conduites assertives ont connu un succès considérable aux Etats-Unis et au Canada, des pays où le pragmatisme et l'affirmation de soi sont des valeurs bien établies. Ce succès s'est accompagné de pratiques caricaturales et malencontreuses. Des travaux scientifiques montrent toutefois que le bilan est globalement positif : le développement de l'assertivité peut contribuer, par lui-même ou en combinaison avec d'autres stratégies, à résoudre positivement de nombreuses difficultés psychologiques (cf. Rakos, 1991).

2. *L'écoute active*

Le développement de conduites assertives suscite parfois des difficultés semblables à celles que provoque l'agressivité. Ce risque peut être minimisé si l'on développe parallèlement des habitudes d'écoute active et l'habileté à trouver des solutions intégratives aux conflits.

La personne qui adopte une attitude d'écoute active s'abstient d'interrompre fréquemment le partenaire qui parle. Elle présente des postures et des mimiques d'intérêt. Elle émet des comportements verbaux («mhm», «tu peux expliciter ton idée?», «puis-je résumer ta pensée en disant...»?). Son comportement est aux antipodes de celui qui croit saisir les intentions de l'autre sans l'écouter et qui se centre essentiellement sur la préparation d'une (contre)attaque.

3. *La négociation de solutions intégratives*

Il est de première importance que nous apprenions à dialoguer et à développer des solutions équitables dans les situations de divergences d'intérêts avec nos partenaires. Concernant cette question, nous nous limitons ici à quelques conclusions d'études sur la satisfaction dans la vie conjugale (cf. Gottman, 1979; Jacobson & Margolin, 1979; Beaudry & Boisvert, 1988).

La majorité des personnes qui se marient éprouvent des sentiments très positifs pour leur partenaire au moment de s'engager. Le maintien de ces affects et l'apparition d'autres sont étroitement dépendants d'habiletés sociales, de contingences environnementales et cognitives. Une des différences majeures entre les couples insatisfaits et les couples heureux réside moins dans le nombre de différences et de différends, que dans la manière d'aborder ces sources de mésentente.

En cas de tensions, les partenaires insatisfaits recourent habituellement à l'agression ou au retrait (silence, bouderie, fuite). S'ils discutent, ils ne produisent que des monologues parallèles. Les plaintes de l'un déclenchent immédiatement des plaintes chez l'autre. Chaque proposition suscite chez le partenaire, non un examen favorable, mais une contre-proposition. Chacun règle des comptes et cherche la victoire. Au contraire, quand les partenaires de couples satisfaits ont des divergences de vue, ils s'expriment, s'écoutent et dialoguent. Même s'ils sont ouvertement en désaccord, chacun reste capable de comprendre le point de vue de l'autre. Les discussions restent centrées sur le problème qui se trouve à leur point de départ et elles s'orientent en règle générale vers des solutions qui paraissent équitables pour chacun.

4. L'altruisme

Nous avons déjà signalé que près de la moitié des psychiatres, interrogés par Humphrey (1984) sur leurs remèdes personnels aux tensions psychiques, citent des activités altruistes. Seligman note que des personnes légèrement ou modérément déprimées peuvent améliorer leur état en prenant soin d'une autre personne ou d'un animal (1975 : 103) et Rudolf Moos (Université Stanford), spécialiste des effets psychologiques des désastres et des crises, écrit :

> «Une façon efficace d'assumer une situation inévitable est de prêter assistance à d'autres individus qui sont aux prises avec des crises ou des évolutions du même ordre. En procédant de la sorte, des personnes expérimentées lèguent leurs connaissances et renforcent leur propre estime. Certaines s'engagent énergiquement dans ce processus d'adaptation. Elles font des conférences, écrivent des livres ou se consacrent à des actions juridiques et politiques en vue de changer les attitudes du public (par exemple en développant des services de crise pour les victimes d'un viol ou en élaborant des programmes d'éducation spéciale pour les enfants handicapés)» (1986 : 17s).

Il n'est pas nécessaire d'accumuler des enquêtes scientifiques sur les bienfaits de l'altruisme : chacun peut observer quotidiennement que les activités qui soulagent la souffrance du prochain ou qui contribuent à son bonheur sont par excellence des conduites épanouissantes.

Chapitre VI

L'évaluation des programmes d'autogestion

Les enquêtes sur l'efficience des programmes d'autogestion et de livres semblables au nôtre (des *self-help books* fondés sur la psychologie scientifique) ont mis en évidence quelques processus que nous évoquons pour terminer (cf. Kirschenbaum & Tomarken, 1982 ; Rosen, 1987 ; Marks, 1991).

A. La résolution de problèmes psychologiques graves (opiomanie, forte dépression, troubles obsessionnels-compulsifs bien établis, etc.) requiert un changement substantiel du cadre de vie ou un traitement de longue durée avec l'aide d'un psychiatre ou d'un psychologue expérimentés, de préférence dans une institution spécialisée.

B. Des problèmes psychologiques mineurs ou modérés peuvent se résoudre de façon autonome. Il en va ainsi de phobies « simples », d'un manque d'assertivité, du tabagisme, de la suralimentation ou d'une consommation excessive d'alcool n'ayant pas encore provoqué une forte dépendance (cf. Perri & Richards, 1977 ; Schachter, 1982). Les ouvrages d'autogestion fournissent en ce cas des informations très utiles, pour autant que leurs recommandations soient mises en pratique de façon effective, soigneuse et persévérante. Les enquêtes révèlent, malheureusement, que la majorité des acheteurs de ces livres n'appliquent guère les stratégies décrites ou les appliquent sans faire de réels efforts.

C. Une assez large proportion des personnes, qui modifient des habitudes dans le sens de leurs objectifs, ne maintiennent guère ces modifications à travers le temps. Le problème se pose rarement pour une phobie simple. Il se pose davantage dans les cas de suralimentation, d'exercice physique insuffisant ou de manque d'application dans les études. Il est très courant quand il s'agit d'habitudes sexuelles non souhaitables, de boulimie, de tabagisme, d'alcoolisme et d'autres toxicomanies (dans les trois derniers cas cités, on constate environ deux tiers de récidives endéans les trois mois qui suivent une période d'abstinence).

La question des «rechutes» a été bien étudiée Marlatt et ses collaborateurs (cf. Marlatt & Parks, 1982; Marlatt & Gordon, 1985) ainsi que par Foa et Emmelkamp (1983). Les recherches ont porté principalement sur la suralimentation, l'alcoolisme, le tabagisme et l'héroïnomanie. Nous résumons les principales conclusions concernant les facteurs de récidive et les stratégies qui permettent d'y parer.

1. Les situations provoquant une rechute sont, par ordre de fréquence : 1° le fait d'éprouver des émotions négatives (solitude, ennui, frustration, jalousie, colère, angoisse, dépression, etc.); 2° la pression sociale (un ami qui offre un verre, un dealer qui propose un joint ou, tout simplement, une assemblée où plusieurs personnes fument); 3° un conflit interpersonnel (en particulier des tensions conjugales ou professionnelles).

2. Le moteur premier de la violation d'un (auto)contrat est le plus souvent, non la recherche de plaisir (+S+), mais le désir de réduire une tension ou une souffrance (-S-). Nous l'avons déjà expliqué, la majorité des problèmes «névrotiques» sont tributaires de «renforcements négatifs».

3. Les rechutes sont souvent associées aux variables comportementales suivantes :

– Une prise de conscience déficiente de la multiplicité et de la gravité des conséquences négatives (surtout à long terme) du comportement-problème.

– L'absence ou l'insuffisance d'une démarche de résolution de problèmes face à des situations stressantes.

– Un développement insuffisant de certaines habiletés sociales (les chercheurs ont particulièrement insisté sur le manque d'assertivité).

– Une carence d'activités agréables et de comportements «incompatibles» avec le comportement-problème.

– Une perception défectueuse des prodromes des situations à haut risque et des «mini-décisions» qui mènent au comportement-problème.

– La lenteur à mettre en œuvre une stratégie d'autogestion lorsqu'apparaissent des stimuli-pièges.

– La relative rareté d'autorécompenses ou de réactions positives de la part de personnes proches, suite à des efforts de changement.

– Le fait de croire qu'une seule violation de la règle annihile tous les efforts antérieurs («je n'aurais pas dû, maintenant c'est trop tard»; «je suis retombé, tout est fichu»). L'effet de cette croyance est amplifié si des personnes de l'entourage sont informées de la résolution d'abstinence et de la défaillance.

4. Les stratégies suivantes permettent d'éviter les rechutes, surtout si plusieurs d'entre elles sont utilisées conjointement :

– La concentration fréquente sur les conséquences les plus pénibles du comportement à éviter et sur les effets positifs de comportements «alternatifs».

– L'entraînement méthodique à la démarche de résolution de problèmes. L'apprentissage de procédures de restructuration cognitive et de régulation de l'activation émotionnelle. (Il est essentiel d'effectuer un «surapprentissage», c'est-à-dire de continuer à s'exercer activement bien au-delà du moment où l'objectif semble atteint).

– Le développement de certaines compétences sociales.

– La pratique d'activités épanouissantes.

– La sensibilisation aux signes annonciateurs de situations à risque.

– La mise en place rapide, dans les situations à risque, de comportements «concurrents». L'arrêt immédiat de toute discussion avec soi-même pour se permettre «encore une (seule) fois» le comportement-problème.

– L'obtention de «renforcements» fréquents suite aux efforts (autorécompenses ou gratifications fournies par l'entourage).

– Le rejet de la dichotomie «saint/damné» et du mythe selon lequel une seule entorse signifie l'inaptitude générale et permanente à se contrôler. Ellis donne à ce sujet les conseils suivants :

> «Acceptez le fait que, très probablement, vous reviendrez de temps à autre à des idées stupides et à des comportements d'autosabotage. C'est bien regrettable, mais ce n'est pas horrible. Quand cela se produit, centrez-vous sur votre comportement et sur la manière de le changer plutôt que sur votre identité et sur la façon de vous condamner. La plupart de vos retours en arrière peuvent constituer des occasions d'apprendre. Vous pouvez diminuer leur fréquence au fil du temps. Toutefois, aussi longtemps que vous serez un être humain, il est probable que vous ne les réduirez pas à zéro» (1979 : 94).

Depuis une trentaine d'années, la psychologie scientifique et la psychiatrie biologique ont révolutionné la conception des troubles psychiques et du pouvoir de la personne sur elle-même. Nous pouvons désormais contester la croyance que «le moi n'est qu'une pauvre chose au service des pulsions qui jaillissent de l'Inconscient». Une sorte d'ingénierie de la gestion de soi a commencé à s'élaborer et porte déjà des fruits. Nous comprenons bien mieux que par le passé la diversité et l'intrication des conditionnements de nos conduites. Nous sommes déjà en mesure, non de les contrôler tous, mais d'en réguler une part essentielle. Nous pouvons ainsi contribuer activement à notre bonheur et à celui de nos semblables.

Bibliographie

Lorsqu'il existe une traduction ou plusieurs éditions d'un ouvrage, nous faisons suivre d'un astérisque le texte que nous avons utilisé.

ABRAMSON L., SELIGMAN M. & TEASDALE J. (1978), Learned helplessness in humans : Critique and reformulations, *Journal of Abnormal Psychology*, 87 : 49-74.

ALAIN (1937), *Les Dieux*, Paris : N.R.F.

ALAIN (1953/55), *Philosophie*, textes choisis par A. Devret, Paris : P.U.F., 2 vol.

ALCOHOLICS ANONYMOUS (1975), *Living sober*, New York : A. A. World Services. Trad. : *Vivre sobre*, Bruxelles (13, rue du Boulet) : A. A. de Belgique, 1978*, 90 p.

ALEXANDER B., COAMBS R. & HADAWAY P. (1978), The effet of housing and gender on morphine self-administration in rats, *Psychopharmacology*, 58 : 175-79.

ALLGEIER A.R. & E.R. (1988), *Sexual Interactions*, Massachusetts : Heath. Trad. : *Sexualité humaine. Dimensions et interactions*, Montréal : Centre éducatif et culturel, 1989*, 850 p.

ANCOLI S., KAMIYA J. & EKMAN P. (1980), Psychological differentiation of positive and negative affects, *Biofeedback and Self-regulation*, 5 : 356-57.

ANDERSON C.A. & ARNOULT L.H. (1985), Attributional models of depression, loneliness and shyness, *in* J.H. Harvey & G. Weary (Eds), *Attribution. Basic issues and applications*, Academic Press, p. 235-79.

ANDERSON K.J. (1990), The Yerkes-Dodson law, *in* M. Eysenck (Ed.), *Dictionary of cognitive psychology*, Ed. Blackwell, p. 377-78.

ANZIEU D. (1975), *L'auto-analyse de Freud et la découverte de la psychanalyse*, Paris : P.U.F., 2 vol.

APFELDORFER G. (1983), *Vivre mince. Manuel à l'usage de ceux qui veulent devenir minces et le rester*, Paris : Laffont, 271 p.

ARGYLE M. (1987), *The psychology of happiness*, London : Methuen, 256 p.

ARNTZ A., DREESSEN L. & MERCKELBACH H. (1991), Attention, not anxiety, influences pain, *Behaviour Research and Therapy*, 29(1) : 41-50.

ASCH S. (1946), Forming impression of personality, *Journal of Abnormal and Social Psychology*, 41 : 258-90.

ASHTON H. & STEPNEY R. (1982), *Smoking. Psychology and pharmacology*. Trad. : *Fumer. Psychologie et pharmacologie*, Ed. Mardaga, 1985*, 261 p.

AVARD J. (1984), Le comportement de type A : facteur de risque coronarien, *in* O. Fontaine e.a. (Eds), *Cliniques de thérapie comportementale*, Ed. Mardaga, p. 329-48.

AVERILL J. (1973), Personal control over aversive stimuli and its relationship to stress, *Psychological Bulletin*, 80(4) : 268-303.

AVERILL J. (1980), On the Paucity of Positive Emotions, *in* K. Blankstein e.a. (Eds), *Assessment and Modification of Emotional Behavior*, Plenum, p. 7-45.

AZRIN N.H., NASTER B.J. & JONES R. (1973), Reciprocity counseling : A rapid learning-based procedure for marital counseling, *Behaviour Research and Therapy*, 11 : 365-82.

BAARS B. (1986), *The cognitive revolution in psychology*, The Guilford Press, 443 p.

BACHELARD G. (1947), *La formation de l'esprit scientifique*, Paris : Vrin, 8e éd. en 1972*, 257 p.

BACON F. (1620), *Novum Organum*. Trad. : *The New Organum* (1863). Reprinted : The Bobbs-Merrill Company, 1960*, 292 p.

BAKER B., COHEN D. & SAUDERS J. (1973), Self-directed desensitization for acrophobia, *Behaviour Research and Therapy*, 11 : 79-89.

BALTER M.B. e.a. (1984), A cross-national comparison of anti-anxiety/sedative drug use, *Current Medical Research Opinion*, 8 (Suppl. 4) : 5-20.

BANDURA A. (1969), *Principles of Behavior Modification*, Holt, Rinehart & Winston, 677 p.

BANDURA A. (1976), *Social learning theory*, New Jersey : Prentice-Hall. Trad. : *L'apprentissage social*, Ed. Mardaga, 1980*, 206 p.

BANDURA A. (1977), Self-efficacy : Toward an unifying theory of behavior change, *Psychological Review*, 84 : 191-215. Reprinted in *Advances in Behaviour Research and Therapy*, 1978, 1 : 139-61*.

BANDURA A. (1986), *Social foundations of thought and action. A social cognitive theory*, Prentice-Hall, 617 p.

BANDURA A., BLANCHARD E. & RITTER B. (1969), Relative efficacy of desensitization and modeling approaches for inducing behavioral, affective and attitudinal changes, *Journal of Personality and Social Psychology*, 13(3) : 173-99.

BARBER T. & HAHN K. (1964), Experimental studies in «hypnotic» behavior : Physiological and subjective effects of imagined pain, *Journal of Nervous and Mental Disease*, 139 : 416-25.

BATESON G. (1941), The frustration-aggression hypothesis and culture, *Psychological Review*, 48 : 350-55.

BEAUDRY M. & BOISVERT J.-M. (1988), *Psychologie du couple. Quand la science se met à parler d'amour*, Montréal : Ed. du Méridien, 406 p.

BECK A. (1963), Thinking and depression, *Archives of General Psychiatry*, 9 : 324-33.

BECK A. (1967), *Depression : Clinical, experimental and theoretical aspects*, N.Y. : Harper & Row, 370 p.

BECK A. (1974), Cognition, affect and psychopathology, *in* H. London & R. Nisbett (Eds) : *Thought and Feeling*, Chicago : Aldine, p. 127-40.

BECK A. (1976), *Cognitive therapy and the emotional disorders*, N.Y. : International Universities Press.

BECK A. (1988), *Love is never enough*, Harper & Row. Reprinted : Penguin Books, 1989*, 323 p.

BECK A. & CLARK D.A. (1988), Anxiety and depression : An information processing perspective, *Anxiety Research* (Ed. Harwood Acad. publ.), 1(1) : 23-36.

BEDROSIAN R. & BECK A. (1980), Principles of cognitive therapy, *in* M.J. Mahoney (Ed.), *Psychotherapy Process : Current issues and future directions*, N.Y. : Plenum, p. 127-52.

BEISSER A. & GLASSER N. (1968), The precipitating stress leading to psychiatric hospitalization, *Comprehensive Psychiatry*, 9 : 50-61.

BELLACK A., GLANZ L. & SIMON R. (1976), Self-reinforcement style and covert imagery in the treatment of obesity, *Journal of Consulting and Clinical Psychology*, 44 : 490-91.

BEM D. (1972), Self-perception theory, *in* L. Berkowtz (Ed.), *Advances in experimental social psychology*, Academic Press, vol. 6, p. 2-62.

BEM D. & ALLEN A. (1974), On predicting some of the people some of the time : The search for cross-situatonal consistencies in behavior, *Psychological Review*, 81 : 506-20.
BENEKE W. & HARRIS M. (1972), Teaching self-control of study behavior, *Behaviour Research and Therapy*, 10 : 35-41.
BENSON H. (1975), *The relaxation response*, N.Y. : Morrow. Reprinted : Collins (London), 1976*, 158 p. (Trad. : *Réagir par la détente*, Paris : Tchou, 156 p.).
BERLEY R. & JACOBSON N. (1984), Causal attributions in intimate relationships : Toward a model of cognitive-behavioral marital therapy, *in* P.C. Kendall (Ed.), *Advances in Cognitive-Behavioral Research and Therapy*, Academic Press, vol. 3, p. 1-60.
BERNSTEIN D. (1970), The modification of smoking behavior : A search for effective variables, *Behaviour Research and Therapy*, 8 : 133-46.
BERNSTEIN D. & BORKOVEC T. (1973), *Progessive relaxation training*, Champain, Illinois : Research Press.
BIRAN M. & WILSON G.T. (1981), Treatment of phobic disorders using cognitive and exposure methods : A self-efficacy analysis, *Journal of Counseling and Clinical Psychology*, 49 : 886-99.
BLUMENTHAL J., WILLIAMS R., KONG Y., SCHANBERG S. & THOMPSON L. (1978), Type A behavior and angiographically documented coronary disease, *Circulation*, 58 : 634-39.
BOICE R. (1992), Combining writing block treatments : Theory and research, *Behaviour Research and Therapy*, 30 (2) : 107-16.
BOISVERT J.M. & BEAUDRY M. (1979), *S'affirmer et communiquer*, Montréal : Ed. de l'Homme, 328 p.
BOOTZIN R. & NICASSIO P. (1978), Behavioral treatments for insomnia, *in* M. Hersen e.a. (Eds), *Progress in Behavior Modification*, N.Y. : Academic Press, vol. 6, p. 1-45.
BORKOVEC T. (1976), Physiological and cognitive processes in the regulation of anxiety, *in* G. Schwartz & D. Shapiro (Eds), *Consciousness and self-regulation : Advances in research*, Plenum Press, vol. 1, p. 261-312.
BORKOVEC T. (1986), Worry : Physiological and cognitive processes, *in* P. Eelen & O. Fontaine (Eds), *Behavior therapy*, Leuven Univ. Press & L. Erlbaum, p. 86-103.
BORKOVEC T. & INZ J. (1990), The nature of worry in generalized anxiety, *Behaviour Research and Therapy*, 28(2) : 153-58.
BOUMAN T.K. (1986), Een psychometrische evaluatie van de stemmingsschaal van de Pleasant Events Schedule, *Gedragstherapie*, 19(2) : 97-106.
BOUREAU F. (1986), *Contrôler votre douleur. Apprendre à faire face à une douleur rebelle*, Payot, 214 p.
BOWER G. (1981), Mood and memory, *American Psychologist*, 36(2) : 129-48.
BOWER G. (1986), Prime time in cognitive psychology, *in* P. Eelen & O. Fontaine (Eds), *Behavior therapy : Beyond the conditioning framework*, Leuven : University Press, p. 22-47.
BOYD J. & GRIEGER R. (1982), Self-acceptance problems, *in* R. Grieger & I. Grieger (Eds), *Cognition and emotional disturbance*, N.Y. : Human Science Press, p. 110-32.
BRADBURN N. (1969), *The structure of psychological well-being*, Chicago : Aldine.
BRASWELL L. & KENDALL P. (1987), Treating impulsive children via cognitive-behavioral therapy, *in* N. Jacobson (Ed.), *Psychotherapists in clinical practice*, N.Y. : Guilford Press, p. 153-89.
BREWIN C.R. (1988), *Cognitive foundations of clinical psychology*, London : Erlbaum, 214 p.
BRILL A. (1922), Tabacco and the individual, *International Journal of Psychoanalysis*, 3 : 430-44.
BROWNELL K. (1988), Yo-yo dieting, *Psychology Today*, 22(1) : 20-23.
BRUN J. (1954), *La conscience et l'inconscient. Textes choisis*, Paris : Hachette.
BRUNER J. (1974), *Beyond the information given. Studies in the psychology of knowing*, London : Allen, 502 p.
BRUNSCHWIG J. (1985), Stoïcisme, *in Encyclopédie Universalis*, vol. 17, p. 241-44.
BUCK R. (1980), Nonverbal behavior and the theory of emotion : The facial feedback hypothesis, *Journal of Personality and Social Psychology*, 38 : 811-24.
BUDZYNSKI T. (1978), Biofeedback in the treatment of muscle contraction (tension) headache, *Biofeedback and Self-Regulation*, 3 : 409-34.

BULMAN R. (1979), Characterological versus behavioral self-blame : Inquiries into depression and rape, *Journal of Personality and Social Psychology*, 37 : 1798-1809.

BULTER G. & MATHEWS A. (1983), Cognitive processes in anxiety, *Advances in Behaviour Research and Therapy*, 5 : 51-62.

BUNGE M. (1991), A skeptic's beliefs and disbeliefs, Oxford : *New Ideas in Psychology*, 9(2) : 131-49.

BURGER A. (1979), Technieken voor desensitisering, *in* J. Orlemans e.a. (Eds), *Handboek voor gedragstherapie*, Deventer : Van Loghum Slaterus, B-3, 39 p.

BURGER A. (1980), *Functie-analyse van neurotisch gedrag. Een handleiding voor gedragstherapeuten*, Amsterdam : van Rossen, 119 p.

BURGER A. (1984), Skinner en de verborgen aspecten van fobisch gedrag, *in* I. Van Krogten e.a., *Fobieën. Het amsterdamse fobieënproject*, Deventer : Van Loghum Slaterus, p. 65-85.

BURGER A. (1985), Functie-analyses tussen competitie en intimiteit, *in* J. Orlemans e.a. (Eds), *Handbook voor gedragstherapie*, Deventer : Van Loghum Slaterus, A.15.1, 22 p.

BURGER A., OELOFF L. & VAN DER POEL R. (1985), Praktijk en theorie van imaginaire confrontatie, *in* J. Orlemans e.a. (Eds), *Handboek voor gedragstherapie*, Deventer : Van Loghum Slaterus, B.4.3., 82 p.

BURKE R. & WEIR T. (1980), The type A experience : Occupational and life demands, satisfaction and well-being, *Journal of Human Stress*, 6(4) : 28-38.

BUYTENDIJK F. (1958), *Mensch und Tier*, Hamburg : Rowolt. Trad. : *L'homme et l'animal*, Coll. Idées, 1968*.

CAMPBELL A. (1981), *The sense of well-being in America*, N.Y. : McGraw-Hill.

CAMPBELL A., CONVERSE P. & RODGERS W. (1976), *The Quality of American Life*, N.Y. : Sage.

CANNON W. (1914), The emergency function of the adrenal medulla in pain and the major emotions, *American Journal of Psychology*, 33 : 356-72.

CANNON W. (1927), The James-Lange theory of emotion : A critical examination and an alternative theory, *American Journal of Psychology*, 39 :106-24.

CANNON W. (1942), «Voodoo» death, *American Anthropologist*, 44 : 169-81.

CANTRIL H. & HUNT W. (1932), Emotional effects produced by the injection of adrenalin, *American Journal of Psychology*, 44 :300-07.

CARDER B. & BERKOWITZ K. (1970), Rats' preference for earned in comparison with free food, *Science*, 167 : 1273-74.

CARDINAL M. (1975), *Les mots pour le dire. Roman*, Paris : Grasset. Rééd. : Le livre de poche, 1988* (le mot «roman» a disparu de la couverture lors de la réédition «en poche»).

CARLSON E. (1966), The affective tone of psychology, *Journal of General Psychology*, 75 : 65-78.

CAUTELA J. (1976), The present status of covert modeling, *Journal of Behavior Therapy and Experimental Psychiatry*, 7 : 323-26.

CHAMBLISS C. & MURRAY E. (1979a), Cognitive procedures for smoking reduction : Symptom attribution versus efficacy attribution, *Cognitive Therapy and Research*, 3 : 91-95.

CHAMBLISS C. & MURRAY E. (1979b), Efficacy attributions, locus of control, and weigth loss, *Cognitive Therapy and Research*, 3 : 349-53.

CHAPPELL M. & STEVENSON T. (1936), Group psychological training in some organic conditions, *Mental Hygiene*, 20 : 588-97.

CHAZAUD J. (1974), *Les contestations actuelles de la psychanalyse*, Toulouse : Privat.

CHESNAIS J.C. (1981), *Histoire de la violence*, Paris : Laffont, 436 p.

CIALDINI R. & MIRELS H. (1976), Sense of personal control and attributions about yielding and resisting persuasion targets, *Journal of Personality and Social Psychology*, 33 : 395-402.

CIOFFI F. (1970), Freud and the idea of a pseudo-science, *in* R. Borger & F. Cioffi (Eds), *Explanation in the behavioral sciences*, Cambridge : University Press, p. 471-515.

CLARK D.M. (1986), A cognitive approach to panic, *Behaviour Research and Therapy*, 24(4) : 461-70.

CLAVREUL J. (1959), La parole de l'alcoolique, *La Psychanalyse*, P.U.F., 5 : 257-80.

COBB S. (1976), Social support as a moderator of life stress, *Psychosomatic Medicine*, 38 : 300-14.

COHEN F. (1984), Coping, *in* J.D. Matarazzo e.a. (Eds), *Behavioral Health*, J. Wiley, p. 261-74.

COHEN F. & LAZARUS R. (1979), Coping with the stresses of illness, *in* G. Stone, F. Cohen & N. Adler (Eds), *Health Psychology. A Handbook*, San Francisco : Jossey-Bass.

COHEN S. & WILLS T. (1985), Stress, social support and the buffering hypothesis, *Psychological Bulletin*, 98 : 310-57.

COLLETTI G. & KOPEL S. (1979), Maintaining behavior change : An investigation of three maintenance strategies and the relation of self-attribution to long-term reduction of cigarette smoking, *Journal of Consulting and Clinical Psychology*, 47 : 614-17.

COMPERNOLLE T. (1984), Psychiatrische aspecten van het hyperventilatiesyndroom of waarom iemand die hyperventileert veel kans loopt een psychiatische patiënt te worden en te blijven, *in* P. Defares & P. Grossman (Eds), *Het hyperventilatiesyndroom*, Alphen aan den Rijn/Brussel : Stafleu, p. 163-78.

COMTE A. (1852), *Système de politique positive ou Traité de sociologie*, Paris : Carilian - Goeury.

COX D., FREUNDLICH A. & MEYER R. (1975), Differential effectiveness of electromyograph feedback, verbal relaxation instructions and medication placebo with tension headaches, *Journal of Consulting and Clinical Psychology*, 43 : 829-98.

CRAIGHEAD L. (1985), A problem-solving approach to the treatment of obesity, *in* M. Hersen & A. Bellack (Eds), *Handbook of clinical behavior therapy with adults*, Plenum, p. 229-67.

CRAIGHEAD L., STUNKARD A. & O'BRIEN R. (1981), Behavior therapy and pharmacotherapy for obesity, *Archives of General Psychiatry*, 38 : 763-68.

CSIKSZENTMIHALYI M. (1978), Attention and the holistic approach to behavior, *in* K. Pope & J.L. Singer (Eds), *The stream of consciousness*, Plenum, p. 335-58.

DANAHER B. & LICHTENSTEIN E. (1978), *Become an ex-smoker*, Englewood Cliffs : Prentice Hall.

DANTZER R. (1989), *L'illusion psychosomatique*, Paris : Odile Jacob, 315 p.

DARWIN C. (1872), *The expression of the emotions in man and animals*, London. Trad. : *L'expression des émotions chez l'homme et chez les animaux*, Paris : Reinwald, 1877*, 405 p.

DAVIDSON P. & DAVIDSON S. (1979), *Behavioral medicine : Changing health life styles*, N.Y. : Brunner, 474 p.

DAVISON G., TSUJIMOTO R. & GLAROS A. (1973), Attribution and the maintenance of behavior change in falling asleep, *Journal of Abnormal Psychology*, 82 : 124-33.

DAVISON G. & VALINS S. (1969), Maintenance of self-attributed and drug-attributed behavior change, *Journal of Personality and Social Psychology*, 11 : 116-29.

DEAUX K. & EMSWILLER T. (1974), Explanations of successful performances on sex-linked tasks : What is skill for the male is luck for the female, *Journal of Personality and Social Psychology*, 29 : 80-85.

DEBRAY-RITZEN P. (1972), *La scolastique freudienne*, préface d'A. Koestler, Paris : Fayard, 276 p.

DEFARES P. & GROSSMAN P. (1984), Eds, *Het hyperventilatiesyndroom*, Alphen aan den Rijn / Brussel : Stafleu, 210 p.

DE GROOT A.D. (1961), *Methodologie. Grondslagen van onderzoek en denken in de gedragswetenschappen*, 'S-Gravenhage : Mouton, 3e ed. : 1966*, 415 p. (trad. anglaise : *Methodology*, Mouton, 1969).

DEKKER E., PELSER H. & GROEN J. (1957), Conditioning as a cause of asthmatic attacks, *Journal of Psychosomatic Research*, 2 : 97-108.

DEKKER J., EVERAERD W. & VERHELST N. (1985), Attending to stimuli or to images of sexual feelings : Effects on sexual arousal, *Behaviour Research and Therapy*, 23(1) : 139-49.

DEMBROSKI T., MACDOUGALL J., ELIOT R. & BUELL J. (1983), Stress, emotions, behavior and cardiovascular disease, *in* L. Temoshok e.a. (Eds), *Emotions in health and illness*, N.Y. : Grune & Stratton.

DENIS M. (1979), *Les images mentales*, Paris : P.U.F. Collection Le Psychologue, 294 p.

DEPREEUW E. (1985), Déconditionner l'échec. Une formation en groupe pour l'autocontrôle de l'angoisse d'échouer (traduit par J. Van Rillaer), *Psychothérapies* (Genève), 2 : 111-22.

DESCARTES R. (1649), *Les passions de l'âme*, In *Œuvres de Descartes*, Paris : Librairie J. Gibert, I : 413-512.

DIEKSTRA E. (1987), Liever wel bezoek en bloemen : van grote gevolgen door kleine ingrepen, *in* G. Staflen & R. Diekstra (Eds), *Psychologie en welbevinden*, Ambo/Baarn, p. 16-42.

DOERFLER L. & RICHARDS C. (1983), College women coping with depression, *Behaviour Research and Therapy*, 21 : 221-24.

DOLGUN A. (1965), *Alexander Dolgun's Story : An American in the Gulag*, N.Y. : Knopf.

DOLLARD J. & MILLER N. (1950), *Personality and psychotherapy*, McGraw-Hill.

DSM-III-R (1987), *Diagnostic and Statistical Manual of Mental Disorders*, Third Edition Revised, Washington : The American Psychiatric Association. Trad. : *Manuel diagnostique et statistique des troubles mentaux*, Paris : Masson, 1989*, 624 p.

DUDLEY D., HOLMES T., VAN ARSDEL P. & DE ARANJO G. (1974), Quantification of psychosocial variables in intrinsic asthma, *Psychotherapy and Psychosomatics*, 24 : 129-131.

DUTTON D. & ARON A. (1974), Some evidence for heightened sexual attraction under conditions of high anxiety, *Journal of Personality and Social Psychology*, 30 : 510-7.

DUYCKAERTS F. (1974), *Conscience et prise de conscience*, Ed. Dessart.

DWECK C. & LICHT B.G. (1980), Learned helplessness and intellectual achievement, *in* J. Garber & M. Seligman (Eds), *Human Helplessness*, Academic Press, p. 197-221.

D'ZURILLA T. (1986), *Problem-solving therapy. A social competence approach to clinical intervention*, N.Y. : Springer.

D'ZURILLA T. & GOLDFRIED M. (1971), Problem solving and behavior modification, *Journal of Abnormal Psychology*, 78 : 107-26. Reprinted *in* M. Goldfried & M. Merbaum (Eds), 1973*, p. 183-94.

EELEN P. (1980), Klassieke conditionering : Klassiek en toch modern, *in Gedrag, dynamische relatie en betekeniswereld*, Liber Amicorum Prof. J. Nuttin. Leuven : Universitaire Pers, p. 321-43.

EELEN P. & FONTAINE O. (1986), *Behavior therapy : Beyond the conditioning framework*, Leuven : University Press - New Jersey : L. Erlbaum, 261 p.

EISER J., SUTTON S. & WOBER M. (1979), Smoking, seat-belts and beliefs about health, *Addictive Behaviors*, 4 : 331-38.

EISLER R.M. (1984), Promoting health through interpersonal skills development, *in* J. Matarazzo e.a. (Eds), *Behavioral Health*, J. Wiley, p. 351-62.

EKMAN P. (1982), *Emotion in the human face*, N.Y. : Cambridge Univ. Press, 2d ed.

EKMAN P. (1989), La mesure de l'expression faciale, Paris : *Science et Vie*, 168 : 24-31.

EKMAN P., LEVENSON R. & FRIESEN W. (1983), Autonomic nervous system activity distinguishing among emotions, *Science*, 221 : 1208-10.

ELLENBERGER H. (1970), *The discovery of the unconscious*, N.Y. : Basic Books, 932 p. Trad. : *A la découverte de l'inconscient. Histoire de la psychiatrie dynamique*, Villeurbanne : Ed. Simep, 1974*, 780 p.

ELLENBERGER H. (1978), *Les mouvements de libération mythiques et autres essais sur l'histoire de la psychiatrie*, Montréal : Ed. Quinze.

ELLIS A. (1958), Rational Psychotherapy. Paper presented at the session of the American Psychological Association, 13 August 1956, *Journal of General Psychology*, 59 : 35-49. Reprinted *In* H. Eysenck (1967), *Experiments in Behaviour Therapy*, Pergamon Press, 2d ed., p. 286-300*.

ELLIS A. (1962), *Reason and emotion in psychotherapy*, N.Y. : Stuart, 442 p.

ELLIS A. (1976), Fun as psychotherapy. Reprinted *In* A. Ellis & R. Grieger (Eds), 1977, p. 262-70.

ELLIS A. (1977a), The basic clinical therory of rational-emotive therapy, *in* A. Ellis & R. Grieger (Eds), p. 3-34.

ELLIS A. (1977b), Psychotherapy and the value of a human being, *in* A. Ellis & R. Grieger (Eds), p. 99-112.

ELLIS A. (1977c), The nature of disturbed marital interactions, *in* A. Ellis & R. Grieger (Eds), p. 170-76.

ELLIS A. (1979), The issue of force and energy in behavioral change, *Journal of Contemporary Psychotherapy*, 10(2) : 83-97.

ELLIS A. (1987), A sadly neglected cognitive element in depression, *Cognitive Therapy and Research*, 11 : 121-46.

ELLIS A. & BERNARD M. (1985), Eds, *Clinical applications of rational-emotive therapy*, N.Y. : Plenum, 353 p.

ELLIS A. & GRIEGER A. (1977), Eds, *Handbook of Rational-Emotive Therapy*, N.Y. : Springer, 433 p.

ELLIS A. & HARPER R. (1975), *A new guide to rational living*, Prentice-Hall. Reprinted : Wilshire*, 233p.

EMMELKAMP P. (1989), Fobieën : Onderzoek naar het effect van behandeling, *in* J. Orlemans e.a. (Eds), *Handboek voor gedragstherapie*, Van Loghum Slaterus, C.15.3, 28p.

EPICTETE, *Manuel*. Traduction d'Emile Bréhier, *in Les Stoïciens*, Ed. Pléiade, p. 1111-32.

ETSCORN F. & STEPHENS R. (1973), Establishment of conditioned taste aversion with a 24-hour CS-US interval, *Physiological Psychology*, 85 : 551-58.

EYSENCK H. (1960), *Behaviour Therapy and the Neuroses*, Pergamon. Trad. : *Conditionnement et Névroses*, Gauthier-Villars, 1962*, 414 p.

EYSENCK H. (1966), *The effects of psychotherapy*, N.Y. : International Science Press, 99 p.

EYSENCK H. (1975), The measurement of emotion : Psychological parameters and methods, *in* L. Levi (Ed.), *Emotions - Their parameters and measurement*, Raven Press, p. 439-67.

EYSENCK H. (1985), *Decline and Fall of the Freudian Empire*, Ed. Viking. Reprinted : Pelican Books, 1986*, 224 p.

EYSENCK H. & WAKEFIELD J. (1981), Psychological factors as predictors of marital satisfaction, *Advances in Behaviour Research and Therapy*, 3 : 151-92.

EYSENCK H. & WILSON G. (1979), *The Psychology of Sex*, London : Dent & Sons, 208 p.

EYSENCK M.W. (1990), *Happiness : Facts and myths*, L. Erlbaum, 132 p.

FENIGSTEIN A. (1984), Self-consciousness and the overperception of self as a target, *Journal of Personality and Social Psychology*, 47(4) : 860-70.

FENIGSTEIN A. & VANABLE P. (1992), Paranoïa and self-consciousness, *Journal of Personality and Social Psychology*, 62(1) : 129-38.

FERSTER C., NURNBERGER J. & LEVITT E. (1962), The control of eating, *Journal of Mathetics*, 1 : 87-109. Reprinted in : M. Goldfried & M. Merbaum (Eds), 1973 : 195-212*.

FERSTER C. & SKINNER B. (1957), *Schedules of reinforcement*, N.Y. : Appleton.

FESTINGER L. (1954), A theory of social comparison, *Human Relations*, 7 : 117-140. Trad. : Théorie des processus de comparaison sociale, *in* C. Faucheux & S. Moscovici (Eds), *Psychologie sociale théorique et expérimentale*, Paris : Mouton, 1971*, p. 77-104.

FESTINGER L. (1957), *A theory of cognitive dissonance*, Stanford University Press, 291 p.

FEYEREISEN P. & DE LANNOY J.-D. (1985), *Psychologie du geste*, Mardaga, 364 p.

FISHER S. & GREENBERG R. (1977), *The scientific credibility of Freud's theories and therapy*, N.Y. : Basic Books, 502 p.

FITCH G. (1970), Effects of self-esteem, perceived performance and choice an causal attribution, *Journal of Personality and Social Psychology*, 16 : 311-15.

FLORA J. & THORESEN C. (1988), Reducing the risk of AIDS in adolescents, *American Psychologist*, 43 (11) : 965-70.

FOA E. & EMMELKAMP P. (1983), Eds, *Failures in behavior therapy*, N.Y. : Wiley, 446 p.

FOA E. & KOZAK M. (1986), Emotional processing of fear : Exposure to corrective information, *Psychological Bulletin*, 99 : 20-35.

FONTAINE O., COTTRAUX J. & LADOUCEUR R. (1984), *Cliniques de thérapie comportementale*, Ed. Mardaga, 456 p.

FOULKS E. (1979), Interpretation of human affect, *Journal of Operational Psychiatry*, 10 : 20-27.

FOULQUIE P. (1962), *Dictionnaire de la langue philosophique*, Paris : P.U.F.

FOURASTIE J. (1966), *Les conditions de l'esprit scientifique*, Gallimard. Coll. Idées nº 96, 255 p.

FOX L. (T.F. GILBERT), Effecting the use of efficient study habits, *Journal of Mathetics*, 1 : 75-86. Reprinted in R. Ulrich e.a. (Eds), *Control of human behavior*, Scott & Foresman, 1966*.

FRAISSE P. & LEVEILLE M. (1975), Influence du codage visuel de phrases sur leur mémorisation à court terme, *Année psychologique*, 75 : 409-16.

FRANKENHAEUSER M. (1978), Psychoneuroendocrine approaches to the study of emotion as related to stress and coping, *Nebraska Symposium on Motivation*, Univ. of Nebraska Press, vol. 26, p. 123-61.

FREDERIKSEN L. (1975), Treatment of ruminative thinking by self-monitoring, *Journal of Behavior Therapy and Experimental Psychiatry*, 6 : 258-59.

FREMOUW W. & HARMATZ M. (1975), A helper model for behavioral treatment of speech anxiety, *Journal of Consulting and Clinical Psychology*, 43 : 652-60.

FREUD S. (1892/1939), *Gesammelte Werke. Chronologisch geordnet*, XVII vol. Frankfurt am Main : S. Fischer, 1941/1968.

FREUD S. (A.A.), *Aus den Anfängen der Psychoanalyse. Briefe an W. Fliess, Abhanlungen und Notizen aus den Jahren 1887-1902*, London : Imago, 1950.

FREUD S. - JUNG C.G. (1975), *Correspondance*, trad. : Gallimard, 2 vol.

FRIEDMAN M. & ROSENMAN R. (1974), *Type A behavior and your heart*, N.Y. : Knopf.

FRIJDA N. (1986), *The emotions*, London : Cambridge Univ. Press, 544 p.

FRIJDA N. (1988), The laws of emotion, *American Psychologist*, 43(5) : 349-58.

FRY P.S. (1975), Affect and resistance to temptation, *Developmental Psychology*, 11(4) : 466-72.

GARBER J. & SELIGMAN M. (1980), Eds, *Human Helplessness*, Academic Press, 402 p.

GARCIA J., HANKINS W. & RUSINIAF K. (1974), Behavioral regulation of the milieu interne in Man and Rat, *Science*, 185 : 824-31.

GARCIA J. & KOELLING R. (1966), Relation of cue to consequences in avoidance learning, *Psychonomic Science*, 4 : 123-24. Reprinted in M. Seligman & J. Hager (Eds), *Biological Boundaries of Learning*, N.Y. : Appleton, 1972, p. 10-14.

GARRITY T., MARX M.B. & SOMES G.W. (1978), The relationship of recent life change to seriousness of later illness, *Journal of Psychosomatic Research*, 22 : 7-12.

GARSSEN B., VEENENDAEL W. & BLOEMINK R. (1984), Agoraphobia and the hyperventilation syndrome, *Behaviour Research and Therapy*, 21 : 643-49.

GAUTHIER J. (1984), Les réactions de deuil, *in* O. Fontaine e.a., *Cliniques de thérapie comportementale*, Ed. Mardaga, p. 123-34.

GELLHORN E. (1964), Motion and emotion : The role of proprioception in the physiology and pathology of the emotions, *Psychological Review*, 71 : 457-72.

GILBERT P. (1984), *Depression : From psychology to brain state*, London : Erlbaum, 253 p.

GLASSER W. (1976), *Positive Addiction*, N.Y. : Harper & Row.

GODEFROID J. (1987), *Les chemins de la psychologie*, Ed. Mardaga, 788 p.

GOFFMAN E. (1959), *The presentation of self in everyday life*, N.Y. : Doubleday. Trad. : *La mise en scène de la vie quotidienne*, Paris : Minuit, 1973*, 2 vol.

GOLDFRIED M. (1971), Systematic desensitization as training in self-control, *Journal of Consulting and Clinical Psychology*, 37 : 228-34.

GOLDFRIED M. (1977), The use of relaxation and cognitive relabeling as coping skills, *in* R. Stuart (Ed.), *Behavioral self-management*, N.Y. : Brunner-Mazel, p. 82-116.

GOLDFRIED M. (1980), Psychotherapy as coping skills training, *in* M. Mahoney (Ed.), *Psychotherapy process : Current issues and future directions*, N.Y. : Plenum, p. 89-119.

GOLDFRIED M. & DAVISON G. (1976), *Clinical Behavior Therapy*, N.Y. : Holt, 301 p.

GOLDFRIED M. & MERBAUM M. (1973), Eds, *Behavior change through self-control*, N.Y. : Holt, 438 p.

GOLDIAMOND I. (1965), Self-control procedures in personal behavior problems, *Psychological Reports*, 17 : 851-68. Reprinted in M. Goldfried & M. Merbaum, 1973*, p. 268-86.

GOLOMBOK S. & CURRAN V. (1986), Daar zal ik u wel wat voor geven. Trad. in *Psychologie*, Swets & Zeitlinger, 10 : 10-15.

GOODMAN L. & GILMAN A. (1970), The pharmacological basis of therapeutics, London : Macmillan, 4th ed.

GOTTMAN J.M. (1979), *Marital interaction : Experimental investigations*, N.Y. : Academic Press.

GRAY J. (1987), *The psychology of fear and stress*, 2nd ed., N.Y. : Cambridge Univ. Press, 422 p.

GRIEGER R. & GRIEGER I. (1982), *Cognition and emotional disturbance*, N.Y. : Human Sciences Press, 232 p.

GRINKER R. & SPIEGEL J. (1945), *Men under stress*, N.Y. : Mc Graw-Hill.

GROSSBERG J. & WILSON H. (1968), Physiological changes accompanying the visualization of fearful and neutral situations, *Journal of Personality and Social Psychology*, 10 : 124-33.

GURIN G., VERLOFF J. & FELD S. (1960), *Americans view their mental health. A nation wide interview survey*, N.Y. : Basic Books.

GURMAN A. (1978), Contemporary marital therapies : A critique and comparative analysis of psychoanalytic, behavioral and systems approaches, *in* T. Paolino & B. McCrady (Eds), *Marriage and Marital Therapy*, N.Y. : Brunner-Mazel.

HARMON T., NELSON & HAYES S. (1980), Self-monitoring of mood versus activity by depressed clients, *Journal of Consulting and Clinical Psychology*, 48 : 30-38.

HARRIS V., KATLICK E., LICK E. & HABBERFIELD T. (1976), Paced respiration as a technique for modification of autonomic response to stress, *Psychophysiology*, 13 : 386-91.

HARRISON R. (1986), The grouping of affect termes according to the situation that elicit them : A test of a cognitive theory of emotion, *Journal of Research in Personality*, 20 : 252-66.

HARTSHORNE H., MAY M. & MALLER J. (1928/1930), *Studies in the nature of character*, Macmillan, 3 vol.

HAYMAN P. & COPE C. (1980), Effects of assertion training on depression, *Journal of Clinical Psychology*, 36 : 534-43.

HEBB D. (1972), *Textbook of psychology*, Philadelphia : Saunders. Trad. : *Psychologie. Science moderne*, Montréal : H.R.W.*, 357 p.

HEIDE F. & BORKOVEC T. (1983), Relaxation-induced anxiety : Paradoxical anxiety enhancement due to relaxation training, *Journal of Consulting and Clinical Psychology*, 51 : 171-82.

HEIDER F. (1958), *The psychology of interpersonal relations*, J. Wiley, 322 p.

HEILMAN K. & WATSON R.T. (1989), Arousal and emotions, *in* F. Boller & J. Grafman (Eds), *Handbook of Neuropsychology*, New York & Amsterdam : Elsevier, vol. 3, p. 430-17.

HEIMAN J., LOPICCOLO L. & LOPICCOLO J. (1976), *Becoming orgasmic : A sexual growth program for women*, Prentice-Hall.

HENDERSON M., ARGYLE M. & FURNHAM A. (1984), The assessment of positive life events. Cit. in M. Argyle, *The Psychology of Happiness*, Methuen, p. 129s.

HODGSON R. (1982), Behavioral psychotherapy for compulsions and addictions, *in* J.R. Eiser (Ed.), *Social psychology and behavioral medicine*, Wiley, p. 375-91.

HOEVENAARS J. (1987), *Operante visies op depressiviteit*, Utrecht : Elinkwijk.

HOLLIN C. & TROWER P. (1988), Development and applications of social skills training : A review and critique, *in* M. Hersen, R. Eisler & P. Miller (Eds), *Progress in behavior modification*, Ed. Sage, vol. 22, p. 165-214.

HOLLON S. & GARBER J. (1980), A cognitive-expectancy theory of therapy for helplessness and depression, *in* J. Garber & M. Seligman (Eds), *Human Helplessness*, Academic Press, p. 173-95.

HOLMES T. & RAHE R. (1967), The social readjustment rating scale, *Journal of Psychosomatic Research*, 11 : 213-18.

HOMME L. (1965), Control of coverants : The operants of the mind, *Psychological Record*, 15 : 501-511. Reprinted in M. Goldfried & M. Merbaum, 1973*, p. 213-23.

HOROWITZ M. (1982), Stress response syndrome and their treatment, *in* L. Goldberger & S. Breznitz (Eds), *Handbook of stress*, Free Press - Macmillan, p. 711-32.

HOWARD J. & DAWES R. (1976), Linear prediction of marital happiness, *Personality and Social Psychology Bulletin*, 2 : 478-80.

HUMPHREY J. (1984), Article paru dans *Psychology Today*, 1984, n° 1 et résumé dans la revue *Psychologie*, Swets & Zeitlinger, 1984, 9 : 6.

ICKES W. & LAYDEN M. (1978), Attributional styles, *in* J. Harvey, W. Ickes & R. Kidd (Eds), *New directions in attribution research*, Erlbaum, vol. 2, p. 121-52.

IKARD F. & TOMKINS S. (1973), The experience of affect as a determinant of smoking behavior. A series of validity study, *Journal of Abnormal Psychology*, 81(2) : 172-81.

IZARD C. (1971), *The face of emotion*, N.Y. : Appleton.

IZARD C. (1979), Emotions as motivations : An evolutionary developmental perspective, *Nebraska Symposium on Motivation*, Univ. of Nebraska Press, vol. 26, p. 163-200.

JACCARD R. (1982), *Histoire de la psychanalyse*, Hachette, 2 vol.

JACOBSON E. (1929), *Progressive relaxation*, University of Chicago Press.

JACOBSON E. (1967), *Biology of emotions*, éd. C. Thomas. Trad. : *Biologie des émotions*, Paris : Ed. ESF, 1974*, 144 p.

JACOBSON E. (1976), *You must relax*, Trad. : *Savoir relaxer*, Montréal : Ed. de l'Homme, 1980*, 236 p.

JACOBSON N., MCDONALD D., FOLLETTE W., BERLEY R. (1985), Attribution process in distressed and nondistressed married couples, *Cognitive Therapy and Research*, 9 : 35-50.

JACOBSON N. & MARGOLIN G. (1979), *Marital therapy. Strategies based on social learning and behavior exchange principles*, N.Y. : Brunner-Mazel.

JAMES W. (1884), What is emotion? *Mind*, 9 : 188-205. Reprinted in M. Arnold (Ed.), *The nature of emotion*, Baltimore, Md. : Penguin, 1968*.

JANIS I. (1949), Problems related to the control of fear in combat, *in* S.A. Stouffer (Ed.), *The American Soldier*, vol. 2 : *Combat and its aftermath*, Princeton University Press.

JANIS I. (1958), *Psychological stress*, J. Wiley.

JEFFERY R. (1989), Risk behaviors and health, *American Psychologist*, 44(9) : 1194-1202.

JENSEN G. (1963), Preference for bar-pressing over «free loading» as a function of the number of rewarded presses, *Journal of Experimental Psychology*, 65 : 451-54.

JONES E.E. & DAVIS K. (1965), From acts to dispositions : The attribution process in person perception, *in* L. Berkowitz (Ed.), *Advances in experimental social psychology*, vol. 2 : 219-66, Academic Press.

JONES E.E. & NISBETT R. (1972), The actor and the observer : Divergent perceptions of the causes of behavior, *in* E. Jones e.a. (Eds), *Attribution : Perceiving the causes of behavior*, New Jersey : General Learning Press, p. 79-94.

JONES E. (1953/1957), *Sigmund Freud : Life and Work*, 3 vol. Trad. : *La vie et l'œuvre de S. Freud*, P.U.F.*

KAHN M. & BAKER B. (1968), Desensitization with minimal therapist contact, *Journal of Abnormal Psychology*, 73 : 198-200.

KANFER F. (1970), Self-regulation : Research, issues and speculations, *in* C. Neuringer & J.L. Michael (Eds), *Behavior modification and clinical psychology*, N.Y. : Appleton, p. 178-220.

KANFER F. (1979), Self-management : Strategies and tactics, *in* A.P. Goldstein & F. Kanfer (Eds), *Maximizing treatment gains*, N.Y. : Academic Press, p. 185-224.

KANFER F. & GOLDFOOT D. (1966), Self-control and tolerance of noxious stimulation, *Psychological Reports*, 18 : 79-85.

KANFER F. & PHILLIPS J. (1970), *Learning Foundations of Behavior Therapy*, Wiley, 642 p.

KANFER F. & SCHEFFT B. (1987), Self-Management Therapy in Clinical Practice, *in* N. Jacobson (Ed.), *Psychotherapists in Clinical Practice*, Guilford Press, p. 10-77.

KAROLY P. (1982), Perspectives on Self-Management and Behavior Change, *in* P. Karoly & F. Kanfer (Eds), p. 3-31.

KAROLY P. & KANFER F. (1982), Eds, *Self-Management and Behavior Change. From Theory to Practice*, Pergamon Press, 636 p.

KAZDIN A. (1974), Self-monitoring and behavior change, *in* M. Mahoney & C. Thoresen (Eds), *Self-control : Power to the person*, Wadsworth, p. 218-46.

KAZDIN A. (1984), Covert modeling, *in* P. Kendall (Ed.), *Advances in cognitive-behavioral research and therapy*, Academic Press, vol. 3, p. 103-29.

KAZDIN A. & SMITH G. (1979), Covert conditioning : A review and evaluation, *Advances in Behaviour Research and Therapy*, 2 : 57-98.

KELLEY H.H. (1967), Attribution theory in social psychology, *in* D. Levine (Ed.), *Nebraska Symposium on Motivation*, vol. 15 : 192-239, University of Nabraska Press.

KELLEY H.H. & MICHELA J.L. (1980), Attribution theory and research, *Annual Review of Psychology*, 31 : 457-501.

KELLY G. (1955), *The psychology of personal constructs*, N.Y. : Norton, 2 vol.

KELLY G. (1966), A brief introduction to personal construct theory, *in* D. Bannister (Ed.), *Perspectives in personal construct theory*, Academic Press, p. 1-29.

KERR W., DALTON J. & GLIEBE P. (1937), Some physical phenomena associated with the anxiety states and their relation to hyperventilation, *Annals of Internal Medicine*, 11 : 961-92.

KIRSCHENBAUM D. & TOMARKEN A. (1982), On facing the generalization problem : The study of self-regulatory failure, *in* P. Kendall (Ed.), *Advances in cognitive-hehavioral research and therapy*, Academic Press, vol. 1, p. 119-200.

KLINGER E. (1975), Consequences of commitment to and disengagement from incentives, *Psychological Review*, 82 : 1-25.

KOBASA S., MADDI S. & COURINGTON S. (1981), Personality and constitution as mediators in the stress-illness relationship, *Journal of Health and Social Behavior*, 22 : 368-78.

KOBASA S., MADDI S., KAHN S. (1982), Hardiness and Health : A Prospective Study, *Journal of Personality and Social Psychology*, 42(1) : 168-77.

KONECNI V. (1975), The mediation of aggressive behavior : Arousal level versus anger and cognitive labeling, *Journal of Personality and Social Psychology*, 32 : 706-12.

KORZYBSKI A. (1933), *Science and Sanity*, Lancaster Press.

KRAMER H., GROFFEN C. & VAN SON M. (1987), Zelfregulatietherapie voor depressie, *Tijdschrift voor Psychotherapie*, 13(5) : 266-73.

KRANTZ S. & HAMMEN C. (1979), The assessment of cognitive bias in depression, *Journal of Abnormal Psychology*, 88 : 611-19.

KRASNER L. & ULLMAN L. (1965), *Research in behavior modification : New developments and implications*, N.Y. : Holt.

LABORIT H. (1980), *L'inhibition de l'action*, Paris : Masson, 214 p.

LACAN J. (1977), Ouverture de la section clinique, Paris : *Ornicar ?*, 9 : 7-14.

LACAN J. (1981), La leçon de Lacan. Extraits d'une conférence prononcée à Bruxelles le 26 février 1977. Paris : *Le Nouvel Observateur*, n° 880, p. 88.

LACEY J. (1967), Somatic response patterning and stress : Some revisions of activating theory, *in* M. Appley & R. Trumbell (Eds), *Psychological Stress*, N.Y. : Appleton, p. 14-42.

LADER M. & FILE S. (1987), The biological basis of benzodiazepine dependance, *Psychological Medicine*, 17 : 539-47.

LAIRD J. (1974), Self-attribution of emotion : The effects of expressive behavior on the quality of emotional experience, *Journal of Personality and Social Psychology*, 29(4) : 475-86.

LANG P., LAZOWIK D. & REYNOLDS C. (1966), Desensitisation, suggestibility and pseudotherapy, *Journal of Abnormal and Social Psychology*, 70 : 395-405.

LANG P., LEVIN D., MILLER G. & KOZAK M. (1983), Fear behavior, fear imagery and the psychophysiology of emotion : The problem of affective response integration, *Journal of Abnormal Psychology*, 92 : 276-306.

LANG P., MELAMED B. & HART J. (1970), A psychophysiological analysis of fear modification using an automated desensitization procedure, *Journal of Abnormal Psychology*, 76 : 229-34.

LANGER E. (1989), Minding matters : The consequences of mindlessness-mindfulness, *in* L. Berkowitz (Ed.), *Advances in experimental social psychology*, Academic Press, vol. 22, p. 137-73.

LANGER E., JANIS I. & WOLFER J. (1975), Reduction of psychological stress in surgical patients, *Journal of Experimental Social Psychology*, 11 : 155-65.

LARRANCE D. & TWENTYMAN C. (1983), Maternel attribution and child abuse, *Journal of Abnormal Psychology*, 92 : 449-57.

LAYDEN M. (1982), Attribution style therapy, *in* C. Antaki & C. Brewin (Eds), *Attribution and psychological change*, London : Academic Press.

LAZARUS A.A. (1971), *Behavior Therapy and Beyond*, MacGraw-Hill, 306 p.

LAZARUS A.A. (1978), *In the mind's eye : The power of imagery for personal enrichment*, N.Y. : Rawson. Reprinted : Huilford, 1984.

LAZARUS A.A. (1989), *The practice of multimodal therapy*, 2d ed. : The Johns Hopkins University Press, 288 p.

LAZARUS R.S. (1966), *Psychological stress and the coping process*, McGraw-Hill.

LAZARUS R.S. (1975), The self-regulation of emotion, *in* L: Levi (Ed.), *Emotions : Their parameters and measurement*, Raven Press, p. 47-67.

LAZARUS R.S. (1985), The costs and benefits of denial, *in* A. Monat & R. Lazarus (Eds), *Stress and coping. An Anthology*, Columbia University Press, p. 154-73.

LAZARUS R.S. & ALFERT E. (1964), The short-circuiting of threat by experimentally altering cognitive appraisal, *Journal of Abnormal and Social Psychology*, 69 : 195-205.

LAZARUS R.S. & FOLKMAN S. (1984), *Stress, appraisal and coping*, N.Y. : Springer, 445 p.

LAZARUS R., KANNER A. & FOLKMAN S. (1980), Emotions : A cognitive-phenomenological analysis, *in* R. Plutchik & H. Kellerman (Eds), *Emotion*, N.Y. : Academic Press, vol.1, p. 189-217.

LEDERER W. & JACKSON D. (1958), *The mirages of marriage*, W. Norton.

LESOURNE O. (1984), *Le grand fumeur et sa passion*, P.U.F. Coll. Voix nouvelles en psychanalyse, 231 p.

LEVENTHAL H. (1982), The integration of emotion and cognition, *in* M.S. Clark & S.T. Fiske (Eds), *Affect and cognition*, Erlbaum, p. 121-56.

LEVEY A., ALDAZ J., WATTS F. & COYLE K. (1991), Articulatory suppression and the treatment of insomnia, *Behaviour Research and Therapy*, 29 : 85-89.

LEVOY G. (1988), Tears that speak, *Psychology Today*, 22(7) : 8-9.

LEWINSOHN P. & GRAF M. (1973), Pleasant activities and depression, *Journal of Consulting and Clinical Psychology*, 41 : 261-68.

LEWINSOHN P. & HOBERMAN H. (1982), Depression, *in* A. Bellack, M. Hersen & E. Kazdin (Eds), *International Handbook of Behavior Modification and Therapy*, Plenum, p. 397-431.

LEWINSOHN P. & LIBET J. (1972), Pleasant events, activity schedules and depression, *Journal of Abnormal Psychology*, 79 : 291-95.

LEWINSOHN P., MUNOZ R., ZEISS A. & YOUNGREN M. (1979), *Control your depression*, Prentice-Hall, 354 p.

LEWIS B. (1959), Hyperventilation syndrom, *California Medecine*, 91 : 121-26.

LEWIS D. (1875), *Chastity, or our Secret Sins*, Philadelphia : Maclean. Cit. in G. Rosen & H. Orenstein (1976), A historical note on thought stopping, *Journal of Consulting and Clinical Psychology*, 44 : 1016-17.

LEYENS J.-Ph. (1977), La valeur cathartique de l'agression : un mythe ou une inconnue, *L'Année psychologique*, 77(2) : 525-50.

LEYENS J.-Ph. (1983), *Sommes-nous tous des psychologues ? Approche psychosociale des théories implicites de la personnalité*, Ed. Mardaga, 288 p.

LICHTENSTEIN E., HARRIS D., BIRCHLER G., WAHL J. & SCHMAHL D. (1973), Comparison of rapid smoking, warm smoky air and attention placebo in the modification of smoking behaviors, *Journal of Consulting and Clinical Psychology*, 40 : 92-98.

LICHTENSTEIN E. & MERMELSTEIN R. (1984), Review of approaches to smoking treatment : Behavior modification strategies, *in* J. Matarazzo e.a. (Eds), *Behavioral health*, Wiley, p. 695-712.

LIEBERT R., HANRATTY M. & HILL J. (1969), Effects of rule structure and training method on the adoption of a self-imposed standard, *Child Development*, 40 : 93-101.

LINSCHOTEN J. (1964), *Idolen van de psycholoog*, Utrecht : Bijleveld, 436 p.

LIOTTI G. (1986), A model of the cognitive organization in agoraphobia, *in* P. Eelen & O. Fontaine (Eds), *Behavior Therapy*, Erlbaum - Leuven Univ. Press, p. 104-20.

LOEB A., BECK A., DIGGORY J. & TUTHILL R. (1967), Expectancy, level of aspiration, performance and self-evaluation in depression. Proceedings, 75 Annual Convention, *American Psychological Association*, 2 : 193-94.

LONDON P. (1969), *Behavior Control*, Harper & Row, 241 p.

MAC DONOUGH T., ADAMS H. & TESSER A. (1973), The effects of choice in systematic desensitization, *Psychological Record*, 23 : 397-404.

MAC PHILLAMY D. & LEWINSOHN P. (1971), *The pleasant events schedule*, Eugene : University of Oregon. Trad. fr. de J. Wilmotte e.a. in J. Cottraux, M. Bouvard & P. Legeron (1985), *Méthodes et Echelles d'évaluation des comportements*, Issy-les-Moulineaux : Ed. EAP, p. 176-90.

MADDI S. (1990), Issues and interventions in stress mastery, *in* H.S. Friedman (Ed.), *Personality and disease*, Wiley, p. 121-54.

MAHONEY M. (1974), *Cognition and behavior modification*, Ballinger, 351 p.

MAHONEY M. (1979), *Self-change : Strategies for solving personal problems*, N.Y. : Norton. Trad. : *Se changer*, Montréal : Ed. de l'Homme, 1982*, 175 p.

MAHONEY M. & K. (1976), *Permanent weight control*, N.Y. : Norton.

MAHONEY M., MOURA N. & WADE T. (1973), The relative efficacy of self-reward, self-punishment and self-monitoring techniques for weight loss, *Journal of Consulting and Clinical Psychology*, 40 : 404-07.

MAHONEY M. & THORESEN C. (1974), *Self-control : Power to the Person*, Monterey : Brooks-Cole, 368 p.

MALLICK S. & MCCANDLESS B. (1966), A study of catharsis of aggression, *Journal of Personality and Social Psychology*, 4 : 591-96.

MANDLER G. (1975), The search for emotion, *in* L. Levi (Ed.), *Emotions*, Raven Press, p. 1-15.

MANDLER G. (1980), The generation of emotion : A psychological theory, *in* R. Plutchik & H. Kellerman (Eds), *Emotion*, Academic Press, vol. 1, p. 219-43.

MARANON G. (1924), Contribution à l'étude de l'action émotive de l'adrénaline, *Revue française d'endocrinologie*, 2 : 301-25.

MARC AURELE, *Pensées*, trad. in *Les Stoïciens*, Gallimard, Pléiade, 1962, p. 1133-1247.

MARKS I. (1991), Self-administered behavioural treatment, *Behavioural Psychotherapy*, 19 : 42-46.

MARLATT G. & GORDON J. (1979), Determinants of relapse : Implications for the maintenance of behavior change, *in* P. & S. Davidson (Eds), *Behavioral Medicine*, N.Y. : Brunner, p. 410-52.

MARLATT G. & GORDON J. (1985), Eds, *Relapse prevention : Maintenance strategies in addictive behavior change*, N.Y. : Guilford.

MARLATT G. & MARQUES J. (1977), Meditation, self-control and alcohol use, *in* R. Stuart (Ed.), *Behavioral self-management*, Brunner-Mazel, p. 117-53.

MARLATT G. & PARKS G. (1982), Self-management of addictive behaviors, *in* P. Karoly & F. Kanfer (Eds), *Self-management and behavior change*, Pergamon, p. 443-88.

MARSHALL G. & ZIMBARDO P. (1979), Affective consequences of inadequately explained physiological arousal, *Journal of Personality and Social Psychology*, 37 : 970-88.

MARSHALL W.L., GAUTHIER J. & GORDON A. (1979), The current status of flooding therapy, *in* M. Hersen e.a. (Eds), *Progress in behavior modification*, N.Y. : Academic Press, vol. 7, p. 205-76.

MARTIN G.L. & PEAR J. (1992), *Behavior modification*, Prentice Hall, 4th ed., 528 p.

MASLACH C. (1979), The emotional consequences of arousal without reason, *in* C. Izard (Ed.), *Emotions in personality and psychopathology*, Plenum Press, p. 565-90.

MASLACH C. (1982), *Burnout : The cost of caring*, Prentice-Hall.

MASLOW A. & MINTZ N. (1956), Effects of esthetic surroundings, *Journal of Psychology*, 41 : 247-54.

MASON J., MAHER J., HARTLEY L., MOUGEY E., PERLOW M. & JONES L. (1976), Selectivity of corticosteroid and catecholamine response to various natural stimuli, *in* G. Serbin (Ed.), *Psychopathology of human adaptation*, N.Y. : Plenum, 147-71.

MATARAZZO J. (1980), Behavioral health and behavioral medicine : Frontiers for a new health psychology, *American Psychologist*, 35 : 807-17.

MATARAZZO J., WEISS S.M., HERD J., MILLER N., WEISS S. (1984), Eds, *Behavioral Health. A handbook of health enhancement and disease prevention*, J. Wiley, 1292 p.

MCCRAE R. & COSTA P. (1986), Personality, coping and coping effectiveness in an adulte sample, *Journal of Personality*, 54(2) : 385-405.

McFALL R. (1977), Parameters of self-monitoring, *in* R.B. Stuart (Ed.), *Behavioral self-management*, N.Y. : Raven Press, p. 196-214.
McGUIRE R., CARLISLE J. & YOUNG B. (1965), Sexual deviations as conditioned behavior : A hypothesis, *Behaviour Research and Therapy*, 2 : 185-90.
McMULLIN R. (1986), *Handbook of cognitive therapy techniques*, N.Y. : Norton and Company, 356 p.
MEADOW A. & PARNES S. (1959), Evaluation of training in creative problem solving, *Journal of Applied Psychology*, 43 : 189-94.
MEGARGEE E. (1966), Undercontrolled and overcontrolled personality types in extreme antisocial aggression, *Psychological Monographs*, n° 611, 29 p.
MEICHENBAUM D. (1972), Cognitive modification of test anxious college students, *Journal of Consulting and Clinical Psychology*, 39 : 370-80.
MEICHENBAUM D. (1976), Toward a cognitive theory of self-control, *in* G. Schwartz & D. Shapiro (Eds), *Consciousness and self-regulation : Advances in research*, Plenum, vol. 1, p. 223-60.
MEICHENBAUM D. (1977), *Cognitive-behavior modification. An integrative approach*, Plenum, 305 p.
MEICHENBAUM D. (1985), *Stress inoculation training*, Pergamon Press, 3d ed. : 1988*, 115 p.
MEICHENBAUM D. & TURK D. (1976), The cognitive-behavioral management of anxiety, anger and pain, *in* P.O. Davidson (Ed.), *The behavioral management of anxiety, depression and pain*, Brunner-Mazel, p. 1-34.
MIGLER B. & WOLPE J. (1967), Automated self-desensitization : A case report, *Behaviour Research and Therapy*, 5 : 133-35.
MILGRAM S. (1974), *Obediance to authority*, Harper. Trad. : *Soumission à l'autorité*, Calmann-Lévy, 1974*, 268 p.
MILLER G. (1969), Psychology as a means of protecting human welfare, *American Psychologist*, 24 : 1063-75.
MILLER W.R. & MUNOZ R.F. (1977), *How to control your drinking*, Spectrum.
MISCHEL W. (1958), Preference for delayed reinforcement, *Journal of Abnormal and Social Psychology*, 56 : 57-61.
MISCHEL W. (1976), *Introduction to personality*, Holt, 2d ed., 574 p.
MISCHEL W. (1981), Metacognition and the rules of delay, *in* J. Flavell & L. Ross (Eds), *Social cognitive development*, Cambridge University Press, p. 240-71.
MOORE B. e.a. (1979), The dispositional shift in attribution over time, *Journal of Experimental Social Psychology*, 15 : 553-69.
MOOS R. (1986), ed., *Coping with life crises : An integrated approach*, Plenum Press, 424 p.
MOTLEY M. (1988), Taking the terror out of talk, *Psychology Today*, 22(1) : 46-49.
MORRIS W. & REILLY N. (1987), Toward the self-regulation of mood : Theory and research, *Motivation and Emotion*, 11(3) : 215-49.
MOUNIER E. (1946), *Traité du caractère*. Rééd. in *Œuvres*, Ed. Seuil, tome II, 1947*, 794 p.
NEGRETE J.-C. (1981), Les toxicomanies (pharmacodépendances), *in* R. Dugay, H. Ellenberger e.a., *Précis pratique de psychiatrie*, Montréal, Paris : Maloine, p. 211-45.
NEISSER U. (1967), *Cognitive psychology*, Appleton Century Crofts, 351 p.
NEURINGER C. (1961), Dichotomous evaluations in suicidal individuals, *Journal of Consulting Psychology*, 25 : 445-49.
NEWCOMB M. & BENTLER P. (1989), Substance use and abuse among children and teenagers, *American Psychologist*, 44(2) : 242-48.
NEZU A. & PERRI M. (1989), Social problem-solving therapy for unipolar depression, *Journal of Consulting and Clinical Psychology*, 57(3) : 408-13.
NIETZSCHE F. (1881), *Morgenröthe*. Trad. : *Aurore. Pensées sur les préjugés moraux*, œuvres philosophiques complètes, tome IV, Gallimard, 1970*.
NIETZSCHE F. (1886), *Jenseits von Gut und Böse*. Trad. : *Par-delà bien et mal*, œuvres philosophiques complètes, tome VII, Gallimard, 1971*.
NISBETT R. & ROSS L. (1980), *Human inference : Strategies and shortcomings of social judgment*, Prentice-Hall, 334 p.

NOREM J. & CANTOR N. (1990), Capturing the «flavor» of behavior : Cognition, affect and interpretation, *in* B. Moore & A. Isen (Eds), *Affect and social behavior*, Cambridge Univ. Press, p. 39-63.

NOVACO R. (1975), *Anger control : The development and evaluation of an experimental treatment*, Lexington, Mass. : Heath.

NOVACO R. (1979), The cognitive regulation of anger and stress, *in* P.C. Kendall & S. Hollon (Eds), *Cognitive-behavioral interventions*, Academic Press, p. 241-85.

O'BRIEN G. (1986), *Psychology of work and unemployment*, J. Wiley, 328 p.

OGDEN S. & BRADBURN N. (1968), Dimensions of marriage happiness, *American Journal of Sociology*, 73 : 715-31.

ORFORD J. (1988), Psychopharmacology and social psychology : Complementary or contradictory?, *in* M. Lader (Ed.), *The psychopharmacology of Addiction*, Oxford University Press, p. 168-79.

ORLEMANS J., EELEN P. & HAAIJMAN W. (1978-..), Eds, *Handboek voor gedragstherapie*, Deventer : Van Loghum Slaterus, 4 vol.

ORLEMANS J. & TEN DOESSCHATE R. (1976), Hartziektefobie : Een gedragstherapeutisch model, *in Huisarts en Wetenschap*, 19 : 323-32.

ORVIS B., KELLY H. & BUTLER D. (1976), Attributional conflict in young couples, *in* J. Harvey e.a. (Eds), *New directions in attribution research*, L. Erlbaum, vol. 1, p. 353-86.

OSBORN A. (1957), *Applied imagination : Principles and procedures of creative problem-solving*, N.Y. : Scribner's, 3d ed. :1963*.

OST L.-G. (1987), Applied relaxation. Description of a coping technique and review of controlled studies, *Behaviour Research and Therapy*, 25(5) : 397-409.

OST L.-G. (1989), One-session treatment of specific phobias, *Behaviour Research and Therapy*, 27 : 1-7.

OST L.-G. & STERNER U. (1987), Applied tension. A specific behavioral method of treatment of blood phobia, *Behaviour Research and Therapy*, 25(1) : 25-29.

PAIVIO A. (1971), *Imagery and Verbal Processes*, N.Y. : Holt.

PASCAL B. (1670), *Pensées*, Texte de l'édition Brunschvicg (1897). Rééd. : Garnier*, 1960.

PATEL C. (1984), A relaxation-centered behavioral package for reducing hypertension, *in* J. Matarazzo e.a. (Eds), *Behavioral Health*, J. Wiley, p. 846-61.

PATTERSON G. & REID J. (1970), Reciprocity and coercion : Two facets of social systems, *in* C. Neuringer & J.L. Michael (Eds), *Behavior modification in clinical psychology*, Appleton, p. 133-177.

PAUL G. (1966), *Insight vs. desensitization in psychotherapy*, Stanford Univ. Press.

PAUL G. (1969), Inhibition of physiological response to stressful imagery by relaxing training and hypnotically suggested relaxation, *Behaviour Research and Therapy*, 7 : 249-56.

PAYOT J. (1893), *L'Education de la Volonté*, Paris : Alcan, 21e éd., 1905*, 276 p.

PELC I. & ANTOINE J. (1984), Analyse et thérapeutique comportementales de l'alcoolisme, *in* O. Fontaine e.a. (Eds), *Cliniques de thérapie comportementale*, Ed. Mardaga, p. 313-27.

PENNEBAKER J. (1989), Confession, inhibition and disease, *in* L. Berkowitz (Ed.), *Advances in experimental social psychology*, Academic Press, vol. 22, p. 211-44.

PENNEBAKER J. & BEALL S. (1986), Confronting a traumatic event : Toward an understanding of inhibition and disease, *Journal of Abnormal Psychology*, 95 : 247-81.

PERREZ M. (1979), *Ist die Psychoanalyse eine Wissenschaft?*, Bern : Hans Huber.

PERONNET F. & FARAH M. (1990), Implications du système visuel dans l'imagerie mentale. Etude électrophysiologique, *in* X. Seron (Ed.), *Psychologie et cerveau*, Paris : P.U.F., p. 93-120.

PERRI M.G. & RICHARDS C.S. (1977), An investigation of naturally occuring episodes of self-controlled behaviors, *Journal of Counseling Psychology*, 24 : 178-83.

PETERSON C., SCHWARTZ S. & SELIGMAN M. (1981), Self-blame and depressive symptomes, *Journal of Personality and Social Psychology*, 41(2) : 253-59.

PHILIPS H.C. (1988), Changing chronic pain experience, *Pain*, 32 : 165-72.

PIETERS G. & COSYNS P. (1981), Emploi du biofeeback dans le traitement du torticolis spasmodique par psychothérapie comportementale, *Acta Psychiatrica Belgica*, 81 : 321-334.

PITTMAN T. & L. (1980), Deprivation of control and the attribution process, *Journal of Personality and Social Psychology*, 39 : 377-89.
PLUTCHIK R. (1980), A general psychoevolutionay theory of emotion, *in* R. Plutchik & H. Kellerman (Eds), *Emotion. Theory, reserach and experience*, Academic Press, vol. 1, p. 3-33.
POLIN A.T. (1959), The effect of flooding and physical suppression as extinction techniques on an anxiety-motivated avoidance locomotor response, *Journal of Psychology*, 47 : 235-45.
POLIVY J. (1981), On the induction of emotion in the laboratory : Discrete moods or multiple affect states?, *Journal of Personality and Social Psychology*, 41 : 803-17.
POPPER K. (1935), *Logik der Forschung*, Wien : Springer. Trad. : *La logique de la découverte scientifique*, Payot, 1973*.
POPPER K. (1963), *Conjectures and Refutations : The growth of scientific knowledge*, London : Routledge. Revised 3d ed., 1969*, 431 p. (trad. : *Conjectures et réfutations*, Paris : Payot, 1985, 610 p.).
POPPER K. (1974), *Unended Quest*, The library of living philosophers. Trad. : *La question inachevée*, Calmann-Lévy, 1981*, 335 p.
POPPER K. (1978), *La connaissance objective*, trad., Bruxelles : Ed. Complexe, 174 p.
PRICE J. (1972), Genetic and phylogenetic aspects of mood variation, *International Journal of Mental Health*, 1 : 124-44.
RACHLIN H. (1980), *Behaviorism in everyday life*, Prentice-Hall (Spectrum Book), 186 p.
RACHMAN S. (1963), Ed., *Critical essays on psychoanalysis*, N.Y. : Macmillan, 284 p.
RACHMAN S. (1966), Sexual fetichism : An experimental analogue, *The Psychological Record*, 16 : 293-6.
RACHMAN S. (1971), *The effects of psychotherapy*, Pergamon Press, 186 p.
RACHMAN S. (1978), *Fear and Courage*, San Francisco : Freeman, 319 p.
RACHMAN S. (1990), The determinants and treatment of simple phobias, *Advances in Behaviour Research and Therapy*, 12 : 1-30.
RACHMAN S., DE SILVA P. & ROPER G. (1976), The spontaneous decay of compulsive urges, *Behaviour Research and Therapy*, 14 : 445-53.
RACHMAN S. & HODGSON R. (1980), *Obsessions and compulsions*, Prentice Hall.
RAKOS R. (1991), *Assertive behavior. Theory, research and training*, London : Routledge, 248 p.
RAKOS R. & SCHROEDER H. (1976), Fear reduction in help-givers as a function of helping, *Journal of Counseling Psychology*, 23 : 428-35.
REHM L. (1978), Mood, pleasant events and unpleasant events : Two pilot studies, *Journal of Consulting and Clinical Psychology*, 46(5) : 854-59.
REHM L. (1982), Self-management in depression, *in* P. Karoly & F. Kanfer (Eds), *Self-management and behavior change*, Pergamon Press, p. 522-67.
REICH A. & ZAUTRA J. (1983), Demands and designs in daily life : Some influences on well-being, *American Journal of Community Psychology*, 11 : 41-58.
RIBOT T. (1907), *Essai sur la passion*, Paris : Félix Alcan.
RICHELLE M. (1977), *B.F. Skinner ou le péril behavioriste*, Ed. Mardaga, 262 p.
RICOEUR P. (1985), Volonté, *Encyclopédie Universalis*, vol. 18, p. 1032-37.
RISKIND J. & GOTAY C. (1982), Physical posture : Could it have regulatory or feedback effects upon motivation and emotion?, *Motivation and Emotion*, 6 : 273-96.
RITTER B. (1968), The group desensitization of children's snake phobias using vicarious and contact desensitization procedures, *Behaviour Research and Therapy*, 6 : 1-6.
ROBERTS R. & WEERTS T. (1976), The physiological effets of imagining anger-provoking and fear-provoking scenes, *Psychophysiology*, 13 : 174.
ROBINS L., HELZER J., HESSELBROCK M. & WISH E. (1980), Vietnam veterans three years after Vietnam, *in* L. Brill & C. Winick (Eds), *The yearbook of substance use and abuse* (vol. 11), N.Y. : Human Sciences Press.
RODIN J. (1986), Aging and health : Effects of the sense of control, *Science*, 233 : 1271-76.
ROMANCZYK R. (1974), Self-monitoring in the treatment of obesity, *Behavior Therapy*, 5 : 531-40.
ROSEN G. (1987), Self-help treatment books and the commercialization of psychotherapy, *American Psychologist*, 42(1) : 46-51.

ROSEN G., GLASGOW R. & BARRERA M. (1976), A controlled study to assess the clinical efficacy of totally self-administered systematic desensitization, *Journal of Consulting and Clinical Psychology*, 44 : 208-17.

ROSKIES E. & LAZARUS R. (1980), Coping theory and the teaching of coping skills, *in* P.O. & S.M. Davidson (Eds), *Behavioral Medicine*, Brunner-Mazel, p. 38-69.

ROSS L. (1977), The intuitive psychologist and his shortcomings : distortions in the attribution process, *in* L. Berkowitz (Ed.), *Advances in Experimental Social Psychology*, Academic Press, vol. 10, p. 173-220.

ROTTER J. (1966), Generalized expectancies for internal versus external control of reinforcement, *Psychological Monographs*, 80(1) (whole n° 609).

RUSSELMAN G. (1983), *Van James Watt tot Sigmund Freud. De opkomst van het stuwmodel van de zelfexpressie*, Deventer : Van Loghum Slaterus, 413 p.

SALKOVSKIS P. & CLARK D.M. (1990), Affective responses to hyperventilation : A test of the cognitive model of panic, *Behaviour Research and Therapy*, 28(1) : 51-61.

SALTER A. (1949), *Conditioned reflex therapy : The direct approach to the reconstruction of personality*, N.Y. : Creative Age Press.

SARASON I. (1988), Anxiety, self-preoccupation and attention, *Anxiety Research*, 1 : 3-7.

SCHACHTER S. (1982), Recidivism and self-cure of smoking and obesity, *American Psychologist*, 37 : 436-44.

SCHACHTER S. & SINGER J. (1962), Cognitive, social and physiological determinants of emotional state, *Psychological Review*, 69 : 379-99.

SCHACHTER S. & WHEELER L. (1962), Epinephrine, chlorpromazine and amusement, *Journal of Abnormal and Social Psychology*, 65 : 121-28.

SCHANDRY R. (1981), Heart beat perception and emotional experience, *Psychophysiology*, 18 : 483-88.

SCHOPENHAUER A. (1851), *Aphorismen zur Lebensweisheit*. Trad. : *Aphorismes sur la sagesse dans la vie*, P.U.F., 1964*, 175 p.

SCHROEDER D. & COSTA P. (1984), Influence of life events stress on physical illness : Substantive effects or methodological flaws?, *Journal of Personality and Social Psychology*, 46 : 853-63.

SCHWARZ N., STRACK F., KOMMER D. & WAGNER D. (1987), Soccer, rooms and the quality of your life : Further evidence on informative functions of affective states, *European Journal of Social Psychology*, 17 : 69-80.

SCHULTZ L.G. (1960), The wife assaulter, *Journal of Social Therapy*, 6 : 103-11.

SELIGMAN M. (1975), *Helplessness*, San Francisco : Freeman, 250 p.

SELIGMAN M. & HAGER J. (1972), Eds, *Biological boundaries of learning*, N.Y. : Appleton, 480 p.

SELIGMAN M., ABRAMSON L., SEMMEL A. & VON BAEYER C. (1979), Depressive attributional style, *Journal of Abnormal Psychology*, 88 : 242-47.

SELYE H. (1956), *The stress of life*, McGraw-Hill. Trad. de la 2e éd. mise à jour : *Le stress de la vie*, Gallimard, 1975*, 425 p.

SENEQUE, *De Ira* (*De la Colère*). Trad. in *Dialogues*, I, Paris : Les Belles Lettres, 1942*, 109 p.

SERVAN-SCHREIBER J.-L. (1983), *L'art du temps. Essai d'action*, Fayard, 218 p.

SERON X., LAMBERT J.-L. & VAN DER LINDEN M. (1977), *La modification du comportement. Théorie. Pratique. Ethique*, Ed. Mardaga, 377 p.

SHAFFER L. (1947), The problem of psychotherapy, *American Psychologist*, 2 : 459-67.

SHAPIRO D., LANE J. & HENRY J. (1986), Caffeine, cardiovascular reactivity and cardiovascular disease, *in* K.A. Matthews e.a. (Eds), *Handbook of stress, reactivity and cardiovascular disease*, J. Wiley, p. 311-27.

SILVERMAN W. & BEECH R. (1984), Length of intervention and client assesed outcome, *Journal of Clinical Psychology*, 40 : 475-80.

SINGER J.L. (1974), *Imagery and daydream methods in psychotherapy and behavior modification*, Academic Press.

SINGER J.L. & MCCRAVEN V. (1961), Some characteristics of adult daydreaming, *Journal of Psychology*, 51 :151-64.

SINGER J.L. & SWITZER E. (1980), *Mind-Play*, Prentice-Hall. Trad. : *Les fantasmes créateurs*, Montréal : Ed. de l'Homme, 1981*, 234 p.

SKINNER B. (1931), The concept of the reflex in the description of behavior, *Journal of Genetic Psychology*, 5 : 427-58.
SKINNER B. (1938), *The behavior of organisms : An experimental analysis*, N.Y. : Appleton.
SKINNER B. (1948a), *Walden Two*, N.Y. : Macmillan.
SKINNER B. (1948b), «Superstition» in the pigeon, *Journal of Experimental Psychology*, 38 : 168-72. Reprinted in L. Schmaltz (Ed.), *Scientific psychology and social concern*, Harper, 1971*, p. 330-32.
SKINNER B. (1953), *Science and human behavior*, The Macmillan Company, 461 p.
SKINNER B. (1957), *Verbal behavior*, Appleton, 478 p.
SKINNER B. (1968), *The technology of teaching*, Meredith. Trad. par A. Richelle : *La révolution scientifique de l'enseignement*, Ed. Mardaga, 1968*, 314 p.
SKINNER B. (1969), *Contingencies of Reinforcement : A therorical analysis*, Meredith Corporation. Trad. par A.M. & M. Richelle : *L'analyse expérimentale du comportement*, Ed. Mardaga, 1971*.
SKINNER B. (1971), *Beyond freedom and dignity*, N.Y. : Knopf. Trad. par A.M. & M. Richelle : *Par-delà la liberté et la dignité*, Paris : Laffont, 1972*, 270 p.
SKINNER B. (1974), *About behaviorism*, N.Y. : Knopf. Reprinted : Vintage Books Ed., 1976*, 291 p.
SKINNER B. (1978), *Reflections on Behaviorism and Society*, Prentice-Hall, 209 p.
SKINNER B. (1987), *Upon further reflexion*, Prentice-Hall, 214 p.
SKINNER B. (1988), *Beyond freedom and dignity*. Reprinted with a new preface and epilogue. London : Penguin-Peregrine Books, 228 p.
SKINNER B. (1989), *Recent issues in the analysis of behavior*, Merrill, 148 p.
SKINNER B., SOLOMON H.C. & LINDSLEY O.R. (1953), *Studies in behavior therapy*, Metropolitan State Hospital; Waltham, Massachussets, Status Report I.
SKINNER B. & VAUGHAN M. (1983), *Enjoy old age*, N.Y. : Norton. Trad. : *Bonjour sagesse*, Paris : Laffont, 1986*, 189 p.
SLOAN S. & COOPER C. (1986), *Pilots under stress*, London : Routledge, 230 p.
SONNE J. & JANOFF C. (1982), Attributions and the maintenance of behavior change, *in* C. Antaki & C. Brewin (Eds), *Attributions and psychological change*, Academic Press.
SPIVACK G., PLATT J. & SHURE M. (1976), *The problem-solving approach to adjustment*, Jossey-Bass, 318 p.
STAMPFL T. & LEVIS D. (1973), *Implosive therapy : Theory and technique*, New Jersey : General Learning.
STAUB E., TURSKY B. & SCHWARTZ G. (1971), Self-control and predictability : Their effets on reactions to aversive stimulation, *Journal of Personality and Social Psychology*, 28 : 157-62.
Les STOICIENS, Textes traduits par Emile Bréhier, édités sous la direction de P.-M. Schuhl, Paris : Gallimard, Pléiade, 1962, 1436 p.
STONE G., COHEN F. & ADLER N. (1979), *Health psychology. A handbook*, San Francisco : Jossey-Bass.
STOMRS M. & MCCAUL K. (1976), Attribution process and emotional exacerbation of dysfunctional behavior, *in* J. Harvey, W. Ickes & R. Kidd (Eds), *New directions in attribution research*, L. Erlbaum, vol. 1, p. 143-64.
STRACK S., BLANEY P., GANELLEN R. & COYNE J. (1985), Pessimistic self-preoccupation, performance deficits, and depression, *Journal of Personality and Social Psychology*, 49 : 1076-85.
STUART R. (1967), Behavioral control over eating, *Behaviour Research and Therapy*, 5 : 357-65.
STUART R. (1969), Operant-interpersonal treatment for marital discord, *Journal of Consulting and Clinical Psychology*, 33 : 675-82.
STUART R. (1977), Ed., *Behavioral self-management*, Brunner-Mazel, 366 p.
SULLOWAY F. (1979), *Freud, biologist of the mind*, N.Y. : Basic Books. Trad. : *Freud, biologiste de l'esprit*, Fayard, 1981*, 595 p.
SULZER E. (1962), Reinforcement and therapeutic contract, *Journal of Counseling Psychology*, 9 : 271-76.

TAVRIS C. (1982), *Anger. The misunderstood emotion*, N.Y. : Simon & Schuster. Trad. : *La colère*, Montréal : Ed. de l'Homme, 1984*, 394 p.

TEASDALE J. (1986), Mood congruous thinking and depression : Clinical implications of experimental findings ?, *in* P. Eelen & O. Fontaine (Eds), *Behavior therapy*, Erlbaum & Leuven Univ. Press, p. 59-68.

THAYER R. (1989), *The biopsychology of mood and arousal*, N.Y. : Oxford University Press, 234 p.

THIBAUT J. & KELLY H. (1959), *The social psychology of groups*, J. Wiley.

THORESEN C. & MAHONEY M. (1974), *Behavioral self-control*, Holt, 177 p.

TOMKINS S. (1980), Affect as amplification : Some modifications in theory, *in* R. Plutchik & H. Kellerman (Eds), *Emotion*, Academic Press, vol. 1, p. 141-64.

TOSTAIN R. (1967), Le joueur. Essai psychanalytique, *L'Inconscient. Revue de Psychanalyse*, P.U.F., 2 : 117-32.

TOWER R. & SINGER J.L. (1981), The measurement of imagery : How can it be clinically useful ?, *in* P. Kendall & S. Hollon (Eds), *Assessment strategies for cognitive-behavioral interventions*, Academic Press, p. 119-59.

TROWER P., BRYANT B. & ARGYLE M. (1978), *Social skills and mental health*, London : Methuen, 306 p.

TURNER J.A. (1982), Comparison of group progressive-relaxation training and cognitive-behavioral therapy for chronic low back pain, *Journal of Consulting and Clinical Psychology*, 50 : 757-65.

TURNER R., WARD M. & TURNER D. (1979), Behavioral treatment for depression : An evaluation of therapeutic components, *Journal of Clinical Psychology*, 35 : 166-75.

TVERSKY A. & KAHNEMAN D. (1973), Availability : A heuristic for judging frequency and probability, *Cognitive Psychology*, 5 : 207-32.

TVERSKY A. & KAHNEMAN D. (1974), Judgment under uncertainty : Heuristics and biases, *Science*, 185 : 1124-31.

VALERY P. (1966), *Œuvres II*, Paris : Gallimard, Pléiade.

VALINS S. (1967), Emotionality and information concerning internal reactions, *Journal of Personality and Social Psychology*, 6(4) : 458-63.

VANDEREYCKEN W. (1980), Anorexia nervosa, *in* J. Orlemans e.a. (Eds), *Handboek voor gedragstherapie*, Deventer : Van Loghum Slaterus, C- 4.2, p. 1-44.

VAN RILLAER J. (1975), *L'agressivité humaine. Approche analytique et existentielle*, Ed. Mardaga, 269 p. Trad. espagnole : *La agresividad humana*, Barcelona : Herder, 1978, 219 p.

VAN RILLAER J. (1980), *Les illusions de la psychanalyse*, Ed. Mardaga, 415 p. Trad. espagnole : *Las ilusiones del psicoanalisis*, Barcelona : Ariel, Collection Methodos, 411 p.

VAN RILLAER J. (1985), Grandeur et misère de la psychanalyse, Paris : *Raison Présente*, vol. 76 (*Esprit, es-tu là? Avatars de la psychologie*), p. 99-113. Trad. néerl. : Rijkdom en armoede van de psychoanalyse, Amsterdam : *Psychologie en Maatschappij*, 1987, 40 : 272-86.

VAN RILLAER (1991), Strategies of dissimulation in the pseudosciences, Oxford : *New Ideas in Psychology*, Pergamon Press, 9(2) : 235-44.

VELEBER D. & TEMPLER D. (1984), Effects of caffeine on anxiety and depression, *Journal of Abnormal Psychology*, 93 : 120-22.

VERGOTE A. (1964), La volonté comme position et opposition ou les ambivalences du désir et de l'ascèse, Roma : *Tecnica et Casistica*, p. 61-76.

VINCK J., ARICKX M., HONGENAERT P., GROSSMAN P. & VERTOMMEN H. (1987), On the mechanisms explaining blood pressure decrease after relaxation training, *in* W. Huber (Ed.), *Progress in psychotherapy research*, Louvain-la-Neuve : Academia, p. 258-72.

VOLTAIRE (1769), *Dictionnaire philosophique*, rééd., Garnier, 1954*.

WAGENAAR W. & KEREN G. (1983), Gokken : de lol van het verliezen, *Psychologie*, Swets en Zeitlinger, 10 : 29-37.

WALSTER E., WALSTER G. & BERSCHEID E. (1978), *Equity theory and research*, Boston : Allyn.

WARGA C. (1988), Profile : Albert Ellis, *Psychology Today*, 22(9) : 54-58.

WATSON D. (1982), The actor et the observer : How are their perceptions of causality different?, *Psychological Bulletin*, 92 : 682-70.

WATSON D.L. & THARP R.G. (1972), *Self-directed behavior (Self-modification for personal adjustment)*, Brooks-Cole Publishing, 2d ed., 1977*, 238 p.

WATSON J.B. (1913), Psychology as the behaviorist views it, *Psychological Review*, 20 : 158-77.

WATSON J.S. (1971), Cognitive-perceptual development in infancy : Setting for the seventies, *Merrill-Palmer Quarterly*, 17 : 139-52.

WATZLAWICK P. (1983), *The situation is hopeless but not serious. The pursuit of unhappiness*. Trad. : *Faites vous-même votre malheur*, Paris : Seuil, 1984*, 120 p.

WEINER B. (1974), Ed., *Achievement motivation and attribution theory*, Morristown : General Learning Press.

WEINER B. (1979), A theory of motivation for some classroom experiences, *Journal of Educational Psychology*, 71 : 3-25.

WEINER B. (1986), *An attributional theory of motivation and emotion*, Springer.

WEINER B., FRIEGE I., KUKLA A., REED L., REST S. & ROSENBAUM R. (1972), Perceiving the causes of success and failure, *in* E. Jones e.a. (Eds), *Attribution : Perceiving the causes of behavior*, General Learning Corporation, p. 95-120.

WEISS J.M. (1970), Somatic effects of predictable and unpredictable shock, *Psychosomatic Medicine*, 32 : 397-408.

WEISS J.M., STONE E. & HARRELL N. (1970), Coping behavior and brain norepinephrine in rats, *Journal of Comparative and Physiological Psychology*, 72 : 153-60.

WEISS R. (1975), *Marital separation*, N.Y. : Basic Books.

WEISS R., HOPS P. & PATTERSON G. (1973), A framework for conceptualizing marital conflict, a technology for altering it, and some data for evaluating it, *in* L. Hamerlynck e.a. (Eds), *Behavior change - Methodology, concepts and practice*, Champaign : Research Press, p. 309-42.

WEISSBERG M. (1977), A comparison of direct and vicarious treatments of speech anxiety : Desensitization, desensitization with coping imagery, and cognition modification, *Behavior Therapy*, 8 : 606-20.

WESCOTT M. & HUTTENLOCHER J. (1961), Cardiac conditioning : The effects and implications of controlled and uncontrolled respiration, *Journal of Experimental Psychology*, 61 : 353-59.

WESSMAN A., RICKS D. & TYL M. (1960), Characteristics and concomitants of mood fluctuation in college women, *Journal of Abnormal and Social Psychology*, 60 : 117-127.

WESTERMEYER J. (1969), The use of alcohol and opium among the ethnic groups in Laos, *Transcultural Psychiatry Research Review*, 6 : 148.

WHITE G., FISHBEIN S. & RUTSTEIN J. (1981), Passionate love and the misattribution of arousal, *Journal of Personality and Social Psychology*, 41 : 56-62.

WILLS T., WEISS R. & PATTERSON G. (1974), A behavioral analysis of the determinants of marital satisfaction, *Journal of Consulting and Clinical Psychology*, 42 : 802-11.

WITTGENSTEIN L. (1966), *Leçons et conversations sur l'esthétique, la psychologie et la croyance religieuse*, trad. Gallimard, 1971*.

WOLPE J. (1954), L'inhibition réciproque, principale base des effets en psychothérapie, texte remanié rééd. in Eysenck (1960), *Conditionnement et névroses*, trad., Gauthier-Villars, 1962*, p. 67-97.

WOLPE J. (1958), *Psychotherapy by reciprocal inhibition*, Stanford University Press, 220 p.

WOLPE J. (1973), *The practice of behavior therapy*, 2d ed., Pergamon Press. Trad. par J. Rognant : *Pratique de la thérapie comportementale*, Masson, 1975.

WOLPE J. & ROWAN V. (1989), Classical conditioning and panic disorder, *Behaviour Research and Therapy*, 27(5) : 583-84.

ZILLMANN D. (1971), Excitation transfert in communicated-mediated aggressive behavior, *Journal of Experimental Social Psychology*, 7 : 419-34.

ZILLMANN D. (1983), Transfer of excitation in emotional behavior, *in* J. Cacioppo & R. Petty (Eds), *Social psychophysiology. A sourcebook*, N.Y. : Guilford, p. 215-40.

ZILLMANN D. (1989), Aggression and sex : Independent and joint operations, *in* H. Wagner & A. Manstead (Eds), *Handbook of social psychophysiology*, Wiley, p. 229-59.

ZILLMANN D. & BRYANT J. (1974), Effect of residual excitation on the emotional response to provocation and delayed aggressive behavior, *Journal of Personality and Social Psychology*, 30 : 782-91.

ZIMBARDO P. (1977), *Shyness*, N.Y. : Jove Publications. Trad. : *Comprendre la timidité*, Montréal : Interéditions, 1979*, 251 p.

Index des matières

Index des noms

Table des matières

DEUXIÈME PARTIE

LE CONCEPT DE «GESTION DE SOI»

TROISIEME PARTIE

L'ÉLABORATION DE COMPORTEMENTS EFFICACES ET LA RECHERCHE SCIENTIFIQUE

QUATRIÈME PARTIE

SCHÉMA DU FONCTIONNEMENT DES COMPORTEMENTS

Imprimé par Pierre Mardaga, Liège

CHEZ LE MÊME ÉDITEUR

PSYCHOLOGIE ET SCIENCES HUMAINES
collection publiée sous la direction de MARC RICHELLE

1 Dr Paul Chauchard : LA MAITRISE DE SOI. *9e éd.*
5 François Duyckaerts : LA FORMATION DU LIEN SEXUEL. *9e éd.*
7 Paul-A. Osterrieth : FAIRE DES ADULTES. *16e éd.*
9 Daniel Widlöcher : L'INTERPRETATION DES DESSINS D'ENFANTS. *9e éd.*
11 Berthe Reymond-Rivier : LE DEVELOPPEMENT SOCIAL DE L'ENFANT ET DE L'ADOLESCENT. *9e éd.*
12 Maurice Dongier : NEVROSES ET TROUBLES PSYCHOSOMATIQUES. *7e éd.*
15 Roger Mucchielli : INTRODUCTION A LA PSYCHOLOGIE STRUCTURALE. *3e éd.*
16 Claude Köhler : JEUNES DEFICIENTS MENTAUX. *4e éd.*
21 Dr P. Geissmann et Dr R. Durand : LES METHODES DE RELAXATION. *4e éd.*
22 H. T. Klinkhamer-Steketée : PSYCHOTHERAPIE PAR LE JEU. *3e éd.*
23 Louis Corman : L'EXAMEN PSYCHOLOGIQUE D'UN ENFANT. *3e éd.*
24 Marc Richelle : POURQUOI LES PSYCHOLOGUES? *6e éd.*
25 Lucien Israel : LE MEDECIN FACE AU MALADE. *5e éd.*
26 Francine Robaye-Geelen : L'ENFANT AU CERVEAU BLESSE. *2e éd.*
27 B.F. Skinner : LA REVOLUTION SCIENTIFIQUE DE L'ENSEIGNEMENT. *3e éd.*
28 Colette Durieu : LA REEDUCATION DES APHASIQUES
29 J.C. Ruwet : ETHOLOGIE : BIOLOGIE DU COMPORTEMENT. *3e éd.*
30 Eugénie De Keyser : ART ET MESURE DE L'ESPACE
32 Ernest Natalis : CARREFOURS PSYCHOPEDAGOGIQUES
33 E. Hartmann : BIOLOGIE DU REVE
34 Georges Bastin : DICTIONNAIRE DE LA PSYCHOLOGIE SEXUELLE
35 Louis Corman : PSYCHO-PATHOLOGIE DE LA RIVALITE FRATERNELLE
36 Dr G. Varenne : L'ABUS DES DROGUES
37 Christian Debuyst, Julienne Joos : L'ENFANT ET L'ADOLESCENT VOLEURS
38 B.-F. Skinner : L'ANALYSE EXPERIMENTALE DU COMPORTEMENT. *2e éd.*
39 D.J. West : HOMOSEXUALITE
40 R. Droz et M. Rahmy : LIRE PIAGET. *3e éd.*
41 José M.R. Delgado : LE CONDITIONNEMENT DU CERVEAU ET LA LIBERTE DE L'ESPRIT
42 Denis Szabo, Denis Gagné, Alice Parizeau : L'ADOLESCENT ET LA SOCIETE. *2e éd.*
43 Pierre Oléron : LANGAGE ET DEVELOPPEMENT MENTAL. *2e éd.*
44 Roger Mucchielli : ANALYSE EXISTENTIELLE ET PSYCHOTHERAPIE PHENOMENO-STRUCTURALE
45 Gertrud L. Wyatt : LA RELATION MERE-ENFANT ET L'ACQUISITION DU LANGAGE. *2e éd.*
46 Dr Etienne De Greeff : AMOUR ET CRIMES D'AMOUR
47 Louis Corman : L'EDUCATION ECLAIREE PAR LA PSYCHANALYSE
48 Jean-Claude Benoit et Mario Berta : L'ACTIVATION PSYCHOTHERAPIQUE
49 T. Ayllon et N. Azrin : TRAITEMENT COMPORTEMENTAL EN INSTITUTION PSYCHIATRIQUE
50 G. Rucquoy : LA CONSULTATION CONJUGALE
51 R. Titone : LE BILINGUISME PRECOCE
52 G. Kellens : BANQUEROUTE ET BANQUEROUTIERS
53 François Duyckaerts : CONSCIENCE ET PRISE DE CONSCIENCE
54 Jacques Launay, Jacques Levine et Gilbert Maurey : LE REVE EVEILLE-DIRIGE ET L'INCONSCIENT
55 Alain Lieury : LA MEMOIRE
56 Louis Corman : NARCISSISME ET FRUSTRATION D'AMOUR
57 E. Hartmann : LES FONCTIONS DU SOMMEIL
58 Jean-Marie Paisse : L'UNIVERS SYMBOLIQUE DE L'ENFANT ARRIERE MENTAL

59 Jacques Van Rillaer : L'AGRESSIVITE HUMAINE
60 Georges Mounin : LINGUISTIQUE ET TRADUCTION
61 Jérôme Kagan : COMPRENDRE L'ENFANT
62 Michel S. Gazzaniga : LE CERVEAU DEDOUBLE
63 Paul Cazayus : L'APHASIE
64 X. Seron, J.L. Lambert, M. Van der Linden : LA MODIFICATION DU COMPORTEMENT
65 W. Huber : INTRODUCTION A LA PSYCHOLOGIE DE LA PERSONNALITE. *2e éd.*
66 Emile Meurice : PSYCHIATRIE ET VIE SOCIALE
67 J. Château, H. Gratiot-Alphandéry, R. Doron et P. Cazayus : LES GRANDES PSYCHOLOGIES MODERNES
68 P. Sifnéos : PSYCHOTHERAPIE BREVE ET CRISE EMOTIONNELLE
69 Marc Richelle : B.F. SKINNER OU LE PERIL BEHAVIORISTE
70 J.P. Bronckart : THEORIES DU LANGAGE
71 Anika Lemaire : JACQUES LACAN. *2e éd. revue et augmentée.*
72 J.L. Lambert : INTRODUCTION A L'ARRIERATION MENTALE
73 T.G.R. Bower : DEVELOPPEMENT PSYCHOLOGIQUE DE LA PREMIERE ENFANCE
74 J. Rondal : LANGAGE ET EDUCATION
75 Sheila Kitzinger : PREPARER A L'ACCOUCHEMENT
76 Ovide Fontaine : INTRODUCTION AUX THERAPIES COMPORTEMENTALES
77 Jacques-Philippe Leyens : PSYCHOLOGIE SOCIALE. *2e éd.*
78 Jean Rondal : VOTRE ENFANT APPREND A PARLER
79 Michel Legrand : LE TEST DE SZONDI
80 H.J. Eysenck : LA NEVROSE ET VOUS
81 Albert Demaret : ETHOLOGIE ET PSYCHIATRIE
82 Jean-Luc Lambert et Jean A. Rondal : LE MONGOLISME
83 Albert Bandura : L'APPRENTISSAGE SOCIAL
84 Xavier Seron : APHASIE ET NEUROPSYCHOLOGIE
85 Roger Rondeau : LES GROUPES EN CRISE?
86 J. Danset-Léger : L'ENFANT ET LES IMAGES DE LA LITTERATURE ENFANTINE
87 Herbert S. Terrace : NIM. UN CHIMPANZE QUI A APPRIS LE LANGAGE GESTUEL
88 Roger Gilbert : BON POUR ENSEIGNER?
89 Wing, Cooper et Sartorius : GUIDE POUR UN EXAMEN PSYCHIATRIQUE
90 Jean Costermans : PSYCHOLOGIE DU LANGAGE
91 Françoise Macar : LE TEMPS, PERSPECTIVES PSYCHOPHYSIOLOGIQUES
92 Jacques Van Rillaer : LES ILLUSIONS DE LA PSYCHANALYSE. *2e éd.*
93 Alain Lieury : LES PROCEDES MNEMOTECHNIQUES
94 Georges Thinès : PHENOMENOLOGIE ET SCIENCE DU COMPORTEMENT
95 Rudolph Schaffer : COMPORTEMENT MATERNEL
96 Daniel Stern : MERE ET ENFANT, LES PREMIERES RELATIONS
97 R. Kempe & C. Kempe : L'ENFANCE TORTUREE
98 Jean-Luc Lambert : ENSEIGNEMENT SPECIAL ET HANDICAP MENTAL
99 Jean Morval : INTRODUCTION A LA PSYCHOLOGIE DE L'ENVIRONNEMENT
100 Pierre Oleron et al. : SAVOIRS ET SAVOIR-FAIRE PSYCHOLOGIQUES CHEZ L'ENFANT
101 Bernard I. Murstein : STYLES DE VIE INTIME
102 Rondal/Lambert/Chipman : PSYCHOLINGUISTIQUE ET HANDICAP MENTAL
103 Brédart/Rondal : L'ANALYSE DU LANGAGE CHEZ L'ENFANT
104 David Malan : PSYCHODYNAMIQUE ET PSYCHOTHERAPIE INDIVIDUELLE
105 Philippe Muller : WAGNER PAR SES REVES
106 John Eccles : LE MYSTERE HUMAIN
107 Xavier Seron : REEDUQUER LE CERVEAU
108 Moreau/Richelle : L'ACQUISITION DU LANGAGE

109 Georges Nizard : ANALYSE TRANSACTIONNELLE ET SOIN INFIRMIER
110 Howard Gardner : GRIBOUILLAGES ET DESSINS D'ENFANTS, LEUR SIGNIFICATION
111 Wilson/Otto : LA FEMME MODERNE ET L'ALCOOL
112 Edwards : DESSINER GRACE AU CERVEAU DROIT
113 Rondal : L'INTERACTION ADULTE-ENFANT
114 Blancheteau : L'APPRENTISSAGE CHEZ L'ANIMAL
115 Boutin : FORMATION ET DEVELOPPEMENTS
116 Húsen : L'ECOLE EN QUESTION
117 Ferrero/Besse : L'ENFANT ET SES COMPLEXES
118 R. Bruyer : LE VISAGE ET L'EXPRESSION FACIALE
119 J.P. Leyens : SOMMES-NOUS TOUS DES PSYCHOLOGUES?
120 J. Château : L'INTELLIGENCE OU LES INTELLIGENCES?
121 M. Claes : L'EXPERIENCE ADOLESCENTE
122 J. Hayes et P. Nutman : COMPRENDRE LES CHOMEURS
123 S. Sturdivant : LES FEMMES ET LA PSYCHOTHERAPIE
124 A. Pomerleau et G. Malcuit : L'ENFANT ET SON ENVIRONNEMENT
125 A. Van Hout et X. Seron : L'APHASIE DE L'ENFANT
126 A. Vergote : RELIGION, FOI, INCROYANCE
127 Sivadon/Fernandez-Zoïla : TEMPS DE TRAVAIL, TEMPS DE VIVRE
128 Born : JEUNES DEVIANTS OU DELINQUANTS JUVENILES?
129 Hamers/Blanc : BILINGUALITE ET BILINGUISME
130 Legrand : PSYCHANALYSE, SCIENCE, SOCIETE
131 Le Camus : PRATIQUES PSYCHOMOTRICES
132 Lars Fredén : ASPECTS PSYCHOSOCIAUX DE LA DEPRESSION
133 Mount : LA FAMILLE SUBVERSIVE
134 Magerotte : MANUEL D'EDUCATION COMPORTEMENTALE CLINIQUE
135 Dailly/Moscato : LATERALISATION ET LATERALITE CHEZ L'ENFANT
136 Bonnet/Tamine-Gardes : QUAND L'ENFANT PARLE DU LANGAGE
137 Bruyer : LES SCIENCES HUMAINES ET LES DROITS DE L'HOMME
138 Taulelle : L'ENFANT A LA RENCONTRE DU LANGAGE
139 de Boucaud : PSYCHOLOGIE DE L'ENFANT ASTHMATIQUE
140 Duruz : NARCISSE EN QUETE DE SOI
141 Feyereisen/de Lannoy : PSYCHOLOGIE DU GESTE
142 Florin et al. : LE LANGAGE A L'ECOLE MATERNELLE
143 Debuyst : MODELE ETHOLOGIQUE ET CRIMINOLOGIE
144 Ashton/Stepney : FUMER
145 Winkel et al. : L'IMAGE DE LA FEMME DANS LES LIVRES SCOLAIRES
146 Bideau/Richelle : PSYCHOLOGIE DEVELOPPEMENTALE
147 Schmid-Kitsikis : THEORIE CLINIQUE ET FONCTIONNEMENT MENTAL
148 Guggenbühl/Craig : POUVOIR ET RELATION D'AIDE
149 Rondal : LANGAGE ET COMMUNICATION CHEZ LES HANDICAPES MENTAUX
150 Moscato et al. : FONCTIONNEMENT COGNITIF ET INDIVIDUALITE
151 Château : L'HUMANISATION OU LES PREMIERS PAS DES VALEURS HUMAINES
152 Avery/Litwack : NEE TROP TOT
153 Rondal : LE DEVELOPPEMENT DU LANGAGE CHEZ L'ENFANT TRISOMIQUE 21
154 Kellens : QU'AS-TU FAIT DE TON FRERE?
155 Rondal/Henrot : LE LANGAGE DES SIGNES
156 Lafontaine : LE PARTI PRIS DES MOTS
157 Bonnet/Hoc/Tiberghien : AUTOMATIQUE, INTELLIGENCE ARTIFICIELLE ET PSYCHOLOGIE
158 Giovannini et al. : PSYCHOLOGIE ET SANTE
159 Wilmotte et al. : LE SUICIDE
160 Giurgea : L'HERITAGE DE PAVLOV
161 Ionescu : MANUEL D'INTERVENTION EN DEFICIENCE MENTALE N° 1

162 Ionescu : MANUEL D'INTERVENTION EN DEFICIENCE MENTALE N° 2
163 Pieraut-Le Bonniec : CONNAITRE ET LE DIRE
164 Huber : PSYCHOLOGIE CLINIQUE AUJOURD'HUI
165 Rondal et al. : PROBLEMES DE PSYCHOLINGUISTIQUE
166 Slukin : LE LIEN MATERNEL
167 Baudour : L'AMOUR CONDAMNE
168 Wilwerth : VISAGES DE LA LITTERATURE FEMININE
169 Edwards : VISION, DESSIN, CREATIVITE
170 Lutte : LIBERER L'ADOLESCENCE
171 Defays : L'ESPRIT EN FRICHE
172 Broome Walace : PSYCHOLOGIE ET PROBLEMES GYNECOLOGIQUES
173 Aimard : LES BEBES DE L'HUMOUR
174 Perruchet : LES AUTOMATISMES COGNITIFS
175 Bawin-Legros : FAMILLES, MARIAGE, DIVORCE
176 Pourtois/Desmet : EPISTEMOLOGIE ET INSTRUMENTATION EN SCIENCES HUMAINES
177 Sloboda : L'ESPRIT MUSICIEN
178 Fraisse : POUR LA PSYCHOLOGIE SCIENTIFIQUE
179 Ruffiot : PSYCHOLOGIE DU SIDA
180 McAdams/Deliège : LA MUSIQUE ET LES SCIENCES COGNITIVES
181 Argentin : QUAND FAIRE C'EST DIRE...
182 Van der Linden : LES TROUBLES DE LA MEMOIRE
183 Lecuyer : BEBES ASTRONOMES, BEBES PSYCHOLOGIQUES : L'INTELLIGENCE DE LA 1re ANNEE
184 Immelmann : DICTIONNAIRE DE L'ETHOLOGIE
185 Collectif : ACTEUR SOCIAL ET DELINQUANCE
186 Fontana : GERER LE STRESS
187 Bouchard : DE LA PHENOMENOLOGIE A LA PSYCHANALYSE
188 Chanceaulme : MOURIR, ULTIME TENDRESSE
189 Rivière : LA PSYCHOLOGIE DE VYGOTSKY
190 Lecoq : APPRENTISSAGE DE LA LECTURE ET DYSLEXIE
191 de Montmolin/Amalberti/Theureau : MODELES DE L'ANALYSE DU TRAVAIL
192 Minary : MODELES SYSTEMIQUES ET PSYCHOLOGIE
193 Grégoire : EVALUER L'INTELLIGENCE DE L'ENFANT

Hors collection

Paisse : PSYCHOPEDAGOGIE DE LA LUCIDITE
Paisse : ESSENCE DU PLATONISME
Collectif : SYSTEME AMDP
Boulangé/Lambert : LES AUTRES, L'EXPRESSION ARTISTIQUE CHEZ LES HANDICAPES MENTAUX

Manuels et Traités

2 Thinès : PSYCHOLOGIE DES ANIMAUX
3 Paulus : LA FONCTION SYMBOLIQUE ET LE LANGAGE
4 Richelle : L'ACQUISITION DU LANGAGE
5 Paulus : REFLEXES-EMOTIONS-INSTINCTS
Droz-Richelle : MANUEL DE PSYCHOLOGIE
Hurtig-Rondal : MANUEL DE PSYCHOLOGIE DE L'ENFANT (Tome 1)
Hurtig-Rondal : MANUEL DE PSYCHOLOGIE DE L'ENFANT (Tome 2)
Hurtig-Rondal : MANUEL DE PSYCHOLOGIE DE L'ENFANT (Tome 3)
Rondal-Seron : LES TROUBLES DU LANGAGE (DIAGNOSTIC ET REEDUCATION)
Fontaine/Cottraux/Ladouceur : CLINIQUES DE THERAPIE COMPORTEMENTALE
Godefroid : LES CHEMINS DE LA PSYCHOLOGIE